# DESCRIPTION

DE

# L'ÉGYPTE,

## RECUEIL

DES OBSERVATIONS ET DES RECHERCHES

QUI ONT ÉTÉ FAITES EN ÉGYPTE

PENDANT L'EXPÉDITION DE L'ARMÉE FRANÇAISE.

SECONDE ÉDITION

DEDIÉE AU ROI

PUBLIÉE PAR C. L. F. PANCKOUCKE.

TOME DIX-HUITIÈME.

(2e Partie)

ÉTAT MODERNE.

IMPRIMERIE

DE C. L. F. PANCKOUCKE.

M. D. CCC. XXIX.

# DESCRIPTION

DE

# L'ÉGYPTE.

# DESCRIPTION

DE

# L'ÉGYPTE

OU

## RECUEIL

DES OBSERVATIONS ET DES RECHERCHES

QUI ONT ÉTÉ FAITES EN ÉGYPTE

PENDANT L'EXPÉDITION DE L'ARMÉE FRANÇAISE.

SECONDE ÉDITION

## DÉDIÉE AU ROI

PUBLIÉE PAR C. L. F. PANCKOUCKE.

---



TOME DIX-HUITIÈME.

(2e Partie)

ÉTAT MODERNE.

## PARIS

IMPRIMERIE DE C. L. F. PANCKOUCKE

M. D. CCC. XXIX.

# ÉTAT MODERNE.

## NOTICE TOPOGRAPHIQUE

SUR LA PARTIE DE L'ÉGYPTE

COMPRISE ENTRE

## RAHMANYEH ET ALEXANDRIE,

ET

SUR LES ENVIRONS DU LAC MAREOTIS,

Par MM. CHABROL ET FEU LANCRET.

### §. I. *Environs du canal d'Alexandrie.*

Dans un Mémoire sur le canal d'Alexandrie, nous avons décrit les positions les plus remarquables qui se rencontrent le long de son cours [1]. L'objet principal de cet écrit était de faire connaître l'état de la navigation actuelle sur ce canal, et les moyens de le

[1] *Voyez* ce memoire.

rendre navigable toute l'année. Il nous reste à ajouter quelques détails sur ce quartier de l'Égypte qu'arrose le canal d'Alexandrie et qui touche à la région Maréotique; ces renseignemens pourront servir à compléter le tableau topographique de la province appelée *Bahyreh*.

On trouve peu d'antiques vestiges dans toute cette contrée, qui a subi beaucoup de changemens physiques et politiques. Le séjour des eaux, les travaux de la culture et l'invasion des sables y ont nécessairement fait disparaître, en grande partie, les traces des temps antérieurs à la conquête d'Alexandre, si toutefois le pays était, à cette époque, habité et cultivé.

Cependant nous y avons trouvé d'anciens vestiges, et, à Samâdys, nous avons observé deux fragmens de colonne de granit rouge, de quatre décimètres de diamètre. Au village d'Aflâqah, qui est situé à deux mille mètres environ du Nil, sur la rive droite du canal, près et au nord de Damanhour, nous avons remarqué trois fragmens de sculpture égyptienne portant des caractères hiéroglyphiques. Le dessin des hiéroglyphes n'est pas très-pur; mais ils sont sculptés avec beaucoup de soin. Dans l'un de ces bas-reliefs, qui est rompu en deux parties, on trouve des figures d'animaux, et, entre autres, la représentation d'une jeune oie. Le plus intéressant des trois, dont nous avons déjà parlé ailleurs [1], est une figure de femme assise, d'un excellent travail, laquelle est sculptée en relief dans le creux sur une pierre très-fine et dure, de la même

[1] *Voyez* le Mémoire sur le canal d'Alexandrie.

espèce que celle d'*Antæopolis*. En recourant à la gravure qui est dans l'ouvrage[1] on verra que la délicatesse de la sculpture ne le cède en rien à celle des bas-reliefs des plus beaux temples de la haute Égypte. Tout annonce que ce morceau précieux provient d'une frise ou d'un grand bas-relief d'un temple des environs. A la dépouille de vautour dont la figure est coiffée, on reconnaît la déesse Isis : il y a dans ses traits une expression pleine de douceur et d'agrément.

A quatre cents mètres de Kafr Mehallet Dâoud, sur le bord du canal de Damanhour, et à quatre cents mètres de Rahmânyeh, on voit une ancienne maçonnerie en briques de forte dimension, posées avec une grande quantité de mortier à chaux. On nous apprit qu'il y avait eu là jadis une ville chrétienne, et que ces constructions étaient des bains. En effet, nous y remarquâmes des bassins, soit longs et étroits et voûtés cylindriquement, soit circulaires ou demi-circulaires. Les uns et les autres étaient d'abord enduits d'un excellent ciment rouge, recouvert d'un autre ciment blanc, très-dur et très-fin : les gens du pays rapportent qu'il a été fabriqué avec de l'huile. Après deux rangs de briques, il y avait encore pareil ciment et pareil enduit.

Après Aflâqah et Qâbyl, en allant vers l'ouest, on trouve beaucoup de ruines qui ont appartenu à des villes ou bourgades jadis florissantes. Les deux rives du canal sont bordées de monticules couverts de bri-

[1] Pl. 73, *A.*, vol. v, Collection d'antiques. *Voyez* aussi l'explication de la planche.

ques cuites, restes d'anciennes habitations et d'un état de choses qui n'est plus depuis long-temps. Avec les avantages du canal, le pays a perdu presque toute son importance et sa population; la culture elle-même a cessé, et le village de Besentouây est le dernier, de ce côté, qui soit un peu considérable.

Selon le rapport que nous a fait le cheykh arabe appelé *Mosbak*, il y a un lac de natron à trois lieues seulement de Damanhour : ce natron est d'une qualité médiocre. La position correspond à peu près au village de Mehallet-Kheyl, non loin de la limite la plus orientale du lac *Mareotis*. En se dirigeant vers le nord-ouest, auprès du village de Senhour, on trouve, sur une terre grasse extrêmement noire, de l'eau salée et du sel marin cristallisé, sans doute mêlé d'un peu de natron [1].

Lorsque d'Abou el-Khasr, village situé sur le bord du canal d'Alexandrie et aujourd'hui abandonné, on se rend à celui de Birket, on traverse d'abord ce canal. Environ vingt-cinq mètres plus loin, on en traverse un autre fort régulier qui a seize à dix-sept mètres de large : il se rejoint, près de Qeraouy, avec la branche actuelle; et, de l'autre côté, il se dirige vers Besentouây. Les gens du pays disent que c'est un ancien canal, et qu'il prend ses eaux à A'lfeh, près de Foueh. Nous l'avons retrouvé et traversé en nous rendant di-

[1] Ces observations ont été écrites en 1800 : l'état des lieux est bien changé, depuis que la digue du canal a été rompue par l'armée anglaise, et que la mer est entrée dans l'ancien lit du lac *Mareotis ;* événement qui date de 1801. Aujourd'hui le village forme une île du lac.

rectement de Birket à Rahmânyeh, un quart de lieue avant Besentouây; mais il est, dans cet endroit, beaucoup plus petit qu'à Birket. Cette circonstance vient à l'appui de l'opinion que nous avons conçue à l'égard du canal actuel d'Alexandrie, que nous regardons comme étant formé par la réunion de plusieurs canaux autrefois différens [1].

Sur le bord de cette ancienne branche, en face d'Abou el-Khasr, est un monticule très-considérable, couvert de briques. Toute cette partie de la province de Bahyreh est remplie d'une multitude de buttes semblables, surtout de Birket à Alexandrie. Il y en a une en face de Birket même, de l'autre côté du canal. D'un seul point nous en avons aperçu quinze dans le même horizon. Les monticules sont, sans nul doute, les restes d'anciennes villes ou bourgades. Il faut avoir vu cette vaste plaine pour se faire une idée de ce qu'elle a pu être autrefois.

Lelohâ est un de ces villages abandonnés, sur la rive gauche du canal. Sur la rive droite est el-Nechou, placé en même temps à l'angle sud-est du lac d'Abouqyr. Là commence une chaîne de hauteurs parallèles au canal, et qui viennent le toucher auprès de Keryoun. Ce ne sont point des ruines de briques; et nous conjecturons qu'elles ont servi de digues ou de levées pour un canal. Près de là est une muraille en pierre qui sépare le canal du lac d'Abouqyr, et qui est épaisse de $1^{m}$ à $1^{m}3$; le ciment est d'une grande dureté. Elle

[1] A Besentouây, nous avons vu des gazelles bondir librement dans la plaine.

fait partie d'une digue de terre de six mètres environ d'épaisseur [1]. On trouve en plusieurs endroits des constructions analogues, et qui paraissent d'origine grecque. Le canal est séparé des marais salans par de fort grandes murailles de pierre, dont quelques-unes sont renversées jusqu'aux fondemens. A Beydah, situé sur un monticule, est un mur antique, en briques longues de deux à trois décimètres, liées avec beaucoup de mortier. On trouve de larges puits en briques en cet endroit, ainsi qu'à Birket.

Au village de Keryoun, auprès d'une citerne, nous avons encore trouvé un fragment de la haute antiquité, consistant en un reste de bas-relief égyptien, en pierre calcaire; la longueur est d'environ un mètre : les deux autres dimensions ont deux à trois décimètres. Sur l'une des grandes faces sont représentés les ornemens qu'on appelle *fers de lance,* mais qui seraient mieux comparés à des faisceaux de plantes symboliques. Ce fragment, ainsi que ceux du village d'Aflâqah, ont-ils été apportés, ou bien y avait-il des monumens égyptiens dans ces divers endroits? Nous sommes portés à croire que les uns et les autres proviennent des ruines de l'ancienne *Hermopolis parva,* qui était située au même lieu que Damanhour.

[1] Dans le Mémoire sur le canal d'Alexandrie (cité ci-dessus, p. 1re), il est question d'une digue en pierre ayant six à sept mètres d'épaisseur; mais c'est là l'épaisseur totale de la digue : la partie en pierre n'a qu'un mètre ou 1m $\frac{1}{7}$.

## §. II. *Lac d'Edkou, et environs.*

Entre Edkou et les digues d'Aboukyr, la mer s'élève quelquefois fort au-dessus des terres ; quand elle se retire, elle laisse à nu un terrain noir, composé des dépôts fort anciens du Nil. La surface de ce terrain est exhaussée d'un ou deux pieds au-dessus du niveau de la mer ; elle est partout recouverte de sable. Il y a cependant un endroit où l'on marche sur l'ancien terrain même. Sur la même route, on voit une ou deux buttes de terre noire mêlée de débris de poterie ; ce sont des hauteurs sur lesquelles étaient autrefois des villages [1].

Il y a deux ans [2] que les habitans d'Edkou sollicitèrent la rupture d'une longue digue qui s'étend sur le bord du Nil, et qui préserve le territoire de Deyrout : cette demande fut inconsidérément accordée, et la digue fut coupée à une demi-lieue au-dessus de Deyrout. Les eaux du Nil se portèrent alors en grande quantité dans le lac. En 1800, l'inondation ayant été très-forte, les eaux ont aussi afflué dans le lac avec abondance. Ces eaux, qui n'étaient point retenues

[1] Dans cet endroit, nous avons observé que la végétation des plantes est extraordinairement rapide en Égypte. En cinquante jours, nous avons vu du blé de Turquie acquérir cinq pieds de hauteur ; quelques tiges mêmes avaient plus de six pieds ou environ deux mètres. Ainsi, en supposant que la croissance soit proportionnelle au temps, ce qui est à peu près exact, ces tiges vraiment extraordinaires ont cru chaque jour de quatre centimètres, et chaque heure, de la sixième partie d'un centimètre.

[2] Il faut se souvenir que l'époque à laquelle ces notes ont été écrites est l'année 1800.

dans un canal, ont passé sur une très-grande partie des terres de Deyrout; elles les ont sillonnées dans toute sorte de sens, et les ont mêlées d'une grande quantité de sable : deux circonstances également propres à empêcher la culture du riz; la première, parce qu'elle ne permet pas que le terrain soit nivelé de manière à recevoir les arrosemens artificiels; la seconde, parce que le sable ôte à la terre la faculté de bien faire croître cette plante : car il est à remarquer que toutes les terres dans lesquelles on la cultive, sont extrêmement noires, même dans la plus grande sécheresse; ce qui indique qu'elles ne contiennent aucune partie de sable. Il faudrait fermer la digue si imprudemment rompue, pour rendre les terres de Deyrout à leur ancienne fertilité; ce qui ne peut se faire qu'avec beaucoup de temps, de travail et de dépenses.

Edkou, sur la route de Rosette à Alexandrie, ressemble plutôt à une petite ville qu'à un village. On y voit plusieurs minarets : les maisons y sont bâties en briques cuites, de la même manière qu'à Rosette; elles sont grandes et à plusieurs étages. On ne voit dans cet endroit aucun gros bétail; il n'est habité que par des pêcheurs. La population a augmenté par la destruction récente des villages voisins d'Abouqyr.

Les sables que la mer fait continuellement sortir de son sein, et que les vents du nord portent sur Edkou, ont déjà enseveli une partie de la ville, et ils s'avanceront toujours davantage, ainsi qu'il arrive à Rosette, qui est dans la même position.

Le lac situé près d'Edkou est très-poissonneux, et

la pêche forme pour les habitans et pour le gouvernement un revenu considérable. Ce lac est un simple bas-fond, qui dans aucun endroit n'a plus d'un mètre au-dessous du niveau de la mer. Il reçoit les eaux du Nil au temps de l'inondation : quand celle-ci est très-abondante, les eaux se jettent dans la mer, non loin du lac d'Abouqyr, près de l'okel ou caravansérail appelé par les Français *Maison carrée*.

Cet okel est bâti en pierre, et fort solidement. Lorsque les eaux du lac communiquent avec la mer, ses murailles sont baignées par l'eau. La communication avait, en 1800, de six à sept mètres de profondeur, et trente à trente-cinq mètres de largeur. Les sables que la mer apporte, suffisent ordinairement pour la fermer. Ce même endroit est le *ma'dyeh*, ou *passage*, dont il est parlé dans les voyageurs modernes; car de leur temps la rupture des digues d'Abouqyr n'avait pas encore eu lieu [1].

En 1800, le lac d'Edkou a reçu, outre les eaux qui lui sont venues par Deyrout, celles d'une partie de la plaine de Damanhour, par une coupure qui a été faite dans les digues du canal d'Alexandrie, près de Senhour; ce qui dénote les niveaux respectifs de ces deux points. Enfin, ce lac a reçu encore les eaux de la coupure appelée *Abou-Gâmous*, près de Kafr Mehallet Dâoud, par le bas-fond que nous regardons comme l'ancienne branche Canopique. Cette dernière voie est, au rapport des habitans du pays, la seule qui, précédemment, conduisait les eaux dans le lac.

[1] *Voyez* le Mémoire sur le canal d'Alexandrie, cité ci-dessus, pag. 1re.

Si l'on rétablissait bien les digues de Deyrout, on rendrait tout son territoire à la culture; on augmenterait le produit de la pêche du lac; et, chaque année, une suffisante quantité d'eau parviendrait par la coupure appelée *Abou-Gâmous*. Peut-être, par-là, les bords de l'ancienne branche Canopique se repeupleraient insensiblement. Mais il faut faire attention que la pente de Deyrout au lac est très-rapide : si l'on pratiquait un canal en cet endroit, il pourrait devenir trop large et entraîner de grands dégâts.

Lorsque l'inondation a été faible, ou lorsqu'on a négligé d'ouvrir les digues qui doivent laisser passer les eaux du Nil dans le lac d'Edkou, alors celui-ci est réduit à une petite étendue; l'eau en est entièrement salée, et la pêche est fort peu abondante.

## §. III. *Lac Mareotis.*

Les rives de l'ancien lac *Mareotis* n'étaient pas, comme on l'a cru, totalement effacées à l'époque de l'expédition française en Égypte [1]. En partant de Beydah, et suivant le canal d'Alexandrie, nous avions remarqué, après trois quarts d'heure de marche, à environ cinquante ou soixante mètres du canal, une pente rapide : à une ou deux lieues d'Alexandrie, cette même pente était tout auprès du canal; sur la crête de celle-ci, on voyait, de distance en distance,

[1] Quoique les lieux aient beaucoup changé depuis que ces observations ont été recueillies, nous avons cru cependant devoir les conserver ici telles que nous les avons consignées dans notre Journal de voyage.

des vestiges de murailles, non plus en brique, mais en pierre calcaire. Le terrain d'en bas était constamment humide, et même renfermait plusieurs flaques d'eau salée ; il était aussi beaucoup plus sablonneux que les autres terrains de l'Égypte.

Belon rapporte avoir vu le lac *Mareotis* plein d'eau. Cela est aisé à concevoir ; car, lorsque les eaux du Nil sont dans leur plus grande élévation, toute la plaine qui est à la gauche du canal se remplit d'eau, qui y demeure jusqu'au retour du printemps : cette eau ne diminue point beaucoup pendant l'hiver, à cause de la pluie qui tombe toujours en assez grande quantité pour réparer les pertes causées par l'évaporation.

La digue gauche du canal d'Alexandrie, aux environs des marais salans, est soutenue, du côté du bas-fond, par une muraille en pierre, que fortifient, de distance en distance, des piliers battans. Il paraît que cette muraille a été construite pour défendre la digue contre les eaux du lac *Mareotis*, qui, à cette époque, en conservait sans doute toute l'année ; car, maintenant qu'il n'a de l'eau que momentanément, et qu'elle ne s'y élève pas, une muraille n'est plus nécessaire [1].

Lorsqu'on se rend d'Alexandrie à Beydah par le plus court chemin, on traverse le lit de l'ancien lac *Mareotis*; mais cette route n'est praticable qu'en été. Dans les autres temps, il y a de l'eau dans cette direction, et cette eau s'élève d'environ un pied : dans l'été même, le terrain est fort humide et le sel cristallise partout à sa surface.

[1] *Voyez* ci-dessus la note [1], page 1re de ce volume.

En allant au sud-ouest de Birket pendant trois lieues et demie, on arrive à el-Khâzy, village situé à peu près sur la limite cultivable de la province. Il appartient à des Arabes cultivateurs; son territoire est arrosé par le canal occidental, qui fait suite au canal Joseph, et qui est alimenté dans son cours par plusieurs dérivations, telles que celle de Terrâneh. Quelquefois il s'y trouve beaucoup d'eau : en 1800, il en a reçu une grande quantité. Les eaux de ces canaux supérieurs se tiennent au-dessus de celles du Nil, et elles s'écoulent en grande partie derrière Damanhour, d'où elles tombent dans le lac *Mareotis*, après avoir arrosé le pays [1].

En se dirigeant au couchant d'el-Khâzy, et après trois ou quatre heures de marche, on commence à entrer dans un terrain humide qui, pendant le temps des pluies, est très-fangeux; c'est le reste de la partie sud de l'ancien lac *Mareotis*. Après avoir marché environ une lieue depuis cet endroit, on se trouve à l'origine de l'*Ouâdy-Maryout*, ou la vallée de Maryout : là, commence la montagne qui borne au levant la branche la plus étroite du lac. Cet endroit est marqué par un petit santon appelé *Cheykh-A'ly*, élevé sur un rocher. On a exploité le roc pour en tirer de la

[1] Le village d'el-Khâzy est construit un peu différemment de ceux de l'intérieur; presque toutes les maisons sont en dôme. Nous avons trouvé dans la mosquée un magasin considérable d'instrumens de culture, de litières propres à transporter les femmes sur les chameaux, et de ces couvertures que fabriquent les Arabes. Auprès de ce village, et dans quelques endroits aux environs, il y a de grandes flaques d'eau douce, mais blanchâtre et chargée de craie.

pierre; on y a même taillé des grottes. Près de là, on trouve de l'eau douce, provenant, comme celle d'el-Khâzy, des pluies qui tombent en assez grande abondance dans toute cette région. Depuis ce santon jusqu'au bord de la mer, il y a environ deux lieues perpendiculairement, et cette ligne perpendiculaire tombe à une lieue environ de la tour du Marâbout, du côté d'Alexandrie.

La vallée de Maryout, que l'on traverse en allant du santon à la mer, est exactement plane, et paraît de niveau; la terre en est noire, fangeuse, et mêlée de beaucoup de sable. En approchant de la côte, on voit une grande quantité de gros blocs de pierre qui ont été taillés.

La terre est tellement couverte de coquillages, qu'elle en paraît toute blanche. Le terrain de cette vallée et du lac *Mareotis* est salé, et il ne peut point être cultivé : aussi les habitans du pays l'appellent-ils *sebâkha* .

Les coteaux qui avoisinent le santon, sont probablement ceux où croissait le vin maréotique, si célébré par Horace. La terre en est crayeuse comme en Champagne. Le terrain des environs de la tour du Marâbout est également crayeux ; on y fait croître des melons qui sont réputés d'une fort bonne qualité, analogue à celle des melons du lac Bourlos. Ce terrain est tout blanc, et il ne semble formé que de pierres écrasées. On plante les melons dans de grands sillons de plus d'un mètre de profondeur.

Les ruines de Maryout, restes de l'ancienne *Marea*,

sont à huit lieues environ d'Alexandrie; ils seront décrits ailleurs [1].

C'est à l'extrémité orientale d'une longue vallée, que nous avons vue s'étendre fort loin à l'ouest, qu'est la branche étroite du lac *Mareotis*, appelée *Ouâdy-Maryout* par les Arabes, et parallèle aux bords de la mer, dont elle est cependant séparée par la vallée dite *Dryah el-Bahr* : les pluies entretiennent dans la première un certain état de fraîcheur, indépendamment des eaux du Nil; cependant on y voit peu d'arbres : les seuls qu'on aperçoive dans ces vallées, sont quelques touffes de dattiers, à de grandes distances les uns des autres; encore ne sont-ce que des buissons de trois à quatre mètres de hauteur : il y a aussi cinq ou six palmiers bien développés auprès du santon appelé *Qoubbet* ou *Abou el-Keyr*.

La vallée de Maryout a environ une lieue de large auprès d'Alexandrie : mais elle se rétrécit peu à peu; et auprès d'Abousyr, l'ancienne *Taposiris*, où est située la tour des Arabes, elle n'a guère que trois quarts de lieue de largeur.

Toute la colline des *Bains de Cléopâtre*, jusqu'à l'endroit où elle se termine pour former l'entrée de la vallée appelée *Dryah el-Bahr*, c'est-à-dire dans plus de trois lieues d'étendue, a été exploitée, du côté du sud, sur une très-grande largeur : ce sont là les carrières qui ont servi à bâtir les diverses villes d'Alexandrie.

[1] *Voyez* le Mémoire sur la partie occidentale de la province de Bahyreh, par M. Gratien Le Père, pag. 28 de ce volume.

On ne marche pas quatre cents mètres dans la vallée Dryah el-Bahr sans rencontrer des vestiges de murailles, soit parallèles à la longueur de la vallée, soit perpendiculaires à cette dimension : on y voit aussi des traces de rigoles enduites de ciment et propres à conduire l'eau. Des ruines pareilles se retrouvent dans la partie de la vallée de Maryout que l'on suit avant d'entrer dans celle de Dryah el-Bahr. A l'embouchure de la vallée, on remarque, à droite, les traces de deux murs parallèles, distans l'un de l'autre de cinq à six mètres, et longs de neuf cents.

Ce serait imaginer une chose impossible, que de supposer que toutes ces ruines sont des restes de maisons; car il se trouverait que, dans une étendue de dix lieues, il y aurait eu une suite d'habitations continues : mais il est plus probable que ces vestiges sont les restes d'enceintes, de jardins et de potagers. On conçoit comment, au voisinage d'une aussi grande ville qu'Alexandrie, l'industrie a dû tirer parti d'un terrain suffisamment humecté par les eaux pluviales, et dans lequel on peut creuser des citernes. L'étendue de ces murs, dont un grand nombre coupe la vallée perpendiculairement, est très-favorable à cette explication.

Nous vîmes dans la même vallée (de Dryah el-Bahr) un assez grand troupeau de chèvres et une vingtaine de bœufs et de vaches : ces bœufs sont d'une variété très-différente de ceux de l'intérieur de l'Égypte; ils sont beaucoup plus petits, et leurs jambes sont proportionnellement plus courtes : leur couleur est un fauve rembruni; le dessous du ventre est noir : ils sont tous de la même couleur.

Ces vallées sont en partie occupées par des Arabes, qui y font paître leurs troupeaux, ou qui s'y retirent lorsqu'ils sont chassés de l'intérieur de l'Égypte; la grande tribu des *Aoulâd-A'ly* en était en possession à l'époque de notre voyage[1] : mais nous n'avons trouvé, dans la vallée de Dryah el-Bahr que deux ou trois hommes, un enfant et une vieille femme, qui n'avaient pas eu le temps de fuir avant notre approche; ils se tenaient cachés sous les rochers et parmi les dunes de sable qui séparent la vallée de la mer.

[1] 10 février 1801.

# EXTRAIT D'UN MÉMOIRE

## SUR L'ÉTAT ANCIEN ET MODERNE

# DES PROVINCES ORIENTALES

## DE LA BASSE ÉGYPTE,

Par feu M. MALUS.

Tous les ouvrages anciens qui traitent de la géographie de l'Égypte, rapportent que le Nil déchargeait ses eaux dans la mer par sept embouchures. Les géographes et les voyageurs modernes ne connaissaient plus que deux branches de ce fleuve, celle de Rosette et celle de Damiette, parce que c'étaient les seules dans lesquelles on pouvait pénétrer, les provinces où ces branches sont situées ayant conservé une ombre de civilisation par l'influence du commerce.

Le géographe d'Anville, malgré ses critiques savantes, a cherché en vain les traces des sept bouches du Nil. La carte qu'il en a dressée après des recherches nombreuses, est pleine d'inexactitudes. Ses erreurs ne doivent point étonner, puisqu'Hérodote lui-même, qui a parcouru une partie de ce pays, s'est trompé sur la position de quelques-unes de ces branches, et des villes qui leur donnaient leurs noms. A l'époque où cet historien voyageait, l'Égypte sortait d'une longue guerre, et les circonstances étaient peu favorables à des observations géographiques.

Chargé, pendant les premiers mois de l'expédition, conjointement avec M. Févre, de la reconnaissance du Delta et des provinces orientales de la basse Égypte, j'ai eu occasion de parcourir ce pays avec des forces suffisantes pour protéger mes recherches. Je me bornerai à parler de la branche Tanitique[1], que j'ai retrouvée et parcourue dans toute son étendue, et qui est la plus orientale de celles qui se sont conservées jusqu'à ce jour.

Entre cette branche et l'isthme de Soueys, existait aussi la branche Pélusiaque, qui était encore navigable du temps d'Alexandre, et par laquelle sa flottille pénétra en Égypte : aujourd'hui elle est presque totalement comblée par les sables du désert. Son embouchure dans la mer existe encore, et elle est quatre fois plus éloignée de Peluse qu'elle ne l'était du temps de Strabon[2]. Elle est située à l'extrémité d'une plaine que les Arabes appellent *Tyneh;* ce qui est la traduction du mot grec Πηλὸς (*Pêlos*), boue.

La branche Tanitique, qui était la seconde en partant de l'orient, se trouvant plus éloignée du désert,

[1] Tatiniqùe ou Saïtique. Strab. *Geograph.* lib. XVII, page 552.

[2] Strabon dit que Péluse avait vingt stades de circuit (1020 toises); effectivement l'enceinte murée de Péluse a ce développement. Mais il ajoute qu'elle était à la même distance de la mer; et aujourd'hui la bouche de Tyneh est à environ 4000 toises de Péluse.

devait s'être mieux conservée ; et si elle existait encore, elle pourrait offrir un nouveau débouché au commerce et aux communications militaires. Pour chercher les traces de cette branche du Nil et en déterminer la position, nous sommes partis du Kaire avec un fort détachement, en longeant la branche du fleuve qui conduit à Damiette. Le troisième jour de notre marche, nous sommes parvenus aux limites de la province de Qelyoub, qui se termine à Atryb[1]. Ce petit village est construit à l'extrémité des ruines d'une ville qui portait le même nom, et qui paraît avoir tenu un rang distingué, puisqu'elle était le chef-lieu d'une province[2]. Ses ruines ont, dans l'une de leurs dimensions, 1600 mètres (environ 800 toises), et, dans l'autre, 1500 mètres (environ 750 toises). On nous a montré l'emplacement du palais du prince, ceux de la grande rue et de la place publique. On ne découvre aucune des ruines du palais. Les habitans prétendent qu'en faisant des fouilles on trouve des blocs de marbre. Il est à présumer qu'ils ont converti en chaux celui qu'ils ont trouvé sous leurs mains, et que toutes les pierres calcaires qui se trouvaient dans les décombres de la ville, ont eu le même sort : c'est l'usage qu'ils en ont fait dans toutes les villes anciennes, éloignées des carrières. On voit encore, dans les ruines de celle-ci, les débris de quelques fours à chaux. Il y a aussi des traces de petits souterrains voûtés, semblables à

[1] *Atryb*, اتريب, Θρέβις, Ἀθρίβις, en qobte ⲐⲢⲈⲂⲒ

[2] Νομὸς Ἀθριβίτης. Herod. *Hist.* lib. II, §. 166.

ceux où les habitans du Kaire déposent aujourd'hui leurs morts. C'étaient vraisemblablement des tombeaux. L'emplacement de la grande rue, qui est encore fort distinct, est perpendiculaire au Nil, qui mouille l'extrémité des ruines; une seconde rue, moins considérable, traverse la ville du midi au nord[1].

A une lieue de là se trouve le village de Moueys, ainsi que l'origine d'un grand canal qui en porte le nom dans une partie de son étendue. A l'époque où nous y entrâmes, le 19 décembre, trois mois environ après l'inondation, le bras de Damiette était, à cette hauteur, large de 300 mètres, et le canal, de 150. Une partie de l'eau du fleuve, se dirigeant vers le sud-est, coulait avec rapidité dans cette nouvelle branche. Au premier aspect, je jugeai que ce canal n'avait point été creusé par la main des hommes, et que c'était la branche du fleuve dont j'avais à reconnaître le cours; ses rives étaient plates et au niveau de la plaine. Je ne pus tirer des habitans aucun renseignement sur le pays qu'il parcourait; ils m'assurèrent tous qu'il se perdait dans les terres, à quelque distance de son origine, et que la plaine qu'il arrosait n'était fréquentée que par les Arabes Bédouins.

Nous avons descendu pend nt six lieues ce canal, sans trouver rien de remarquable sur ses rives. La plaine qu'il traverse est formée d'un terrain gras, assez bien cultivé; elle produit du blé, du maïs, du coton, et des cannes à sucre : elle est traversée par un grand

[1] *Voyez* la Description d'Atryb, par M. Jomard, *A. D.*, *chap. XXII.*

nombre de canaux qui ont été remplis pendant l'inondation, et dans lesquels l'eau est retenue par des barrages formés à leur embouchure dans le grand canal.

A la hauteur de Denyeh, le canal se sépare en deux branches : nous avons suivi la branche orientale; la seconde se divise en plusieurs ramifications qui viennent se joindre plus bas à celle que nous parcourions.

Du point de séparation de ces deux branches, nous avons aperçu des ruines considérables, que les habitans nous ont dit se nommer *Tell-Basta* : ce sont celles de l'ancienne Bubaste[1]. Nous les avons trouvées occupées par les Arabes. Nous y avons rencontré plusieurs monumens qui pourront servir à l'histoire de l'architecture égyptienne. D'énormes masses de granit, couvertes d'hiéroglyphes et plus ou moins mutilées, sont entassées d'une manière étonnante : on a peine à concevoir quelle force a pu les briser et les accumuler ainsi les unes sur les autres. Plusieurs ont été coupées pour construire des meules. On en voit de taillées complètement qu'on a laissées sur place, sans doute faute de moyens pour les transporter.

Cette ville était bâtie, comme toutes les villes anciennes de la basse Égypte, sur de grands massifs de briques crues qui les élevaient au-dessus de l'inondation. Ces briques ont environ un pied de longueur, et sont larges et épaisses en proportion. C'est à faire ces briques et à élever ces massifs qu'étaient employés les

[1] Βουβαστὸς, Polybe, Strabon, Ptolémée; Βούβαστις, Hérodote, *Hist.* liv. II, §. 59; *Bubastis*, Pomponius Mela, liv. I, ch. IX; *Pibeset*, Ézéchiel, chap. XXX, v. 17.

Israélites, pendant le temps de leur captivité : dans plusieurs passages de l'Écriture, ils se plaignent d'avoir été condamnés à ce travail ingrat et humiliant[1]. L'étendue de Bubaste est, dans tous les sens, de douze à quatorze cents mètres; dans l'intérieur, est un immense bassin, au milieu duquel se trouvent les monumens que nous avons remarqués.

Hérodote prétend que, dans le langage égyptien, Diane se nommait *Bubaste.* Ovide appelle cette ville, *la sainte Bubaste*[2]. Nous y avons trouvé des traces du culte de la Lune : une pierre était entièrement parsemée d'étoiles, et représentait un firmament, ainsi qu'on en voit, dans les temples, sur les pierres des plafonds. C'était en effet dans cette ville que se célébrait tous les ans la fête de Diane, qui était la principale fête des Égyptiens. Il s'y rassemblait un grand concours d'étrangers, qu'Hérodote porte à sept cent mille âmes, sans compter les enfans. Cette fête était une espèce d'orgie, semblable aux bacchanales des Grecs; les anciens parlent surtout de la grande quantité de vin qui s'y consommait. C'est aussi dans cette ville que se déposaient les momies de chats sacrés. Les Égyptiens révéraient ces animaux presque autant que les ibis; et de même qu'ils transportaient les momies de ces derniers à *Hermopolis,* de même ils portaient celles de chats à Bubaste.

En face de la ville, est une île fort grande, formée par la branche dont nous avons parlé plus haut. Les anciens nommaient cette île *Myecphoris.* C'était une

[1] *Exod.* cap. I, v. 14.

[2] Herod. *Hist.* lib. II, §. 59, 137 et 156. — Ovid. *Metam.* lib. IX, v. 690. — Gratius, *Cynegetic.* v. 42.

province particulière, habitée par des Calasiries, tribu destinée uniquement au métier des armes. Aujourd'hui elle renferme une plaine bien cultivée, de grands bois de palmiers et des villages fort riches; entre autres, Qenyet, qui donne son nom à la branche occidentale du canal.

A trois lieues de Bubaste, sur la même rive, se trouve une petite ville moderne, nommée *Hehyeh*, environnée d'une épaisse forêt de palmiers. Quoique son nom ait été ignoré des géographes, et qu'elle ne soit pas même connue dans la partie du pays qui se regarde comme civilisée, elle paraît renfermer une population nombreuse, et il règne autour de ses murs un luxe d'agriculture que n'ont pas les provinces environnantes. La partie du bois de palmiers la plus rapprochée des habitations est plantée en quinconce, et avec autant de soin qu'un jardin européen. La ville est enceinte d'un mur crénelé, de 5 mètres (environ 15 pieds) de hauteur, en fort bon état et flanqué de bonnes tours. Ces tours sont armées d'un double rang de crénaux. Les portes sont pratiquées dans des tambours qui flanquent une partie de l'enceinte. Les habitans de cette ville semblent bien plus civilisés que leurs voisins. Depuis que nous avions quitté le Nil, nous avions trouvé partout la population sous les armes, et un esprit de mécontentement et de révolte : ici, quoique nous fussions les premiers Européens qui s'offrissent à leurs yeux, les habitans sortirent en foule de la ville pour nous présenter des vivres, et nous n'aperçûmes pas au milieu d'eux un seul homme armé.

Depuis les environs de cette ville jusqu'à la partie la plus inférieure du canal, nous avons remarqué sur les deux rives un grand nombre de tours construites sans portes et sans fenêtres : elles sont percées de quelques crénaux, et servent de refuge aux habitans, quand ils sont surpris et poursuivis par les Arabes du désert; ils y montent avec des échelles de cordes.

Au-delà de Hehyeh, au milieu d'une plaine basse et marécageuse, s'élèvent les ruines d'une ville qui se nommait *Qourb,* selon le rapport des habitans. Le village de Horbeyt y est établi. On y a trouvé un pied de colosse et un tronc de statue. On y voit encore des tronçons de colonnes et des débris de granit. Cette ville était peu considérable; elle avait en étendue, tout au plus, le quart de Bubaste.

Une lieue plus loin, sur la rive opposée, se trouve un riche village nommé *Kafr Fournygeh.* Il est regardé dans le pays comme la limite des terres civilisées : jamais les barques de la partie supérieure n'ont osé descendre plus bas; jamais celles de la partie inférieure n'ont remonté plus haut. Cette ligne de séparation est tellement marquée, que le canal lui-même perd son nom, et prend celui de *canal de Sân.* Les villages que nous avons trouvés au-delà de ce point, paraissent beaucoup moins riches : on y voit beaucoup de terres incultes; le terrain y est hérissé d'un grand nombre de tours. Toutes les habitations sont enceintes de murs solides. Chaque village n'a qu'une porte. Les habitans marchent toujours armés, même en vaquant aux travaux de la campagne.

Depuis Fournygeh, la largeur du canal est resserrée; elle n'est plus que d'environ 60 mètres : la profondeur est toujours la même; aux approches du lac Menzaleh, où se décharge le canal, la profondeur est d'environ 4 mètres. Depuis el-Horbeyt, le pays est coupé, sur les deux rives, d'une multitude de canaux, d'étangs et de marais, qui rendent les communications difficiles : plusieurs de ces étangs conservent leurs eaux pendant six ou huit mois. En face d'el-Lebaydy, sur la rive gauche, nous avons aperçu un lac immense, qui communique par plusieurs branches au canal, et qui conserve ses eaux pendant huit mois de l'année; il est navigable pendant une partie de ce temps : il s'étend jusqu'à Abou-Dâoud. Ce lac n'est séparé du lac Menzaleh que par une langue de terre; il n'y communique pas.

A deux lieues de l'extrémité du canal, avant le point où il se jette dans le lac de Menzaleh, s'élèvent les ruines de Sân ou *Tanis* [1], qui a donné son nom à cette branche du fleuve. Cette ville est célèbre par la grande population qui l'habitait, par les monumens que les rois d'Égypte y avaient élevés, et par les miracles qne Moïse y fit avant de quitter l'Égypte [2]. On y voit encore plusieurs obélisques renversés, des chapiteaux de colonnes dont le galbe a de l'analogie avec le genre corinthien, et un monument de granit brisé

[1] Τάνις, Strabon, *Geogr.* l. XVII, pag. 552; Ζοαν, traduction des Septante; ϪⲀⲚⲒ, version qobte; صان, *Sân*, version arabe. *Voyez* la Description de Sân, par M. Cordier, *A. D.*, *chap. XXIII.*

[2] *Psalm.* LXXVII, v. 12 et 43. Ezechiel, cap. XXX, v. 14.

en deux parties, que nous avons présumé avoir été un tombeau. Nous y avons rencontré des débris de vases d'une terre très-fine, quelques-uns enduits d'un vernis qui a subsisté jusqu'à présent. Nous y avons aussi trouvé des briques cuites de différentes espèces, des morceaux de verre et du cristal très-bien poli.

En avant de Sân, se trouve un petit canal qui conduit à Sâlehyeh, mais qui n'est navigable que pendant un mois.

La plaine qui est au-delà de cette ville jusqu'au lac Menzaleh, est traversée d'une multitude de canaux qui se croisent en tout sens. A l'extrémité de cette plaine, le canal entre dans le lac, et le traverse dans un espace de douze lieues jusqu'à la mer, en conservant son cours et son lit. Leurs eaux ne se mêlent pas, et, la profondeur du lac n'étant que d'environ un mètre, on distingue partout le lit du canal.

Nous sommes ainsi parvenus à l'extrémité du canal, après nous être assurés par nous-mêmes qu'il était navigable dans toute son étendue. D'après les renseignemens que nous avons recueillis, nous avons appris qu'il n'était praticable, pour les grandes germes, que pendant huit mois de l'année; passé ce terme, on peut, pendant quelque temps, y faire naviguer de petites barques fort légères, mais seulement dans la partie inférieure du canal. Pendant neuf mois de l'année, l'eau du Nil coule librement vers le lac Menzaleh; pendant les trois derniers mois, l'eau du lac reflue dans l'intérieur des terres. Pour éviter cet inconvénient, on construit tous les ans à Kafr Moueys une digue qui dure trois mois. Malgré cette précaution, l'eau salée reflue encore dans un espace de sept à huit lieues. Lors du temps le plus éloigné des crues, en face d'el-Lebaydy, où il n'y a qu'un seul pied d'eau, elle est entièrement salée.

Tels sont les renseignemens que nous avons pu nous procurer sur ce canal : d'après sa largeur, ses sondes et le grand nombre de ruines qui se trouvent sur son rivage, il est presque certain que son lit est le même que celui de l'ancienne branche Tanitique. Nous n'ajouterons pas, pour le prouver, des observations qui ont été exposées ailleurs; nous nous dispenserons aussi de faire aucune remarque sur l'embouchure de cette branche dans le lac Menzaleh, et sur le parti qu'on peut tirer du bas canal pour les communications de Damiette et de Sâlehyeh : nous observerons seulement, quant aux communications du Kaire, qu'il sera plus simple de se rendre directement à Sân par Moueys que par le lac Menzaleh; on évitera par-là le déchargement à Damiette, le transport par terre jusqu'au lac, et le nouveau chargement; ce sera une économie de temps et de dépense. La cause du peu de parti qu'on a tiré jusqu'à présent de cette communication, est le brigandage continuel qui s'y exerce; le défaut de force publique a contraint les particuliers à se resserrer autant que possible : de là sont nées ces haines de village à village, et ces petites guerres qui ont totalement étouffé la confiance.

Si cette malheureuse contrée rentrait sous la domination d'un peuple civilisé, cette nouvelle communication du Nil à la mer et à l'intérieur des terres serait d'un grand intérêt pour le commerce; elle rendrait promptement à la civilisation une étendue de pays d'environ cinquante lieues, qui n'est habitée que par des barbares qui se font une guerre continuelle, et qui, au milieu de la plaine la plus fertile, manquent des premières nécessités de la vie.

# MÉMOIRE

SUR

# LA PARTIE OCCIDENTALE

DE LA

## PROVINCE DE BAHYREH,

CONNUE ANCIENNEMENT SOUS LE NOM DE

## NOME MARÉOTIQUE;

Par M. GRATIEN LE PÈRE,

INGÉNIEUR EN CHEF AU CORPS ROYAL DES PONTS ET CHAUSSÉES.

RAPPELER l'existence d'une ancienne contrée qui, sans avoir changé de nature, a cessé seulement d'être habitée et cultivée, c'est faire voir la possibilité d'y ramener une nouvelle population, surtout quand cette terre n'a rien perdu des causes naturelles de sa fertilité : on veut parler de cette province la plus occidentale au nord de l'Égypte, et qui, connue dans l'Empire romain sous le nom de *nome Maréotique,* offre à peine aujourd'hui un faible souvenir de son existence dans le nom de *Maryout*, que les Arabes donnent à une ancienne ville de cette contrée [1].

Cette province, quoique limitrophe de celle d'Alexandrie, est tellement abandonnée et déserte aujourd'hui, qu'à peine connaît-on le nombre des villes ruinées qu'on trouve dans ces lieux, fréquentés seulement par les Arabes pasteurs ou errans, qui viennent y camper à certaines époques de l'année : la description rapide que nous allons donner de son ancien état, et la relation de quelques reconnaissances de son état moderne, contribueront avec la nouvelle carte de l'Égypte à fournir sur cette partie des notions assez exactes.

Les Romains appelèrent *nome Maréotique*, tout le pays compris entre le lac Maréotis et la mer au nord, borné à l'ouest par le Bahr-belâ-mâ, au sud par la vallée du nome Nitriotis, et à l'est par le canal qui, de l'Heptanome, venait jeter les eaux du fleuve dans le lac qui lui a donné son nom. Le lac Maréotis, qui, selon Strabon [2], s'étendait jusqu'à *Taposiris* sur le golfe Plinthine, était entouré de riches habitations, de bourgs et de villes, dont Maréa était la capitale. Cette ville existait long-temps avant Cambyse, l'an 229 de Rome, 525 ans avant notre ère. Hérodote dit à ce sujet [3] :

[1] *Maryout* ( مريوط ), l'ancienne *Mareotis* ; en langue qobte, Ⲙⲁⲣⲓⲱⲧⲏⲥ ou Ⲙⲉⲣⲓⲱⲧⲏⲥ ; chez les anciens Égyptiens, Ⲫⲁⲓⲁⲧ. « Maryout, ville située près d'Alexandrie, et qui fut considérable : ses habitans ont toujours passé pour vivre long-temps. » (Extrait de la géographie d'A'bd el-Rachyd el-Bakouy.) Note de M. Marcel, *Décade égyptienne*, tome I, page 279.

[2] Herod. *Hist.* lib. II, §. XVIII.

[3] Strab. *Geogr.* lib. XVII.

« Les habitans de Maréa, ayant pris en aversion les cérémonies religieuses des Égyptiens, envoyèrent consulter l'oracle de Jupiter Ammon, pour savoir s'ils devaient être assujettis à ces loix; car ils prétendaient être des peuples de la Libye. L'oracle répondit que tous les pays que le Nil couvrait de ses eaux, appartenaient à l'Égypte, et que les peuples qui en buvaient, étaient Égyptiens. »

Cette province limitrophe des déserts de la Libye, ayant toujours été soumise aux princes de l'Égypte, et devant d'ailleurs ses habitations et sa culture aux eaux du Nil, est, de fait, province dépendante de l'Égypte; et dans ce cas, la décision de l'oracle d'Ammon paraît aussi juste que naturelle.

On doit à Ptolémée les noms des principales villes et bourgades de ce nome, dont il donne les positions géographiques ainsi qu'il suit[1] :

INDICATION DES LIEUX.

| | Longitude. | Latitude. |
|---|---|---|
| *Mareoti Nomi Littora.* | | |
| Chimo vicus | 59° 30′ | 31° 6′ |
| Plinthine | 59. 45. | 31. 0. |
| Chersonesus parva, portus | 60. 0. | 31. 6. |
| *Mareoti Nomi Civitates et Villæ.* | | |
| Monocaminum | 59. 10. | 30. 30. |
| Halmyræ | 59. 40. | 30. 50. |
| Taposiris | 59. 50. | 30. 15. |
| Cobii | 59. 10. | 30. 20. |
| Antiphili | 59. 30. | 30. 20. |
| Hierax | 59. 40. | 30. 40. |
| Phomotis | 60. 0. | 30. 40. |
| Palæ Mariæ vicus | 60. 0. | 30. 10. |
| Maria Palus | 60. 15. | 30. 50. |
| Alexandria... *Rhacotis* | 60. 30. | 31. 0. |
| Canobos... Menelai metropolis | 60. 45. | 31. 6. |

[1] Ptolem. *ex edit. Franc. Raphelengii*, Lugduni Batavorum, 1586, in-fol.; pag. 51, 52 et 53.

On pourrait facilement, avec cette indication de la position respective des principaux lieux de cet ancien nome, en dresser une carte; mais, en l'analysant, on s'aperçoit bientôt des erreurs qui résultent évidemment des données de latitude. Comment, en effet, *Chersonesus parva,* que l'on connaît généralement, et à n'en pas douter, pour avoir occupé la position actuelle du Marabou, petit cap avec un fortin, situé à deux petites lieues sur la côte qui court au sud-ouest d'Alexandrie, se trouve-t-elle indiquée à un dixième de degré au nord du parallèle de cette capitale! On pourrait trouver plus à reprendre encore à la position de Plinthine, qui, beaucoup plus éloignée dans le sud-ouest, est indiquée sur le parallèle même d'Alexandrie.

On conçoit difficilement que Ptolémée, géographe et astronome de l'école d'Alexandrie, et qui vivait dans cette ville de 117 à 161 de l'ère vulgaire, ait pu commettre de pareilles erreurs sur des positions de lieux si voisins de cette capitale de l'Égypte, avec laquelle ces mêmes lieux avaient des relations très-grandes sous les rapports de la politique, du commerce et de la religion. Il paraît plus vraisemblable de les attribuer aux copistes et traducteurs de ce géographe, ou mieux encore à ses commentateurs, ainsi que le dit M. Gossellin dans sa Géographie des Grecs [1].

[1] M. Gossellin, dans sa Géographie des Grecs analysée, pag. 123, et liv. II, pag. 168 de ses Recherches sur la navigation des anciens, dit que Posidonius proposa à l'école d'Alexandrie une nouvelle mesure du degré terrestre. Cette mesure, qui fut adoptée, réduisit à cinq cents stades la valeur du degré, qui, avant, était évalué à sept cents stades, pour les distances prises dans le sens des latitudes.

Strabon place différemment les villes maritimes de ce nome : il parle de *Cynossema*, et de *Taposiris* qu'il dit ne pas être située tout-à-fait sur les bords de la mer, et où l'on célébrait de grandes fêtes; ensuite d'une autre *Taposiris* assez distante de cette première, où, annuellement et vers le printemps, il y avait un grand concours de peuple, et surtout de jeunes gens qui prenaient la plus grande part aux fêtes qui s'y donnaient. Strabon donne à entendre que, comme à Canope et à Mendès, il s'y passait des scènes licencieuses que les prêtres couvraient des voiles de leurs mystères [1]. Après ces deux *Taposiris*, venaient *Plinthine*, *Niciæ Pagus*, et *Chersonesus*, petit cap qui, ayant une forteresse avec garnison, n'était éloigné d'Alexandrie que de soixante-dix stades (six mille six cent cinquante toises au stade grec ou olympique de quatre-vingt-quinze toises).

Cette province était renommée surtout par l'excellence de ses vins, qui avaient la qualité de se conserver long-temps, et dont Alexandrie faisait une grande exportation à Rome et en d'autres pays étran-

On changea à Alexandrie les anciens itinéraires; mais quelques-uns furent sans doute oubliés. C'est à ce changement que ce savant attribue les erreurs qui se sont glissées dans les Tables de Ptolémée.

[1] Hérodote, dans le livre où il traite de l'histoire des Égyptiens, ne parle des fêtes annuelles qui se célébraient à Mendès, qu'avec une réticence scrupuleuse, comme en général des mystères de l'Égypte, auxquels il fut initié; mais, si cet historien sut garder le secret qu'il avait sans doute juré aux prêtres égyptiens, sur tout ce qui tenait à leur religion, les patriarches d'Alexandrie et les pères de la primitive Église n'ont pas craint d'en dévoiler la turpitude dans leurs écrits. On peut consulter, à ce sujet, les notes 169, 172, 173, 181 et 182 de M. Larcher sur le livre II d'Hérodote, tome II de sa traduction, pag. 266, 267, 270 et 271; Paris, 1802.

gers. Ce pays était encore fertile en oliviers, mais d'une espèce inférieure à celle que l'on cultivait dans le nome Arsinoïte, laquelle donnait en abondance de l'huile d'une bonne qualité.

Ce nome, dans les premiers siècles du christianisme et sous les empereurs de Constantinople, a été habité en grande partie par les chrétiens qui, fuyant les persécutions et les fureurs des donatistes, des ariens et autres différentes sectes, se réfugièrent dans les déserts de la Libye et de la Thébaïde. La vallée de Maryout en fut très-peuplée : le nombre des monastères qui y furent construits, était déjà si considérable dans le IVe siècle, que l'empereur Valens chargea le comte d'Orient, gouverneur d'Alexandrie, d'y faire une levée des moines en état de porter les armes[1]. Le nombre de

[1] On lit, dans l'Abrégé de l'histoire ecclésiastique de Fleury, que l'empereur Valens ordonna en 376 que les moines fussent enrôlés et contraints de porter les armes comme soldats : quoiqu'on ait regardé cette loi comme celle d'un persécuteur de l'Église, on peut dire que la multitude prodigieuse des moines l'avait rendue nécessaire. On comptait cinq mille monastères dans l'Égypte seulement. La ville d'*Oxyrynchus*, située dans la basse Thébaïde, renfermait dix mille moines et vingt mille religieuses. Le monastère de Tabenne, fondé dans la haute Thébaïde par saint Pacôme, contenait quatorze cents moines. Celui de sa sœur, qui était situé vis-à-vis, avait quatre cents filles. Les assemblées générales et annuelles des monastères soumis à celui de saint Pacôme s'élevaient à cinquante mille moines. Le nombre des moines de l'Égypte était, dans les grands monastères seulement, de soixante-seize mille, et celui des filles de vingt mille environ : on ne comprend pas dans ce nombre celui des petits monastères, qui était à l'infini. L'abbé Sérapion, près d'Arsinoé, avait dix mille moines sous sa juridiction.

On doit attribuer les causes de cette ardeur de la vie monastique dans ces temps, moins encore aux persécutions dont l'Église fut affligée, qu'aux fureurs de l'esprit de parti qui la divisa dans les premiers siècles de son établissement. La ville d'Alexandrie fut le théâtre sanglant des schismes des donatistes et des ariens. Le christianisme, qui, depuis Jésus-Christ, s'était élevé dans le silence et la paix, commença,

ceux qu'on enleva seulement dans le nome Maréotique et dans le nome Nitriotis qui lui était contigu au sud, fut de cinq mille, qui furent embarqués pour Constantinople, où ils furent enrôlés dans l'armée de l'empereur. Les couvens que l'on retrouve encore aujourd'hui, dans la vallée des lacs de Natron, que les Arabes prononcent *Natroun,* et dans d'autres parties de l'Égypte, sont les restes de cette multitude de monastères qui ont jadis peuplé ces déserts. Les ruines que les Français en ont retrouvées de toutes parts, dans les reconnaissances militaires qu'ils ont faites de cette partie occidentale de l'Égypte, attestent la vérité du rapport de l'histoire sur l'ancienne population de cette province aujourd'hui déserte. Nous allons donner quelques détails de ces reconnaissances, comme offrant encore quelque intérêt.

Le général de brigade Destaing, commandant à Rahmânyeh, après le retour de l'armée, de l'expédition de Syrie, fit quelques excursions contre les Arabes, en thermidor an VII (août 1799), et pénétra, par la province de Bahyreh, dans le canton de Maryout, où il nous dit avoir trouvé un grand nombre de villes et d'habitations ruinées.

sous le règne de Constantin, en 330 environ, à se répandre par les séductions, les violences et la force des armes. Ce fut alors que la croix ensanglanta la terre. Arius, natif de la Libye, chef de la secte qui porte son nom, et Athanase, patriarche d'Alexandrie, causèrent par leurs divisions de fréquentes guerres civiles dans cette ville. Arius, condamné dans le concile de Nicée en 325, et rappelé d'exil en 328 par Constantin, avait réuni à son parti plus de sept cents filles d'Alexandrie et de Maryout.

*Voir* l'Histoire du Bas-Empire, tom. 1er, livre IV, et tome IV, liv. XVIII, pag. 262; et l'Histoire de la décadence de l'Empire romain, tome VI, page 68.

Le général de division Friant, commandant à Alexandrie, marcha, dans le courant du mois de nivose an IX (janvier 1801), contre quelques tribus d'Arabes, et poussa jusqu'à la tour des Arabes, située à neuf heures de marche, sur la côte au sud-ouest d'Alexandrie. Ce fut la première fois que, depuis l'occupation de l'Égypte par les Français, on fit la reconnaissance de ce point de la côte : dans son rapport sur cette expédition, le général témoigne ses regrets de n'avoir pas été accompagné de quelques personnes versées dans la connaissance des monumens de l'antiquité[1].

L'ingénieur en chef Lepère, mon frère, accompagné de MM. Faye, Chabrol et Lancret, ingénieurs des ponts et chaussées, à la suite d'une tournée dans les provinces de Rosette et de Bahyreh, qui avait pour objet de reconnaître le canal de Rahmânyeh à Alexandrie, se rendit en cette dernière ville, où ce canal porte les eaux du fleuve; ces ingénieurs en repartirent le 4 pluviose an IX (24 janvier 1801) pour aller visiter le monument indiqué à la tour des Arabes : la relation de cette reconnaissance est consignée dans le n°. 107 du Courrier de l'Égypte.

Depuis la descente des Anglais à Abouqyr, le chef de brigade du corps des dromadaires, M. Cavalier, avait fait aussi quelques excursions dans cette partie, où il me dit avoir rencontré des ruines considérables. D'après toutes ces indications, je profitai d'une der-

[1] *Voir* le Courrier de l'Égypte, journal imprimé au Kaire, n°. 96.

nière reconnaissance que cet officier fut chargé de faire par le général en chef Menou, pour s'assurer de l'étendue de l'inondation du lac Maréotis, dont l'entière submersion, qui date de la fin de prairial an IX (juin 1801), ainsi que j'aurai occasion de le dire plus amplement dans mon Mémoire général sur les lacs maritimes de l'Égypte, avait pour but de resserrer les Français dans Alexandrie, en fermant leur communication avec la division de l'armée au Kaire.

Nous partîmes d'Alexandrie, le 16 floréal an IX (6 mai 1801), avec le chef de brigade M. Cavalier à la tête de quarante hommes montés à dromadaire, et un officier de marine, M. Gard, qui avait ordre de prendre des sondes sur divers points du lac. Après trois heures et demie, nous arrivâmes aux deux premières îles de la vallée de Maryout, que les eaux dépassaient déjà beaucoup, et que l'on fortifiait alors pour la défense de cette partie resserrée du lac, qui forme la tête nord de cette vallée. Nous passâmes dans ces îles avec une des barques qui nous suivaient. Nous trouvâmes, ce même jour, vers les cinq heures du soir, quarante pouces pour la plus grande profondeur d'eau dans la ligne transversale de cette partie du lac, dont la largeur peut être de cinq à six cents toises. Ayant bivouaqué dans l'île, nous continuâmes de naviguer le lendemain dans le lac, que nous descendîmes avec les eaux d'inondation jusques à près de deux lieues dans l'ouest-sud-ouest, suivis de l'escorte, qui côtoyait la rive occidentale du lac. A cette distance des premières îles, nous ne trouvâmes plus, le 17 floréal, sur les huit heures du matin, qu'une profondeur de sept à huit pouces d'eau ; nos barques étant échouées, nous les quittâmes pour achever la reconnaissance par terre : les eaux de l'inondation cessaient à une demi-lieue au-delà; elles avaient un mouvement très-sensible : nous continuâmes cependant de remonter la vallée pour en reconnaître le gisement, et nous donner le temps d'observer, dans les jours suivans et à notre retour, les progrès et les limites de l'inondation.

Nous arrivâmes bientôt à un santon dont les eaux étaient encore éloignées de trois quarts d'heure de marche. Ce santon, nommé *Qoubbet-el-Kheyr*, est, suivant l'usage, le tombeau de quelque cheykh arabe pris en vénération, situé à deux cents pas environ des bords du lac dans une petite gorge de la colline; il est entouré de quelques palmiers, garantis des vents de mer par les hauteurs de cette même colline qui longe la côte et le lac. En traversant au nord les hauteurs de cette colline, nous descendîmes dans une petite vallée, parallèle à celle du lac et à la côte, et qui, prenant du Marabou, longe la mer sur dix à douze lieues au sud-ouest; on y trouve çà et là quelques pieds de palmiers et des traces de végétation, indices non équivoques des eaux douces cachées sous les sables du désert. Ce vallon est formé, du côté de terre, par cette chaîne continue de hauteurs dont nous venons de parler et qui domine la vallée du lac Maryout, et, du côté de mer, par une autre petite chaîne de hauteurs rocailleuses qui borde toute la côte, recouverte presque partout d'un sable blanc que la mer forme et rejette sans cesse sur ses rives, et que le vent disperse ou amoncelle en petites dunes très-mobiles. On y trouve des eaux douces ou légèrement saumâtres dans des fouilles de peu de profondeur que les Arabes y font pour abreuver leurs bestiaux. Nous suivîmes ce vallon de Qoubbet-el-Kheyr jusqu'à la tour des Arabes, où nous arrivâmes en trois heures de marche.

La tour des Arabes *el-A'moud,* qui veut dire *la colonne,* est une tour dont la base carrée supporte un dé de forme octogonale, surmonté d'un massif circulaire à l'instar d'un fût de colonne tronquée, dont la hauteur ne répond plus à celle que suppose le diamètre. Ce monument, élevé sur la côte, semble n'être en effet qu'une énorme colonne en partie renversée : extérieurement à une des faces de sa partie octogonale, celle du côté de mer, on remarque plusieurs marches d'un escalier qui devait se terminer à la naissance de la tour, à dix mètres environ au-dessus du sol. Ce monument, dont MM. les ingénieurs qui en ont fait un examen plus particulier, donneront les dessins avec une description plus détaillée, est d'une bonne construction; il a dû servir de point de reconnaissance en mer, ainsi que toutes les autres tours pareillement situées sur les côtes peu élevées de l'Égypte et de cette partie de la Libye [1].

Avant de passer outre, je dois parler d'un objet sur

[1] On lit dans les Voyages de Granger (pag. 222), qu'à six lieues de la tour des Arabes, vers l'ouest, on trouve une autre tour qui tombe en ruines, et sur les murs de laquelle ce voyageur a vu une inscription arabe, en 1730-31.

lequel je n'ai pu jeter qu'un coup d'œil rapide, parce que, m'arrêtant souvent à examiner toutes les ruines et les sites, j'étais aussi toujours en arrière de nos gens. Je veux parler d'un tertre assez élevé que l'on remarque sur la chaîne même qui sépare le lac de la mer. Sur les revers de ce monticule, situé à mille ou douze cents mètres de la tour des Arabes, en remontant vers Alexandrie, on entrevoit des espèces de gradins, des parties maçonnées en pierres de taille, enfin des faces quadrangulaires et inclinées qui donnent au tout une forme pyramidale : au pied de ce tertre, est un fond où l'on trouve les restes d'une belle citerne et d'autres constructions. Le nom de *Koum-Aboussyr* que les Arabes donnent à ce lieu, conserve encore l'étymologie de son ancien nom *Taposiris* [1], que Strabon et Ptolémée, que nous avons cités plus haut, placent dans cette partie. Ce site répond en effet à la seconde *Taposiris* qui, suivant le géographe grec, était à quelque distance de la ville de ce nom, que nous croyons devoir placer à la tour des Arabes, ainsi que nous allons le dire.

[1] *Aboussyr* conserverait, selon nous, toute la signification de son ancien nom, que les Grecs écrivaient Ταφόσιρις, qui veut dire *tombeau d'Osiris*, comme le remarquent Diodore, *Biblioth. hist.* lib. II, §. II, art. 32, et Procope de Césarée, *de Ædif.* lib. VI, cap. I.

*Busiris*, que les Arabes prononcent *Boussyr*, est le nom que les Égyptiens donnaient à tous les lieux où Osiris avait un tombeau. On retrouve encore un village de ce nom à l'ouest des ruines de Memphis, au pied des montagnes où sont assises les pyramides de Saqqârah. Le savant traducteur d'Hérodote, M. Larcher, dit dans ses notes, tom. II, pag. 293, que *bou*, en langue égyptienne, signifiait *tombeau*. Plutarque, ajoute ce savant, nous apprend, d'après Eudoxe, que, quoiqu'Osiris ait eu différens tombeaux, son corps avait été inhumé à Busiris, dont le nom signifie la même chose que Ταφόσιρις.

En reprenant la côte au sud-ouest, on trouve, à quatre cents mètres de la tour, les ruines d'une vaste enceinte carrée, fermée de murs de douze à quinze mètres d'élévation, et dont les côtés ont quatre-vingts mètres environ de longueur. L'entrée de ce vaste monument se trouve dans la face qui regarde Alexandrie : elle est flanquée de deux môles, dont l'intérieur renferme des chambres percées de quelques fenêtres élevées, mais très-petites, qui n'y laissent pénétrer qu'une faible clarté; ce qui annonce assez évidemment des demeures mystérieuses. Les escaliers qui y conduisent, quoique de peu de largeur, sont bien construits, doux et faciles : les murs sont en pierre de taille d'un bel appareil. Ce monument, qui, au premier coup d'œil, semble appartenir à l'architecture égyptienne, dont il n'est qu'une imitation, est d'une belle construction. Des débris de colonnes cannelées et des chapiteaux de l'ordre dorique qu'on trouve dans les ruines de l'enceinte, font présumer qu'il appartient, ainsi que la tour des Arabes, au temps des Romains : mais on peut, avec plus de fondement encore, en attribuer la construction à Justinien, qui, selon Procope, fit élever, vers le milieu du VI^e siècle, un grand nombre de monumens dans Taposiris, ville située, comme le dit cet historien, sur la côte d'Afrique, à une journée d'Alexandrie, et où, ajoute-t-il, était la sépulture d'Osiris; ce qui lui fait écrire ainsi le nom de cette ville, Ταφόσιρις. C'est, à n'en pas douter, en ce lieu, où Hérodote plaçait le point occidental de la base du Delta, que se célébraient ces fêtes en l'honneur d'Osiris, qui y attiraient tous les ans un grand concours de monde, et surtout de jeunes gens, comme nous l'avons dit plus haut, d'après le témoignage de Strabon [1].

La table Théodosienne marque XXV MP pas entre Alexandrie et Taposiris, ville située sur le golfe Plinthine; ce qui, à raison de 756 toises (1473 mètres 47 centimètres) au mille romain, fait 18900 toises (36836 mètres 78 centimètres). Mais cette distance semble être celle de la *Taposiris* qui était située, comme nous l'avons dit plus haut, à *Koum-Aboussyr,* dont nous avons retrouvé les ruines à mille ou douze cents mètres plus au nord-est, vers Alexandrie [2]. Nous évaluerons la distance de cette *Taposiris* au golfe Plinthine, aujourd'hui golfe des Arabes, à neuf heures et demie de marche; ce qui, à 4000 mètres de compte rond à l'heure de marche des caravanes, d'après nos observations faites en Égypte, donne 38000 mètres d'Alexandrie aux ruines de cette *Taposiris.*

Entre la tour des Arabes et le monument dont nous venons de parler, la chaîne des montagnes est élevée et percée de carrières dont l'exploitation a servi à la construction des monumens et des villes dont nous venons de parler. Quelques-unes de ces carrières sont creusées et taillées en forme de grottes. La largeur de la côte, depuis les rives de la mer jusqu'au bord de la vallée de Maryout, celle qui paraît avoir servi de bas-

[1] *Voyez* la Description spéciale de Taposiris, par M. Saint-Genis. (*Descriptions des antiquités.*)

[2] *Voyez* la carte hydrographique de la basse Égypte. (Pl. 10, *É. M.*, vol. 1.)

sin au lac, peut avoir, en ce point, mille à douze cents mètres. On remarque, dans le bassin de cette vallée, des levées ou petites digues qui la traversent, et qui ont été faites pour faciliter la communication de la côte avec la rive et tout le pays au sud. Ces levées sont percées de quelques ponceaux destinés à l'écoulement des eaux pluviales en hiver. Les eaux de l'inondation du lac Maréotis s'arrêtaient à mille mètres environ au nord-est, suivant le rapport de M. le Gentil, capitaine du génie, qui a fait les dernières reconnaissances de cette partie. Cependant, on doit être assuré, d'après l'état des lieux, que les eaux du lac dépasseraient de beaucoup ces digues au sud-ouest, si, comme anciennement, le Nil versait ses eaux dans le lac, dont il augmentait beaucoup l'étendue, suivant la remarque de Strabon [1].

La côte, qui suit toujours la direction ouest-sud-ouest, sur quelques myriamètres au-delà, conserve aussi sa même conformation et sa même nature de roche calcaire arénacée et très-blanche. Quant à la petite vallée secondaire dont nous avons parlé, et dont le gisement court parallèlement à la côte et à la grande vallée de Maryout, elle offre, à partir de la tour des Arabes, une partie plane, encaissée, et d'une largeur si régulière sur cent cinquante à deux cents mètres environ, qu'elle semble être un large canal creusé par la main des hommes. Des arbrisseaux et des plantes salines y présentent une végétation très-active.

[1] Strab. *Geogr.* lib. XVII.

Nous la suivîmes pendant trois heures de marche continue. Parvenu à la hauteur que donne cette marche, je n'aperçus qu'une même continuité de site : une fouille que je fis faire dans cette partie de la côte, ne donna qu'un sable très-gras et très-humide, et, à un pied de profondeur seulement, une eau salée; ce qui fait présumer que la plaine de cette petite vallée est inférieure au niveau de la mer. Nous bivouaquâmes en cet endroit, qui nous offrait une position abritée et facile à défendre, en cas de surprise de la part des Arabes. Le lendemain, 18 floréal, nous traversâmes au sud la grande vallée de Maryout, dont la largeur peut être de mille à douze cents mètres environ. J'y retrouvai le même aspect qu'à la tour des Arabes, celui d'une plaine unie, formée d'un sable gras, mais moins fangeux, et recouvert de quelques plantes salines. Du haut de la chaîne qui longe et borne du sud-ouest au nord-est cette grande vallée, on aperçoit un cap qui semble terminer à l'ouest l'ancien golfe Plinthine, comme celui de la Chersonèse, aujourd'hui le Marabou, le terminait au nord-est. De ce point, j'aperçus encore une autre chaîne de montagnes dont la direction sud-est vient se terminer à ce cap : on doit présumer qu'elle appartient aux deux chaînes de montagnes qui forment le bassin du Bahr-belâ-mâ ou Fleuve sans eau.

Le chef de brigade, M. Cavalier, qui partageait tout l'intérêt que je mettais à achever ma reconnaissance, mais qui dépassait le but de la sienne, ne pouvait s'exposer davantage avec une aussi faible escorte, dans cette partie des déserts, fréquentée par de nombreuses tribus d'Arabes. Nous descendîmes dans la plaine au sud, et remontâmes bientôt après au nord-est, en longeant la chaîne de Maryout. Une abondante végétation, des traces de nombreux bestiaux, nous indiquèrent que nous étions dans les lieux fréquentés par les Arabes pasteurs. Nos gens prirent bientôt une soixantaine de bœufs, vaches et moutons, que leurs gardiens nous abandonnèrent. Nous vîmes quelques Arabes fuir et courir vers des lieux peu couverts, qui leur offrent sans doute des retraites souterraines; car, les ayant poursuivis, nous les perdîmes de vue tout-à-coup.

Nous trouvâmes, bientôt après, les ruines d'une petite ville. Au milieu des décombres de pierres, on remarque quelques citernes et plusieurs puits maçonnés qui paraissent assez bien entretenus : des rigoles pavées réunissent les eaux pluviales, qu'elles vont porter par des pentes sensibles et en rayons convergens vers ces puits. Ayant fait halte en ce lieu, nous y fîmes de l'eau que nous trouvâmes bonne, et dont nous remplîmes nos outres. Les bestiaux pris sur les Arabes passèrent sans s'y abreuver; d'où l'on doit naturellement penser qu'il ne manque pas d'eau dans cette partie du désert.

A une demi-heure de marche au nord-est, et à une distance de huit à neuf cents pas du pied de la chaîne de montagnes que nous longions toujours à gauche, nous trouvâmes les restes d'une seconde petite ville qui a dû être assez riche en monumens : on y voit encore des ruines de belles constructions en pierres de taille, en briques rouges, des tours, des souterrains voûtés, des citernes, etc.

Poursuivant notre marche toujours dans la même direction, nous trouvâmes, à trois quarts d'heure au-delà, les ruines considérables d'une troisième ville, couverte, sur une assez grande étendue, d'amas immenses de pierres de taille éparses et accumulées avec le désordre d'une ville renversée de fond en comble; enfin, à une pareille distance encore au-delà, de nouvelles ruines d'une quatrième petite ville. Nous observerons que les distances indiquées en temps sont calculées à la marche accélérée des dromadaires.

Nous croyons pouvoir rapporter à ces ruines de quatre villes plus ou moins considérables, situées dans un espace de moins de quatre lieues, les noms des villes ou bourgs désignés dans les tables de Ptolémée, suivant leur position respective; savoir, en commençant par la plus éloignée, *Cobii*, *Antiphili*, *Hierax* et *Phomothis*.

Toute cette partie du désert est couverte d'arbrisseaux et de végétation. Son sol, susceptible de culture, semble contenir moins de sable et plus de terre végétale que les plaines de la Bahyreh. En remontant au nord, nous traversâmes de nouveau la chaîne de montagnes qui domine au sud le canton de Maryout : de sa sommité, nous aperçûmes à une lieue environ au sud-ouest la tour des Arabes. Cette indication suffit pour placer avec assez d'approximation la position géographique des ruines des quatre villes ou bourgs dont nous venons de parler, en redescendant au sud-ouest.

Le chef de brigade, M. Cavalier, recherchait des ruines plus intéressantes qu'il avait déjà visitées, et qu'il voulut me faire voir. Ces ruines se trouvent sur la rive sud du lac Maréotis, vis-à-vis le santon d'Abou-el-Kheyr, situé sur les bords de la rive opposée, que nous avions visitée deux jours auparavant; elles consistent dans les vestiges encore très-marqués d'une double enceinte de ville forte, réduite à un et deux mètres de hauteur seulement, flanquée de tours rasées, terminées au nord-est par un môle avancé dans le lac. Quatre autres môles, dirigés semblablement, forment autant de vastes bassins ou havres. L'eau de mer commençait à baigner le pied de ces môles, dont l'élévation est de deux à trois mètres sur le fond de la plaine saline du lac. Dans l'intervalle de deux de ces môles se trouve une rue qui descend, par une pente assez rapide, au niveau de cette plaine, en traversant les restes d'un édifice qui paraît avoir été une porte de ville sur le lac. La construction de ces môles présente un grand appareil; bâtis avec art, ces murs de quai, en forme de jetées, attestent que cette ville eut un port très-commerçant. Tout le reste de son site est couvert de ruines et de décombres de fabriques, de fragmens de grès, de granit, de marbres de toute espèce et de monceaux de pierres de taille. On ne peut douter un instant que ces ruines considérables, situées à trente milles mètres environ au sud-sud-ouest d'Alexandrie, n'appartiennent à Maréa, l'ancienne capitale du nome de son nom.

Avant de passer plus loin, je parlerai d'un monument remarquable qui existe encore presqu'en entier au milieu du bassin du lac, à une distance de douze à quinze cents mètres au sud-ouest de Maréa; je ne puis en donner que des dimensions hasardées, parce que, seul alors, et revenant de visiter quelques îles et autres ruines du lac, je regagnais à la hâte l'escorte, dont je m'étais très-éloigné, et qui était alors à Maréa : aussi je ne pus y rester qu'un instant, quoique forcément; car mon chameau, en s'abattant sur la plaine humide et glissante du lac, me déposa assez brusquement en cet endroit.

Ce monument consiste dans une enceinte de forme rectangulaire, dont les deux grands côtés m'ont paru avoir cinquante à soixante mètres de longueur, et les petits vingt à vingt-cinq mètres de largeur. Les murs construits en pierre de taille d'un fort appareil, à la manière des môles de Maréa, que je n'avais pas encore visitée, et où je me rendais pour rejoindre M. Cavalier qui m'y attendait, peuvent avoir trois à quatre mètres d'épaisseur et autant en élévation, tant sur le sol extérieur de la plaine du lac, que sur celui de l'intérieur qui offre un espace vide. La position isolée de cette bâtisse située dans le bassin desséché du Maréotis, mais dont les eaux de l'inondation n'étaient pas éloignées ce jour même de plus de quatre à cinq cents mètres, et la seule ouverture que j'y aperçus, au nord et vers le large du lac; tout me fait soupçonner que cette enceinte murée ne peut avoir été fondée, dans cette partie submersible du lac, que pour servir à la construction ou au radoub des galères et des vaisseaux, et qu'elle pouvait s'ouvrir ou se fermer à volonté pour mettre à l'eau ou en radoub et à sec les bâtimens que l'on y renfermait. Il est difficile de concevoir un autre but d'utilité à cet ouvrage, dont nos formes de construction des vaisseaux, à Toulon, à la Rochelle, à Brest en France, et dans quelques autres grands ports de l'Europe, seraient une imitation perfectionnée.

Après avoir visité le site de Maréa, nous traversâmes le lac en nous dirigeant au nord-ouest sur le santon d'Abou-el-Kheyr, situé vis-à-vis, comme nous l'avons déjà dit, par un petit chemin pavé, construit en ce point, comme en divers autres, par les Arabes, pour y avoir un passage facile dans leurs excursions, à travers la plaine humide et fangeuse de cet ancien lac. Les eaux de l'inondation avaient déjà une hauteur de dix à douze pouces au plus, sur le point le plus bas de ce chemin, dont la longueur un peu sinueuse est de quatorze cent vingt pas, d'une rive à l'autre du lac; ce qui la porte à cinq cent quatre-vingts toises, en estimant à deux pieds et demi les pas de deux soldats que j'y envoyai séparément pour prendre cette mesure. Les eaux de mer gagnaient sensiblement vers la tour des Arabes au sud-ouest; nous pouvions croire néanmoins que ce point servirait à la communication d'Alexandrie avec la division qui occupait encore Rahmânyeh et avec le reste de l'armée au Kaire. Cette notion était importante à obtenir et à rapporter au général en chef, à Alexandrie, puisqu'elle était le but de notre reconnaissance; ce fut donc pour nous assurer de la hauteur que pourraient prendre en ce point les eaux dans la pleine et entière submersion du lac, que je fis un nivellement du lac à la mer en passant près du santon, et par-dessus une partie basse de la montagne qui les sépare : nous envoyâmes chercher pour cette opération un niveau d'eau aux premières îles dont nous avons parlé, et que l'on fortifiait alors; le lendemain, je fis ce nivellement, d'abord du lac à la mer, et ensuite de la mer au lac, pour en obtenir une vérification assurée. On peut en voir le profil rapporté dans la planche du nivellement des pyramides (*volume cinquième des planches d'antiquités*). En voici les résultats :

Le 19 floréal an IX (9 mai 1801), les eaux du lac se trouvèrent inférieures à celles de la mer de deux pieds six pouces dix lignes, ainsi que le porte la dernière cote du profil. Or, ce même jour, il y avait déjà une hauteur d'un pied huit pouces dans l'endroit le plus bas du chemin pavé qui traverse le lac : ces deux quantités donnent donc une profondeur de quatre pieds deux pouces dix lignes d'eau qui doit se trouver dans cette partie du lac; on peut même porter cette profondeur à cinq pieds, à cause du refoulement des eaux vers cette extrémité du lac, et de la différence des moyennes aux basses eaux de la mer [1].

[1] J'ai dit plus haut que, le jour précédent que nous traversâmes le lac vis-à-vis le santon d'Abou-el-Kheyr, les eaux de l'inondation avaient déjà dix à douze pouces de hauteur sur le point le plus bas du pavé. Ayant planté sur la rive nord du lac, ce jour 18 floréal, un piquet d'observation, je trouvai, le 19, une augmentation de huit pouces dans

L'espace de terrain nivelé des rives du lac à la mer a été de trois mille cinq cent vingt pas, ou de quatorze cent soixante-sept toises, suivant l'estimation précédente du pas. Mais cette distance comprend la montée et la descente de la montagne; ce qui doit l'augmenter d'un dixième environ. Ce nivellement fait connaître que le point le plus élevé de la chaîne de montagnes, qui, comme nous l'avons dit, domine et le lac et la mer, est de soixante pieds supérieur au niveau de la mer, et que le point le plus bas de la petite vallée adjacente et parallèle à la côte est de dix pieds supérieur à ce même niveau; d'où l'on déduira cette observation, que les eaux légèrement saumâtres, mais potables, que l'on trouve à deux et trois pieds de fouille dans toute l'étendue de cette petite vallée qui s'étend jusqu'à la tour des Arabes, où elle change de nature en prenant un niveau bien inférieur, sont encore de sept à huit pieds supérieures aux eaux de la mer.

J'ajouterai à ces détails, que le chef de brigade M. Cavalier, et l'officier de marine M. Gard, eurent la complaisance de tenir eux-mêmes les mires pendant toute la journée que dura cette opération vérifiée, que la multiplicité des stations, la chaleur, et la forte ondulation des couches inférieures de l'atmosphère sur les sables du désert, me rendirent très-pénible, à la vue surtout [1].

l'espace de vingt-quatre heures; ce qui me fait porter ici à vingt pouces la hauteur des eaux du lac au point le plus bas de ce chemin pavé.

[1] Il est peu de Français qui, ayant séjourné à Alexandrie, n'aient été à portée d'observer l'effet de la réfraction sur cette partie des côtes

J'avais observé, dans l'espace de vingt-quatre heures que nous restâmes au santon d'Abou-el-Kheyr, que les eaux de l'inondation, qui s'étendaient déjà à une demi-lieue au sud-ouest de Maréa, vers la tour des Arabes, s'y étaient élevées de 0[ds] 8° 4[l]: en retournant à Alexandrie, je retrouvai aux îlots fortifiés, où, quatre jours auparavant, nous avions fait notre première observation, une nouvelle profondeur de soixante-dix pouces. La crue y fut donc, du 16 au 20 floréal, de 2[ds] 6° 0[l], puisque nous avons dit que, le 16, cette profondeur n'y était que de quarante pouces. Je conclurai de ces observations et opérations, qu'il doit se trouver aujourd'hui dix pieds

de l'Égypte : quand de cette ville on porte la vue vers la tour des Arabes, on y aperçoit presque toujours une espèce de vapeur s'élever de terre et de mer, offrant les nuances très-sensibles de deux teintes bien distinctes de couleurs roussâtre et bleuâtre, dues à la réfraction solaire sur les couches les plus basses de l'atmosphère à l'horizon. Ces vapeurs fortement colorées dessinent et peignent parfaitement à l'œil les tons qui appartiennent aux effets de la réfraction sur les sables du désert et sur les eaux de la mer.

Après les fatigues de cette journée, nos soldats tuèrent le soir, à notre bivouac du santon, et au milieu du troupeau de leur prise, un bœuf qui fut tiré à balles de fusil, à quinze pas. L'animal, frappé dans le milieu du front, resta immobile sur le coup, puis chancela et tomba. Le passage de la vie à la mort fut celui d'un éclair. Tous les bœufs du troupeau l'entourèrent à l'instant, et poussèrent, presque tous, un long mugissement, après lequel les uns s'éloignèrent, et d'autres s'enfuirent, saisis d'une espèce de stupeur.

Cette observation qui me frappa, et que quelques personnes ne trouveront pas sans intérêt, rappelle ce beau vers de Virgile :

*Sternitur, exanimisque tremens procumbit humi bos.*

*Æneid.* lib. v, v. 481.

Ce vers, qui présente une image d'une vérité frappante, est fidèlement traduit par M. Delille dans son Énéide française :

Le taureau, sous le coup, tremble, chancelle et tombe.

Liv. v, v. 672.

d'eau dans cette partie du lac, et cinq à la hauteur de Maréa.

De ces îlots, nous nous dirigeâmes au nord-ouest sur le Marabou, en traversant la chaîne de montagnes où l'on trouve des carrières immenses, dont l'exploitation a dû servir à la construction de la ville d'Alexandrie. Dans toute cette partie, la côte est formée par un sol rocailleux et sablonneux, extrêmement difficile pour la marche du chameau. Ce fut près et à l'ouest du Marabou que l'armée française fit son débarquement, le 13 messidor an VI (1er juillet 1798). Du Marabou, nous nous dirigeâmes sur Alexandrie, où nous rentrâmes le 20 floréal an IX (10 mai 1801), le cinquième jour de notre départ de cette ville.

Le 23 suivant, je fis un autre nivellement sur une coupure de la côte, qui paraît avoir été un ancien canal de jonction de la rade d'Alexandrie au lac, à une distance de cinq mille huit cent cinquante mètres au sud-ouest de la colonne. Le profil en est représenté dans la planche de nivellement citée plus haut. On peut y voir que le lit de cet ancien canal, dont le relief n'est pas de quatre pieds de hauteur moyenne au-dessus de la mer, ne demanderait qu'un travail peu considérable pour y rétablir l'ancienne communication des ports d'Alexandrie avec ceux du Maréotis, et qu'à l'époque à laquelle je fis cette opération, les eaux du lac avaient encore à s'élever de 3ds 11° 3l; car la dernière cote fut prise à la ligne des eaux du lac, pour prendre le niveau des eaux de mer : des sondes que je prolongeai dans le lac sur la direction de cet ancien canal, donnèrent progressivement jusqu'à huit pieds d'eau à cinq cents toises des rives; le 26 du même mois, on y trouva onze pieds d'eau, à sept et huit cents toises, de sorte que, dans la pleine inondation, on doit y trouver quinze à seize pieds d'eau. Le 2 prairial suivant, on avait également sept et huit pieds d'eau dans le trajet des îlots fortifiés à la rive sud du lac, dans la même ligne que nous avions sondée les 16 et 20 floréal.

Je n'ai pas voulu parler de nombre d'autres ruines plus ou moins importantes que je trouvai de toutes parts, et principalement sur les rives sud du lac : il suffit de cette reconnaissance, qui fait retrouver l'emplacement de sept villes ou bourgs considérables que nous croyons appartenir aux deux *Taposiris* sur la côte, et, dans l'intérieur, à *Cobii*, *Antiphili*, *Hierax* et *Phomothis*, enfin à *Marea*, capitale de cette province, sur le lac de son nom[1]. Cette reconnaissance fait voir encore que toute la côte et l'intérieur de ce désert, couvert de ruines, fréquenté par de nombreuses tribus d'Arabes errans et pasteurs, n'ont pas cessé d'être habitables; en sorte que l'on ne peut révoquer en doute le témoignage des historiens qui ont dit que cette province a été anciennement très-cultivée et très-florissante. Enfin, nous dirons que, pour la rendre à l'état de son ancienne population, il ne suffit que de recreuser quelques-uns des canaux qui, dérivés

[1] *Voir* la carte hydrographique du canal des deux Mers, sur laquelle j'ai porté la situation approchée de ces villes ou bourgades. (Pl. 10, *É. M.*, vol. 1.)

du Nil, y apportaient annuellement les sources de la fertilité. Quant aux diverses tribus d'Arabes qui semblent en avoir fait leur domaine, c'est aux possesseurs de l'Égypte à leur en laisser la libre jouissance, sous les conditions d'en devenir les paisibles cultivateurs, ou à les en chasser par la force des armes.

Les tribus d'Arabes qui fréquentent les déserts de Maryout, et qui poussent leurs incursions jusqu'au centre de la province de Bahyreh, sont les *Jaumates*, les *Troates*, les *Beny-Aounous*, les *Geouâby*, les *Hennâdy* et les *Oualad-A'ly* [1]. Les Arabes des trois premières tribus cultivent quelques parties de la Bahyreh, sur la lisière du désert; les *Beny-Aounous* se sont établis dans le village de *Gaomy* et d'*el-Hoch*, où ils récoltent de l'orge. Pour fixer entièrement ces Arabes, on ne doit que faiblement les imposer; on doit surtout les protéger contre les tribus qu'ils ont pour ennemies. Ils conservent encore en partie les mœurs des *fellâh*, et paraissent portés à devenir cultivateurs.

Les Arabes *Hennâdy* abandonneront difficilement leur vie errante; il faut, pour y parvenir, les harceler continuellement, leur enlever par surprise leurs bestiaux et surtout leurs chevaux : privés des moyens de fuir par des marches rapides, et d'exercer par-là leurs incursions, leurs rapines et leur brigandage, ils seront bientôt réduits à se fixer et à cultiver. Il faut,

[1] Ces renseignemens m'ont été communiqués en partie par M. Chabrol, qui avait fait un travail très-étendu sur les diverses tribus d'Arabes qui fréquentent ces déserts. Quelque léger que soit cet aperçu, il est d'autant mieux placé ici, que M. Chabrol m'a dit qu'il craignait d'avoir perdu les matériaux qu'il avait recueillis à ce sujet.

pour les y contraindre, se saisir, avant le temps de la moisson, des grains qu'ils recueillent dans quelques cantons où les eaux pluviales entretiennent la végétation : enfin, privés de toute ressource, le poids de la misère les forcera de recourir à la protection du gouvernement. Ces moyens, que nous indiquons comme pouvant être exercés contre quelques-unes de ces tribus, conviennent en général au genre de guerre à soutenir contre toutes les autres tribus qui infestent et désolent les frontières de l'Égypte, et dont la réunion, si l'intérêt ne les divisait entre elles et ne les entretenait dans un état de guerre perpétuel, s'élèverait, ainsi que le dit le général Reynier dans sa *Situation de l'Égypte*, au nombre de trente à quarante mille cavaliers.

La tribu *Oualad-A'ly* présentera toujours plus de difficultés que les autres, si l'on veut préserver l'Égypte de ses incursions. Ces Arabes viennent tous les ans des environs de Derne, passer quelques mois sur les frontières occidentales de ce pays. Ils sont continuellement en guerre avec les autres tribus. L'habitude qu'ils ont des grands voyages, les ressources qu'ils trouvent dans le long trajet du désert qui s'étend des côtes de l'Égypte jusqu'à celles de Derne, et celles qu'ils ont dans leurs bestiaux et dans leurs forces, les rendront toujours redoutables aux provinces occidentales de l'Égypte. C'est toujours vers l'époque annuelle de la moisson qu'ils s'en approchent, pour y exercer leurs rapines et y porter la désolation : c'est donc vers ce temps qu'il convient de faire agir des forces mobiles comme les leurs, pour les en éloigner. Le corps des dromadaires était une institution qui, créée par le premier général en chef de l'armée française en Égypte, serait parvenue à ce but si désirable, et qui doit faire l'objet constant de la sollicitude d'un gouvernement paternel dans cette ancienne et malheureuse contrée.

# NOTICE

SUR

# LA CONFORMATION PHYSIQUE

## DES ÉGYPTIENS

### ET DES DIFFÉRENTES RACES QUI HABITENT EN ÉGYPTE,

SUIVIE

DE QUELQUES RÉFLEXIONS SUR L'EMBAUMEMENT DES MOMIES;

Par M. LE BARON LARREY,

DOCTEUR EN CHIRURGIE DE PARIS, ET EN MÉDECINE DE L'UNIVERSITÉ D'IÉNA, MEMBRE DE L'INSTITUT D'ÉGYPTE, DE PLUSIEURS ACADÉMIES, PREMIER CHIRURGIEN DE L'EX-GARDE IMPÉRIALE, INSPECTEUR GÉNÉRAL DU SERVICE DE SANTÉ DES ARMÉES, L'UN DES COMMANDANS DE LA LÉGION D'HONNEUR, ET CHEVALIER DE L'ORDRE DE LA COURONNE DE FER.

POUR distinguer le caractère physique des vrais Égyptiens de celui des autres habitans de l'Égypte, il m'a paru indispensable d'examiner ces divers habitans dans leurs rapports essentiels. Afin de procéder dans cet examen avec quelque méthode, je les distinguerai, comme l'a fait un voyageur français, en quatre classes; savoir, les Mamlouks, les Turks ou Turcomans, les Arabes et les Qobtes.

Les Mamlouks qui gouvernent maintenant l'Égypte, s'y établirent vers le xe siècle : ils descendirent du mont Caucase, et arrivèrent en cette contrée après avoir fait des incursions en Syrie. Ces hommes, que nos croisés désignèrent sous le nom qu'ils portent encore aujourd'hui, se font distinguer des autres habitans de l'Égypte par leurs qualités physiques et par leur caractère belliqueux. Il sont tous d'une taille avantageuse, d'une constitution robuste; leurs formes sont belles, agréables; ils ont le visage ovale, le crâne volumineux, le front découvert, les yeux grands et bien fendus, le nez droit et un peu aquilin, la bouche moyenne, le menton légèrement saillant, les cheveux, les sourcils et les cils bruns ou châtains, et la peau d'un blanc mat. Les femmes venues du même pays, et qui ornent les sérails, présentent les mêmes traits avec des modifications avantageuses : on en remarque quelques-unes de fort belles.

Les vieillards, parmi ces Orientaux, ont des têtes magnifiques, par la saillie, la beauté des traits de la face et la blancheur éclatante de la barbe qu'ils laissent croître jusqu'au bas de la poitrine. Mourâd-bey était un modèle parfait de ces belles formes physiques. Le caractère des Mamlouks est fier, hardi sans être cruel; ils sont hospitaliers et généreux. Ils ne se marient que lorsqu'ils ont atteint un grade supérieur; ils sont enfin exclusivement exercés à l'art militaire, et je pense qu'on a eu raison de les considérer aussi comme les premiers cavaliers du monde.

La seconde race se compose des Turks ou Turcomans, qui viennent de la Turquie ou de la Tartarie asiatique. Leur constitution approche assez de celle des Géorgiens ou Circassiens mamlouks dont je viens de parler : mais leur teint est basané, leur figure plus aplatie, leur crâne plus bombé et plus sphérique; ils ont les yeux plus petits, le regard sombre et mauvais, les sourcils noirs et froncés, la barbe également noire. Leur caractère est moins vif et a quelque chose de cruel. Cette espèce d'hommes est assez nombreuse au Kaire, et ils sont sous les ordres immédiats des pâchâs.

La troisième classe est formée des Arabes, qu'on peut subdiviser en trois races différentes : celle des Arabes orientaux, venus des bords de la mer Rouge ou de l'Arabie; celle des Arabes occidentaux ou Africains, originaires de la Mauritanie ou des côtes d'Afrique; et celle des Arabes Bédouins ou Scénites, venus des déserts.

Les individus de la première race, qui se sont perpétués dans la classe des *fellâh*, artisans ou laboureurs de toute la basse Égypte, ont la taille un peu au-dessus de la moyenne : ils sont robustes et assez bien faits; leur peau est dure, hâlée et presque noire; ils ont le visage cuivré et ovale, le front large et bombé, le sourcil détaché et noir, l'œil de la même couleur, petit, brillant et enfoncé; le nez droit, de moyenne grandeur; la bouche bien taillée, les dents bien plantées, d'une belle forme et blanches comme l'ivoire. On observe chez leurs femmes quelques différences agréables : on admire principalement le contour gracieux de leurs membres, les proportions régulières de leurs mains et de leurs pieds, la fierté de leur démarche et de leur attitude.

Les Arabes africains participent des précédens par l'ensemble des formes du corps, ainsi que par la couleur et la vivacité des yeux; mais ils tiennent des habitans de la côte d'Afrique, par la forme de leur nez, de leur mâchoire et de leurs lèvres : leur caractère a beaucoup d'analogie avec celui des autres races d'Arabes. Ces Arabes africains se sont répandus dans la haute Égypte, et ils y cultivent la terre et exercent des métiers, comme les premiers.

Les Bédouins ou Arabes bergers sont généralement divisés par tribus éparses sur les lisières de la terre fertile, à l'entrée des déserts; ils habitent sous des tentes qu'ils transportent d'un lieu dans un autre, selon le besoin. Ils ont quelques rapports avec les autres : leurs yeux sont plus étincelans, les traits de leur visage généralement moins prononcés, la forme de leur corps plus belle; mais leur taille est plus petite. Ils sont plus agiles et fort maigres, quoique très-robustes : ils ont l'esprit vif, le caractère fier; ils sont méfians, intéressés, dissimulés, errans et vagabonds; ils passent d'ailleurs pour bons cavaliers, et l'on vante leur dextérité à manier la lance et la javeline. Les mœurs et les usages de tous ces Arabes sont à peu près les mêmes; ils élèvent des troupeaux de moutons, des chameaux et des chevaux d'une espèce très-recherchée.

La quatrième classe des habitans de l'Égypte, principal objet de mes recherches, est formée des Qobtes, qui se trouvent en grand nombre au Kaire et dans la haute Égypte. Ce sont sans doute les descendans des vrais et anciens Égyptiens : ils en ont conservé les formes physiques, le langage, les mœurs et les usages. Leur origine paraît se perdre dans les siècles les plus reculés ; ils existaient dans le Sa'yd long-temps avant Dioclétien. Hérodote assure que les Égyptiens descendent des Abyssins et des Éthiopiens. Tous les historiens s'accordent sur ce point avec Hérodote, et les recherches que j'ai faites à cet égard m'engagent à adopter cette opinion.

Tous les Qobtes ont un ton de peau jaunâtre et fumeux comme les Abyssins ; leur visage est plein sans être bouffi ; les yeux sont beaux, limpides, coupés en amandes, et d'un regard languissant ; les pommettes saillantes ; le nez presque droit, arrondi à son sommet ; les narines dilatées, la bouche moyenne, les lèvres épaisses ; les dents blanches, symétriques et peu saillantes ; la barbe et les cheveux noirs et crépus. Les femmes présentent les mêmes caractères avec des modifications qui sont à leur avantage. Cela prouve, contre l'opinion de M. de Volney, que ces hommes ne sont point de la race des nègres de l'intérieur de l'Afrique ; car il n'y a aucune espèce d'analogie entre ces derniers individus et les Qobtes. En effet, les nègres africains ont les dents plus larges, plus avancées ; les arcades alvéolaires plus étendues et plus prononcées, les lèvres plus épaisses, renversées, et la bouche plus fendue ; ils ont aussi les pommettes moins saillantes, les joues plus petites et les yeux plus ternes et plus ronds, et leurs cheveux sont lanugineux. L'Abyssin, au contraire, a les yeux grands, d'un regard agréable, et l'angle interne en est incliné chez lui; les pommettes sont plus saillantes; les joues forment, avec les angles prononcés de la mâchoire et de la bouche, un triangle plus régulier; les lèvres sont épaisses sans être renversées, comme chez les nègres; et, ainsi que je l'ai déjà dit, les dents sont belles et moins avancées, les arcades alvéolaires sont moins étendues; enfin, le teint des Abyssins est cuivré.

Tous ces traits se remarquent avec des nuances peu sensibles chez les Qobtes ou vrais Égyptiens; on les retrouve aussi dans les têtes des statues anciennes, surtout dans celles des sphinx. Pour vérifier ces faits, j'ai recueilli un certain nombre de crânes dans plusieurs cimetières des Qobtes, dont la démolition avait été nécessitée par des travaux publics. Je les ai comparés avec ceux des autres races, dont j'avais fait aussi une riche collection [1], surtout avec ceux de quelques Abyssins et Éthiopiens que je m'étais également procurés, et je me suis convaincu que ces deux espèces de crânes présentaient à peu près les même formes.

La visite que j'ai faite aux pyramides de Saqqârah, m'a mis à portée de dépouiller un assez grand nombre de momies, dont les crânes m'ont offert les mêmes caractères que les premiers, tels que la saillie

[1] La peste s'étant emparée des personnes que j'avais laissées dans ma maison au Kaire lors de notre départ pour Alexandrie, et l'armée ayant quitté cette dernière ville pour revenir directement en France, je n'ai pu sauver cette collection non plus que mes effets.

des pommettes et des arcades zygomatiques, la forme particulière des fosses nasales, et le peu de saillie des arcades alvéolaires.

Les divers parallèles que je viens d'établir, les relations qui ont toujours existé et qui existent encore entre les Abyssins et les Qobtes, la concordance de leurs usages, de leurs mœurs et même de leur culte, me paraissent suffisamment prouver que les Égyptiens descendent réellement des Abyssins et des Éthiopiens. De plus, il est naturel de penser que les Éthiopiens suivirent, dans les premiers temps, le cours du Nil, et qu'ils s'arrêtèrent à fur et mesure dans les pays que ce fleuve fertilise : mais ces établissemens n'ont eu lieu que d'une manière successive, de même aussi que ce peuple s'est étendu successivement d'Éléphantine à Thèbes, à Memphis et à Héliopolis; les autres villes au-dessous de celles-ci ne se sont formées que longtemps après.

J'ai distingué également trois espèces de momies, qui m'ont paru appartenir à trois classes de citoyens, et peut-être à des générations différentes. Celles de la haute Égypte sont généralement plus belles et mieux soignées que celles de la basse Égypte. Les momies que je range dans la première classe, sont fermes, solides, enduites de bitume, embaumées avec la même substance, entourées de bandelettes de toile de lin, formant autant de bandages de chirurgie qu'il y a de régions dans le corps humain; elles sont enveloppées dans un étui de carton, parsemé d'hiéroglyphes; et toutes ces parties sont contenues dans une caisse de sycomore, sur le couvercle de laquelle est peinte l'image de la personne.

Il paraît, comme le dit Hérodote, qu'après avoir vidé les trois principales cavités du corps, on les remplissait avec du bitume; on en injectait aussi les membres et toutes les parties extérieures; et cette substance étant en pleine fusion, pénétrait si profondément dans ces parties, que les os en étaient infiltrés, de manière que ces corps ont pu et peuvent encore se conserver d'autant plus long-temps, qu'ils se trouvent dans un climat où il pleut rarement, et que les lieux où ils sont déposés sont très-secs et dépourvus d'air. Après avoir enlevé les enveloppes aux momies de cette classe, on reconnaît d'abord le sexe et les principales formes de l'individu : la face, les mains et les pieds de quelques-unes d'entre elles sont recouverts de feuilles d'or artistement appliquées. C'est sous les bras ou dans le corps de ces momies, qu'on a trouvé ces écrits rares, connus sous le nom de *papyrus,* dont les caractères sont encore ignorés. Chacune de ces momies porte en outre les attributs de l'art ou de la profession que l'individu a exercé pendant sa vie, et ses ustensiles sont renfermés avec lui dans le cercueil. Ce premier genre d'embaumement, destiné aux principaux citoyens de l'État, exigeait de longs et grands préparatifs, et beaucoup d'ingrédiens qui devaient le rendre fort dispendieux.

La seconde classe de momies était moins belle, moins parfaite; les bandages étaient d'une toile moins fine, appliqués avec moins d'art. Ces momies n'avaient pas l'enveloppe de carton; et le cercueil de sycomore qui les contenait était moins finement travaillé, et non orné de peinture comme les cercueils de la première espèce.

Les individus de la troisième classe s'embaumaient à moins de frais, et le mode d'embaumement variait à l'infini. Toutes les momies de cette classe ont été préparées avec des injections de matières salines et plus ou moins corrosives, faites dans les cavités du corps, telles qu'une dissolution de natron ou sel marin : après avoir ainsi bien salé ces corps, on les faisait dessécher au soleil, ou on les exposait à l'action du feu jusqu'à parfaite siccité; on les enfermait ensuite dans des caisses de sycomore taillées grossièrement. Toutes ces opérations étaient sans doute dirigées par des hommes versés dans la chirurgie.

---

Pour compléter cette notice, nous allons y joindre le précis de la méthode à l'aide de laquelle nous avons embaumé, en Europe, les corps de quelques guerriers morts au champ d'honneur.

Si le sujet, dont le corps doit être embaumé, est mort de maladie chronique avec marasme, pourvu qu'on ne soupçonne point de dépôts purulens dans les viscères, que la putréfaction ne se soit pas déclarée, et que le corps soit intact à l'extérieur, on peut conserver les entrailles dans leurs cavités respectives, excepté le cerveau, qu'il faut toujours extraire.

Dans cette supposition, on commencera à laver toute l'habitude du corps avec de l'eau pure et fraîche; on fera passer dans les gros intestins des lavemens du même liquide, et l'on absorbera avec la seringue vide les matières délayées qui n'auraient pu sortir, à raison de leurs propre poids et de la pression exercée sur le bas-ventre. On absorbera aussi les matières contenues dans l'estomac par le même moyen. Il suffirait d'adapter une sonde œsophagienne au siphon de la seringue, qu'on introduit dans ce viscère par la bouche ou par une ouverture pratiquée à l'œsophage, au côté gauche du cou. On remplit ensuite l'estomac et les intestins d'une matière bitumeuse qu'on met en fusion; on bouche les ouvertures, et l'on procède de suite à l'injection du système vasculaire. Pour cela, l'on détache un lambeau de la partie intérieure et latérale gauche de la poitrine, vis-à-vis la crosse de l'aorte; on coupe un ou deux des cartilages qui la recouvrent; on place dans l'intérieur de cette artère un siphon à robinet, à la faveur duquel on pousse une injection fine, colorée en rouge, pour remplir les vaisseaux capillaires de tout le système membraneux; on fait immédiatement après et par le même moyen une seconde injection plus grossière, pour remplir les artères et leurs ramifications, et une troisième pour les veines, qui doit être passée par l'une des crurales : on laisse refroidir le cadavre et figer la matière des injections. Pour vider le crâne, on applique une large couronne de trépan à l'angle d'union de la suture sagittale avec la suture occipitale, après avoir fait une incision longitudinale à la peau, sans toucher aux cheveux, qu'on a soin de conserver, comme les poils des autres parties du corps. Cette ouverture faite, on rompt les adhérences et les replis de la dure-mère à l'aide d'un scalpel à deux tranchans, long et étroit; on arrache les lambeaux de cette membrane avec une érigne mousse, et l'on fait sortir toute la masse du cerveau et du cervelet avec le même instrument, et des injections d'eau froide, qui dissolvent promptement la substance cérébrale : on réunit ensuite les bords de la division des tégumens avec quelques points de suture.

Si le sujet se trouvait dans un embonpoint plus ou moins considérable, et qu'il fût mort d'une maladie putride ou maligne, et pendant une saison chaude, il serait impossible de préserver les entrailles de la putréfaction : dans ce cas, on les extrait par une incision semi-lunaire que l'on pratique au flanc droit, vers la région lombaire. On détache d'abord les intestins, l'estomac, le foie, la rate et les reins; on coupe circulairement le diaphragme, puis le médiastin, la trachée-artère et l'œsophage, à leur entrée dans la poitrine, et l'on enlève le poumon et le cœur, sans altérer ce dernier organe, qui doit être préparé séparément et conservé avec soin. Ces deux cavités doivent être épongées, et l'on met une certaine quantité de muriate suroxigéné de mercure réduit en poudre sur les parties charnues de leurs parois; on remplit ensuite ces cavités de crin lavé et sec; on rétablit les formes du bas-ventre, et l'on fixe les deux bords de l'incision au moyen d'une suture à points passés; enfin, on plonge le corps ainsi préparé dans une suffisante quantité d'une solution de muriate suroxigéné de mercure aussi forte qu'on peut l'obtenir. On le laisse tremper dans cette liqueur l'espace de quatre-vingt-dix ou cent jours. Lorsqu'il est bien saturé de cette dissolution, on le place sur une claie exposée à l'action graduée d'un foyer de chaleur établi dans un lieu sec et aéré; au fur et à mesure que les parties se dessèchent, on rétablit les formes naturelles des traits de la face, la conformation des membres, et on leur donne l'attitude convenable; on place deux yeux d'émail entre le globe rétracté de l'œil et les paupières; on donne une teinte aux cheveux relative à leur couleur naturelle, si on le juge nécessaire, et l'on passe sur toute l'habitude du corps un vernis légèrement coloré, qui anime les teintes de la peau, et lui conserve l'aspect de la fraîcheur; enfin, on met le corps sous verre, pour l'exposer au public, ou on l'ensevelit dans un cercueil. On peut perpétuer ainsi, pendant des milliers d'années, les restes des héros ou des grands hommes de l'État.

# NOTICE

SUR

# LA PRÉPARATION DES PEAUX

EN ÉGYPTE,

Par M. BOUDET,

PHARMACIEN EN CHEF D'ARMÉE EN ÉGYPTE, MEMBRE DE L'INSTITUT D'ÉGYPTE ET DE LA LÉGION D'HONNEUR.

On sait que l'art de préparer les peaux remonte à la plus haute antiquité; que partout, avant de songer à filer le lin, le coton, le chanvre, le poil des animaux pour en faire des tissus, les hommes se sont servis de peaux pour se vêtir et pour les mettre à une infinité d'autres usages que le besoin leur indiquait.

On sait que, du temps de Moïse, on teignait déjà les peaux en rouge et en violet; que, du temps d'Eumènes, la bibliothèque de Pergame se remplissait de livres écrits sur le parchemin, et que par conséquent, à ces époques, l'art qui s'occupait du travail des peaux, était avancé au point de fournir l'utile et l'agréable.

Mais, depuis que l'Égypte est passée sous la domination des mahométans, cet art est retombé dans l'enfance; il est réduit maintenant à quelques procédés qui ont été conservés par tradition, qu'on exécute assez grossièrement, et qui cependant sont, pour la plupart, basés sur les mêmes principes que ceux qui sont usités et bien améliorés en Europe, comme on pourra le reconnaître en passant en revue les procédés des Égyptiens et les nôtres[1].

### ART DU TANNEUR.

Tanner les peaux, c'est, pour les Égyptiens comme pour les Européens, les saturer d'un principe qu'on nomme *tannin*, et qui existe dans les végétaux (dits astringens); c'est combiner ce principe avec les fibres qui forment le tissu de ces peaux, et auxquelles l'on a fait prendre un état à demi gélatineux, de manière qu'il en résulte un nouveau corps plus solide sans être cassant, moins perméable à l'eau, et presque inaltérable.

Avant de tanner les peaux, il faut d'abord les laver, puis les débourrer; et pour celles dont on veut faire, en Europe, ce qu'on appelle des cuirs forts, il faut les faire gonfler.

La première opération (le lavage) consiste, en Égypte comme dans tous les pays, à les faire trem-

[1] On pourrait croire que ceux qui ont inventé, dans l'origine, les procédés de l'art du tanneur, connaissaient aussi bien que nous la nature de la peau des animaux; savaient aussi bien que nous, qu'outre le sang, la lymphe dont elle est imbue, elle est composée de deux matières distinctes, dont l'une, uniquement gélatineuse, doit être extraite dans plusieurs cas, et dont l'autre, qui est un tissu fibreux, insoluble d'abord dans l'eau, doit, dans les mêmes cas, recevoir en grande partie une nouvelle modification, être ce que nous appelons débrûlée, raccourcie, irritée, et ensuite combinée au tannin.

per, à les agiter, à les fouler dans une eau courante, à les craminer, à les étirer sur le chevalet, à les laver enfin jusqu'à ce qu'entièrement débarrassées de leur suint, de leur sang, et des ordures qu'elles ont amassées dans l'étable ou à la boucherie, elles soient soûlées d'eau.

La deuxième opération (le débourrement) a lieu en Égypte, et seulement par un des procédés pratiqués en Europe; on y fait séjourner les peaux dans un lait de chaux, jusqu'à ce que leur poil puisse être arraché facilement, puisse céder, sur le chevalet, à l'action d'un couteau rond non coupant.

Ce débourrement par la chaux suffit en Europe, pour les peaux de vache et de veau qu'on destine à être des cuirs à œuvre; on s'en contente, en Égypte, même pour les peaux de buffle et de taureau, attendu qu'on ne s'applique point, dans ce pays, à en former des cuirs forts : mais en Europe, où l'on veut ceux-ci et dans la plus grande perfection, on préfère, pour les obtenir tels, de débourrer les peaux des grands animaux, ou après les avoir mises dans des liqueurs aigries, telles que l'infusion d'orge, le petit-lait, le jus de tannée, ou dans le produit aqueux et acide de la distillation de la houille et de la tourbe, ou dans une eau acidulée avec l'acide sulfurique, ou après leur avoir fait éprouver un certain degré de fermentation, soit en les mettant en pile saupoudrées de sel, soit en les enfouissant dans le fumier, soit en les enfermant dans une étuve où, exposées à un feu de tannée moitié sèche, moitié humide, elles reçoivent, à une température de vingt-cinq à trente degrés, une fumée aqueuse, acide, anti-fermentescible, qui les pénètre, les dilate, rend leur poil moins adhérent, sans trop les altérer elles-mêmes.

La dépilation opérée par une de ces manières, on les lave, on les écharne; alors, en Égypte, toutes sont prêtes à être tannées, tandis qu'en Europe celles qui sont destinées à former ce qu'on appelle des cuirs forts, ont encore besoin de subir une troisième opération, qu'on nomme le gonflement, et qui a lieu, soit par la chaux, si le débourrement a été effectué par ce moyen, soit par les divers passemens qui l'ont déterminé, les tanneurs, dans ce pays, ayant pour cela des fosses à chaux qu'ils nomment *pleins,* ou des cuves à passemens aigris ou acides, de différens degrés de force, dans lesquelles ils font passer successivement les peaux jusqu'à ce qu'elles aient acquis la dilatation convenable.

Les Européens ont trois manières principales de procéder au tannage : ou ils couchent les peaux presque à sec dans des fosses, sur des lits d'écorce de chêne mise en poudre sous des meules, et qu'ils renouvellent trois fois dans l'espace de quinze à dix-huit mois, abrégeant cependant quelquefois cette opération, les uns en faisant couler peu à peu de l'eau dans les fosses, et les autres, qui veulent en même temps s'épargner la peine de démonter les fosses, en remplaçant cette eau par des lessives de la quantité de tan qu'ils auraient employée en donnant en nature la seconde et la troisième écorce;

Ou ils cousent les peaux de manière à en former des

sacs qu'ils remplissent de tan et d'eau, et qu'ils plongent dans des baignoires contenant également de la poudre de tan délayée : ce tannage, qu'on nomme *chippage*, se fait en deux mois ;

Ou enfin ils tannent, dans quelques jours, les peaux de bœuf, et dans quelques heures les peaux de mouton, en les arrangeant isolées dans un cuvier qui contient nne forte lessive de tan.

Les Égyptiens n'ont qu'un procedé pour tanner les peaux de taureau, de vache, de chameau, de buffle, de chèvre, etc. Il consiste d'abord à charger, à couvrir les peaux ramollies, distendues et débourrées, d'un mélange de sel et de poudre des siliques du *mimosa nilotica*, et ensuite à les mettre, à les agiter, à les fouler pendant quelques jours plus ou moins, suivant la grandeur et l'épaisseur des peaux, dans une eau où ils ont délayé une quantité convenable de la même poudre saline et astringente.

Les peaux sorties de ce coudrement sont étendues et séchées; les unes sont employées dans cet état, les autres passent entre les mains du corroyeur.

### ART DU CORROYEUR.

L'art du corroyeur consiste à donner la souplesse aux cuirs durcis par l'opération du tannage. Toutes les espèces de cuirs qui ont subi cette opération, sont, en Égypte, l'objet du travail du corroyeur; il les dispose, par différens apprêts. aux usages auxquels chacun d'eux peut convenir.

Prenons pour exemple un cuir de vache : il le ramollit avec de l'eau qu'il fait pénétrer en foulant le cuir et le pétrissant avec les pieds ; il le travaille sur le chevalet pour l'écharner, le déborder ; il le fait sécher, il le couche sur une table, et verse dessus, du côté de la chair et beaucoup moins du côté de la fleur, de l'huile qu'il étend avec les mains ; il le pend ensuite pour lui laisser boire cette huile ; il le foule, il le recharge d'huile, il le foule de nouveau ; il le dégraisse avec une légère solution de natron du côté de la fleur, afin de la disposer à prendre la couleur noire qu'il lui donne à deux reprises, avec l'infusion d'un mélange de terre vitriolique et de siliques du *mimosa,* foulant le cuir à chaque fois ; ensuite il le pare, et enfin il lui applique une légère couche d'huile sur fleur.

Les cuirs à repasser les rasoirs du barbier égyptien son faits avec des lanières de peaux de taureau ou de buffle, tannées, et ensuite corroyées et ramollies dans l'huile.

On fait macérer ces lanières pendant huit jours dans de l'huile de lin, puis pendant huit jours dans de l'huile d'olive ; on les foule, on les roule sur une table pour les assouplir et leur faire absorber l'huile.

Nous ignorons si le corroyeur égyptien, au lieu d'huile, emploie quelquefois ou le suif ou la cire ; s'il sait préparer les cuirs lisses ou à grain auxquels on conserve leur couleur fauve : mais il donne, comme nos corroyeurs, à des cuirs de vache et de veau, une couleur rouge, et vraisemblablement par le même procédé, qui consiste à aluner ces cuirs dans l'état où ils sont lorsqu'on les noircit, à les fouler sur leur alun, à les teindre avec une décoction de bois de Brésil ou de Fernambouc dans l'eau de chaux, à les sécher, à les lisser avant et après les avoir huilés, et à tirer à la pommelle ceux à la surface desquels il veut former le grain. Ce n'est pas lui cependant qui prépare les cuirs dont sont faites, en Égypte, les outres qui y servent, ou pour transporter l'eau du Nil chez les particuliers et pour la porter dans les voyages sur des chameaux, ou pour contenir la mélasse qui vient du Sa'yd, le beurre, l'huile d'olive et le miel qu'on reçoit de Tunis et des autres villes de la Barbarie.

Ces cuirs se fabriquent à la Mekke et à Geddah; les Égyptiens ne font que les coudre pour en former leurs outres.

Celles très-grandes qui doivent être chargées sur les chameaux, sont faites de cuirs de taureau; on emploie, pour les outres moins considérables, les peaux de bouc ou de chèvre.

Les unes et les autres ont besoin, pour être conservées plus long-temps, qu'on leur fasse subir, au moins deux fois l'an, l'opération suivante:

Lorsqu'un porteur d'eau s'aperçoit que son outre est fatiguée, il la suspend en lui tenant la bouche ouverte: elle se sèche; alors il y introduit un mélange de goudron et d'huile d'olive qu'il étend soigneusement avec les mains sur la moitié de la surface intérieure de l'outre; puis, rapprochant les deux moitiés, il les foule ensemble pour les pénétrer du mélange; enfin, il laisse cette outre exposée à l'air et au soleil, jusqu'à ce qu'elle ait bu tout le goudron qu'on lui a donné, et qu'en la touchant le doigt ne soit point graissé.

Une outre ainsi soignée dure cinq à six ans en servant tous les jours.

Les Égyptiens ont encore, pour contenir de l'eau, des bouteilles assez artistement fabriquées, que nous croyons être, sans pouvoir l'assurer, comme celles de nos gaîniers, d'un cuir bouilli dans la cire, mais avec moins de soin.

Ils ont aussi des cruches vraisemblablement du même cuir et assez grossièrement fabriquées, et qui servent, chez les marchands d'huile, à contenir celle qu'ils débitent.

### ART DU MAROQUINIER.

Les peaux qui sont travaillées en Égypte avec le plus de soin et d'intelligence, sont celles qu'on destine à faire ce qu'on appelle *le maroquin*, les peaux de bouc, de chèvre et de mouton.

Ces peaux, traitées par la chaux et débourrées, passent successivement dans des réservoirs pleins d'eau, pour y être trempées, lavées et foulées avec les pieds; elles sont ensuite successivement écharnées, lavées, contre-écharnées, foulées, travaillées sur fleur, et suspendues pour être égouttées.

Alors, pour ramollir et dilater ces peaux que la chaux a un peu durcies, on les met dans une bouillie de fiente de pigeon, dans laquelle on les brasse fortement, et où on les laisse pendant quelques heures; de là, on les plonge dans un coudrement fait avec la poudre des siliques du *mimosa nilotica*, où, après les avoir laissé macérer pendant vingt-cinq à trente heures, on les foule pendant deux.

*Maroquin rouge.*

Au sortir du coudrement qui a servi à les tanner, les peaux auxquelles on veut donner une couleur rouge, sont mises pendant deux jours dans un confit de son; puis lavées, elles passent dans un confit de figues où on les laisse macérer pendant vingt-quatre heures; au bout de ce temps, on les lave, on saupoudre chacune d'elles avec du sel, on les empile pendant quelques jours; elles éprouvent un mouvement de fermentation qu'on arrête en les jetant dans l'eau; on les lave à sept à huit reprises différentes, et chaque fois dans de nouvelle eau; on les tord, on les étend, et, à l'aide d'une éponge ou d'un peloton de coton, on leur applique en trois fois, sur fleur, la couleur rouge préparée avec le kermès ou la cochenille et l'alun.

Les peaux, ainsi colorées, sont lavées, tordues, et ensuite mises dans un coudrement astringent, composé comme celui qui a servi à commencer leur tannage; lorsqu'elles y ont séjourné un temps convenable [1], on les lave, on les foule, on les exprime, on les étend, et, à l'aide de la main imbibée d'huile de

[1] La peau du maroquin, dans ce second coudrement, acquiert ce grain qui en fait la beauté, et qui est l'effet du resserrement qu'éprouve particulièrement la superficie ou épiderme de cette peau.

sésame, on frotte leur surface pour l'adoucir et la lustrer.

*Maroquin jaune.*

Les peaux qu'on destine à être en jaune ne passent point dans les confits de son, de figues, et dans le sel; elles sont mises, immédiatement après l'opération du premier tannage, dans un second coudrement; de là, après avoir été lavées, foulées, tordues, en partie séchées, elles sont étendues et elles reçoivent deux couches d'une teinture jaune faite avec l'infusion d'un mélange de graine d'Avignon et d'alun pulvérisé : à chaque couche, on a l'attention de plier en deux, fleur contre fleur, chacune des peaux, de les mettre en pile pour faire pénétrer la couleur; après quoi on les fait sécher, on les parc du côté de la chair, on les lustre avec un bâton du côté de la fleur.

*Maroquin vert.*

Le maroquinier égyptien cache avec soin son secret pour la préparation de la couleur verte : mais nous pensons qu'elle n'est autre chose qu'une dissolution de vert-de-gris dans une eau acidulée par la crême de tartre; peut-être y ajoute-t-il un peu d'indigo.

*Maroquin noir.*

Le maroquin est teint en noir, après le premier coudrement, avec un mélange d'une terre jaune vitriolique qu'on appelle *gâz* dans le pays, et de galle ou de siliques du *mimosa* en poudre : une seule couche suffit ; encore faut-il laver immédiatement la peau, pour qu'elle ne soit point brûlée par la couleur. Lorsque la peau est sèche, on en frotte la fleur avec de l'huile de lin [1].

### ART DE L'HONGROYEUR.

L'hongroyeur fait un cuir fort sans avoir recours, pour sa préparation, ni au lait de chaux, ni aux passemens de liqueurs aigries ou acides, ni au tan; il substitue à cette dernière substance l'alun et le sel, et il incorpore dans ce cuir une quantité considérable de suif.

Les procédés qu'il emploie paraissent entièrement ignorés en Égypte, à moins que le procédé suivant n'offre quelque analogie avec eux.

On prend la peau fraîche d'un buffle, on l'étend le poil en dessous, sur la terre poudreuse d'une cour ou de la rue [2], on la couvre d'un mélange fait avec parties égales de cendre et de muriate de soude séparé du salpêtre; et afin de déterminer, de faciliter la solution des sels de ce mélange et leur pénétration dans la peau, et de donner en même temps à celle-ci certaine souplesse, on la piétine d'abord, puis on la laisse exposée au soleil et à la pression qu'exercent les gens qui la foulent en passant.

[1] On dit que c'est par l'intermède des feuilles du *redoul* à feuilles de myrte *coriaria*, que l'on tanne et que l'on teint en noir les maroquins dans le Levant ; on prétend même que c'est à cette plante qu'ils doivent leur supériorité : mais nous n'avons point appris qu'elle fût usitée en Égypte.

[2] Ni les cours ni les rues ne sont pavées en Égypte.

Lorsque le mélange qui la couvrait est épuisé ou dispersé, on le renouvelle; et lorsque la peau est bien sèche, on l'emploie garnie de son poil, pour servir de marche-pied, soit dans les écoles, soit dans les mosquées[1].

### ART DU PARCHEMINIER.

Le procédé employé généralement à faire le parchemin consiste à appliquer sur une peau étendue une bouillie épaisse de chaux faite la veille, à arracher le poil après deux heures de séjour de cette bouillie sur la peau, à l'agiter pendant deux heures dans un lait de chaux, à la laver fortement, à l'étendre sur un châssis, à l'écharner après l'avoir saupoudrée de chaux éteinte, à la laver sur place avec une éponge, à la sécher promptement, à la détacher pour la raturer[2], la poncer, la dépecer et en former des feuilles.

Il est possible que les Égyptiens ne suivent pas ce procédé exactement et de manière à se procurer de beaux parchemins à écrire, que même ils ne fassent pas celui qu'ils emploient à cet usage; mais il est certain qu'ils fabriquent le parchemin commun. Plusieurs espèces de peaux, telles que celles d'âne et de cheval, sont employées pour les gros tambours qui sont portés sur les chameaux, et celles de chèvre et de daim pour les petits tambours. On voit aussi qu'ils travaillent en

[1] Cette préparation, usitée en Égypte pour les peaux de buffle, a quelque ressemblance avec celle qu'on donne aux peaux de veau destinées pour havre-sac et qu'on nomme *veaux à poil*.

Ces peaux sont dessaignées, décharnées, foulées à l'alun et au sel marin à deux reprises différentes, et ouvertes à moitié sèches, sur le chevalet, avec le couteau rond.

[2] Raturer, c'est enlever avec un fer tranchant l'épiderme, la surface extérieure de la peau.

parchemin et non en chagrin [1], pour couvrir les fourreaux de leurs sabres et de leurs poignards, la peau de la croupe des ânes, peau qu'ils mettent en couleur après l'avoir grenetée en place avec un poinçon dont l'extrémité porte une petite cavité; que leurs cribles [2] sont composés de lanières d'un parchemin fait avec les peaux de chameau et de mulet; et qu'enfin ils emploient à plusieurs usages un parchemin auquel ils savent donner une couleur verte très-belle et très-solide.

### ART DU MÉGISSIER.

Cet art, dans sa manière d'être pratiqué en Égypte, n'offre d'autre différence qu'une moindre perfection : on y prépare, à peu près comme en Europe, les peaux au débourrement par la chaux; on les dilate, on les attendrit à l'aide d'un confit de son; on les passe dans une solution d'alun; on les blanchit en les mettant dans une bouillie composée de farine de froment, de jaunes d'œufs, et de la portion de la solution d'alun qui n'a point été absorbée; on les fait sécher et on les étire.

Les peaux qu'on veut passer en laine, sont lavées, rognées, écharnées, mises dans un confit de son, ravalées, alunées, couvertes, du côté de la chair, d'une pâte de farine, d'alun et de jaunes d'œufs; lavées, étendues, séchées, mouillées; ensuite pliées en deux, empilées, chargées de pierres, ouvertes sur le chevalet, repassées, séchées la laine en l'air, et enfin redressées.

[1] Le chagrin étant la même peau saupoudrée de graine de moutarde, puis tannée légèrement.

[2] Non percés, comme les nôtres, avec un emporte-pièce.

Parmi les peaux que les Égyptiens préparent avec leur poil, on peut compter la peau de chien.

Ils en dépouillent l'animal en la conservant entière, comme nous faisons pour celle de lapin : mais, n'ayant point vu cette peau confectionnée, et sachant que sous la forme de sac elle leur sert à contenir du mercure, nous soupçonnons qu'après l'avoir alunée à la manière des peaux de mégie, on l'imbibe d'huile suivant le procédé du chamoiseur.

## RÉSUMÉ.

Il résulte de ce que nous avons dit des différentes préparations des peaux,

1°. Que les Égyptiens emploient l'eau non-seulement pour les laver, mais encore pour écarter les fibres qui les composent, et leur enlever les liqueurs animales putrescibles dont elles sont imbues;

2°. Qu'ils rendent cette eau plus active, plus pénétrante, à l'aide de la chaux, à laquelle ils reconnaissent la propriété d'empêcher la putréfaction de la partie fibreuse à conserver, et de lui donner cette nouvelle modification que nous attribuons à la soustraction d'une partie de leur oxigène;

3°. Qu'après avoir lavé, distendu, débourré les peaux, ils savent, à peu près comme nous, les durcir, soit par le tannin, soit par l'alun et le sel, et même par une simple dessiccation; qu'ils savent les assouplir par le foulage et en leur incorporant des corps gras; qu'enfin ils savent les mettre en couleur.

# OBSERVATIONS

SUR

# LE PROFIL DE NIVELLEMENT

## DE LA VALLÉE DU NIL,

### ENTRE LE MEQYAS DE ROUDAH ET LA GRANDE PYRAMIDE DE GYZEH;

Par M. GRATIEN LE PÈRE,

INGÉNIEUR EN CHEF AU CORPS ROYAL DES PONTS ET CHAUSSÉES.

ON a consigné dans le *Mémoire sur le canal des deux mers*, la partie du nivellement fait par les ingénieurs des ponts et chaussées, MM. Saint-Genis, Chabrol, Févre, Jollois et moi, les 16 et 23 décembre 1799, depuis le meqyâs de l'île de Roudah jusqu'à la grande pyramide nord de Gyzeh, en passant par les bourgs de Gyzeh, par les villages de Kouneyceh, de Talbyeh et de Nezlet-el-Aqta', et par le sphinx situé au pied sud-est de la grande pyramide [1].

[1] *Voir*, au Mémoire sur le canal des deux mers, l'Appendice, 3e partie, §. VI, *É. M.*, tom. XI, p. 347; et l'atlas, *A.*, vol. V, pl. 19, fig. 3.

C'est au moyen de ces données que nous avons cherché à rendre plus sensible à l'œil le profil de cette section transversale de la vallée du Nil, ainsi qu'on le voit planche 19, vol. v. Nous avons également donné l'explication des divers points de ce profil, qui a l'avantage d'offrir dans un même cadre les deux montagnes qui dessinent et bornent la vallée du Nil, si remarquable à cette latitude, du côté de l'est, par la position de la capitale moderne de l'Égypte, et, du côté de l'ouest, par celle des pyramides, dont les masses imposantes semblent devoir y fixer éternellement les limites de la Libye. N'ayant pu donner, par une simple feuille d'explication de ce profil, toutes les remarques qui s'y rattachent, nous allons y suppléer par les observations suivantes.

Le but principal de ce profil de nivellement étant de faire connaître les changemens que le fleuve de l'Égypte, dans la suite des siècles futurs, doit apporter à son lit, ainsi qu'aux divers points de sa vallée, à la latitude de la grande pyramide de Gyzeh, nous commencerons par donner ici le tableau des niveaux respectifs, rapportés au point de repère pris dans le nivellement général de l'isthme de Soueys, celui de 150 pieds ($48^{m}726$), supérieur à la haute marée de la mer Rouge. Nous rapporterons dans une seconde colonne les ordonnées ou côtes des mêmes points, par rapport aux eaux de la basse mer de vive eau de la Méditerranée, prise pour *zéro* de ce nouveau plan de comparaison.

Ainsi la basse mer des eaux de la Méditerranée,

observée au port de Tyneh, situé à la bouche de l'ancienne branche Pélusiaque, à 2400 mètres au nord des ruines de l'ancienne Péluse, portant, au mémoire de nivellement général [1], l'ordonnée 180$^{ds}$ 6$^{o}$ (58$^{m}$634), étant reportée à *zéro* dans cette seconde colonne des ordonnées correspondantes, on obtiendra cette nouvelle table, à l'aide de laquelle nous en déduirons les observations suivantes :

TABLEAU des niveaux respectifs des principaux points de la vallée du Nil, pris à la latitude des pyramides de Gyzeh.

| NUMÉROS des STATIONS. | INDICATIONS DES POINTS DU NIVELLEMENT DE L'ISTHME ET DE LA VALLÉE DU NIL. | ORDONNÉES MÉTRIQUES portées au mémoire. | ORDONNÉES MÉTRIQUES supérieures à la Méditerranée. |
|---|---|---|---|
| | 1°. *Points de l'isthme de Soueys.* | | |
| 342. | MÉDITERRANÉE. Basse mer de vive eau à Tyneh.... | 58$^{m}$634. | 0$^{m}$000. |
| » | ——— Haute mer de vive eau à Tyneh.... | 58 282. | 0 352. |
| 1. | MER ROUGE. Basse mer de vive eau à Soueys.... | 50 512. | 8 122. |
| » | ——— Haute mer de vive eau à Soueys.... | 48 726. | 9 908. |
| | 2°. *Points de la vallée du Nil, du Kaire et du meqyâs, à la grande pyramide de Gyzeh.* | | |
| 889. | BOULAQ. Sol de la rive droite du Nil, au nord de Boulâq.. | 46 896. | 11 738. |
| 901. | ——— Sol vis-à-vis de la tête nord de l'île de Roudah, rive droite du Nil......... | 47 435. | 11 199. |

[1] *Voyez* la Table des résultats du nivellement général de l'isthme de Soueys et du Kaire à la Méditerranée, section I$^{re}$, chap. I, §. VII, du Mémoire sur l'ancien canal des deux mers, *É. M.*, tom. XI, pag. 97.

| NUMÉROS des STATIONS. | INDICATIONS DES POINTS DU NIVELLEMENT DE L'ISTHME ET DE LA VALLÉE DU NIL. | ORDONNÉES MÉTRIQUES portées au mémoire. | ORDONNÉES MÉTRIQUES supérieures à la Méditerranée. |
|---|---|---|---|
| 905. | ILE DE ROUDAH. Chemin vers le centre de l'île...... | 46m267. | 12m367. |
| 914. | MEQYAS. Dessus de la poutre transversale du puits ...... | 45 184. | 13 450. |
| » | 18e coudée gravée sur un dé en marbre blanc, superposé au chapiteau. | 45 455. | 13 179. |
| » | — Dessus du chapiteau de la colonne. | 45 908. | 12 726. |
| » | 17e coudée marquée sur le listel du chapiteau............... | 45 995. | 12 639. |
| * | 16e *idem* de la colonne nilométrique (Dessus de la)............ | 46 535. | 12 099. |
| » | 15e *idem* (Dessus de la)......... | 47 075. | 11 559. |
| » | 14e *idem*........................ | 47 615. | 11 019. |
| » | 13e *idem*........................ | 48 155. | 10 479. |
| » | 12e *idem*........................ | 48 695. | 9 939. |
| » | 11e *idem*........................ | 49 235. | 9 399. |
| » | 10e *idem*........................ | 49 775. | 8 859. |
| » | 9e *idem*......................... | 50 315. | 8 319. |
| » | 8e *idem*......................... | 50 855. | 7 779. |
| » | 7e *idem*. (Première coudée subdivisée en vingt-quatre parties ou *doigts*.)............. | 51 395. | 7 239. |
| » | 6e coudée non subdivisée......... | 51 935. | 6 699. |
| » | 5e *idem*......................... | 52 476. | 6 158. |
| » | 4e *idem*......................... | 53 017. | 5 617. |
| » | 3e *idem*......................... | 53 558. | 5 076. |
| » | 2e *idem*......................... | 54 099. | 4 535. |
| » | 1re *idem*. (Dessus de la première coudée non subdivisée.)..... | 54 640. | 3 994. |
| » | o. Point zéro de la première coudée inférieure de la colonne..... | 55 181. | 3 453. |
| CRUES DU NIL. | Le 7 octobre 1798, à 17c 10d, terme de l'abondance............... | 45 768 | 12 866. |
| | Le 22 septembre 1799, à 16c 2d, crue faible................... | 46 490. | 12 144. |
| | Le 4 octobre 1800, à 18c 3d, crue extraordinaire............... | 45 388. | 13 246. |
| | *Nota*. Pour avoir la *crue effective du fleuve*, on doit soustraire du terme de chacune de ces trois crues celui de *trois coudées dix doigts* de l'étiage de ses eaux durant ces trois années. | | |

* Les cotes de chacune des dix-huit coudées portées ci-dessus sont déduites de la longueur de chacune des coudées nilométriques ayant 0m5404 de longueur mesurée sur la colonne du meqyâs.

| NUMÉROS des STATIONS. | INDICATIONS DES POINTS DU NIVELLEMENT DE L'ISTHME ET DE LA VALLÉE DU NIL. | ORDONNÉES MÉTRIQUES portées au mémoire. | ORDONNÉES MÉTRIQUES supérieures à la Méditerranée. |
|---|---|---|---|
| » | Étiage ou basses eaux du Nil, à 3e 10d de la colonne............ | 53m349. | 5m285. |
| » | Escalier de Moïse, palier supérieur, pointe sud-ouest de l'île de Roudah. | 46 025. | 12 609. |
| » | *Idem*, palier de la 10e marche, en descendant.................. | 48 692. | 9 942. |
| » | *Idem*, 28e et 1re marche inférieure.. | 52 213. | 6 421. |
| » | *Idem*, risberme en avant, supérieure à la 28e marche.............. | 52 000. | 6 634. |
| 919. | GYZEH. Rive gauche du Nil, pied du bastion du sud-est............ | 46 363. | 12 271. |
| 920. | KOUNEYCEH (Dessus d'un poteau en briques, au village de)........ | 45 672. | 12 962. |
| 925. | TALBYEH (Ligne des eaux du canal de). (Le 23 décembre 1799.).... | 48 981. | 9 653. |
| 931. | NEZLET-EL-AQTA' (Ligne des eaux du canal de). (*Idem*, à la lisière du désert.)................ | 47 866. | 10 768. |
| 945. | SOL DU DÉSERT. Débris calcaires des pierres des pyramides.......... | 45 622. | 13 012. |
| 954. | SPHINX ABOU EL-HOUL. Sol au niveau du poitrail du colosse...... | 30 896. | 27 738. |
| » | *Idem*. Dessous du menton du sphinx. | 29 198. | 29 436. |
| 965. | GRANDE PYRAMIDE NORD. Sol à l'angle de l'arête sud-est.......... | 5 312. | 53 322. |
| » | *Idem*. Rocher taillé en première assise fondamentale du revêtement, angle de l'arête nord-est........ | 3 780. | 54 854. |
| » | *Idem*. Pied du rocher, taillé en première assise, à l'angle de la même arête nord-est.............. | 3 379. | 55 255. |
| » | *Idem*. Dessus de ce même rocher, taillé en première assise, à *idem*.. | 2 242. | 56 392. |
| » | *Idem*. Dessous de la plate-bande du couloir incliné, formant l'entrée, face nord de la pyramide........ | » | 69 932. |
| * | *Idem*. Pavé du couloir horizontal de la chambre inférieure.......... | » | 72 354. |
| * | *Idem*. Fond du puits, ayant 63m344 (195 pieds) de profondeur...... | » | 9 010. |
| » | *Idem*. Plate-forme supérieure de la pyramide, ayant 136m950 de hauteur........................ | » | 192 205. |

* Ces deux cotes ne sont pas les résultats du nivellement, mais de calculs qui en dérivent, et qu'on ne donne ici que *par approximation*.

1°. La hauteur des eaux du fleuve, observée à la colonne du meqyâs les 16 et 23 décembre 1799, jours de l'opération du nivellement de la vallée, le Nil étant dans son décroissement depuis le 24 septembre 1799, marquait à ces deux époques, sous le plan général de comparaison du nivellement de l'isthme,

| Lignes des eaux du Nil..... | Le 16 décembre 1799, | à 9 coudées 4 doigts, | et $50^m225$. |
|---|---|---|---|
| | Le 23 *idem*, | à 9 *idem* 0 *idem*, | et 50 315. |

Si l'on reporte ici la hauteur des eaux d'inondation, observées à la même époque, dans les deux canaux de Talbyeh et Nezlet-el-Aqta', l'on aura,

| Lignes des eaux du Nil dans les canaux de.. | Talbyeh.................... | $48^m981$. |
|---|---|---|
| | Nezlet-el-Aqta'............. | 47 866. |

On voit, par la comparaison de ces données, que les eaux du fleuve étaient, trois mois après l'époque du *maximum* de crue, plus basses de $1^m29$ que celles dans le canal de Talbyeh, et plus basses de $2^m40$ que celles dans le canal d'el-Asarah, qui passe au village de Nezlet-el-Aqta'.

Ces différences de niveau entre les eaux des canaux de ces deux villages sont dues à quelques accidens du terrain, mais principalement aux barrages qui formaient des retenues sous chacune des dix arches des

Ayant relevé graphiquement la hauteur de la galerie horizontale de la chambre inférieure, dite *de la Reine*, sur une coupe exacte de l'intérieur de la grande pyramide, à une grande échelle, j'ai trouvé en effet, à une assez grande approximation, cette hauteur, à laquelle j'ai soumis la profondeur du puits que M. Le Père, architecte, a bien voulu me donner, avec l'exactitude qui caractérise toutes ses opérations.

deux ponts de construction arabe, situés à 3000 mètres au nord des pyramides. Elles sont encore dues à ce que les eaux de ces deux canaux adjacens à la rive gauche du Nil, ne trouvant pas un aussi grand débouché pour leur écoulement que celles du grand bras du fleuve, doivent naturellement se trouver à des niveaux plus ou moins élevés entre eux, et cela dans des rapports variables comme les localités et la situation de leurs diverses ramifications dans un sol d'atterrissement et plus ou moins perméable. En effet, les canaux latéraux à la branche principale du fleuve n'étant, en Égypte, que de grandes dérivations destinées à suppléer au défaut des inondations faibles, quand la crue annuelle ne permet pas aux eaux de déverser par-dessus les rives, qui se trouvent naturellement plus élevées qu'aux extrémités ou lisières de la vallée, il est encore naturel que les eaux de ces diverses ramifications, interrompues en divers points, y soient comparativement plus ou moins élevées à une même époque, sur une même ligne de section transversale de la vallée.

J'ai parlé plus haut du canal el-Aṣarah, qui, partant de la province supérieure du Fayoum, passe sous le pont de la digue de Saqqârah, sous les deux ponts des pyramides, et près des villages de Nikleh, d'Abou-Nechâbeh, de Ouardân et autres, en longeant le pied de la chaîne libyque; j'observerai que les eaux de ce canal, qui coulaient avec une grande abondance dans l'inondation extraordinaire de septembre 1800, qui fut de 14 coudées, 17 doigts ($7^{m}89$) de crue effective, étaient plus élevées de deux mètres que celles du grand bras du Nil, dont elles ne sont séparées au village d'Abou-Nechâbeh que par une digue, par-dessus laquelle les eaux déversaient dans le fleuve[1].

2°. On voit, par l'inspection du profil, l'abaissement du sol de la vallée, dont la section transversale, au lieu d'être formée, comme cela existe le plus ordinairement dans toutes les vallées, par deux pentes convergentes vers le cours d'eau qui en occupe la partie centrale, incline au contraire progressivement des bords du fleuve vers la montagne qui la domine à l'ouest.

Je m'abstiendrai de chercher à expliquer ici les causes de cette conformation particulière à la vallée du Nil, ainsi que l'ont fait nos collègues MM. Girard[2] et Reynier[3]. On ne retrouve cependant pas, dans le profil de la vallée du Kaire aux pyramides, la surface convexe qu'elle offre presque dans toutes les autres parties du cours du Nil, sur 150 lieues de longueur du

[1] Chargés par le général en chef Menou de constater la rupture de la digue de Saqqârah, nous parcourûmes en bateau, M. de Chabrol et moi, du 13 au 15 septembre 1800, toute la partie de la province de Gyzeh, depuis le village de Myt-Rahyneh (l'ancienne Memphis) jusqu'à celui de Myt-Salâmeh. Les eaux étaient abondantes et coulaient avec une extrême rapidité dans tout le cours du canal *Asarah*. Celles de l'inondation y étaient successivement soutenues par les cinq digues d'*el-Saqqârah*, d'*el-Abou-Nemrous*, d'*el-Açoued*, d'*el-Qattâh* et de *Myt-Salâmeh*. Nous en mesurâmes les longueurs partielles, et nous reconnûmes que, prenant généralement naissance vers la rive gauche du Nil, les hauteurs de ces digues s'élèvent progressivement de zéro jusqu'à cinq ou six mètres à leurs extrémités, vers le pied de la montagne occidentale, à laquelle elles se rattachent. Cette dernière avait été rompue en diverses parties par la force des eaux de l'inondation extraordinaire de cette année.

[2] *Voyez* les Mémoires de M. Girard sur l'agriculture et le commerce de la haute Égypte, in-12, pag. 5 et 7, Paris, an IX (1802).

[3] *Voyez* les Considérations générales sur l'agriculture des Égyptiens, par M. L. Reynier, in-12, p. 13.

sud au nord, parce que le fleuve ne coule pas ici vers le centre de la vallée, et qu'en longeant les villes du vieux Kaire et de Boulâq, il se rapproche de la montagne orientale, dont le pied est occupé par la ville du Kaire. Or, la plaine submersible qui sépare cette ville entre le vieux Kaire et Boulâq, n'a qu'une largeur de 1000 mètres, et ne peut conséquemment pas offrir de ce côté la particularité en question; mais elle a lieu pour la partie occidentale de la vallée, de la rive gauche du fleuve aux pyramides, comme à la hauteur des villages de Saqqârah et de Omm-Dynâr, villages situés sur les extrémités sud et nord de la province de Gyzeh.

Si l'on vient à comparer ce profil avec celui de cette même vallée, fig. 4, qui est pris à la latitude de Syout, ville située à 2° 51′ 54″ au sud de celle du Kaire, c'est-à-dire à une distance de 317216 mètres en ligne directe, et de 373240 mètres mesurés suivant les sinuosités du fleuve, on y reconnaîtra que les observations que nous venons de présenter lui sont parfaitement applicables, quoique l'échelle que nous avons dû adopter dans le profil n°. 3, ne nous ait pas permis de faire sentir aussi bien que l'a fait notre collègue M. Raffeneau pour la vallée à la hauteur de Syout, le relief du sol de cette même vallée entre le Kaire et les pyramides de Gyzeh; mais c'est principalement à la comparaison des ordonnées du nivellement que l'on doit s'attacher.

3°. On doit croire que le lit du Nil a occupé, à différentes époques, divers points de la vallée. Il ne paraît cependant pas qu'il ait changé sensiblement, du moins entre Memphis et la ville moderne du Kaire, depuis qu'un Pharaon rejeta son lit à l'orient de cette ancienne capitale de l'Égypte. Voici ce qu'on lit dans Hérodote, à ce sujet; on y verra que le Nil a coulé primitivement, sur la plus grande partie de son cours, au pied de la chaîne libyque: « Ménès, qui fut le premier roi d'Égypte, fit faire, au rapport des prêtres, des digues à Memphis. Le fleuve, jusqu'au règne de ce prince, coulait entièrement le long de la montagne sablonneuse qui est du côté de la Libye: mais, ayant comblé le coude que forme le Nil du côté du midi, et construit une digue à cent stades environ au-dessus de Memphis, il mit à sec son ancien lit, et lui fit prendre son cours par un nouveau canal, afin de le faire couler à égale distance des deux montagnes; et encore aujourd'hui, sous la domination des Perses, on a une attention particulière à ce même coude du Nil, dont les eaux, retenues par les digues, coulent d'un autre côté, et l'on a soin de les fortifier tous les ans. En effet, si le fleuve venait à les rompre et à se répandre de ce côté-là dans les terres, Memphis risquerait d'être entièrement submergée. Ménès, leur premier roi, fit bâtir, au rapport des mêmes prêtres, la ville qu'on appelle aujourd'hui *Memphis*, dans l'endroit même d'où il avait détourné le fleuve et qu'il avait converti en terre ferme [1], etc. »

Hérodote ne précise pas la distance de la grande

[1] Hérod. liv. II, §. 99. *Voyez* la traduct. franç. de Larcher, Paris, an XI (1802), tom. II, pag. 76.

pyramide au Nil, ni à la ville de Babylone, dont il ne fait pas mention. Diodore fixe à quarante-cinq stades la distance du Nil à la pyramide de Chemmis[1]. Si, dans cette indication, l'on adopte, non le petit stade égyptien de 51 toises ($99^{m}40$), qui serait évidemment beaucoup trop petit, mais le stade grec de 95 toises ($185^{m}16$), qu'il paraît bien que Diodore a employé dans son Histoire, on trouve que cette distance est de 4275 toises ou de $8332^{m}13$.

Cette indication coïncide avec celles qui sont données par la nouvelle carte du grand atlas; mais elle est plus forte de 1200 mètres que celle déduite des calculs astronomiques dans l'évaluation de la distance directe de la tour des Janissaires à l'axe de la grande pyramide de Gyzeh. Cette distance peut avoir été déduite d'une marche itinéraire, qui serait, dans ce cas, d'un septième en sus de la marche en ligne directe.

Je ne parlerai pas des autres indications de ces mêmes distances données par Strabon et Pline, parce que toutes deux sont inexactes, et, sans doute, approximatives. J'en ai parlé dans mon Mémoire sur les pyramides, que j'ai communiqué à MM. de Chabrol et Jomard, spécialement chargés de ce travail.

On sait par les historiens arabes que le bras de ce fleuve qui longe à l'orient l'île de Roudah, fut un canal creusé par la main des hommes. Je ne doute pas qu'il ne soit celui qui fut recreusé par les ordres d'Adrien, et qui, baignant les murs de Babylone, passait à cette époque dans la direction des vestiges en-

[1] Diodore, *Bibl. hist.* liv. II, chap. II.

core apparens d'un canal qui longe le côté occidental de la ville du Kaire.

Je conclurai de ces diverses citations que le Nil, depuis l'an 245 de l'hégire (861 de notre ère), époque de la construction du meqyâs de Roudah, substitué au nilomètre des Qobtes ou chrétiens sous les empereurs romains, n'a pas sensiblement varié l'emplacement de son lit, depuis la domination romaine jusqu'à nos jours, ni même, comme nous l'avons dit plus haut, depuis Ménès, c'est-à-dire depuis 4760 ans environ que ce Pharaon régnait à Memphis, alors capitale de la basse Égypte.

4°. C'est principalement aux deux lignes horizontales, indiquant les ordonnées des basses et hautes eaux du fleuve de la crue extraordinaire de 1800, que l'on doit reporter son attention dans la comparaison des divers points de la vallée du Nil, entre la ville du Kaire et les pyramides; ces deux ordonnées étant cotées, par rapport au plan général de nivellement de l'isthme, savoir :

| | | | |
|---|---|---|---|
| Lignes des eaux du Nil en 1800.......... | Étiage, le 4 juillet... | $3^c$ $10^d$ | $53^m$ 331. |
| | Crue (*maximum* de la) le 4 octobre[1]..... | 10. 3. | 45. 445. |
| Crue extraordinaire et effective en 1800.... | | 14. 17. | 7 886. |

[1] Nous avons rectifié l'ordonnée de la crue de 1800, qui, au lieu d'être cotée comme au profil $45^m388$, doit être reportée à $45^m445$, à raison de $14^c$ $17^d$ de crue effective, la coudée étant de $0^m540$ Les variantes de ces deux côtes rectifiées diffèrent trop peu de celles qui sont inscrites au profil pour être ici de quelque importance.

On voit par la ligne supérieure marquant l'inondation de 1800, que toute la plaine de la vallée, d'une montagne à l'autre (*gebel a'lä gebel,* comme disent les Arabes), a généralement été recouverte par les eaux de la crue extraordinaire de cette année.

5°. Nous terminerons ces observations par celles que suggère le travail fait de la main des hommes dans les deux montagnes qui bordent la vallée du Nil : j'entends parler du puits de Joseph, creusé dans la citadelle du Kaire, à l'orient, et de celui qui a été également creusé ou du moins ébauché sur la montagne occidentale, dans l'intérieur de la grande pyramide. Ces puits rappellent le besoin si vivement senti dans tous les temps en Égypte, de la présence des eaux du fleuve dans les lieux adjacens à sa vallée et que la nature en a privés.

## 1°. PUITS DE JOSEPH.

6°. J'ai dit dans mon Mémoire sur la province de Gyzeh, en parlant de la ville du Kaire, que le fond du puits de Joseph, taillé dans la roche calcaire de la citadelle, attenante au pied du *Moqattam,* et dont la profondeur de ses deux parties distinctes est de $90^{m}60$ ($278^{ds}$ $10^{o}$ $11^{l}$) jusqu'à sa ligne d'eau, avait dû incontestablement être creusé jusqu'au-dessous des basses eaux du Nil; je dis incontestablement, parce qu'il est généralement reconnu que le sol de l'Égypte, naturellement sec et aride, et privé d'eau de source comme il est privé des eaux de pluie, n'a et ne conserve que l'eau douce qu'il reçoit par infiltration du fleuve, et surtout dans le temps de ses débordemens annuels. Ce n'est donc pas seulement ici d'après une hypothèse vraisemblable, que j'ai porté pour hauteur de la montagne où est creusé le puits de Joseph, dans la citadelle du Kaire, la profondeur même de ce puits, quand j'en ai reporté le fond à la ligne des basses eaux du Nil. La hauteur du profil en ce point, quoique ne résultant pas d'une opération de nivellement, est donc admissible et physiquement démontrée, à un ou deux mètres d'approximation. Si l'on observe que la profondeur de ce puits n'est portée par M. Jomard que jusqu'à la ligne d'eau [1], on admettra facilement qu'elle a dû être primitivement de deux ou trois mètres plus bas, et qu'on peut porter sa margelle, et conséquemment la hauteur de la montagne, à 93 mètres environ au-dessus de la ligne des basses eaux du Nil.

### 2°. PUITS DE LA GRANDE PYRAMIDE.

7°. Quant au puits de la grande pyramide assise sur la montagne occidentale, située à l'opposite de celle du Kaire, on ne peut pas douter, d'après ce qu'en dit Hérodote, qu'il n'ait été creusé après l'érection de cette pyramide, pour servir à porter des eaux du Nil dans son intérieur. Comment supposer, en effet, un autre but d'utilité à ce puits? car, si ce n'eût été que pour procurer seulement une communication souterraine et

[1] *Voyez* la coupe du puits de Joseph donnée par M. Jomard, *É. M.*, vol. 1$^{er}$, pl. 73.

mystérieuse avec l'intérieur de la pyramide, on n'aurait certainement pas eu besoin de le creuser à une aussi grande profondeur, ni même pour correspondre à la figure colossale de l'*Andro-sphinx*, dont le dessous du menton est de $25^m819$ ($79^{ds}$ $5^o$ $9^l$) inférieur au plan de la base de la pyramide, et de $20^m025$ ($61^{ds}$ $7^o$ $8^l$) supérieur au fond de ce puits. Voici les calculs sur lesquels j'ai établi l'ordonnée ou cote du fond de ce puits, d'après notre nivellement :

| | | |
|---|---|---|
| Cote du rocher taillé en première assise angulaire, arête nord-est.......... | $54^m854$. | $170^{ds}$ $8^o$ $3^l$ |
| Hauteur du couloir horizontal sur ce rocher [1].................. | + 17 500. | 53. 10. 6. |
| Hauteur du couloir sur les eaux de la Méditerranée.................. | 72 354. | 224. 6. 9. |
| Profondeur du puits de la pyramide.. | — 63 344. | 195. 0. 0. |
| Fond du puits, supérieur à la Méditerranée.................. | 9 010. | 29. 6. 9. |

Si l'on cherche à connaître à quel point des subdivisions de la colonne nilométrique répond l'ordonnée ou cote du fond de ce puits, qu'on trouve ici à une très-grande approximation, on trouve qu'elle correspond à *dix coudées dix-sept doigts*, comme on peut s'en assurer par la table donnée ci-dessus.

On voit donc que la cote de profondeur de ce puits, qui approche de la ligne des eaux moyennes du Nil, est beaucoup inférieure à tous les points du sol actuel de la

[1] *Voy.* les ordonnées des stations nos. 954 et 955, au tableau ci-dessus, et la note relative à la profondeur du puits de la grande pyramide.

vallée, et qu'incontestablement, nous le répétons, ce puits n'a été creusé à cette profondeur que pour donner en tout temps des eaux du fleuve dans l'intérieur de la pyramide, quoique ses faibles dimensions de largeur ne doivent le faire considérer que comme l'ébauche d'un travail entrepris et abandonné après l'érection de cette pyramide.

C'est pour ne pas étendre davantage ces observations, que nous les avons fait précéder d'un tableau d'ordonnées de niveaux comparatifs, et que l'on ne peut pas assez bien sentir dans le profil joint à ce mémoire et à la feuille d'explication qui en fait partie.

C'est enfin par ce profil et ces observations que l'on pourra connaître par la suite des siècles les changemens que le Nil doit éprouver dans l'emplacement et l'exhaussement de son lit, dans les termes comparés de son étiage et de ses crues annuelles, et dans l'exhaussement du sol de sa vallée, aux latitudes des pyramides et de la capitale moderne de l'Égypte.

# TABLEAU

## DE

# LA SUPERFICIE DE L'ÉGYPTE,

Par M. JACOTIN,

COLONEL AU CORPS ROYAL DES INGÉNIEURS-GÉOGRAPHES MILITAIRES, CHEF DE LA SECTION TOPOGRAPHIQUE DU DÉPÔT DE LA GUERRE, CHEVALIER DE L'ORDRE ROYAL ET MILITAIRE DE SAINT-LOUIS, OFFICIER DE L'ORDRE ROYAL DE LA LÉGION D'HONNEUR, MEMBRE DE LA COMMISSION DES SCIENCES ET ARTS ET DE L'INSTITUT D'ÉGYPTE*, ETC.

DEPUIS l'île de Philæ jusqu'au Kaire, l'Égypte n'est qu'une vallée longue et étroite, qui se dirige du sud vers le nord entre les 24° 1′ 25″ et les 30° 2′ 8″ de latitude; au milieu de cette vallée coule le Nil, dont le développement, depuis son entrée en Égypte jusqu'à la mer, est de cent vingt-trois myriamètres, correspondant à deux cent soixante-seize lieues trois quarts.

A la hauteur du Kaire, les montagnes qui la limitent changent de direction; celles de la rive droite du fleuve vont vers l'est, et leur hauteur se soutient jusqu'auprès de Soueys, tandis que celles de la rive gauche, beau-

* *Voyez* le Mémoire sur la construction de la carte de l'Égypte, *État moderne*, tome XVII, pag. 437 et suivantes.

coup moins élevées, inclinent vers le nord-ouest, et diminuent sensiblement en approchant de la mer.

A trente-un kilomètres au-dessous du Kaire, le fleuve se divise en deux branches, qui forment, avec le littoral compris entre leurs embouchures à la mer, un triangle connu des anciens sous le nom de *Delta*. D'autres canaux dérivés du Nil et de ses deux branches forment un autre triangle, dans lequel le Delta se trouve renfermé de deux côtés. Ce dernier triangle diffère peu de l'autre en hauteur; mais la base est beaucoup plus considérable : elle n'a pour limites que les points extrêmes où les eaux du Nil peuvent arriver, c'est-à-dire depuis l'extrémité ouest du lac *Mareotis*, près de la tour des Arabes, jusqu'à l'embouchure de la branche Pélusiaque, aujourd'hui Tyneh, près de Péluse; ces deux points sont placés entre les 27° 14′ 30″ et les 30° 16′ 30″ de longitude : leur distance en ligne directe est de 291 kilomètres, correspondant à 65 lieues 47 centièmes; et le développement de la côte qui les sépare, de 378 kilomètres 9 dixièmes, ou 85 lieues un quart.

Ce développement de côte est loin d'être celui de toute l'Égypte, qui s'étend encore beaucoup à l'est et à l'ouest : d'après les cartes des meilleurs géographes, notamment de d'Anville, elle est comprise entre les 26° 30′ et les 32° 20′ de longitude; sa largeur moyenne est de 110 lieues. Sa situation entre les 24° 1′ 25″ et les 31° 37′ 0″ de latitude lui donne 190 lieues de long. La surface réduite de cet espace peut être évaluée à vingt mille lieues carrées, les trois quarts environ de celle de la France actuelle.

Mais, dans cette immense étendue, il faut distinguer les terres susceptibles de culture qui peuvent être arrosées par le Nil, de celles où ses inondations ne peuvent jamais atteindre, qui sont des déserts sablonneux et arides, condamnés par la nature à une perpétuelle stérilité : c'est la superficie des terres que le Nil peut féconder, laquelle est à peine la douzième partie de toute l'Égypte, que nous avons calculée en hectares ou arpens nouveaux, et dans laquelle nous avons distingué,

1°. Les terrains occupés par les villes, villages, hameaux, habitations, tombeaux, places vagues, etc.;

2°. Les terres cultivées et cultivables en général, dont la superficie n'a pu être déterminée que par approximation, parce qu'elle varie suivant la force des crues du Nil;

3°. La superficie des terres incultes, et qui pourraient être rendues à la culture;

4°. Celle des îles du fleuve que l'on doit considérer en général comme terres cultivées et cultivables, superficie qui varie aussi selon les crues du Nil;

5°. Celle des canaux, de leurs berges, digues, chemins, et tout ce qui y a rapport;

6°. Celle de l'emplacement des ruines et décombres des villes et des monumens anciens;

7°. Celle du fleuve dans ses hautes eaux;

8°. Celle des lacs, étangs et marais, également dans les hautes eaux;

9°. Enfin la superficie des sables, plages, dunes, renfermés dans la partie de l'Égypte susceptible d'être inondée par le fleuve, et qui ne tiennent pas au désert.

La division des feuilles de la carte en décimètres carrés, qui égalent une superficie de dix mille hectares, a facilité beaucoup ces calculs. On a tracé sur une corne transparente un décimètre carré. Les côtés en ont été divisés en cinquante parties égales, et par tous les points de division on a amené des lignes parallèles aux côtés; ce décimètre s'est trouvé divisé en 2500 parties, correspondant chacune à quatre hectares. On a porté cette corne successivement sur toutes les divisions de la carte et sur les divers objets qu'elle contient, et l'on a compté combien il y avait, dans chacun d'eux, de ces carrés de quatre hectares; leur nombre multiplié par 4 a donné la surface en hectares.

Cette manière de calculer les superficies est extrêmement exacte lorsque les plans sont à de grandes échelles; et quoique sur la carte de l'Égypte on n'ait pu approcher tout au plus qu'à un quart de carré (ou à un hectare près) de la stricte vérité, nous regardons cette exactitude comme plus que suffisante pour notre objet.

Les principaux résultats donnés par ces calculs ont été convertis en myriamètres, en lieues de vingt-cinq au degré, en arpens de cent perches de vingt pieds, et en *feddân*.

| | |
|---|---|
| Le myriamètre carré contient. . . | 10,000$^{h}$, 0000. |
| La lieue carrée. . . . . . . . . . | 1,975, 3086. |
| L'arpent carré. . . . . . . . . . . | 0, 4221. |
| Le feddân. . . . . . . . . . . . . | 0, 5929. |

Le feddân est une mesure agraire de l'Égypte. Il y a des *feddân* de plusieurs grandeurs; celui-ci est le plus

Page 110.

# TABLEAU DE LA SUPERFICIE DE L'ÉGYPTE EN HECTARES.

**RIVE GAUCHE DU NIL.**

| NOMS des PROVINCES. | villes, villages, etc. | terres cultivées et cultivables. | terrains incultes. | îles du fleuve. | canaux et digues. | ruines et décombres. | eaux du fleuve. | lacs, étangs, marais. | sables. | TOTAUX. |
|---|---|---|---|---|---|---|---|---|---|---|
| **HAUTE ÉGYPTE.** | | | | | | | | | | |
| Thèbes ou Qeneh | 2032. | 56460 | 2844. | 2732. | 1692. | 1228. | 11792 | » | » | 78800. |
| Girgeh | 2348. | 76348 | 13308. | 140 | 2548. | 320. | 5056. | » | » | 99920. |
| Syout | 2660 | 153320. | 704. | 2316 | 3524. | 12. | 6800 | » | » | 139036. |
| Totaux | 7040 | 286128. | 17056. | 5288 | 7744. | 1560. | 23640. | » | » | 319076. |
| **MOYENNE ÉGYPTE.** | | | | | | | | | | |
| Minyeh | 1796. | 113676. | 1028. | 1070 | 3480. | 600. | 4484. | » | » | 125936. |
| Beny-Soueyf | 4508 | 163738 | 10348. | 1472. | 10960. | 224. | 7056. | » | » | 210180. |
| Fayoum | 1880. | 60408. | 34008. | » | 2964. | 792. | » | 21004. | 5096. | 127232. |
| Atfyeh | 32. | 1468 | » | 144. | 28 | » | 608. | » | » | 2280. |
| Gyzeh | 1492. | 38016. | 4160. | 132. | 720. | 80. | 2084. | » | » | 46696. |
| Totaux | 9908. | 379308 | 59744. | 2820. | 17582. | 1696. | 14812. | 21004. | 5096. | 512350. |
| **BASSE ÉGYPTE.** | | | | | | | | | | |
| Gyzeh | 708. | 30818. | 2007. | 1116. | 848. | 116 | 3124. | » | 6884. | 45691. |
| Qelyoub | » | » | » | » | » | » | » | » | » | » |
| Charqyeh | » | » | » | » | » | » | » | » | » | » |
| Mansourah | » | » | » | » | » | » | » | » | » | » |
| Damiette | » | » | » | » | » | » | » | » | » | » |
| Gharbyeh | » | » | » | » | » | » | » | » | » | » |
| Menouf | » | » | » | » | » | » | » | » | » | » |
| Rosette | 216 | 13736. | 608. | 348 | 672. | 192. | 1504 | 40056 | 12376 | 80348 |
| Bahyreh | 2648. | 139815. | 42603. | 848. | 5670 | 368. | 1688 | 120940. | 17644. | 351708 |
| Totaux | 3632 | 184019. | 45122. | 2312. | 7190 | 676 | 6216. | 160996. | 35184. | 477747. |
| Totaux généraux | 20380. | 848753. | 122032. | 10340. | 32876. | 3932 | 44668. | 182100. | 43180. | 1308153. |

**RIVE DROITE DU NIL.**

| NOMS des PROVINCES. | villes, villages, etc. | terres cultivées et cultivables. | terrains incultes. | îles du fleuve. | canaux et digues. | ruines et décombres. | eaux du fleuve. | lacs, étangs, marais. | sables. | TOTAUX. |
|---|---|---|---|---|---|---|---|---|---|---|
| **HAUTE ÉGYPTE.** | | | | | | | | | | |
| Thèbes ou Qeneh | 2860. | 67186. | 8684. | 2176. | 1672 | 600. | 22288. | » | » | 85088 |
| Girgeh | 884. | 20348. | 5136 | 644. | 768. | 320. | 4532. | » | » | 32632. |
| Syout | 444. | 30092 | 307. | 1872. | 1080. | 180. | 7004. | » | » | 43379. |
| Totaux | 4188. | 118028. | 14127. | 4692. | 3720 | 1100. | 23824. | » | » | 168097. |
| **MOYENNE ÉGYPTE.** | | | | | | | | | | |
| Minyeh | 180. | 2212. | » | 1120. | 64. | 508. | 2512 | » | » | 6596 |
| Beny-Soueyf | » | » | » | » | » | » | » | » | » | » |
| Fayoum | » | » | » | » | » | » | » | » | » | » |
| Atfyeh | 1184. | 13132 | 5740. | 1776 | 632. | 116 | 9072 | » | » | 31652. |
| Gyzeh | » | » | » | » | » | » | » | » | » | » |
| Totaux | 1364. | 15344. | 5740. | 2896 | 696. | 624. | 11584 | » | » | 38248. |
| **BASSE ÉGYPTE.** | | | | | | | | | | |
| Gyzeh | » | » | » | » | » | » | » | » | » | » |
| Qelyoub | 2500. | 68364. | » | 2492. | 2016. | 844. | 2824. | 536. | 4612 | 84188 |
| Charqyeh | 3364. | 194248 | 117580. | » | 6372 | 976. | 724. | 64310. | 15984 | 403560. |
| Mansourah | 2524. | 137208. | 21132. | 152. | 4592. | 1092. | 1180. | 51772. | » | 222112. |
| Damiette | 876. | 21536 | 27012. | 344. | 920. | 152 | 860. | 120640. | 1416 | [illegible] |
| Gharbyeh | » | » | » | » | » | » | » | » | » | » |
| Menouf | » | » | » | » | » | » | » | » | » | » |
| Rosette | » | » | » | » | » | » | » | » | » | » |
| Bahyreh | » | » | » | » | » | » | » | » | » | » |
| Totaux | 9164. | 421416. | 165724. | 1688. | 13980. | 2844. | 5504. | 241260 | 19092 | 883752 |
| Totaux généraux | 14716 | 550586. | 187791. | 10076. | 18372. | 4388. | 40816. | 241260 | 19092. | 1087797. |

**DELTA.**

| NOMS des PROVINCES. | villes, villages, etc. | terres cultivées et cultivables. | terrains incultes. | îles du fleuve. | canaux et digues. | ruines et décombres. | eaux du fleuve. | lacs, étangs, marais. | sables. | TOTAUX. |
|---|---|---|---|---|---|---|---|---|---|---|
| **HAUTE ÉGYPTE.** | | | | | | | | | | |
| Thèbes ou Qeneh | » | » | » | » | » | » | » | » | » | » |
| Girgeh | » | » | » | » | » | » | » | » | » | » |
| Syout | » | » | » | » | » | » | » | » | » | » |
| Totaux | » | » | » | » | » | » | » | » | » | » |
| **MOYENNE ÉGYPTE.** | | | | | | | | | | |
| Minyeh | » | » | » | » | » | » | » | » | » | » |
| Beny-Soueyf | » | » | » | » | » | » | » | » | » | » |
| Fayoum | » | » | » | » | » | » | » | » | » | » |
| Atfyeh | » | » | » | » | » | » | » | » | » | » |
| Gyzeh | » | » | » | » | » | » | » | » | » | » |
| Totaux | » | » | » | » | » | » | » | » | » | » |
| **BASSE ÉGYPTE.** | | | | | | | | | | |
| Gyzeh | » | » | » | » | » | » | » | » | » | » |
| Qelyoub | » | » | » | » | » | » | » | » | » | » |
| Charqyeh | » | » | » | » | » | » | » | » | » | » |
| Mansourah | » | » | » | » | » | » | » | » | » | » |
| Damiette | 636 | 38304. | 36236. | 96 | 2448 | 112. | 1196 | 3192. | 1832. | 100228. |
| Gharbyeh | 3312 | 240448. | 85928. | 168 | 8468. | 816. | 1912. | 69912. | 3972 | 451176. |
| Menouf | 3340. | 165248. | » | 716 | 7512. | 130. | 4152. | » | » | 181330. |
| Rosette | 812. | 63416. | 9956. | 132. | 5136. | 96. | 1492. | 60816. | 15004. | 156836. |
| Bahyreh | » | » | » | » | » | » | » | » | » | » |
| Totaux | 8100 | 508416. | 134430. | 1292. | 20036. | 1154. | 8752. | 135632. | 71396. | 890330. |
| Totaux généraux | 8100 | 508416 | 134430. | 1292. | 20036. | 1154. | 8752 | 135632. | 71396. | 890330. |

**TOTAUX.**

| NOMS des PROVINCES. | villes, villages, etc. | terres cultivées et cultivables. | terrains incultes. | îles du fleuve. | canaux et digues. | ruines et décombres. | eaux du fleuve. | lacs, étangs, marais. | sables. | TOTAUX. |
|---|---|---|---|---|---|---|---|---|---|---|
| **HAUTE ÉGYPTE.** | | | | | | | | | | |
| Thèbes ou Qeneh | 4492. | 123636. | 11528. | 4908. | 3364. | 1828. | 34080. | » | » | 164888 |
| Girgeh | 3232. | 96696. | 18644. | 784. | 3296. | 640. | 9588. | » | » | 132552. |
| Syout | 3304. | 159912. | 1011. | 3188 | 4604. | 192. | 13804. | » | » | 182315. |
| Totaux | 11228. | 369404. | 31183. | 9700. | 11464. | 2660. | 47464. | » | » | [illegible] |
| **MOYENNE ÉGYPTE.** | | | | | | | | | | |
| Minyeh | 1976. | 115888. | 1028. | 2190. | 3544. | 1108 | 6996. | » | » | 132532. |
| Beny-Soueyf | 4508. | 163738. | 10918. | 1472. | 10960. | 224 | 7056. | » | » | 210180 |
| Fayoum | 1880 | 60408. | 34008 | » | 2964. | 792 | » | 21004. | 5096. | 127232. |
| Atfyeh | 1216 | 14600 | 5740 | 1920. | 660 | 116. | 9680. | » | » | 33932. |
| Gyzeh | 1492. | 38016. | 4160. | 132. | 750. | 80. | 2084. | » | » | 46696. |
| Totaux | 11072 | 394652. | 65486. | 5716. | 18058. | 2320. | 26396. | 21004. | 5096. | [illegible] |
| **BASSE ÉGYPTE.** | | | | | | | | | | |
| Gyzeh | 708. | 30818. | 2007 | 1116. | 848. | 116. | 3124. | » | 6884. | 45691. |
| Qelyoub | 2500. | 68364. | » | 2492. | 2016. | 844. | 2824. | 536. | 4612. | 84188. |
| Charqyeh | 3364. | 194248 | 117580. | » | 6372 | 976. | 724. | 64310. | 15984 | 403560 |
| Mansourah | 2524. | 137208. | 21132. | 152. | 4592. | 1092. | 1180. | 51772. | » | [illegible] |
| Damiette | 1512. | 59840. | 63248. | 440. | 3368. | [illegible] | 2056. | 123832. | 3248. | [illegible] |
| Gharbyeh | 3312. | 240448. | 85928. | 168 | 8468. | 816. | 1912. | 69912. | 3972. | 451176. |
| Menouf | 3340 | 165248. | » | 716 | 7512. | 130 | 4152. | » | » | 181330. |
| Rosette | 1028 | 77152. | 10564 | 480. | 5808. | 288. | 2996. | 100872. | 27380. | [illegible] |
| Bahyreh | 2648. | 139815 | 42603. | 848. | 5670. | 348. | 1688. | 120940. | 17644. | 351708 |
| Totaux | 21076. | 1114385. | 347196 | 6292. | 41360 | 4674 | 20376. | 537988. | 126072 | [illegible] |
| Totaux généraux | 43316. | 1907757. | 444185. | 21708 | 71481. | 9654. | 94236. | 558992. | 132668. | 3286000. |

**SUPERFICIE TOTALE PAR PROVINCE.**

| NOMS des PROVINCES. | en myriamètres. | en arpens. |
|---|---|---|
| **HAUTE ÉGYPTE.** | | |
| Thèbes ou Qeneh | 16. 40. 86. | 388793. |
| Girgeh | 13. 18. 52. | 312382. |
| Syout | 18. 70. 35. | 443148. |
| Totaux | 48. 29. 73. | 1144323. |
| **MOYENNE ÉGYPTE.** | | |
| Minyeh | 13. 25. 32. | 313996. |
| Beny-Soueyf | 21. 01. 80. | 498085. |
| Fayoum | 12. 73. 52. | 301793. |
| Atfyeh | 3. 39. 32. | 80399. |
| Gyzeh | 4. 66. 96. | 110657. |
| Totaux | 55. 09. 98. | 1305465. |
| **BASSE ÉGYPTE.** | | |
| Gyzeh | 4. 56. 91. | 108281. |
| Qelyoub | 8. 08. 88. | [illegible] |
| Charqyeh | 40. 10. 60. | [illegible] |
| Mansourah | [illegible] | [illegible] |
| Damiette | [illegible] | [illegible] |
| Gharbyeh | [illegible] | [illegible] |
| Menouf | 18. 13. 30. | [illegible] |
| Rosette | [illegible] | [illegible] |
| Bahyreh | 35. 17. 08. | 833469. |
| Totaux | 215 20. 29. | 5333521. |
| Totaux généraux | 328. 60. 00. | 7785211. |

en usage dans toute l'Égypte et le plus authentique : il est connu sous le nom de *feddân el-rizaq;* c'est un carré dont le côté est égal à vingt *qasab,* mesure de longueur qui sert à mesurer les terres. Cette mesure existait du temps des khalifes, et fut maintenue par Selym Ier. On la conserve dans une mosquée de Gyzeh; la commission du cadastre l'a reconnue et mesurée : elle contient 6 *pyk* deux tiers *beledi* (ou du pays); le pyk vaut $0^m5775$. Ainsi la longueur du qasab est de $3^m85$; son carré, de $14^m8225$ : en le multipliant par 400, on aura, pour la surface du feddân, 5929 mètres carrés [1].

Les tableaux suivans renferment les résultats des calculs que l'on vient d'indiquer.

(*Voyez le tableau ci-joint.*)

D'après les mesures ci-dessus indiquées, le tableau suivant donnera la superficie de l'Égypte considérée selon ses natures de terrain :

[1] Voyez l'*Exposition du système métrique des anciens Égyptiens*, par M. Jomard, *A. M.*, tome VII, pag. 1re et suiv.

| NATURES DE TERRAIN. | EN HECTARES. | EN MYRIAMÈTRES CARRÉS. | EN ARPENS de cent perches de 18 pieds. | EN LIEUES CARRÉES de 25 au degré. | EN FEDDAN. |
|---|---|---|---|---|---|
| | h. | m. k. | a. | l. | f. |
| Villes, villages, habitations.. | 43,316. | 4. 33, 16. | 102,625. | 21, 93. | 73,058. |
| Terres cultivées et cultivables. | 1,907,757. | 190. 77, 57. | 4,519,869. | 965, 85. | 3,217,671. |
| Terres incultes............. | 444,165. | 44. 41, 65. | 1,052,319. | 224, 87. | 749,140. |
| Iles du fleuve.............. | 21,708. | 2. 17, 08. | 51,431. | 10, 99. | 36,613. |
| Canaux et digues........... | 71,484. | 7. 14, 84. | 169,360. | 36, 19. | 120,567. |
| Ruines et décombres......... | 9,674. | 0. 96, 74. | 22,920. | 4, 89. | 16,316. |
| Eaux du fleuve............ | 94,236. | 9. 42, 36. | 223,264. | 47, 71. | 158,941. |
| Étangs................... | 558,992. | 55. 89, 92. | 1,324,367. | 283, 00. | 942,810. |
| Sables.................... | 134,668. | 13. 46, 68. | 319,056. | 68, 18. | 227,134. |
| TOTAUX.......... | 3,286,000. | 328. 60, 00. | 7,785,211. | 1,663, 61. | 5,542,250. |

Conséquemment l'Égypte contient en superficie,

3286000, 00 hectares.
328, 60 myriamètres.
7785211, 00 arpens.
1663, 61 lieues.
5542250, 00 *feddân*.

En jetant un coup d'œil sur la carte, on voit que cette superficie à dû être plus considérable dans les temps où les inondations du Nil fertilisaient une plus grande étendue de terres. Mais ce n'est pas le désert seul qui a envahi celles que le fleuve ne peut plus féconder : les eaux de la mer n'ont pas été moins funestes ; elles ont franchi les digues qui les retenaient dans les limites que le travail de l'homme leur avait assignées, et ont porté la stérilité sur toutes les terres productives, qu'elles ont converties en lacs et en marais. Les terres qui proviennent du curage des canaux, les immondices et les décombres des villes et villages, sont une autre cause de la diminution des terres cultivées. Plusieurs des canaux qui n'ont pas de l'eau toute l'année, sont curés annuellement : le limon qu'on en retire est déposé sur les bords ; il a formé avec le temps des berges ou hauteurs si considérables, que ce n'est qu'à grands frais qu'on peut curer ces canaux, et l'on a trouvé plus avantageux de les abandonner, et d'en creuser de nouveaux à côté des anciens et sur un sol propre à la culture. Avec un meilleur système d'irrigation, une police sévère et des travaux bien entendus, on remédierait à tous ces abus, et l'on parviendrait à rendre à l'agriculture des terrains qui furent jadis cultivés; les vestiges de ruines qu'on y rencontre à chaque pas, en sont un témoignage certain.

On va donner ici, par aperçu, la superficie des terres qui pourraient être rendues à la culture, celle qui est maintenant cultivée, enfin celle qui a pu l'être autrefois.

D'après nos calculs, nous avons trouvé

| | |
|---|---|
| Que les terres cultivées et cultivables étaient de. . . . . . . . . . . . . . . . . . . . . . . . | 965l, 85. |
| Que les terres incultes qui pouvaient être rendues à la culture, sont de. . . . . . . . . | 224, 87. |
| Que celles des îles du fleuve sont de. . . . | 10, 99. |

D'après les mêmes calculs, on voit,

| | |
|---|---|
| 1°. Que les lacs et marais contiennent une superficie de 283 lieues; d'après les vestiges d'habitation que l'on y trouve encore, on peut évaluer aux deux tiers de cette quantité les terrains envahis par les eaux de la mer : ils sont de. . . . . . . . . . . . . . . . . . . . . . . | 188, 67. |
| 2°. Que, la superficie des sables, plages, dunes, renfermés dans la partie de l'Égypte qui a pu être autrefois inondée, étant de 68 lieues 18 centièmes, on peut estimer à la moitié la partie de ces sables anciennement cultivée : elle est de. . . . . . . . . . . . . . . . . | 34, 09. |
| L'Égypte a donc pu avoir autrefois en terres cultivées. . . . . . . . . . . . . . . . . . . | 1,424, 47. |

D'après son compte rendu de l'administration des finances de l'Égypte, M. Estève porte les terres cultivées à 3,163,618 *feddân*, qui font en lieues carrées. . . . . . . . . . . . . . . 949[l], 63.

D'où il résulte que l'Égypte a pu avoir anciennement, en terres cultivables, de plus qu'aujourd'hui. . . . . . . . . . . . . . . . . . . 474, 84.

C'est une moitié en sus.

On n'a fait entrer ici que les terrains abandonnés et submergés par les eaux et qui sont maintenant des lacs et des marais, et une partie de ceux que les sables ont pu couvrir dans l'intérieur de l'Égypte et que le fleuve a pu arroser autrefois. Il n'a pas été question des parties que le fleuve a pu inonder, qui se lient à l'Égypte, et qui, devenues la proie du désert, sont maintenant couvertes de sables. Ces parties qui se trouvent entre les limites actuelles des terres cultivables et incultes de l'Égypte et le pied des montagnes, ont fixé notre attention; nous les avons examinées sur la carte, et nous avons cherché à en déterminer l'étendue, après l'avoir calculée feuille par feuille. Nous avons trouvé une superficie de 52 lieues carrées environ, répartie comme il suit, savoir :

| | | | |
|---|---|---|---|
| HAUTE ÉGYPTE. . . | Rive gauche. . | 8. | 17 lieues. |
| | — droite. . . | 9. | |
| MOYENNE ÉGYPTE. . | Rive gauche. . | 18. | 23. |
| | — droite. . . | 5. | |

*A reporter*. . . . 40.

| | | | |
|---|---|---|---|
| | *Report*........ | | 40 lieues. |
| BASSE ÉGYPTE..... | Rive gauche.. | 6. | 12. |
| | — droite... | 6. | |
| | | | 52. |

De ces 52 lieues, il y en a sur la rive gauche. 32.
sur la rive droite.. 20.

Ces 52 lieues ne font que la trente-deuxième partie de la surface que nous avons trouvée pour la partie de l'Égypte que le fleuve peut féconder aujourd'hui. D'après ce calcul, qu'on a plutôt forcé qu'affaibli, on voit que l'envahissement des sables sur les terres cultivées est loin d'être aussi considérable que divers auteurs ont été portés à le croire : car les vestiges de la plupart des villes qui existaient au bord du désert il y a dix-huit ou vingt siècles, sont bien recouverts par les sables, mais ceux-ci se sont rarement étendus au-delà.

On terminera ces remarques en donnant la superficie des lieux remarquables de l'Égypte, et des lacs qu'elle renferme aujourd'hui :

| INDICATION DES LIEUX. | FEUILLES DE LA CARTE TOPOGRAPHIQUE sur lesquelles ils se trouvent. | SUPERFICIE DES LIEUX, EN HECTARES. | EN MYRIAMÈTRES. | EN ARPENS. | EN LIEUES. | EN FEDDAN. |
|---|---|---|---|---|---|---|
| | | h. | m. k. | a. | l. | f. |
| Thèbes*............ | 5. | 1,726. » | 0. 17,26. | 4,089, 2495. | 0, 873808. | 2,911, 114. |
| Le Kaire............ | 24. | 793. » | 0. 07,93. | 1,878, 7803. | 0, 4013567. | 1,337, 493. |
| LES PYRAMIDES de MEMPHIS. — la grande... | 20. 21. 24. 25. | 5, 3361. | | 12, 8193. | | 9. » |
| la moyenne.. | | 4, 3222. | | 10, 2039. | | 7, 29. |
| la petite.... | | 1, 2902. | | 2, 8648. | | 2, 0388. |
| Lac Qeroun.......... | 19. 20. | 19,836. » | 1. 98,36. | 46 995, 57. | 10, 042. | 33,456. » |
| Lac Garah........... | 19. | 1,168. » | 0. 11,68. | 2,767, 23. | 0, 591. | 1,970. » |
| Les lacs Amers....... | 23. 31. | 31,452. » | 3. 14,52. | 74,516, 27. | 15, 923. | 53,048. » |
| Le lac des Pélerins.... | 24. | 536. » | 0 05,36. | 1,269, 89. | 0, 271. | 904. » |
| Le lac Temsah........ | 31. | 2,556. » | 0. 25,56. | 6,055, 69. | 1, 294. | 4,311. » |
| Lac et marais de Balah.. | 31. | 13,028. » | 1. 30,28. | 30,866, 02. | 6, 596. | 21,973. » |

* *Voyez* la Description générale de Thèbes, par MM. Jollois et Devilliers, *A. D.*, tome II, *chap. IX*, page 1 et suivantes.

| INDICATION DES LIEUX. | FEUILLES DE LA CARTE TOPOGRAPHIQUE sur lesquelles ils se trouvent. | SUPERFICIE DES LIEUX, | | | | |
|---|---|---|---|---|---|---|
| | | EN HECTARES. | EN MYRIAMÈTRES. | EN ARPENS. | EN LIEUES. | EN FEDDAN. |
| | | h. | m. k. | a. | l. | f. |
| Le lac Menzaleh....... | 31. 34. 35. 41. 42. | 183,844. » | 18. 38,44. | 435,564, 31. | 93, 076. | 310,076. » |
| Plaine de Daqhelyeh*.. | 35. | 47,856. » | 4. 78,56. | 113,380, 72. | 24, 228. | 80,715. » |
| Lac Bourlos.......... | 36. 40. 41. | 112,860. » | 11. 28,60. | 267,388, 59. | 57, 138. | 190,352. » |
| Lac d'Edkou.......... | 36. 37. 40. | 33,772. » | 3. 37,72. | 80,012, 82. | 17, 098. | 56,961. » |
| Lac Ma'dyeh......... | 37. | 13,832. » | 1. 38,32. | 32,770, 86. | 7, 003. | 23,329. » |
| Lac Maryout......... | 37. | 85,784. » | 8. 57,84. | 203,239, 97. | 43, 430. | 144,685. » |
| Lac desséché entre Péluse et le lac Sirbon.. | 33. 34. | 17,072. » | 1. 70,72. | 40,447, 08. | 8, 643. | 28,794. » |
| Lac Sirbon........... | 33. | 23,264. » | 2. 32,64. | 55,117, 21. | 11, 777. | 39,238. » |
| Lac Natroun.......... | 25. 26. | 1,032. » | 0. 10,32. | 2,445, 02. | 0, 522. | 1 741. » |

* Cette plaine est inondée pendant neuf mois.

3

# DESCRIPTION
# DE LA VILLE ET DE LA CITADELLE
# DU KAIRE,

ACCOMPAGNÉE DE L'EXPLICATION DES PLANS DE CETTE VILLE ET DE SES ENVIRONS,
ET DE RENSEIGNEMENS SUR SA DISTRIBUTION, SES MONUMENS, SA POPULATION, SON COMMERCE ET SON INDUSTRIE;

Par M. JOMARD.

## CHAPITRE PREMIER.

### Coup d'œil général sur le Kaire.

Le Kaire, ville capitale de l'Égypte, est situé entre la haute et la basse Égypte, par 30° 2′ 21″ de latitude *nord*, et 28° 58′ 30″ de longitude *est* de Paris (observation faite dans le palais de Hasan-kâchef, où était établi l'Institut d'Égypte), à environ cinq lieues et demie du sommet actuel du Delta. Sa hauteur au-dessus de la mer, en prenant pour son niveau celui des hautes eaux du Nil, est de 18m86 (39 pieds 7 pouces). La ville n'est pas sur le Nil même, mais à environ 800 mètres ou 400 toises de la rive droite, mesure prise au point le plus rapproché de ce fleuve. Avant d'y arriver, on rencontre, en venant du nord, la petite ville de

Boulâq, et, en venant du midi, celle du vieux Kaire : elles lui servent de ports. Aussi les marchandises doivent êtres portées du Nil au Kaire à dos d'homme ou à dos de chameau. Cette ville est bâtie au pied et sur les derniers mamelons de la chaîne de Gebel-Moqattam, et va toujours en s'élevant jusqu'à la grande citadelle placée au sud-est, un peu inférieure elle-même au plateau de la montagne. Le *climat* du Kaire est peu variable; l'hiver s'y fait à peine sentir. Les pluies y sont rares. La chaleur est très-forte en été et même en hiver; la température moyenne est de 22°4 en degrés centigrades (17°92 du thermomètre de Réaumur) : le baromètre s'y soutient à la hauteur moyenne de 761$^{\text{millim.}}$,79 (28 pouces 1$^{\text{lig.}}$,7). Il n'y a point de vent dominant toute l'année; les plus fréquens sont ceux de la région du nord[1]. La neige y est inconnue; quelquefois, mais très-rarement, le thermomètre descend la nuit à zéro, dans les plaines désertes qui sont à l'est de cette ville, et alors on aperçoit de la glace; phénomène connu des Arabes qui campent dans ces déserts, mais presque inconnu des habitans du Kaire. La rosée y est très-abondante le soir et le matin, ainsi que dans tout le reste de l'Égypte. Il est important d'ajouter que la différence est extrême entre les températures du jour et de la nuit; cette différence s'élève quelquefois, en douze heures seulement, à 25° et même 30° de Réaumur.

Après Constantinople, le Kaire est la première ville

[1] En 1798, M. Coutelle a observé que les vents du *nord*, du N. N. E. et du N. N. O. ont soufflé 213 jours (principalement du mois de mai au mois de novembre); ceux du N. E., 33 jours; et ceux du N. N. O., 26

de l'empire ottoman, autant pour son *étendue* que pour l'importance de son commerce et pour les monumens qui l'embellissent. Sans y comprendre les deux ports (Boulâq et le vieux Kaire), elle a près de 24 mille mètres de circonférence; sa superficie est de 793$^{hect.}$04 (2320$^{arp.}$64, mesure de Paris), ou moins du quart de cette dernière ville : mais, si l'on comprend les ports dans le calcul, on trouve une superficie de 883$^{hect.}$8 (2586 arpens); c'est-à-dire que le Kaire joint à ses ports surpasserait en grandeur toutes les capitales d'Europe, à l'exception de Londres et de Paris [1]. Le contour de la ville proprement dite, égal, comme on l'a dit, à 24000 mètres environ, excède celui de Paris (23672 mètres), mais seulement à cause des sinuosités nombreuses de son enceinte.

La *distribution* intérieure de la ville ne ressemble point à celle des villes d'Europe : non-seulement ses rues et ses places publiques sont extrêmement irrégulières, mais la ville est presque entièrement composée, à l'exception de plusieurs grandes communications, de rues très-courtes et d'embranchemens en zigzag, aboutissant à des impasses innombrables. Chacune de ces ramifications est fermée par une porte, que les habitans ouvrent quand il leur plaît : d'où il résulte que l'intérieur du Kaire est très-difficile à connaître dans

jours. Les vents des régions *ouest*, *sud* et *est* ont soufflé respectivement 35, 48 et 31 jours.

[1] Superficie de Paris, 3406$^{h}$,7010 ou 9969$^{arp}$,44; de Londres, 2216$^{h}$,4 (6483 arpens, d'après le plan de Faden, 1812); de Vienne, environ 2100 hectares (6142 arpens), etc. Ainsi, le Kaire étant pris pour unité, Paris est représenté par le nombre 4,3; Londres, par 2,7; Vienne, par 2,6, etc. Avec Boulâq et le vieux Kaire, ces rapports sont respectivement égaux à 3,8, 2,5 et 2,4.

son entier; ce qui n'a pu se faire qu'à l'époque où les Français étaient maîtres de la ville. On a fait ses rues très-étroites, exprès à cause de la chaleur : leur largeur varie de quinze à cinq pieds; il en est même de deux pieds ou $2^{ds}\frac{1}{2}$ de large seulement. Souvent les balcons de deux maisons opposées se touchent absolument. Plusieurs rues sont mêmes couvertes par le haut, afin que les rayons du soleil n'y pénètrent point; la lumière de reflet est la seule qui les éclaire : cela se voit surtout dans les rues servant de marchés. Aujourd'hui l'ancienne enceinte du Kaire est en partie enfermée dans la ville, qui s'est beaucoup accrue vers le nord et l'ouest : du côté de l'est et du sud, elle est restée dans ses premières limites. Cette vieille enceinte, qui n'existe pas partout, est formée de murailles plus ou moins hautes et solides, flanquées de tours rondes et carrées, et percées de portes dont plusieurs sont aussi garnies de tours et de tourelles propres à la défense.

Les *quartiers* sont au nombre de cinquante-trois; on les appelle *hârah, hârat.* On en compte une vingtaine de principaux, dont voici la nomenclature, en allant du sud au nord; c'est la direction dans laquelle s'étend la ville, qui forme à peu près un rectangle, dont les côtés sont entre eux comme 5 et 3 : *el-Qala'h* ou la Citadelle, avec ses subdivisions; *Qarâmeydân, el-Roumeyleh,* qui sont aussi des places; *Touloun,* le plus ancien quartier du Kaire; *el-Moghârbeh* ou les Moghrebins; *Birket el-Fyl,* place inondée l'été et l'automne; *el-Hanafy, Bâb el-Kharq, el-Moyed, el-Azhar,* la grande Mosquée; *Bâb el-Ghadr; el-Zoueyleh; el-Mousky* et *el-Afrang* ou le quartier Franc, habité par les Européens; *el-Yhoud* ou le quartier Juif; *el-Roum* ou le quartier Grec; *el-Nasârah* ou les quartiers des Qobtes, des Arméniens, des Syriens, etc.; *el-Ezbekyeh* (nom d'une place inondée qui est au centre), et *el-Cha'râouy*, etc. Il y a encore d'autres portions de la ville distinguées par les noms des diverses professions ou des négoces qui y dominent, ou par ceux des marchés, des ponts et des portes des environs, ou enfin par les tombeaux, les jardins et les étangs qui les avoisinent.

Outre les quatre *places* mentionnées ci-dessus, on en compte deux petites, devant l'ancien palais de Mourâd-bey et la maison du qâdy. La plus grande de toutes est la place Ezbekyeh; pour s'en faire une idée, il faut savoir que la place Louis XV à Paris entrerait plus de trois fois dans la première : sa superficie est égale à 66 arpens de Paris; c'est à peu près celle de l'intérieur du Champ-de-Mars. Au mois de septembre, quand la crue du Nil est au *maximum*, elle est remplie de plusieurs pieds d'eau; et ce vaste bassin est alors couvert de barques qui sont illuminées pendant la nuit, et donnent à ce lieu un aspect très-pittoresque. Pendant l'hiver, le sol se couvre de verdure; au printemps, il est sec et poudreux. La place est bordée par le quartier des Qobtes, l'ancien palais d'Elfy-bey et les maisons des cheykhs les plus riches.

Les *rues*, même les plus longues, au lieu de porter un nom unique, changent de dénomination à chaque instant. Il existe huit grandes communications : 1°. trois rues longitudinales; celle qui va de Bâb el-Seydeh à

Bâb el-Hasanyeh, longue de 4600 mètres; celle qui longe la rive droite du canal, depuis le double pont du sud appelé *Qanâter el-Sebâa'* jusqu'auprès de la porte Cha'ryeh, et une autre : 2°. cinq communications transversales, dont trois vont du Nil à la citadelle, et une autre conduit de la place Ezbekyeh, à l'est, vers les Tombeaux de Qâyd-bey. Il est presque impossible de faire ici l'énumération et la nomenclature de toutes les rues à cause de leur multiplicité et de la variation des noms sur une même ligne : on les trouvera dans le tableau général de la nomenclature du Kaire. Il en est de même des traverses, des ruelles et des impasses : les premières se nomment *sekket* et *derb*, leur nombre passe trois cents; les ruelles et les impasses s'appellent *a'tfet*, et ne sont pas moins nombreuses.

On compte soixante-onze *portes* à la ville du Kaire, en comprenant plusieurs portes intérieures. Les principales sont Bâb el-Seyd, Bâb-Touloun, Bâb el-Seydeh, Bâb el-Qarâfeh, sur le chemin de la haute Égypte; Bâb el-Ouizyr, Bâb el-Ghorayb, vers l'est; Bâb el-Hasanyeh, Bâb el-Nasr ou porte de Secours, porte d'une belle architecture, qui remonte à Saladin, Bâb el-Fotouh ou de la Victoire, aussi d'un beau travail, Bâb el-Ghadr, Bâb el-Hadyd, vers le nord et la basse Égypte; Bâb el-Louq et Bâb el-Nasryeh, vers l'ouest ou le Nil. Plusieurs, telles que Bâb el-Nasr, Bâb el-Fotouh et quelques autres, appartiennent à une enceinte très-ancienne, aujourd'hui intérieure, et qui occupe tout le côté septentrional; la largeur de la ville est d'environ 2400 mètres, depuis l'angle nord-est jusqu'à l'angle nord-ouest, seul côté de la ville qui ait perdu de son étendue.

Indépendamment des *étangs* formés dans les places d'Ezbekyeh et de Birket el-Fyl par les eaux de l'inondation, on compte encore les étangs dits Birket el-Farrâyn et Birket el-Damàlcheh, dans l'intérieur du Kaire et à l'ouest; Birket Abou-Cha'mât, Birket el-Saqqâyn, Birket el-Dem où s'écoule le sang des tueries, Birket el-Sâber, Birket el-Faouâlch, à l'extrémité et du même côté de la ville; Birket el-Moullâ, au sud; enfin, Birket el-Rotly et Birket el-Cheykh-Qamar, du côté du nord.

Les grands et les cheykhs ont des *jardins* attenans à la ville, et qui portent leurs noms; un des plus grands est Gheyt Qâsim-bey, jardin où se réunissaient les membres de l'Institut et de la Commision des sciences et arts pendant le cours de l'expédition. Il y a aussi plusieurs beaux jardins au dedans même de la ville; on en compte vingt-deux principaux, qu'on appelle *gheyt* et *geneyneh*, suivant leur grandeur. Ce serait avoir une idée bien fausse de ces jardins, que d'y chercher des allées, des promenades et des gazons comme dans les nôtres : ils consistent en bosquets touffus, en massifs d'orangers et de citronniers et en berceaux de vignes; l'acacia-lebbek et le figuier-sycomore, les plus grands arbres d'Égypte, y sont placés confusément à côté du dattier à la tige élancée, du mûrier, du grenadier, du napeca, du myrte, des acacias d'Égypte, enfin du bananier à la feuille gigantesque, au fruit délicat. Si l'on n'y prend pas le plaisir de la promenade, en revanche on y repose dans des kiosques couverts en treillage, on y fume des tabacs aromatisés, et l'on y respire presque toute l'année un air embaumé des plus doux parfums.

Il existe plusieurs *cimetières* à l'intérieur de la ville : les grandes enceintes de tombeaux sont à l'extérieur; les deux plus célèbres par leur étendue et leur magnificence sont situées au sud et à l'est. On les appelle *Villes des tombeaux ;* leur étendue équivaut au quart de la ville du Kaire. Ceux du sud se nomment *Tourâb el-Seydeh Omm Qâsim;* ceux de l'est, *Tourâb Qâyd-bey*. On compte treize tombeaux publics ou cimetières : partout on y remarque des colonnes, avec une profusion de marbres, de sculptures et d'ornemens pleins de richesse; mais presque jamais on n'y voit de végétation. C'est toujours un terrain sablonneux ou stérile que les Égyptiens, à l'instar de leurs aïeux, choisissent pour emplacement à leurs tombeaux. Il existe encore une grande enceinte de tombeaux placés à une demi-lieue plus au nord, au lieu appelé *Qoubbeh*.

Le Kaire est entouré d'une ceinture de monticules de décombres très-élevés : ces hauteurs sont formées par les cendres et les débris de toute espèce, provenant de l'intérieur des habitations. Les maisons, bâties en briques cuites au soleil, contribuent par leur rapide destruction à l'exhaussement de cette espèce de chaîne de montagnes artificielles; celles-ci portent le nom de *tell*, *koum* et *kharâb*.

On distingue les *marchés* en marchés périodiques et marchés permanens, et l'on en compte cinquante-six des uns et des autres : les principaux ou les plus fréquentés sont ceux qui ont lieu pour la vente des habits à trois heures du soir, moment de la journée qu'on désigne par *el-a'sr*, d'où leur vient le nom de *Souq el-A'sr;* ensuite *Souq el-Moghârbeh*, ou marché des Moghrebins, pour les marchandises de Barbarie; *Souq el-Mousky*, pour les marchandises d'Europe; *Souq el-Selah*, pour les armes et armures.

Nous avons maintenant à passer en revue les principaux *monumens* du Kaire [1]. A la tête sont les *mosquées :* on compte deux cent trente-trois mosquées proprement dites, *gâma';* en outre, cent cinquante-huit petites mosquées ou chapelles, distinguées par le nom de *zâouyeh :* quarante-cinq ou cinquante se font remarquer par la richesse de leur architecture. La plupart ont un ou plusieurs minarets ou tours très-élevées, tantôt carrées et tantôt circulaires; les *mouezzyn* y montent cinq fois par jour, pour appeler les musulmans à la prière par des chants graves, mais harmonieux : ce sont les clochers des mahométans. Les quatre plus grandes mosquées sont celles de Touloun, el-Hakym, el-Azhar et Soultân-Hasan. Les deux premières sont les plus anciennes, et la seconde est même abandonnée; leur forme est un carré, de plus de cent vingt mètres de côté. La troisième est dans un quartier très-peuplé, c'est aussi la plus fréquentée de toutes; on l'appelle *la grande mosquée*, quoique Touloun et el-Hakym l'emportent en grandeur : c'est là que s'étaient réfugiés les insurgés lors de la révolte du Kaire contre les Français. Un collége et une bibliothèque y sont attachés. La mosquée

[1] *Voyez* les planches 26 à 73 du 1er volumes des planches de l'*État moderne*.

de Soultân-Hasan est la plus remarquable par la grandeur et l'élévation de sa coupole, par la hauteur de ses deux minarets, et par la variété des marbres qu'on y a prodigués. On n'y voit d'autres sculptures que des ornemens en arabesques, travaillés en pierre dure, en bois et en bronze; ni d'autres peintures que des inscriptions tracées en lettres colossales, rehaussées d'or et nuancées en rouge, en jaune, en bleu et en vert : le carreau est formé de riches mosaïques en marbres de plusieurs couleurs. Les mosquées suivantes n'ont guère moins de magnificence : el-Hasaneyn, el-Mouristân, Soultân-Barqouq, el-Moyed, Cheykhoun, el-Echrofyeh, el-Ghoury, Soultân-Qalâoun, Sounqor, etc. On cite aussi Gâma' A'mrou et Gâma' el-Dâher, mais qui sont extérieures : la dernière est abandonnée. Les chrétiens ont des *couvens* et des *églises* qu'on appelle *deyr*, à l'usage de ceux des différentes communions, savoir : les catholiques, les chrétiens qobtes ou schismatiques, les Grecs, les Arméniens et les Syriens. Il y a vingt-sept églises chrétiennes au Kaire et au vieux Kaire. Les Juifs ont dix synagogues.

Les autres monumens publics sont les bains, les citernes, les abreuvoirs, les écoles, les ponts élevés sur le canal, etc. On cite quarante-cinq *bains* principaux, remarquables par leur grandeur ou leur richesse, et particulièrement Hammâm Yezbak, el-Soultân, el-Moyed, el-Tanbaleh, Margouch, Sounqor, el-Soukkâryeh, etc. On s'y baigne dans la vapeur avant de se plonger dans l'eau, après quoi l'on se fait masser par les serviteurs du bain. Les femmes ne sortent guère que pour aller au bain; elles s'y rendent ordinairement chaque semaine, et elles y étalent tout le luxe qui leur est permis; on s'y parfume, on s'y couvre de ses plus beaux habits, et l'on y traite les affaires de mariage. Ces maisons sont également recherchées par les deux sexes, et indispensables dans un climat aussi brûlant.

Les *citernes* sont, pour la plupart, des fondations destinées à procurer de l'eau au peuple gratuitement; elles sont en grand nombre. L'eau y est apportée du Nil à dos de chameau. Ces bâtimens sont ornés de colonnes de marbres et de grilles en bronze, artistement travaillées. Ordinairement l'étage supérieur est occupé par une *école* gratuite, où l'on apprend seulement à lire, écrire et compter, et qui est entretenue par la même fondation que la citerne : l'enseignement y est simultané, les élèves apprennent en même temps à lire et à écrire. On compte soixante principales citernes, entre autres Sibyl el-Selymânyeh, Margouch, el-Echrofyeh, el-Ghoury, el-Soukkâryeh, el-Azhar, el-Moyed, A'bd el-Rahmân Kykhyeh, etc. Les *abreuvoirs* ne sont pas moins utiles à la population, qui peut, en tout temps, y faire désaltérer les chevaux, les ânes, les chameaux et les autres bestiaux. Ils sont également soutenus par des colonnes et construits avec luxe.

On connaît au Kaire une autre espèce de fondation; ce sont les *tekkyeh* ou maisons dans lesquelles des voyageurs et des malades reçoivent l'hospitalité du logement gratuit : mais il n'y a plus qu'un seul hospice proprement dit, c'est le Mouristân. On y entretient environ cinquante lits, et l'on y admet les aliénés.

Les *ponts* sont nombreux, tant sur le canal qui traverse la ville par le milieu, dans le sens de sa longueur, que sur le canal qui longe le côté de l'ouest; ils sont en pierre et d'une seule arche : il en existe une vingtaine; aucun n'est digne de remarque. Dans ceux de la ville, le parapet est très-élevé, et l'on ne peut voir nulle part le coup d'œil du canal; les voûtes sont en ogive.

La largeur moyenne des deux canaux est de dix mètres : le premier prend son origine dans le petit bras du Nil en face de l'île de Roudah, au pied du château d'eau de l'aquéduc, et le second sort du premier. Cet *aquéduc* est destiné à conduire l'eau du Nil à la citadelle : il entre dans le Kaire par la porte de Qarâfeh, et arrive auprès de la cour du Pâchâ.

Les *palais* des beys et des kâchefs et les maisons des premiers cheykhs ou chefs de la religion, de l'aghâ, de l'ouâly, du qâdy et des autres fonctionnaires, se distinguent, au premier abord, des maisons des simples particuliers, par une construction moins vicieuse, un aspect plus orné, une plus grande étendue. Le rez-de-chaussée est en pierres de taille, dont chaque assise est ordinairement peinte en rouge ou en vert, alternativement. Au-dessus et à chaque étage, on voit des balcons très-saillans en grillages ou boiseries, travaillés au tour plus ou moins artistement.

Il serait trop long et même difficile de décrire ici la distribution intérieure des *maisons* du Kaire; il y en a très-peu qui soient distribuées régulièrement : les pièces d'un même appartement sont rarement de plain-pied; il faut toujours descendre ou monter quelques marches pour aller de l'une à l'autre. Nous citerons dans les grandes maisons le *mandar*, grande salle ouverte, au premier étage, où le maître donne ses audiences et d'où il voit tout ce qui se passe dans la cour; la grande pièce au rez-de-chaussée, en forme de T, pavée en marbre, ornée au centre de jets d'eau, garnie de divans ou larges sofas; les auvents ou toits légers tournés vers le nord, qui facilitent l'introduction des vents de la partie boréale dans les corridors et les appartemens de la maison; les cours ornées de colonnes en marbre, etc.; et si l'on joint à cela les salles de bain aussi en marbre, les jardins situés au-delà du principal corps de logis, avec des treilles et des berceaux ornés d'une riche végétation, des écuries bien entretenues, enfin un grand concours de serviteurs pour tous les besoins du maître, on aura une idée de la commodité des habitations et du luxe des riches. Le mot de *palais* est peut-être trop fastueux pour distinguer les maisons des beys, des kâchefs et des grands du Kaire; mais on ne peut nier qu'elles ne réunissent tous les genres d'agrément et de luxe que le climat d'Égypte peut admettre.

La plupart des maisons du Kaire ont deux ou trois étages; on en trouve aussi de quatre étages dans les quartiers les plus populeux: elles sont bâties en briques et d'une couleur sombre à l'extérieur; au dedans, les murailles sont souvent enduites d'une belle couche de gypse d'un blanc éclatant, ou bien blanchies à la chaux. Les balcons, les fenêtres et tous les jours sont fermés par des grillages très-serrés en boiseries, qui laissent entrer peu de lumière et maintiennent la fraîcheur.

L'intérieur est aussi orné de boiseries tournées et assemblées avec art.

Le *château* du Kaire occupe l'angle sud-est de la ville ; il est formé de trois enceintes, *el-A'zab*, *el-Enkicharyeh*, et *el-Qala'h* (ou citadelle proprement dite), toutes garnies de fortes tours crénelées. Le quartier des *A'zab* est dominé par le château ; mais le quartier el-Enkicharyeh ou des Janissaires est au niveau. Quoique très-supérieurs à la ville, ils sont commandés par la montagne Arabique placée tout auprès (à trois cents mètres seulement de distance.

La citadelle a toujours été, depuis la conquête de Selym, la résidence du gouverneur de l'Égypte : mais les monumens remarquables dont elle était ornée ont beaucoup souffert des injures du temps. Le palais ou plutôt la belle mosquée qu'on appelle communément *Divan de Joseph*, et qui tire son nom du sultan Yousef Salâh el-Dyn (le fameux Saladin), est abandonnée : mais on admire encore ses grandes et belles colonnes de granit au nombre de trente-deux, provenant sans doute des ruines de Memphis. Le puits de Joseph sert toujours à sa destination ; sa profondeur totale est de près de trois cents pieds : le fond est de niveau avec le Nil. Les voyageurs ont déjà décrit avec détail le puits et le divan de Joseph : nous nous bornerons ici à renvoyer aux planches de l'ouvrage qui leur sont consacrées, et qui rectifient ce qu'il peut y avoir d'inexact dans ces descriptions[1].

[1] Selon Maqryzy, c'est l'eunuque Karakouch-Asadi, l'un des émyrs du sultan, qui a fait creuser ce puits en 1176 de l'ère vulgaire. (*Relation*

Au temps de l'expédition française, on avait essayé de régulariser plusieurs grandes rues du Kaire, et d'ouvrir de grandes communications entre la citadelle et les quartiers de la ville; on avait encore tracé des chemins entre le Kaire et le fleuve, et planté d'arbres deux des côtés de la place Ezbekyeh. Les Français avaient aussi partagé le Kaire en huit sections, sous la surveillance d'autant de commandans (c'est d'après cette distribution que le plan du Kaire est divisé[1], ainsi que son explication). Cette division commençait à introduire une surveillance et une police salutaires dans des quartiers malsains et infects, habités par une populace entassée; principalement le quartier des Juifs, où les rues sont encore plus étroites qu'ailleurs. Enfin, l'on enregistrait exactement tous les décès, avec la distinction des sexes, pour arriver à connaître la mortalité : toutes ces améliorations ont disparu avec l'administration française.

La *population* du Kaire a pu être estimée de deux manières, l'une par le nombre des maisons, l'autre par celui des décès (à défaut du tableau des naissances, qu'on ne possède pas encore). Le second résultat, calculé d'après les observations faites pendant l'expédition française, monte à environ 263 mille individus[2]; il existait alors 26000 maisons habitées. Aujourd'hui (1818), ce n'est plus que 25000 : or, les uns comptent neuf individus par maison; les autres, dix : dans ce dernier cas, il y aurait eu 260000 habitans en 1798; ce qui con-

*d'Abd-Allatif*, traduite par M. de Sacy, pag. 212.)

[1] *Voyez* ci après, page 135.

[2] *Voyez* le *Mémoire sur la population ancienne et moderne de l'Égypte*, É. M., tome IX.

firme le calcul précédent. Les rues commerçantes sont encombrées, avant et après midi, à un point dont il est difficile de se faire une idée, mais que l'on conçoit cependant, en songeant à leur peu de largeur. Il existait au Kaire, lors de l'expédition, quatorze à quinze cents cafés; on en compte aujourd'hui onze cent soixante-dix : on s'y assemble en foule chaque jour, on y fume du chanvre, on y prend le sorbet et le café, les conteurs arabes et les musiciens y sont écoutés avec délice par une multitude d'oisifs. On suppose dans le Kaire environ 5000 Grecs, 10000 Qobtes, 5000 Syriens, 2000 Arméniens, 3000 Juifs. Les *Barâbrah* ou Nubiens inférieurs sont partout chargés de la garde des portes; ils sont en quelque sorte, par rapport à l'Égypte, ce que sont les Suisses par rapport à la France. Les Francs ou Européens habitent le quartier du Mousky. Voici comment la population du Kaire est divisée sous le rapport des professions : on comptait en 1797 environ 10500 militaires, Mamlouks, odjaqlis, etc., en activité ou retirés, 5000 propriétaires, 3500 négocians indigènes et étrangers, 22000 artisans tant maîtres qu'ouvriers, 4500 petits marchands en détail, 1500 individus tenant café, 26500 domestiques mâles (palefreniers, bâtonniers, serviteurs, porteurs d'eau, etc.), 13000 journaliers et manouvriers, porte-faix, etc.; le reste se compose de femmes adultes et des enfans des deux sexes. D'après les tables de mortalité dressées au Kaire de 1798 à 1802, on estime qu'il meurt par an, terme moyen, 2214 femmes, 1641 hommes, 4979 enfans : total, 8834 individus.

Si la peste n'exerce pas au Kaire ses ravages tous les ans, il est rare qu'elle ne sévisse pas une fois en quatre ou cinq ans avec plus ou moins de fureur : les Francs seuls échappent à ce fléau terrible par une réclusion absolue. On cite comme les plus meurtrières la peste d'A'ly-bey et celle d'Isma'yl-bey. En 1801, le Kaire perdit, pendant deux mois, de trois à quatre cents individus par jour; en un seul jour il mourait jusqu'à quatre-vingts soldats français. Beaucoup d'individus meurent de la dyssenterie, et une multitude d'enfans, de la petite vérole. L'ophthalmie est la maladie la plus commune au Kaire; elle y est même générale, au point que le quart au moins des habitans a l'un des yeux couvert d'un bandeau. Les médecins attribuent à plusieurs causes l'ophthalmie d'Égypte; l'une des plus puissantes, est la variation extrême de la température (de midi à minuit) : or, quoique la température de la nuit soit très-fraîche et même froide comparativement à la chaleur du jour, les habitans dorment souvent en plein air.

C'est dans l'île qui est au nord de celle de Boulâq, que les Français avaient établi un lazaret pour compléter le système sanitaire organisé à Alexandrie. Cette amélioration, indispensable pour la salubrité du pays, devrait être tentée encore une fois, malgré les préjugés des musulmans et le fatalisme outré des Égyptiens.

Sans doute l'*industrie* des habitans du Kaire ne peut pas se comparer à celle des Européens : on doit convenir cependant qu'ils sont très-adroits en plusieurs arts plus spécialement appropriés à leurs usages; les ouvriers ont une dextérité et surtout une prestesse remarquables, quoiqu'ils travaillent presque toujours assis. Ils brodent sur le cuir avec art, et fabriquent de jolies nattes; leurs passementeries sont très-variées; ils font d'assez beau maroquin; ils tournent assez bien le bois, l'ivoire, l'ambre, etc., pour la décoration des fenêtres, pour leurs meubles, pour l'ornement de leurs pipes, etc. Le reste de leurs ouvrages est médiocre. Les orfévres et les fabricans d'eau-de-vie de dattes sont chrétiens. Voici une courte notice des objets de leurs fabriques [1] : eau-de-vie, huile et vinaigre, sel ammoniac, blanchisserie; filature et tissage des étoffes de lin, soie, laine, crin et coton; feutres, ceintures, passementeries; nattes et paniers; tannerie; préparation des ouvrages en cuir et en maroquin; travail de l'or, de l'argent et des pierres fines; eau de rose; teinture de toutes sortes de tissus; broderies; fours à charbon, à chaux, à plâtre; fabriques de salpêtre; verrerie, briqueterie, poterie commune, etc. Ce dernier art, jadis si cultivé par leurs ancêtres, est aujourd'hui presque dans l'enfance. On raffine bien le sucre, mais par des procédés imparfaits qui en décuplent le prix.

Le *commerce* du Kaire est encore aujourd'hui très-étendu, quoique fort déchu depuis le passage du cap de Bonne-Espérance. Le Kaire commerce avec l'Afrique intérieure, avec l'Asie et avec l'Europe. On y compte un grand nombre de marchés, de bazars ou foires perpétuelles, et d'okels [2] destinés tant au commerce exté-

[1] *Voyez* le 3e chapitre, § v.

[2] Grandes cours rectangulaires, entourées de galeries couvertes et de magasins à plusieurs étages.

rieur qu'au commerce intérieur : ceux-ci sont au nombre de douze à treize cents. Plusieurs des rues commerçantes portent des noms tirés des marchandises qui s'y vendent ou qui s'y débitent. Les principales marchandises sont les suivantes[1] :

SUBSTANCES VÉGÉTALES. 1°. *Productions alimentaires, grains, légumes, fourrages :* blé, orge, riz et autres grains ; fèves ; diverses espèces de légumes et de fourrages ; dattes, oranges, citrons, bananes, pistaches et autres fruits ; huile de lin, huile de sésame, huile d'olive ; vinaigre, eau-de-vie, confiture, café, sucre, miel, mélasse, kermès, cachou, etc. 2°. *Pour étoffes et tissus :* coton, chanvre, lin. 3°. *Substances tinctoriales :* noix de galle, safranon, indigo, henneh, curcuma, bois de teinture et autres matières tinctoriales. 4°. *Substances médicales :* séné, opium, casse, tamarin, etc. 5°. *Substances aromatiques :* essence de rose, eau de rose, ambre, encens, benjoin, aloès, myrrhe. 6°. *Épiceries et drogueries :* girofle, anis, gomme, safran, cannelle, savon, etc. 7°. *Bois de construction* et *à brûler.*

SUBSTANCES ANIMALES ET PRODUITS. 1°. *Substances alimentaires :* poissons, viandes (bœuf, mouton, chèvre, etc.), pigeons, poules et poulets[2]. 2°. *Fourrures :* 3°. *Ouvrages en peau et en cuir :* maroquin, outres de chameau et autres ; selles de cheval, de chameau, d'âne, de mulet, etc.

ÉTOFFES, TISSUS ET FEUTRES. Châles de Kachemyr et d'Égypte ; toiles et milâyeh de l'Inde, de Syrie, de la Mecque, de Constantinople ; étoffes de coton, de fil, de soie, soie en écheveaux, velours, tissus de laine de Barbarie ; draps et autres étoffes en laine ; étoffes de Perse et des Indes ; ouvrages en feutre.

[1] *Voyez*, pour les détails du commerce d'importation et d'exportation de l'Égypte, l'*Essai sur les mœurs des habitans modernes de l'Égypte*, par M. de Chabrol, *État moderne*, t. XVIII, p. 1re et suiv. ; et le *Mémoire* de M. Girard *sur l'industrie, le commerce et l'agriculture*, É. M., tome XVII, pages 1re et suivantes.

[2] Les poulets nouvellement éclos (par la méthode de l'incubation artificielle) se vendent à la mesure dans les marchés du Kaire.

Objets d'habillement, tapis et couvertures. Tarbouch, barnous, seggâdeh, tapis de Perse et autres, nattes, etc.

Objets pour divers usages. Tabac, pipes et roseaux, cire, tentes, filets, sacs, vannerie, poterie, verrerie, etc.

Métaux. Étain, plomb, or, argent, cuivre, fer, fer blanc, mercure.

Quincailleries. Chaudronnerie, bassines, aiguières, etc. clinquant, papier.

Bijouterie et orfévrerie. Bijoux, ouvrages d'orfévrerie, perles, corail, nacre, pierres fines.

Sels minéraux. Natron, sel ammoniac, alun, soufre, vitriol, borax.

Marchandises des caravanes d'Afrique et d'Asie. Plumes d'autruche, dents d'éléphant, ivoire, kourbâg, esclaves noirs des deux sexes, et autres marchandises des caravanes de Dârfour et de Sennâr; esclaves géorgiennes, circassiennes, etc.

Diverses marchandises d'Europe et de Constantinople. Armes, etc.

Animaux domestiques et bêtes de somme. Chevaux, ânes, mulets, chameaux et dromadaires.

C'est dans l'okel des *Gellâbeh* que se vendent les esclaves des deux sexes enlevés en Afrique; mais il faut savoir qu'au Kaire, et en général en Orient, l'esclavage diffère absolument de ce qu'il était chez les anciens, et de ce qu'il est encore en d'autres pays. Cette question a été agitée ailleurs, et nous renvoyons au mémoire qui en traite [1].

Il y a aussi au Kaire un assez grand commerce d'or et d'argent monnoyé, qui est dans les mains des Juifs : ce sont les Juifs seuls qui sont *serrâf* ou changeurs.

On y frappe diverses monnoies, toujours avec le

[1] Voyez l'*Essai sur les mœurs des habitans modernes de l'Égypte*, par M. de Chabrol, *É. M.*, tom. XVIII, pages 1re et suivantes.

chiffre du sultan : celles d'or sont les sequins mahboub, demi-sequins et quarts de sequin; celles d'argent, les piastres de 40 parats, et des pièces de 20, 10 et 5 parats. L'alliage va jusqu'au tiers du poids de la pièce; le parat, qui valait jadis 7 centimes et demi, va toujours en baissant. Il y a des monnoies de compte de 120, 90 et 60 parats. On fait usage de beaucoup d'autres monnoies de Constantinople, d'Espagne, de Hollande et de Venise; les plus usitées sont la piastre d'Espagne et le thalari, qui est de la même valeur qu'elle. Presque toutes les puissances entretiennent au Kaire des consuls : l'Autriche, la Sardaigne, le Piémont, la Toscane et la Suède, etc., ont des factoreries comme la France et l'Angleterre.

L'*histoire* de la ville du Kaire est trop étendue pour être exposée ici : elle sera développée ailleurs. Cette ville fut bâtie par Gouhâr, vers l'an 970 de J.-C., sous le premier des khalifes Fâtimites; le château a été construit, en 1166, par Saladin, à qui l'on doit aussi le fameux puits dit *de Joseph*. Les diverses dynasties qui ont régné en Égypte, depuis A'mrou jusqu'à la conquête du sultan Selym, en 1517, se sont plu à enrichir Fostât et le Kaire de mosquées somptueuses : les Ottomans n'ont presque rien fait pour l'embellissement de la ville. Prise par les Français en 1798, et soumise à leurs armes pendant trois années et demie, elle a perdu un assez grand nombre de maisons qui gênaient la communication du quartier-général et des autres quartiers français avec la citadelle. A cette époque, on n'a pas eu le temps de rien édifier de considérable, d'achever les améliorations qu'on avait commencées, ni de réaliser toutes celles qu'on avait projetées. A la retraite de l'armée, la guerre civile et la guerre étrangère ont de nouveau désolé le Kaire et tout le pays. Cependant, les germes déposés sur ce sol fertile, au temps de l'expédition française, n'ont pas tous péri; il n'est pas douteux que le temps, aidé d'un gouvernement réparateur, équitable, éclairé, ne puisse fermer les plaies de l'Égypte, et lui rendre quelque prospérité, sinon toute la splendeur dont elle a joui sous ses anciens rois et sous les premiers souverains de la dynastie des Lagides.

## CHAPITRE II.

Explication du plan de la ville du Kaire et de la citadelle, contenant la liste des noms des lieux, en français et en arabe*.

---

### AVIS PRÉLIMINAIRE.

Les *sections* sont distinguées par une ligne ponctuée à points longs et enluminée en rouge.

Les *numéros* gravés sur le plan du Kaire sont distribués en neuf séries, correspondantes aux huit sections de la ville et à la citadelle[1]; les nombres vont en augmentant de gauche à droite, et de haut en bas, par

* *Voyez* pl. 26, *État moderne*, vol. I.

[1] Faute de place sur le plan, les mots CITADELLE, EL-QALA'H, ont été inscrits sur des parties de la VIII$^{e}$ et de la I$^{re}$ sections.

rangées horizontales de carreaux; ces carreaux sont distingués latéralement par les lettres A à Z et les chiffres 1 à 16.

En outre des numéros, on a gravé les noms mêmes des lieux principaux, indispensables pour l'intelligence de la planche; et cependant ces noms sont aussi accompagnés de *chiffres*, à l'exception des termes génériques, tels que *marché*, *école*, *citerne*, *okel*, *puits*, *four*, etc.

Le même numéro est répété pour les lieux qui ont quelque étendue; par exemple, les rues, les places et les grands monumens. En général, ces nombres sont gravés au milieu de l'espace auquel ils se rapportent. La place du monument ou de l'objet indiqué est quelquefois marquée par un point.

On a enluminé les limites des sections, afin d'empêcher de confondre ensemble les chiffres appartenant à deux séries différentes contiguës; et, au centre de chaque section, on a gravé son numéro en chiffres romains très-apparens.

Les numéros soulignés, dans le plan gravé, se rapportent aux noms des rues [1].

[1] Le n°. 42 X—5, II^e^ section, n'a pas été souligné sur le plan.

Le n°. 66 U—7 *idem.*

Le n°. 67 U—6 *idem.*

Le n°. 70 V—6 *idem.*

Le n°. 72 U—6 *idem.*

Le n°. 86 Y—7 *idem.*

Le n°. 99 V—7 *idem.*

Le n°. 154 U—8 *idem.*

Le n°. 214 U—9 *idem.*

Le n°. 140, III^e^ section, *idem.*

Le n°. 105 K—7, V^e^ section, ne doit pas être souligné.

Le n°. 278 F—8 n'a pas été souligné.

Le n°. 392 B—7 *idem.*

Le n°. 410 C—8 *idem.*

Le n°. 428 D—8—9 *idem.*

Le n°. 213 ne doit pas être souligné : c'est la maison du cheykh el-Hafnâouy.

Le n°. 37, VI^e^ section, G—10, n'a pas été souligné.

Le n°. 174 G—12 *idem.*

Le n°. 229 K—L—M—12 *id.*

Ce plan a été réduit à l'échelle de 1 pour 5000, d'après le plan en quatorze feuilles, qui a été levé par les ingénieurs-géographes avec le plus grand soin, à l'échelle de 1 pour 2000, et assujetti à des opérations trigonométriques.

On a marqué d'une *étoile*, dans cette *Explication*, les lieux extérieurs à l'enceinte de la ville.

Quelquefois on a continué le numérotage sur les deux côtés opposés d'une rue ou d'une place, appartenant à deux sections différentes, et cela à cause de la proximité des lieux et des monumens : par ce motif, on trouvera sur *le plan* que certains numéros appartenant à la série d'une section sont placés hors de ses limites. Dans *la liste* des noms, ces numéros sont accompagnés à gauche par l'indication de la section sur l'emplacement de laquelle les lieux sont situés et les chiffres gravés. C'est ainsi que l'on trouve, dans l'intérieur de la citadelle et de la Ire section, des numéros de la IIe ; dans la VIIIe, des numéros de la Ire et de la citadelle ; dans la citadelle, des numéros de la VIIIe ; dans la Ve, des numéros de la VIIe ; dans la VIe, des numéros de la Ve ; dans la IVe, des numéros de la IIIe ; dans la VIe, des numéros de la IVe, et dans la Ve, des numéros de la VIe. Il est presque toujours facile de reconnaître ces numéros en les comparant aux nombres voisins. Exemple : la porte dite *Bâb el-Saba' Hadarât*, portant les nos. 30 et 233 dans la série de la IIe section, doit être cherchée sur le plan dans l'enceinte de la citadelle ; de même pour les nos. 234, 235, etc.

---

## PRINCIPAUX

### TERMES GÉNÉRIQUES EMPLOYÉS DANS LE PLAN.

| ARABE. | | FRANÇAIS. |
|---|---|---|
| **DISTRIBUTION DE LA VILLE, MONUMENS.** | | |
| *Birket,* | بِركة | Étang. |
| *Ouasa'h,* | وَسعة | Place. |
| *Khalyg,* | خَليج | Canal. |
| *Gheyt, geneyneh,* | غيط , جنينه | Jardin. |
| *Byr,* | بير | Puits. |
| *Sekket,* | سكة | Chemin. |
| *Hârt, khott,* | حَارة , خُط | Quartier. |
| *Derb,* | دَرب | Rue. |
| *Doulâb,* | دولاب | Atelier. |
| *A'tfet,* | عَطفة | Petite rue et impasse. |
| *Hôch,* | حوش | Place avec des cahutes. |
| *Gâma',* | جامع | Mosquée. |
| *Zâouyet,* | زاوية | Petite mosquée. |
| *Cheykh, madfan,* | شيخ , مدفن | Santon, ou tombeau de cheykh. |
| *Kenyseh,* | كنيسه | Église. |
| *Deyr,* | دير | Couvent. |
| *Beyt,* | بيت | Maison. |
| *Hammâm,* | حَمام | Bain |
| *Bâb,* | باب | Porte. |

| ARABE. | | FRANÇAIS. |
|---|---|---|
| | | **DISTRIBUTION DE LA VILLE, MONUMENS.** |
| *Qantarah*, | قنطرة | Pont. |
| *Kouttâb*, | كتاب | École. |
| *Sibyl*, | سبيل | Citerne. |
| *Sahryg*, | سهريج | Petite citerne. |
| *Hôd*, | حوض | Abreuvoir. |
| *Qala'h*, | قلعة | Fort. |
| *Torbeh*, *tourâb*, | تربة , تراب | Tombeau, tombeaux. |
| *Tekyeh*, | تكيه | Logement gratuit. |
| *Menzal*, | منزل | Maison où on ne loge pas habituellement. |
| *Soukkân*, | سكان | Auberge pour le logement seulement. |
| *Souq*, | سوق | Marché. |
| *Okâlt*, | وكالة | Okel. |
| *Khân*, | خان | Bazar, ou foire perpétuelle |
| | | **POPULATION, PROFESSIONS, COMMERCE, ETC.** |
| *Moghârbeh*, | مغاربه | Moghrebins. |
| *Roum*, | روم | Grecs. |
| *Yhoud*, | يهود | Juifs. |
| *Qebt*, | قبط | Qobtes. |
| *Frang* ou *Afrang*, | فرنج او افرنج | Francs. |

| ARABE. | | FRANÇAIS. |
|---|---|---|
| POPULATION, PROFESSIONS, COMMERCE, ETC. | | |
| *Nasârah*, | نصاره | Chrétiens. |
| *Matbakh*, | مطبخ | Manufacture (et aussi cuisine). |
| *Ma'mal, kerkhâneh*, | مُعمل، كرخانه | Fabrique. |
| *Fourn*, | فُرن | Four. |
| *Tâhoun*, | طاحون | Moulin. |
| *Madbah*, | مدبح | Boucherie. |
| *Madâbghyeh*, | مدابغيه | Tannerie. |
| *Sorougyeh*, | سروجيه | Sellerie. |
| *Gabbâseh*, | جبّاسه | Four à plâtre. |
| *Gayyârah*, | جيّارَه | Four à chaux. |
| *Syrgeh*, | سيرجه | Moulin à huile de sésame. |
| *Ma'sarah*, | معصرَه | Moulin à huile de lin. |
| *Masbaghah*, | مصبغه | Atelier de teinture. |
| *El-qoubourgyeh*, | القبُورجيه | Brodeurs sur peau. |
| *El-syâgh*, | الصياغ | Orfévres. |
| *El-a'ttâryn*, | العطّارين | Apothicaires, droguistes. |
| *El-gezzâryn*, | الجزّارين | Bouchers. |
| *El-haddâdyn*, | الحَدّادين | Forgerons. |
| *El-kharrâtyn*, | الخَرّاطين | Tourneurs. |
| *El-habbâkyn*, | الحباكين | Fabricans de tresses. |

| ARABE. | | FRANÇAIS. |
| --- | --- | --- |
| POPULATION, PROFESSIONS, COMMERCE, ETC. | | |
| *El-dallâlyn*, | الدلاّلين | Fripiers. |
| *El-Mogharbelyn*, | المُغربلين | Vanneurs. |
| *El-qoundaqgyeh*, | القندقجيه | Armuriers. |
| *El-nahhâsyn*, | النُحاسين | Chaudronniers. |
| *El-saramâtyn*, | الصَرماتين | Cordonniers. |
| *El-farrâyn*, | الفرّاين | Fourreurs. |

## PREMIÈRE SECTION.

| NUMÉROS gravés SUR LE PLAN. | LISTE DES NOMS DES LIEUX, RUES, PLACES, MONUMENS. | | CARREAUX |
|---|---|---|---|
| 1. | Gâma' Soultân Hasan. | جامع سلطان حَسَن | S—6. |
| 2. | El-Morâhlyeh. | المراحليه | T—6. |
| 3. | Hammâm el-Choukâlyeh. | حمّام الشكاليه | T—6. |
| 4. | A'tfet el-Morâhlyeh. | عطفة المراحليه | T—6. |
| 5. | El-Morâhlyeh. | المراحليه | T—6. |
| 6. | Okâlt el-Qoumâch. | وكالة القماش | S—6. |
| 7. | Hammâm el-Choukâlyeh. | حمّام الشكاليه | T—6. |
| 8. | Hôch Bardaq. | حوش بَردَق | S—6. |
| 9. | Hôch Bardaq. | حوش بردق | S—6. |
| 10. | Sekket el-Roumeyleh. | سكة الرُميله | S—6. |
| 11 VIIIe. | Hammâm Bachtak (*pour les hommes*). | حمّام بشتك | S—6. |
| 12 VIIIe. | Beyt Mohammed aghâ. | بيت محمد اغا | S—6. |
| 13. | Tekyet Qeysoun. | تكية قيسون | R—6. |
| 14. | El-Qoubourgyeh. | القبورجيه | S—6. |
| 15. | Hammâm Bachtak (*pour les femmes*). | حمّام بشتك | S—6. |
| 16. | Okâlt el-Gâmous. | وكالة الجاموس | S—7. |
| 17. VIIIe. | Hammâm Qeysoun (*pour les femmes*). | حمّام قيسون | R—6. |

| NUMÉROS gravés SUR LE PLAN. | LISTE DES NOMS DES LIEUX, RUES, PLACES, MONUMENS. | | CARREAUX. |
|---|---|---|---|
| 18. | Zirybet Souq el-Selâh. | زريبة سوق السلاح | R—6. |
| 19. | Derb el-Khoddâm. | دَرب الخدّام | R—6. |
| 20. | Souq el-Selâh. | سوق السلاح | R—6. |
| 21. | A'tfet el-Qoubourgyeh. | عطفة القُبورجيه | Q-R-6. |
| 22. | Sibyl Mohammed aghâ. | سبيل محمد اغا | Q—6. |
| 23. | Hammâm Qeysoun (*bain d'hommes*). | حمّام قيسون | Q—6. |
| 24. | El-Qoubourgyeh. | القبورجيه | Q—7. |
| 25. | Hârtel-Nasârah (*quartier chrétien*). | حارة النصارَه | Q—6. |
| 26. | *Turks au milieu du quartier chrétien.* | | Q—6. |
| 27. | El-cheykh So'oud. | الشيخ سعود | Q—6. |
| 28. | El-Moudaffer. | المُضفر | Q—6. |
| 29. | Sekket el-Qoubourgyeh. | سكة القُبُرجيه | Q—6. |
| 30. | A'tfet Mohammed aghâ. | عطفة محمد اغا | Q-6-7. |
| 31. | A'tfet Bachtak. | عطفة بشتك | Q—6. |
| 32. | Sekket ebn A'bd-allah bey. | سكة ابن عبد الله بيه | Q—6. |
| 33. | Sekket A'bd-allah bey. | سكة عبد الله بيه | P—6. |
| 34. | Okâlt el-Farrâyn. | وكالة الفرايين | P—5. |
| 35. | Sekket A'bd-allah bey. | سكة عبد اللـــه بيه | P—6. |

| NUMÉROS gravés SUR LE PLAN. | LISTE DES NOMS DES LIEUX, RUES, PLACES, MONUMENS. | | CARREAUX. |
|---|---|---|---|
| 36. | Gâma' A'bd-allah bey. | جامع عبد الله بيه | P—6. |
| 37. | A'tfet ebn A'bd-allah bey. | عطفة ابن عبد الله بيه | P—6. |
| 38. | A'tfet A'bd-allah bey. | عطفة عبد الله بيه | P—6. |
| 39. | 2^e *demi-brigade.* | | P—6. |
| 40. | Beyt Khalyl Bey Belefyeh. | بيت خليل بيه بلفيه | P—5. |
| 41. | A'tfet el-Dâly Hosseyn. | عطفة الدالى حُسَين | P—6. |
| 42. | El-Zâouyet el-Byr. | الزاوية البير | P—6. |
| 43. | El-Mogharbelyn. | المغربلين. | O—7. |
| 44. | Gâma' el-Ganâbqyeh. | جامع الجنابقيه | O—6. |
| 45 | A'tfet el-Ganâbqyeh. | عطفة الجنابقيه | O—6. |
| 46 VIII^e. | Sekket el-Mardâny. | سكة المرضانى | O—6. |
| 47. | Zâouyet el-Cheykh Derys. | زاوية الشيخ دربس | O—6. |
| 48. | Derb el-Ganâbqyeh. | درب الجنابقيه | O—6. |
| 49. | Zâouyet A'bd el rahman Kykhyeh. | زاوية عبد الرحمن كيخيه | O—6. |
| 50 [1] VIII^e. | Zoqâq el-Mesk. | زقاق المسك | O-N-6. |
| 51. | El-Mogharbelyn. | المغربلين | O—6. |
| 52. | Beyt Khalyl-kâchef. | بيت خَليل كاشف | O—6. |

[1] Cette rue se prolonge, avec le n°. 50, dans la VIII^e section.

| NUMÉROS gravés SUR LE PLAN. | LISTE DES NOMS DES LIEUX, RUES, PLACES, MONUMENS. | | CARREAUX. |
|---|---|---|---|
| 53[1] VIIIe. | Derb el-Ounsyeh. | درب الونسيه | O-N-6. |
| 54[2] VIIIe. | Qasabet Radouân. | قَصَبة رَضوان | N—6. |
| 55. | Beyt Ga'far kâchef. | بيت جُعفَر كاشف | T—7. |
| 56. | Derb el-Meydâ. | درب الميضا | T—7. |
| 57. | A'tfet Ertâl. | عطفة ارطال | T—7. |
| 58. | A'tfet el-Noukryeh. | عطفة النُكريه | T-7-8. |
| 59. | A'tfet el-Cheykh el-Dalâm. | عطفة الشيخ الضلام | T—8. |
| 60. | *Orfèvres Qobtes.* | | T—7. |
| 61. | Zâouyet el-Abbâr. | زاوية الابار | S—7. |
| 62. | Zâouyet Moustafâ bey. | زاوية مُصطفى بيه | S—7. |
| 63. | A'tfet el-Cheykh el-Dalâm. | عطفة الشيخ الضلام | S-7-8. |
| 64. | *Tisserands.* | | S—7. |
| 65. | Sibyl ou kouttâb Ibrâhym Bey el-Ouâly. | سبيل وكتاب ابراهيم بيه الوالى | S—8. |
| 66. | Sekket el-Salybeh. | سكة الصليبه | S—7. |
| 67. | Tekyet el-A'gâm. | تكية الاعجام | S—7. |
| 68. | Gâma' el-A'gâm. | جامع الاعجام | S—7. |

[1] Cette rue commence à la limite de la Ire section avec la VIIIe, et le n°. 53 doit être cherché dans la VIIIe section.

[2] Il en est de même du n°. 54.

| NUMEROS gravés SUR LE PLAN | LISTE DES NOMS DES LIEUX, RUES, PLACES, MONUMENS. | | CARREAUX. |
|---|---|---|---|
| 69. | Manâkh el-Gemâl. | مناخ الجمال | S—7. |
| 70. 71. | Zâouyet el-Razâzyn. | زاوية الرزازين | S—7. |
| 72. | Beyt Ibrâhym Bey el-Ouâly. | بيت ابراهيم بيه الوالى | S—8. |
| 73. | A'tfet el-Razâzyn. | عطفة الرزازين | S—7. |
| 74. | Qeysoun. | قيسون | R—7. |
| 75. | Zâouyet el-Moudaffer. | زاوية المصقر | S—7. |
| 76. | Matbakh el-a'raqy. | مطبخ العرقى | R-7-8. |
| 77. | Zâouyet Selym aghâ. | زاوبه سليم اغا | R—8. |
| 78. | Derb el-Hammâm. | درب الحمّام | R—8. |
| 79. | Beyt Yousef bey. | بيت يوسف بيه | R—8. |
| 80. | Gâma' Ahmed bey. | جامع احمد بيه | R—8. |
| 81. | Sekket A'tfet el-ghassâl. | سكة عطفة الغسّال | R—7. |
| 82. | A'tfet el-ghassâl. | عطفة الغسّال | R—7. |
| 83. | Zâouyet el-Cheykh A'bd-allah. | زاوية الشيخ عبد الله | R—7. |
| 84. | Derb Qeysoun. | درب قيسون | R—7. |
| 85. | Gâma' el-Mâz. | جامع الماظ | R—7. |
| 86. | A'tfet el-Mâz. | عطفة الماظ | R—7. |

| NUMÉROS gravés sur le plan. | LISTE DES NOMS DES LIEUX, RUES, PLACES, MONUMENS. | | CARREAUX. |
|---|---|---|---|
| 87. | Derb el-Hammâm. | درب الحمّام | R—7. |
| 88. | Beyt Mourâd bey. | بيت مراد بيه | Q—7. |
| 89. | Beyt Ibrâhym bey el-Kebyr. | بيت ابراهيم بيه الكبير | Q—8. |
| 90. | Beyt Mârzouq bey. | بيت مرزوق بيه | Q—8. |
| 91. | Hammâm Ibrâhym bey. | حمّام ابراهيم بيه | Q—8. |
| 92. | A'tfet Mourâd bey. | عطفة مراد بيه | Q—7. |
| 93. | Hammâm el-Doud. | حمّام الدود | Q—7. |
| 94. | A'tfet Hammâm el-Doud. | عطفة حمّام الدود | Q—7. |
| 95. | El-Zâouyet Mohammed aghâ. | الزاوية محمد اغا | Q—7. |
| 96. | Sekket el-Qeysoun. | سكة القيسون | Q—7. |
| 97. | El-Zâouyet Qeysoun. | الزاوية قيسون | Q—7. |
| 98. | El-Qeysoun. | القيسون | Q—7. |
| 99. | Tekyet Qeysoun. | تكيت قيسون | Q—7. |
| 100. | A'tfet el-Henneh. | عطفة الحنّه | Q—7. |
| 101. | Hammâm Qeysoun (*pour les hommes*). | حمّام قيسون | P—7. |
| 102. | Gâma' Chygânem. | جامع شيجانم | P—7. |
| 103. | A'tfet el-Mahkameh. | عطفة المحكمه | P—7. |
| 104. | Okâlt el-Farrâyn. | وكالة الفرايين | P—7. |

| NUMÉROS gravés SUR LE PLAN. | LISTE DES NOMS DES LIEUX, RUES, PLACES, MONUMENS. | | CARREAUX. |
|---|---|---|---|
| 105. | *Citerne.* | | P—7. |
| 106. | Gâma' Qcysoun. | جامع فيسون | P—8. |
| 107. | Derb el-Aghaouât. | درب الاغوات | P—8. |
| 108. | El-Dâoudyeh. | الداوديه | P—8. |
| 109. | Sekket el-Dâoudyeh. | سكة الداوديه | P—8. |
| 110. | Beyt Solymân bey el-Châboury. | بيت سليمان بيه الشابورى | P—8. |
| 111. | Beyt Qâsim bey. | بيت قاسم بيه | P—8. |
| 112. | El-Kheyâmyeh. | الخياميه | P-O-7. |
| 113. | El-Aghaouât. | الاغوات | P—7. |
| 114. | Okâlt el-Qolal. | وكالة القُلَل | P—7. |
| 115. | El-Mogharbelyn. | المغربلين | O—7. |
| 116. | Derb el-Haouârat. | درب الهَوّارَة | O—7. |
| 117. | Derb el-Moghârbeh. | درب المغاربه | O—7. |
| 118. | Sekket el-Dâoudyeh. | سكة الداوديه | O—8 |
| 119. | Beyt Isma'yl Kykhyeh. | بيت اسمعيل كيخيه | O—8. |
| 120. | Derb el-Mogharbelyn. | درب المغربلين | O—8. |
| 121. | Gâma' Moustafâ aghâ. | جامع مُصطفى اغا | T—8. |
| 122. | Sekket el-Salybeh. | سكة الصَليبه | T—8. |

| NUMÉROS gravés sur le plan. | LISTE DES NOMS DES LIEUX, RUES, PLACES, MONUMENS. | | CARREAUX |
|---|---|---|---|
| 123. | Derb el-Byr. | درب البير | U—8. |
| 124. | Khott el-Moudaffer. | خط المدفر | T—8. |
| 125. | A'tfet el-Arba'yn. | عطفة الاربعين | U-8-9. |
| 126. | Sekket el-Hadarah. | سكة الحضره | U—9. |
| 127. | Sibyl Moustafâ bey. | سبيل مصطفى بيه | T—9. |
| 128. | Kouttâb Moustafâ bey. | كتاب مصطفى بيه | T—9. |
| 129 IV<sup>e</sup>. | Sekket Birket el-Fyl. | سكة بركة الفيل | T—8. |
| 130. | Hammâm el-Haryf. | حمّام الحريف | T—8. |
| 131. | A'tfet el-cheykh el-Dalâm. | عطفة الشيخ الضلام | T—8. |
| 132. | Gâma' el-Ma'mâr. | جامع المعمار | T—8. |
| 133. | Sekket Birket el-Fyl. | سكة بركة الفيل | T—9. |
| 134. | *Santon.* | | T—9. |
| 135. | Sibyl Ahmed kâchef. | سبيل احمد كاشف | T—8. |
| 136 I-III<sup>e</sup>. | Birket el-Fyl [1]. | بركة الفيل | T-8-9. |
| 137. | Sekket el-cheykh el-Dalâm. | سكة الشيخ الضلام | T—8. |
| 138. | El-cheykh el-Dalâm. | الشيخ الضلام | S—8. |
| 139. | Sibyl O'mar kâchef. | سبيل عُمَر كاشف | S—8. |

[1] *Voyez* n°. 16, III<sup>e</sup> section.

| NUMÉROS gravés SUR LE PLAN. | LISTE DES NOMS DES LIEUX, RUES, PLACES, MONUMENS. | | CARREAUX. |
|---|---|---|---|
| 140. | Zâouyet el-cheykh el-Dalâm. | زاوية الشيخ الضلام | S—8. |
| 141. | Derb el-cheykh el-Dalâm. | درب الشيخ الضلام | S—8. |
| 142. | Beyt Ibrâhym bey el-Ouâly. | بيت ابراهيم بيه الوالى | S—8. |
| 143. | Okâlt el-Baouâb. | وكالة البوّاب | P—8. |
| 144. | Beyt Qâsim bey. | بيت قاسم بيه | P—8. |
| 145. | Zâouyet el-Arba'yn. | زاوية الأربعين | O—8. |
| 146. | A'tfet el-Arba'yn. | عطفة الاربعين | O—8. |
| 147. | Okâlt el-Baouâb. | وكالة البواب | O—8. |
| 148. | Hârt el-Dâoudyeh. | حارة الداوديه | O-P-8. |
| 149. | A'tfet Nâyl. | عطفة نايل | O—8. |
| 150. | A'tfet el-Dâoudyeh. | عطفة الداوديه | O—8. |
| 151. | Hârt el-Sa'ydeh. | حارة الصعايك | O—8. |
| 152. | *Tisserands.* | | O—8. |
| 153. | Gâma' el-Dâoudyeh. | جامع الداوديه | O—8. |
| 154. | El-Madâbegh. | المدابغ | O—8. |
| 155. | Madâbegh el-Dâoudyeh. | مدابغ الداوديه | O—8. |
| 156 VIIIe. | Souq el-A'sfour. | سوق العصفور | O-8-9. |
| 157. | Beyt Mohammed aghâ. | بيت محمد .غا | Q—7. |

| NUMÉROS gravés SUR LE PLAN. | LISTE DES NOMS DES LIEUX, RUES, PLACES, MONUMENS. | | CARREAUX. |
|---|---|---|---|
| 158. | Sibyl O'mar Châouych. | سبيل عمر شاويش | O—8. |
| 159. | Zâouyet el-Mensy. | زاوية المنسى | O—8. |
| 160. | Hârt el-Madâbegh. | حارة المدابغ | O—8. |
| 161. | A'tfet el-Taouaqgyeh. | عطفة الطوقجيه | N—8. |
| 162. | Sekket Souq el-A'sr. | سكة سوق العصر | N—8. |
| 163. | A'tfet el-Dahdeyreh. | عطفة الضحضيره | N—8. |
| 164. | Hôch el-Byr. | حوش البير | O—9. |
| 165. | A'tfet Zeytoun. | عطفة زيتون | O—9. |
| 166. | A'tfet Safar. | عطفة صفر | O—9. |
| 167. | El-Maghleh. | المغله | O—9. |
| 168. | Gâma el-E'mary. | جامع العمرى | O—9. |
| 169. | Souq el-A'sr. | سوق العصر | N—9. |
| 170. | Gâma' el-cheykh Na'mân. | جامع الشيخ نعمان | N—9. |
| 171. | Derb el-Fouâkhyr. | درب الفواخير | N—9. |
| 172. | *Tisserands.* | | N—9. |
| 173. | Beyt A'bd el-Rahman aghâ. | بيت عبد الرحمن اغا | N—9. |
| 174. | Sibyl Ibrâhym Kykhyeh. | سبيل ابراهيم كيخيه | N—8. |
| 175. | *Boutiques de fripiers et de marchands de fer.* | | N—8. |

| NUMÉROS gravés SUR LE PLAN. | LISTE DES NOMS DES LIEUX, RUES, PLACES, MONUMENS. | | CARREAUX. |
|---|---|---|---|
| 176. | A'tfet el-cheykh Batykha. | عطفة الشيخ بطيخه | N—9. |

## IIe SECTION.

| NUMÉROS gravés SUR LE PLAN. | LISTE DES NOMS DES LIEUX, RUES, PLACES, MONUMENS. | | CARREAUX. |
|---|---|---|---|
| 1. | El-Soultânyeh. | السلطانيه | X—3. |
| 2. | Gâma' el-Soultân Qeysoun. | جامع السلطان قيسون | X—3. |
| 3. | El-Mesyhayeh. | المسيحيه | X—3. |
| 4. | Hôd A'bd el-Rahman Kykhyeh. | حوض عبد الرحمن كيخيه | X—3. |
| 5. | Bâb A'rab el-Ysâr b-el-Gyouchy. | باب عرب اليسار بالجيوشى | X—3. |
| 6. | Gâma' el-Ghoury. | جامع الغورى | X—4. |
| 7. | El-Cheykh el-ouizyr. | الشيخ الوزير | Z—4. |
| 8. | Zâouyet Nâyb Giddeh. | زاوية نايب جدّه | Z—4. |
| 9. | Gâma' el-Qadryeh. | جامع القَدريه | Z—4. |
| 10. | A'rab Qoreych. | عرب قُريش | Z—4. |
| 11. | Gâma' Qâyd bey. | جامع قايد بيه | Z—5. |
| 12. | Tourab el-imâm.* | تُرَب الامام | Z—5. |
| 13. | Hôd, Sibyl, Kouttâb, *ou abreuvoir, citerne et école.* | حوض سبيل وكتّاب | Y-Z-4. |
| 14. | El-Ouercheh. | الورشه | U—2. |
| 15. | Bâb el-Qarâfeh. | باب القرافه | Y—4. |
| 16. | Sibyl el-Naqâch. | سبيل النقاش | Y—4. |

| NUMÉROS gravés SUR LE PLAN. | LISTE DES NOMS DES LIEUX, RUES, PLACES, MONUMENS. | | CARREAUX. |
|---|---|---|---|
| 17. | Sibyl ou Zâouyet el-Ouhech. | سبيل وزاويه الوَحش | Y—4. |
| 18. | Sibyl Qâyd bey. | سبيل قايد بيه | Y—4. |
| 19 | El-cheykh el-Qetây. | الشيخ القتاى | X—4. |
| 20. | Gâma' el-Mesyhayeh. | جامع المسيحيه | X—4. |
| 21. | Sibyl el-Mesyhayeh. | سبيل المسيحيّه | X—4. |
| 22. | Bâb A'rab l-Ysâr. | باب عرب اليصار | X—4. |
| 23. | *Marché.* | | X—4. |
| 24. | A'rab l-Ysâr. | عرب اليصار | X—4. |
| 25. | A'rab l-Ysâr. | عرب اليصار | V—4. |
| 26. | El-cheykh A'bd-allah. | الشيخ عبد اللـــــه | X—4. |
| 27. | Bâb A'rab l-Ysâr be-Qarâmeydân. | بـاب عـرب اليصـــــار بقراميدان | V—4. |
| 28. | Moustabet el-bâchâ. | مُصطبة الباشا | V—4. |
| 29. | Qarâmeydân. | قراميدان | V—5. |
| 30 citadelle. | Bâb el-Saba' Hadarât. | باب السبع حَضَرات | V—4. |
| 31. | Gâma' el-Zoumour.* | جامع الزمر | Z—5. |
| 32. | Hôd A'bd el-Rahman Kykhyeh.* | حوض عبد الرحمن كيخيه | Z—5. |
| 33. | *Cahutes.* | | Y—5. |
| 34. | Derb el-Zorâyb. | درب الزرايب | X—5. |

| NUMÉROS gravés SUR LE PLAN. | LISTE DES NOMS DES LIEUX, RUES, PLACES, MONUMENS. | | CARREAUX. |
|---|---|---|---|
| 35. | Zâouyet A'ly el-Gyzy. | زاوية على الجيزى | X—5. |
| 36. | *Mosquée.* | | X—5. |
| 37. | Gâma' Sitty A'âycheh el-Nabaouyeh. | جامع ستى عايشه النبويه | X—5. |
| 38. | Derb el-Qotâneh. | درب القطانه | X—5. |
| 39. | Derb el-Naggâr. | درب لنجار | X—5. |
| 40. | Derb Ghouzyeh. | درب غزيه | X—5. |
| 41. | Derb el-Habbâleh | درب الحبّاله | X—5. |
| 42. | Derb Taht el-Sour. | درب تحت الصور | X—5. |
| 43. | Gâma' el-Bourdeyny. | جامع البرديني | X—5. |
| 44. | Bâb Qarâmeydân. | باب قراميدان | V—5. |
| 45. | Taht el-Sour. | تحت الصور | U—6. |
| 46. | Gâma' Seyd E'nân. | جامع سيد عنان | V—6. |
| 47. | Derb el-Habbâleh. | درب الحباله | V—6. |
| 48. | El-cheykh Cha'eyb. | الشيخ شعيب | V—6. |
| 49. | Gâma' el-Baqly. | جامع البقلى | V—6. |
| 50. | Derb el-Habbâleh. | درب الحباله | V—6. |
| 51. | Tourab el-Saydeh,* | ترب السيك | Y-Z-5. |
| 52. | Khott el-Saydeh, *ou quartier Es-sayd.** | خطّ السيك | Y—6. |

| NUMÉROS gravés SUR LE PLAN. | LISTE DES NOMS DES LIEUX, RUES, PLACES, MONUMENS. | | CARREAUX. |
|---|---|---|---|
| 53. | Bâb el-Seydeh om Qâsem. | باب السيك ام قاسم | Y—7. |
| 54. | Sibyl el-Qabr el-Taouyl. | سبيل القبر الطويل | Y—6. |
| 55. | Gâma' el-Farghal. | جامع الفرغل | Y—6. |
| 56. | Hârt el-Zorâyb. | حارة الزرايب | Y—6. |
| 57. | Gâma' el-Younâa'y. | جامع اليناعى | Y—6. |
| 58. | Zâouyet Derb Ghouzyeh. | زاوية درب غزيه | X—6. |
| 59. | Derb el-cheykh Kichk. | درب الشيخ كشك | X—6. |
| 60. | Derb Ghouzyeh. | درب غزبه | X—6. |
| 61. | El-Qabr el-taouyl. | القبر الطويل | Y—6. |
| 62. | El-Baqly. | البقلى | X—6. |
| 63. | Derb Hoch el-Khaoual. | درب حوش النحول | X—6. |
| 64. | Hoch, *ruines.* | حوش | X—7. |
| 65. | Zâouyet Bahloul. | زاوية بهلول | V—7. |
| 66. | Derb el-Hosr. | درب الحصير | U—7. |
| 67. | A'tfet Qarâhouseyn. | عطفة قراحسين | U—6. |
| 68. | Derb el-Baqly. | درب البقلى | V—6. |
| 69. | Gâma' Regab Tchalaby. | جامع رجب چلبى | U—6. |
| 70. | A'tfet el-Serkasé. | عطفة السركسى | V—6. |

| NUMÉROS gravés SUR LE PLAN. | LISTE DES NOMS DES LIEUX, RUES, PLACES, MONUMENS. | | CARREAUX. |
|---|---|---|---|
| 71. | Gâma' el-Serkasé. | جامع السركسى | U—6. |
| 72. | Derb el-Heloué. | درب الحلوى | U—6. |
| 73. | Okâlt el-Kittân. | وكالة الكتان | U—6. |
| 74. | Gâma' Hoch Qadam. | جامع حوش قَدَم | U—6. |
| 75. | Rouqa't el-Qamh. | رقعة القمح | U—6. |
| 76. | Souq el-Ferâkh. | سوق الفراخ | U—6. |
| 77. | Gâma' el-Moumenyn. | جامع المومنين | U—6. |
| 78. | *Blé.* | | U—6. |
| 79. | *Halles.* | | U—6. |
| 80. | Hammâm Qarâmeydân. | حمّام قراميدان | U—5. |
| 81. | Gâma' el-Saydeh. | جامع السيده | Z—7. |
| 82. | Bâb el-Saydeh. | باب السيده | Z—7. |
| 83. | *Dôme de la mosquée* el-Saydeh. | | Y—7. |
| 84. | Bâb el-Gabbâseh. | باب الجبّاسه | Y—7. |
| 85. | Gâma' el-Echrof. | جامع الاشرف | Y—7. |
| 86. | Derb el-Seydeh om Qâsem. | درب السيده ام قاسم | Y—7. |
| 87. | El-Balâseh. | البلاسى | X—7. |
| 88. | *Tuerie de moutons.* | مجزرة | X—7. |

| NUMÉROS gravés SUR LE PLAN. | LISTE DES NOMS DES LIEUX, RUES, PLACES, MONUMENS. | | CARREAUX. |
|---|---|---|---|
| 89. | Bâb el-Madbah. | باب المدبح | Y—7. |
| 90. | Sibyl *ou* kouttâb Sitty Reqayeh. | سبيل ستى رقيه | X—7. |
| 91. | Derb el-Khalyfeh. | درب الخليفه | V—7. |
| 92. | Derb el-Masdoud. | درب المسدود | X—7. |
| 93. | Gâma' el-Nouar. | جامع النور | X—7. |
| 94. | Hammâm Sitty Sekyneh. | حمّام ستى سكينه | X—7. |
| 95. | Hoch el-Saydeh. | حوش السيده | X—7. |
| 96. | *Okel pour les bouchers.* | | V—7. |
| 97. | Gâma' Sitty Sekyneh. | جامع ستى سكينه | X—7. |
| 98. | Okâlt el-Dabah. | وكاله الدبح | V—7. |
| 99. | Derb el-Ekrâd. | درب الاكراد | V—7. |
| 100. | Souq el-Ghanam. | سوق الغنم | V—7. |
| 101. | El-Khodâryeh. | الخضاريه | V—7. |
| 102. | Sibyl A'ly Kykhyeh. | سبيل على كيخيه | V—7. |
| 103. | Bâch Ikhtyâr. | باش اختيار | V—7. |
| 104. | Derb el-Roukbyeh. | درب الركبيه | V—7. |
| 105. | *Okel pour les teintures.* | | V—7. |
| 106. | Derb Sabyh. | درب صبيح | U—7. |

| NUMEROS gravés SUR LE PLAN. | LISTE DES NOMS DES LIEUX, RUES, PLACES, MONUMENS. | | CARREAUX. |
|---|---|---|---|
| 107. | Beyt Moustafä Chorbagy. | بيت مُصطَفَى شربجى | V—7. |
| 108. | Beyt Moustafä Chorbagy. | بيت مُصطفَى شُربجى | V—7. |
| 109. | Sibyl el-Tablytah. | سبيل الطبليطه | U—7. |
| 111 [1]. | Beyt O'smân effendy. | بيت عثمان افندى | U—7. |
| 112. | El-Roukbyeh. | الرُكبيه | U—7. |
| 113. | Derb el-Salybeh [2]. | درب الصَليبه | U—7. |
| 114. | Sy-Gouhar. | سى جوهر | U—7. |
| 115. | Hammâm el-Salybeh | حمّام الصليبه | T—7. |
| 116. | Hammâm el-Nesouân b-il-Salybeh. | حمّام النسوان بالصليبه | U—7. |
| 117. | Hammâm el-Salybeh. | حمّام الصليبه | U—7. |
| 118. | *Maisons abandonnées.* | | U—7. |
| 119. | Kharâbet Mansour. | خرابة منصور | U—7. |
| 120 1re. | *Marché aux poissons.* | سوق السَمَك | T—7. |
| 121. | Gâma' cheykhoun. | جامع شيخون | U—7. |
| 122. | Gâma' el-Mahmedeh. | جامع المحمدَه | T—7. |
| 123. | Sibyl Qâyd bey. | سبيل قايد بيه | T—6. |
| 124. | Sibyl Qâyd bey. | سبيل قايد بيه | T—6. |

[1] Le n°. 110 est nul.
[2] On a gravé sur le plan *Saly bey* par erreur.

| NUMÉROS gravés SUR LE PLAN. | LISTE DES NOMS DES LIEUX, RUES, PLACES, MONUMENS. | | CARREAUX. |
|---|---|---|---|
| 125. | Sibyl Qâyd bey. | سبيل قايد بيه | T—6. |
| 126. | El-Habbâleh. | الحبّاله | T—6. |
| 127. | El-Hosryeh. | الحُصريّه | T—6. |
| 128. | *Marché et cafés.* | | T—6. |
| 129. | Sibyl el-Motoually. | سبيل المتولّى | T—5. |
| 130. | *Okel pour les ânes.* | وكالة الحمير | T—5. |
| 131 citadelle. | Sibyl Ahmed kâchef. | سبيل احمد كاشف | T—8. |
| 132. | A'tfet el-Fourn. | عطفة الفُرن | X—8. |
| 133. | *Grand four.* | فُرن كبير | X—8. |
| 134. | Hârt el-A'byd. | حارة العبيد | X—8. |
| 135. | Derb el-Sâyegh. | درب السايغ | V—8. |
| 136. | Souq el-Moghârbeh. | سوق المغاربه | V—8. |
| 137. | Okâlt el-Moghârbeh. | وكالة المغربه | X—8. |
| 138. | Okâlt el-Milâyât. | وكالة الملايات | V—8. |
| 139. | Khommârah Teyloun. | خمّارة طيلون | X—8. |
| 140. | Derb el-Masbagh. | درب المسبغ | X—9. |
| 141. | Hârt el-Esqof. | حارة الاسقف | X—9. |
| 142. | Okâlt el-A'moud. | وكالة العامود | V—9. |

| NUMÉROS gravés SUR LE PLAN. | LISTE DES NOMS DES LIEUX, RUES, PLACES, MONUMENS. | | CARREAUX. |
|---|---|---|---|
| 143. | Beyt Ga'far kâchef. | بيت جعفر كاشف | V—8. |
| 144. | Souq el-Moghârbeh. | سوق المغاربه | V—8. |
| 145. | Ga'far kâchef. | جعفر كاشف | V—8. |
| 146. | Gâma' Teyloun *ou* Touloun. | جامع طيلون او طلون | V—9. |
| 147. | El-Zyâdeh. | الزياده | V—9. |
| 148. | Byr el-Otâouyt. | بير الوطاويط | U—8. |
| 149. | Zâouyet Kouhyeh. | زاوية كوحيه | U—8. |
| 150. | *École.* | | V—8. |
| 151. | Sibyl el-Chorafâ. | سبيل الشُرَفا | U—8. |
| 152. | A'tfet Byr el-Otâouyt. | عطفه بير الوطاويط | U—8. |
| 153. | *Quartier de* Teyloun. | طيلون | U—8. |
| 154. | A'tfet Gin A'ly. | عطفة جن على | U—8. |
| 155 1re. | Sibyl Hasan Kykhyeh. | سبيل حَسَن كيخيه | U—8. |
| 156 | A'tfet el-Arba'yn. | عطفة الاربعين | U—8. |
| 157. | *Marchands de ceintures.* | | U—7. |
| 158. | Hârt el-Nasârah. | حارة النصاره | X—9. |
| 159. | El-E'mary. | العمَرى | X—9. |
| 160. | El-cheykh el-E'mary. | الشيخ العمَرى | X—9. |

| NUMÉROS gravés SUR LE PLAN. | LISTE DES NOMS DES LIEUX, RUES, PLACES, MONUMENS. | | CARREAUX. |
|---|---|---|---|
| 161. | Derb el-Hommousâny. | درب الحمصانى | X—9. |
| 162. | A'tfet el-Gemmâleh. | عطفة الجماله | X—9. |
| 163. | Bâb Teyloun. | باب طيلون | X—9. |
| 164. | El-Khoukhat b-el-Kabch. | الخوخة بالكبش | V—9. |
| 165. | Hoch el-Fyl. | حوش الفيل | V—9. |
| 166. | Derb el-Teylouny. | درب الطيلونى | V—9. |
| 167. | *Qartier de* Qala't el-Kabch. | قلعة الكبش | V-10. |
| 168. | *Fabrique de nattes.* | | V-10. |
| 169. | Okâlt el-Hosr. | وكالة الحصر | V-10. |
| 170. | Derb Heydar. | درب حيضر | V-10. |
| 171. | Gabbâseh. | جباسه | U-10. |
| 172. | *Four à plâtre.* | | U-10. |
| 173. | Sibyl Serkas. | سبيل سركس | V-10. |
| 174. | Hoch Serkas. | حوش سركس | U-10. |
| 175. | A'tfet el-Zyâdeh be-Touloun. | عطفة الزياده بطلون | U—9. |
| 176. | Souq el-Khodâryeh, *marché aux herbes.* | سوق الخضاريه | U—9. |
| 177. | A'tfet Yousef aghâ. | عطفة يوسف اغا | U—9. |
| 178. | A'tfet el-Baqâryeh. | عطفة البقاريه | U—9. |

| NUMÉROS gravés SUR LE PLAN. | LISTE DES NOMS DES LIEUX, RUES, PLACES, MONUMENS. | | CARREAUX |
|---|---|---|---|
| 179. | Sekket el-Khodeyry. | سكة الخُضيرى | U—9. |
| 180. | Hammâm el-Bâbâ. | حمّام لبابا | U—9. |
| 181. | Sekket el-Khodeyry. | سكة الخُضيرى | U—9. |
| 182. | Hod el-Kheyl. | حوض الخيل | U—9. |
| 183. | Gâma' Yezbak. | جامع يُزبك | U—9. |
| 184. | El-cheykh el-Arba'yn. | الشيخ الاربعين | T—9. |
| 185. | Beyt Moustafä bey. | بيت مصطفى بيه | T—9. |
| 186. | Hammâm Moustafä bey. | حمّام مصطفى بيه | T—9. |
| 187. | A'tfet el-Khodeyry. | عطفة الخُضيرى | U—9. |
| 188. | A'tfet el-Hammâm. | عطفة الحمام | U—9. |
| 189. | Beyt O'mar kâchef. | بيت عُمَر كاشف | U—9. |
| 190. | Beyt Moustafä bey. | بيت مصطفى بيه | T—9. |
| 191. | Beyt Moustafä aghâ Ogaqly. | بيت مصطفى اغا وجقلى | T—9. |
| 192. | Beyt Bekyr bey. | بيت بكير بيه | T-10. |
| 193. | *Jardins.* | | T—9. |
| 194. | *Porte de la maison de Bekyr bey.* | باب بيت بكير بيه | U—9. |
| 195. | Hammâm Moustafä bey. | حمّام مصطفى بيه | T—9. |
| 196. | Gâma' el-Qalmy. | جامع القَلمى | X-10. |

| NUMÉROS gravés sur le plan. | LISTE DES NOMS DES LIEUX, RUES, PLACES, MONUMENS. | | CARREAUX. |
|---|---|---|---|
| 197. | Derb el-Qatâya'h. | درب القطايعه | V-10. |
| 198. | Derb el-Sâqyeh. | درب السّاقيه | V-10. |
| 199. | Gâma' Qâyd bey. | جامع قايد بيه | V-10. |
| 200. | Derb el-Taneyfyeh. | درب التنيفيه | V-10. |
| 201. | Qala't el-Kabch. | قلعة الكبش | V-10 |
| 202. | Sibyl Sâleh bey. | سبيل صالح بيه | V-10. |
| 203. | Beyt O'smân bey el-Tanbourgy. | بيت عثمان بيه الطنبورجى | U-10. |
| 204. | Gâma' el-Mousalleh. | جامع المُصَلّه | U-11. |
| 205. | Beyt Yahyâ bey. | بيت يحيا بيه | U-11. |
| 206 | Sekket el-Mousalleh. | سكة المُصَلّه | U-11. |
| 207. | Hoch Ayoub bey. | حوش ايوب بيه | V-11. |
| 208. | *Tisserands.* | | V-11. |
| 209 [1]. | Mastabet Fara'oun. | مصطبة فرعون | V-10. |
| 210. | Gâma' Teyloun *ou* Touloun. | جامع طيلون اوطلون | V—9. |
| 211. | Sitty A'ycheh el-Yemny. | ستى عايشه اليمنى | U—9. |
| 212. | Gâma' Qaouâm el-Dyn. | جامع قوام الدين | U—9. |
| 213. | El-Khodeyry. | الخُضَيرى | U—9. |

[1] Le n°. 209 aurait dû être placé dans le massif à côté du n°. 201.

| NUMÉROS gravés SUR LE PLAN. | LISTE DES NOMS DES LIEUX, RUES, PLACES, MONUMENS. | | CARREAUX. |
|---|---|---|---|
| 214. | A'tfet el-Zyâdeh. | عطفة الزياده | U—9. |
| 215. | El-Khodârych. | الخضاريه | U—9. |
| 216[1]. | El-Hadarah. | الحضره | U—8. |
| 217. | El-Salybeh. | الصليبه | U—8. |
| 218 1re. | Souq el-Salybeh. | سوق الصليبه | T—7. |
| 219 citadelle. | *École.* | كتاب | T—7. |
| 220. | Derb el-Samâkyn. | درب السماكين | T—7. |
| 221 1re. | Souq el-Samak. | سوق السمك | T—7. |
| 222 1re. | Sibyl Yousef Koutkhoudä. | سبيل يوسف كتخدى | T—7. |
| 223. | El-Morâhlyeh. | المراحليه | T-6-7. |
| 224. | Sibyl Hoch Qadam. | سبيل حوش قدم | U—6. |
| 225. | Sibyl Hasan Koutkhoudä. | سبيل حسن كتخدى | U—7. |
| 226. | El-A'yâdyeh. | العياديه | U—6. |
| 227. | *Okel où se vend le blé, ainsi q[illegible] d'autres grains.* | | U—6. |
| 228 1re. | El-Roumeyleh, *place et rue de ce nom.* | الرميله | T—6. |
| 229 1re. | Gâma' Cheykhoun. | جامع شيخون | T—7. |
| 230 citadelle. | Bâb el-Kebyr. | باب الكبير | T—5. |

[1] Ce numéro est gravé incorrectement sur le plan : on le prendrait pour 218.

| NUMÉROS gravés SUR LE PLAN. | LISTE DES NOMS DES LIEUX, RUES, PLACES, MONUMENS. | | CARREAUX. |
|---|---|---|---|
| 231 citadelle. | Bâb el-Soghayr. | باب الصغير | T—5. |
| 232 citadelle. | *Maisons.* | | T—5. |
| 233 citadelle. | Bâb el-Saba' Hadarât. | باب السبع حضرات | U—4. |
| 234 citadelle. | *Porte de secours.* | | U—4. |
| 235 citadelle. | Zâouyet el-Arba'yn. | زاوية الاربعين | U—4. |
| 236. | Kymân Teyloun ou Touloun. * | كيمان طيلون | Z-10. |
| 237. | *Fort Muireur.* * | | Y-10. |
| 238. | Birket Touloun. * | بركة طلون | V-10. |

## III^e SECTION.

| | | | |
|---|---|---|---|
| 1. | Sekket Birket el-Fyl. | سكة بركة الفيل | S—9. |
| 2. | Beyt Radouân Kykhyeh. | بيت رضوان كيخيه | S—9. |
| 3. | Beyt cheykh Sâdât. | بيت الشيخ السادات [1] | S—9. |
| 4. | A'tfet el-Sâdât. | عطفة السادات | S—9. |
| 5. | Gâma' Seyd Danyan. | جامع سيد دنين | S—9. |
| 6. | Khott el-Hanafy. | خط الحنفى | T—9. |
| 7. | Beyt Qâsim bey. | بيت قاسم بيه | T—9. |
| 8. | A'tfet Hammâm Kouloughly *ou* Koulâghly. | عطفه حمام كولاغلى | S-9-10. |

[1] On écrit aussi الشادات.

| NUMÉROS gravés SUR LE PLAN. | LISTE DES NOMS DES LIEUX, RUES, PLACES, MONUMENS. | | CARREAUX. |
|---|---|---|---|
| 9. | Beyt O'smân bey el-Achqar. | بيت عثمان بيه الاشقر | R—9. |
| 10. | A'tfet el-Sâdât. | عطفة السادات | S—9. |
| 11. | Hammâm Kouloughly. | حمّام كولوغلى | S—9. |
| 12. | Zâouyet Sofyeh Khâtoun. | زاوية صوفيّة خاتون | S—9. |
| 13. | Zâouyet el-Arba'yn. | زاوية الاربعين | S—9. |
| 14. | A'tfet el-Nabqah. | عطفة النبقه | S-10. |
| 15. | Gâma' Qarâ Qogeh. | جامع قراقوجه | R-10. |
| 16 [1]. | Ouasa't Birket el-Fyl. | وسعت بركة الفيل | Q-R-9. |
| 17. | Beyt Qâsim bey. | بيت قاسم بيه | P—8. |
| 18. | Sekket el-Habbânyeh. | سكة الحبّانيه | P—8. |
| 19. | Gâma' el-Sa'yd. | جامع السعيد | P—9. |
| 20. | Beyt O'smân bey el-Tanbourgy. | بيت عثمان بيه الطنبورجى | P—9. |
| 21. | Sibyl el-Habbânyeh. | سبيل الحبّانيه | P-10. |
| 22. | Beyt Ayoub bey. | بيت ايوب بيه | P—9. |
| 23. | Beyt el-Oukyl. | بيت الوكيل | P—9. |
| 24. | Tekyet el-Habbânyeh. | تكية الحبّانيه | P—9. |
| 25. | Sibyl soultân Mahmoud. | سبيل سلطان محمود | P—9. |

[1] *Voyez* 136, 1re section.

| NUMÉROS gravés SUR LE PLAN. | LISTE DES NOMS DES LIEUX, RUES, PLACES, MONUMENS. | | CARREAUX. |
|---|---|---|---|
| 26. | Zâouyet el-Hendy. | زاوية الهندى | P—9. |
| 27. | Del' el-Samak. | ضلع السمك | O—9. |
| 28. | Qantarat el-Gedyd. | قنطرة الجديد | O—9. |
| 29. | Zâouyet Sitty Dourry. | زاوية ستى ضرّى | O-10. |
| 30. | Beyt Hasan kâchef. | بيت حسن كاشف | T-10. |
| 31. | Beyt Qâsim bey Ibrâhym. | بيت قاسم بيه ابراهيم | T-10. |
| 32. | A'tfet Chaq el-E'rseh. | عطفة شق العرسه | T-10. |
| 33. | El-Leboudyeh. | اللبوديه | T-11. |
| 34. | *Petite mosquée.* | | S-10. |
| 35. | A'tfet el-Hattâbeh. | عطفة الحطابه | S-11. |
| 36. | Zâouyet el-Arba'yn. | زاوية الاربعين | S-10. |
| 37. | Gâma' Neqyb el-Geych. | جامع نقيب الجيش | S-10. |
| 38. | A'tfet el-Rouzmângy *ou* Rouz-nâmgy. | عطفة الرزمانجى اوروزنامجى | S-10. |
| 39. | Souq el-Soghayr. | سوق الصغير | S-10. |
| 40. | Gâma' el-Kourdy. | جامع الكردى | S-10. |
| 41. | Zâouyet el-Oukyl. | زاوية الوكيل | S-10. |
| 42. | A'tfet Mahsen. | عطفة محسن | S-10. |
| 43. | A'tfet el-Hânout. | عطفة الحانوت | S-10. |

| NUMÉROS gravés SUR LE PLAN. | LISTE DES NOMS DES LIEUX, RUES, PLACES, MONUMENS. | | CARREAUX. |
|---|---|---|---|
| 44. | A'tfet Lâchyn. | عطفة لاشين | R-10. |
| 45. | A'tfet el-Faggâleh. | عطفة الفجّاله | R-10. |
| 46. | Derb el-Gammâmyz. | درب الجمّاميز | R-10. |
| 47. | Qantarat Derb el-Gammâmyz. | قنطرة درب الجمّاميز | R-10. |
| 48. | Hammâm Derb el-Gammâmyz. | حمّام درب الجمّاميز | R-10. |
| 49. | Okâlt el-Farrâyyn. | وكالة الفرايين | R-10. |
| 50. | Derb el-Gammâmyz. | درب الجمّاميز | R-10. |
| 51. | Hasan kâchef. | حسن كاشف | R-10. |
| 52. | Hoch Ibrâhym bey. | حوش ابراهيم بيه | R-10. |
| 53. | Zâouyet el-Ghourabeh. | زاوية الغُربه | R-10. |
| 54. | Gâma' Bachtak. | جامع بشتك | R-10. |
| 55. | A'tfet Moustafä bey. | عطفة مصطفى بيه | R-11. |
| 56. | A'tfet el-Geridly. | عطفة الجردلى | Q-R-10. |
| 57. | A'tfet el-Samak. | عطفة السمك | Q-10. |
| 58. | Hârt el-Nasârah, *chrétiens.* | حارة النصارَه | Q-10. |
| 59. | *Ouvrages en soie, en koreych.* | شغل كُريشه حرير | Q-10. |
| 60. | A'tfet Derb el-Hagar. | عطفة درب الحَجَر | Q-11. |
| 61. | A'tfet el-Oustâ. | عطفة الاوسطا | Q-10. |

| NUMÉROS gravés SUR LE PLAN. | LISTE DES NOMS DES LIEUX, RUES, PLACES, MONUMENS. | | CARREAUX. |
|---|---|---|---|
| 62. | A'tfet Rouzq Allah. | عطفة زرق الله | Q-10. |
| 63. | Khalyg Hârt el-Nasârah. | خليج حارة النصارة | Q-10. |
| 64. | Beyt Ibrâhym Kykhyeh. | بيت ابراهيم كيخيه | Q-10. |
| 65. | Beyt Sâleh bey. | بيت صالح بيه | Q-10. |
| 66. | El-Habbânyeh. | الحبّانيه | Q-10. |
| 67. | A'tfet el-Bazbouz. | عطفة البَزبوز | Q-10. |
| 68. | A'tfet el-cheykh Khalef. | عطفة الشيخ خلف | Q-10. |
| 69. | Qantarat Sounqor. | قنطرة سُنقُر | P-10. |
| 70. | Hammâm Sounqor. | حمّام سُنقُر | P-10. |
| 71. | Derb el-Hagar. | درب الحجر | P-10. |
| 72. | Sibyl A'ly aghâ. | سبيل على اغا | P-11. |
| 73. | Gâma' A'ly aghâ. | جامع على اغا | P-11. |
| 74. | A'tfet el-Seyd Ibrâhym el-Sârem. | عطفة السيد ابراهيم الصارم | P-10. |
| 75. | Zâouyet el-Seyd Ibrâhym el-Sârem. | زاوية السيد ابراهيم الصارم | P-10. |
| 76. | Derb el-Bagamoun. | درب البجمون | P-10. |
| 77. | Okâlt el-Khelouety. | وكالة الخلوتى | P-10. |
| 78. | Sibyl el-Khelouety. | سبيل الخلوتى | P-10. |
| 79. | Gâma' el-Khelouety. | جامع الخلوتى | P-10. |

| NUMÉROS gravés SUR LE PLAN. | LISTE DES NOMS DES LIEUX, RUES, PLACES, MONUMENS. | | CARREAUX |
|---|---|---|---|
| 80. | Sekket el-Khelouety. | سكة الخلوتى | O-P-10. |
| 81. | A'tfet el-Moqaddem. | عطفة المقدم | P-10. |
| 82. | A'tfet Sitty Mar Habeh. | عطفة ستى مرحبه | P-10. |
| 83. | El-Cheykhah Sitty Mar Habeh. | الشيخه ستى مرحبه | P-10. |
| 84. | A'tfet el-cheykh Moubârek. | عطفة الشيخ مبارك | O-P-10. |
| 85. | Gâma' el-Qemry. | جامع القمرى | O-10. |
| 86. | Derb el-Melâqfyeh. | درب الملاقفيه | O-10-11. |
| 87. | A'tfet el-Melâqfyeh. | عطفة الملاقفيه | O-11. |
| 88. | A'tfet el-Balâtah. | عطفة البلاطه | O-10. |
| 89. | Chaq el-Ta'bân. | شق التعبان | O-10. |
| 90. | Khalyg el-Khelouety. | خليج الخلوتى | P-10. |
| 91. | Beyt A'bdyn bey. | بيت عبدين بيه | O-10. |
| 92. | Gâma' A'bd el-Rahman Kykhyeh. | جامع عبد الرحمن كيخيه | O-10. |
| 93. | A'tfet el-Roubât. | عطفة الرباط | O-10. |
| 94. | *Dépendant du quartier dit* el-Hanafy. | الحنفى | U-11. |
| 95. | Beyt Solymân bey. | بيت سليمان بيه | U-12. |
| 96. | Souq el-Kebyr. | سوق الكبير | U-12. |
| 97. | Sibyl O'smân bey. | سبيل عثمان بيه | U-11. |

| NUMÉROS gravés SUR LE PLAN. | LISTE DES NOMS DES LIEUX, RUES, PLACES, MONUMENS. | | CARREAUX. |
|---|---|---|---|
| 98. | Zâouyet el-Kykhyeh. | زاوية الكيخيه | U-11. |
| 99. | Hammâm Qanâter el-Sebâa'. | حمّام قناطر السباع | U-12. |
| 100. | Derb el-Chams. | درب الشمس | T-11. |
| 101. | Sekket el-Syrgeh. | سكة السيرجه | U-11-12. |
| 102. | Derb el-Khaouâgeh. | درب الخواجه | T-U-11-12. |
| 103 | A'tfet el-Gamel. | عطفة الجمل | T-12. |
| 104. | Gâma' el-Bahloul. | جامع البهلول | T-11. |
| 105. | Qantarat el-A'marcheh. | قنطرة عمرشه | T-11. |
| 106. | Zâouyet Abou Koullech *ou* Koulles | زاوية ابو كلش | T-11. |
| 107. | El-A'marcheh. | العمرشه | T-11-12. |
| 108. | Gâma' Gheytâs. | جامع غيطاس | T-11. |
| 109. | A'tfet Marzouq. | عطفة مرزوق | T-11. |
| 110. | Gâma' Dâoud bâchâ. | جامع داود باشا | S-12. |
| 111. | A'tfet el-Rouzmângy *ou* Rouz nâmgy. | عطفة الروزمانجى او روزنامجى | S-11. |
| 112. | Zâouyet el-Mahtiseb. | زاوية المحتسب | S-11. |
| 113. | A'tfet el-Mahtiseb. | عطفة المحتسب | S-11. |
| 114. | *Tisserands.* | القزازين | S-12. |
| 115. | Souq Allâleh. | سوق اللا له | T-12. |

| NUMÉROS graves SUR LE PLAN. | LISTE DES NOMS DES LIEUX, RUES, PLACES, MONUMENS. | | CARREAUX. |
|---|---|---|---|
| 116. | Beyt Selym bey Abou Dyàb. | بيت سليم بيه ابو دياب | S-12. |
| 117. | A'tfet el-Abâzah. | عطفة اباظه | S-11. |
| 118. | Hàrt el-Hanafy. | حارة الحنفى | R-12. |
| 119. | Gàma' el-Oyàtem. | جامع الوياتم | R-11. |
| 120. | Sibyl Gâma' el-Hanafy. | سبيل جامع الحنفى | R-12. |
| 121. | Gàma' el-Hanafy. | جامع الحنفى | R-11. |
| 122. | A'tfet Abou Tabaq. | عطفة ابو طبق | R-11. |
| 123. | Gâma' el-cheykh Derys. | جامع الشيخ دريس | R-11. |
| 124. | *Porte de quartier.* | | R-11. |
| 125. | A'tfet Khalyl Tyneh. | عطفة خليل تينه | R-11. |
| 126. | A'tfet Souq Meskeh. | عطفة سوق مسكه | R-11-12. |
| 127. | Souq Meskeh. | سوق مسكه | Q-R-11. |
| 128. | Souq Meskeh. | سوق مسكه | Q-11. |
| 129. | Okâlt el-Feràkh. | وكالة لفراخ | Q-11. |
| 130. | Sekket Souq el-Meskeh. | سكة سوق المسكه | Q-11. |
| 131. | Gàma' Meskeh. | جامع مسكه | Q-11. |
| 132. | Souq el-Sabbâa'yn. | سوق السّباعين | Q-11. |
| 133. | Ma'mal Khall. | معمل خَلّ | Q-11. |

| NUMÉROS gravés SUR LE PLAN. | LISTE DES NOMS DES LIEUX, RUES, PLACES, MONUMENS. | | CARREAUX. |
|---|---|---|---|
| 134. | Derb Heydar. | درب حيضر | Q-11. |
| 135. | Zâouyet el-Toukhy. | زاوية الطوخى | Q-11. |
| 136. | Beyt Moustafa aghâ. | بيت مصطفى اغا | P-11. |
| 137. | Souq el-Samak. | سوق السمك | Q-11. |
| 138. | Hârt el-A'bdyn. | حارة العَبدين | O-P-11. |
| 139. | Zâouyet el-Baroumany. | زاوية البرومنى | P-11. |
| 140. | Sekket el-Zyr el-Ma'laq. | سكة الزير المعلق | O-11. |
| 141. | Beyt Ayoub bey el-Soghayr. | بيت ايوب بيه الصغير | P-11. |
| 142. | Beyt Marzouq bey. | بيت مرزوق بيه | O-11. |
| 143. | Gâma' A'bd el-Rahman Kykhyeh. | جامع عبد الرحمن كيخيه | O-11. |
| 144. | Derb Kamouneh. | درب كمونه | O-11. |
| 145. | Beyt Mohammed bey el-Mabdoud. | بيت محمد بيه المبدود | O-11. |
| 146. | Gâma' Mohammed bey. | جامع محمد بيه | O-11. |
| 147. | Zâouyet el-Moqaddem. | زاوية المُقَدّم | O-11. |
| 148. | Gâma' A'bdyn bey. | جامع عبدين بيه | O-11. |
| 149. | Beyt A'bdyn bey. | بيت عبدين بيه | O-11. |
| 150. | Birket el-Farrâyn. | بركة الفراين | N-12. |
| 151. | Bâb Kharâbt Ayoub bey. | باب خرابة ايوب بيه | X-11. |

| NUMÉROS gravés SUR LE PLAN. | LISTE DES NOMS DES LIEUX, RUES, PLACES, MONUMENS. | | CARREAUX |
|---|---|---|---|
| 152. | Birket el-Moullah.* | بركة الملّه | X-12. |
| 153. | Gheyt Solymân bey.* | غيط سليمان بيه | X-12. |
| 154. | Gheyt Ibrâhym bey.* | غيط ابراهيم بيه | X-12. |
| 155. | Cheykh Zennou.* | شيخ زنّو | Z-13. |
| 156. | Beyt Mourâd aghâ. | بيت مُراد اغا | V-12. |
| 157. | Beyt cheykh Sâdât. | بيت شيخ السادات | U-13. |
| 158. | Gâma' Sitty Zeyneb. | جامع ستى زينب | U-12. |
| 159. | Zâouyet el-A'trych. | زاوية العتريش | U-12. |
| 160. | Qanâter el-Sebâa'. | قناطر السباع | U-12. |
| 161 [1]. | Khalyg Qanâter el-Sebâa'. | خليج قناطر السباع | U-12-13. |
| 162. | Qanâter el-Sebâa'. | قناطر السباع | U-12-13. |
| 163. | Sibyl Haggâg. | سبيل حجّاج | U-12. |
| 164. | Gâma' el-Mahkameh. | جامع المحكمه | U-12. |
| 165. | El-Masbaghah. | المصبغه | U-12. |
| 166. | Syrgeh. | سيرجه | U-12. |
| 167. | Hammâm Marzouq. | حمّام مرزوق | ....... |
| 168. | Sibyl Abou Qouffeh. | سبيل ابو قُفّه | U-12. |

[1] Ce numéro a été omis sur le plan à côté du mot *Sebâa'*.

| NUMÉROS gravés sur le plan. | LISTE DES NOMS DES LIEUX, RUES, PLACES, MONUMENS. | | CARREAUX. |
|---|---|---|---|
| 169. | Derb el-Gedyd. | درب الجديد | U-12. |
| 170. | Gâma' Geneyd. | جامع جنيد | T-U-12. |
| 171. | Derb el-Bouchy. | درب البوشي | T-12. |
| 172. | *Quartier de l'Institut.* | | T-12. |
| 173. | Beyt Ibrâhym Kykhyeh el-Sennâry. | بيت ابراهيم كيخيه السناري | T-12. |
| 174. | Beyt Farag kâchef. | بيت فُرَج كاشف | T-13. |
| 175. | Beyt Hasan kâchef. | بيت حسن كاشف | T-13. |
| 176. | Beyt Solymân kâchef el-Bachaly. | بيت سليمان كاشف البشلي | T-12. |
| 177. | Hoch Abou el-Dahab. | حوش ابو الدهب | T-12. |
| 178. | Hammâm el-Gedyd. | حمّام الجديد | T-12. |
| 179. | Gâma' el-Kourdy. | جامع الكردى | T-12. |
| 180. | A'tfet el-Fourn. | عطفة الفُرن | S-12. |
| 181. | A'tfet Qaouâyr. | عطفة قوابر | S-13. |
| 182. | Gheyt Hasan aghâ. | غيط حسن اغا | S-12. |
| 183. | Manâkh el-Gemel. | مناخ الجمل | S-12. |
| 184. | Derb Abou'l-hâf. | درب ابو لحاف | S-12-13. |
| 185. | Derb Balbouleh. | درب بلبوله | S-12-13. |

| NUMEROS gravés SUR LE PLAN. | LISTE DES NOMS DES LIEUX, RUES, PLACES, MONUMENS. | | CARREAUX. |
|---|---|---|---|
| 186. | Sibyl el-Tanbourgy. | سبيل الطنبورجى | S. 12. |
| 187. | Derb el-Qouroudy. | درب القرودى | R-12. |
| 188. | A'tfet Solymân aghâ. | عطفة سليمان اغا | R-12. |
| 189 | A'tfet el-Taouâb. | عطفة الطواب | R-12. |
| 190. | Derb el-Zofeyty. | درب الزفيتى | R-12. |
| 191. | Derb el-Ma'âzeh. | درب المعازه | R-12. |
| 192. | Gâma' el-Isma'yny. | جامع الاسمعينى | R-13. |
| 193. | Bâb Gheyt el-Remmeh. | باب غيط الرمه | R-13 |
| 194. | Sekket el-Isma'yny. | سكة الاسمعينى | R-12. |
| 195. | A'tfet el-Mezeyyn. | سكة المزين | R-12. |
| 196. | A'tfet el-Bourady | عطفة البردى | R-12. |
| 197. | A'tfet el-Maouâchit. | عطفة المواشط | R-12. |
| 198 | Syrgeh. | سيرجه | R-12. |
| 199. | *Tisserands.* | القزازين | R-12. |
| 200. | Beyt Moustafâ Odabâchy. | بيت مصطفى اوضباشى | R-12. |
| 201. | Derb Abou el-Lyf. | درب ابو الليف | Q-R-12. |
| 202. | A'tfet Mechmech. | عطفة مشمش | Q-12. |
| 203. | Khoukhat Sa'dân. | خوخة سعدان | Q-13. |

| NUMÉROS gravés SUR LE PLAN. | LISTE DES NOMS DES LIEUX, RUES, PLACES, MONUMENS. | | CARREAUX. |
|---|---|---|---|
| 204. | Zâouyet el-Moqdem. | زاوية المقدم | Q-13. |
| 205. | El-Saqqâyn. | السقايين | Q-13. |
| 206. | Souq el-Gelleh. | سوق الجلّه | Q-12. |
| 207. | Derb el-Syrgeh. | درب السيرجه | Q-12. |
| 208. | Syrgeh. | سيرجه | Q-12. |
| 209. | Derb el-A'ggâneh. | درب العجّانه | Q-12. |
| 210. | Hârt el-Nasârah. | حارة النصاره | P-Q-12. |
| 211. | Derb el-Semmân. | درب السمن | Q-12. |
| 212. | Hârt el-Saqqâyn. | حارة السقايين | P-13. |
| 213. | Syrgeh. | سيرجه | Q-12. |
| 214. | Zâouyet Abou-Tabl. | زاوية ابو طبل | Q-13. |
| 215. | El-A'ggâneh. | العَجّانه | Q-12. |
| 216. | *Puits.* | | Q-12. |
| 217. | Gâma' Hârt el-Saqqâyn. | جامع حارة السقايين | Q-12. |
| 218. | Derb el-Meydâ. | درب الميضا | P-12. |
| 219. | Derb el-Hammâm. | درب الحمّام | P-Q-12. |
| 220. | Souq el-Qerab. | سوق القرَب | Q-13. |
| 221. | A'tfet el-Dourah. | عطفة الدورَه | P-13. |

| NUMÉROS gravés SUR LE PLAN | LISTE DES NOMS DES LIEUX, RUES, PLACES, MONUMENS. | | CARREAUX. |
|---|---|---|---|
| 222. | Beyt el-Ma'llem Malaty. | بيت المعلم ملطى | P-12. |
| 223. | Beyt Ayoub bey el-Soghayr. | بيت ايوب بيه الصغير | P-12. |
| 224 | Birket el-Damâlcheh. | بركة الدمالشه | P-12. |
| 225. | El-Damâlcheh. | الدمالشه | P-12. |
| 226. | Hârt el-Saqqâyn. | حارة السقايين | P-13. |
| 227. | Sekket el-Damâlcheh. | سكة الدمالشه | P-12. |
| 228. | Gâma' el-Koureydy. | جامع الكريدى | O-12. |
| 229. | A'tfet el-Koureydy. | عطفة الكريدى | O 12. |
| 230. | Zâouyet Seyd el-Bahloul. | زاوية سيد البهلول | O-12. |
| 231. | El-Zyr el-Ma'laq. | الزير المعلق | O-12. |
| 232. | Beyt el-cheykh Solymân el-Fayoumy. | بيت الشيخ سليمان الفيومى | O-12. |
| 233. | *Jardins, vergers.* | | O-12. |
| 234. | Derb el-Gedyd. | درب الجديد | O-12. |
| 235. | Bâb el-Baghâleh. | باب البغاله | X-13. |
| 236. | Gâma' E'z el-Dyn. | جامع عز الدين | X-13. |
| 237. | Derb el-Madbah. | درب المدبح | V-14. |
| 238. | Bâb el-Seyd. | باب السيد | X-13. |
| 239. | Derb el-Baghâleh. | درب البغاله | V-13. |

| NUMÉROS gravés SUR LE PLAN. | LISTE DES NOMS DES LIEUX, RUES, PLACES, MONUMENS. | | CARREAUX. |
|---|---|---|---|
| 240. | Derb el-Bahlaouân. | درب البهلوان | V-13. |
| 241. | Hârt el-Seyd. | حارة السيد | V-13. |
| 242. | Derb el-Qamhy. | درب القمحى | V-13. |
| 243. | Okâlt el-Ferâkh. | وكالة الفراخ | V-13. |
| 244. | Derb Chekanbeh. | درب شكنبه | V-13. |
| 245. | Gâma' el-Roukhâm Moustafâ aghâ. | جامع الرُخام مُصطفى اغا | V-13. |
| 246. | Sekket Sitty Zeyneb. | سكة ستى زينب | U-V-13. |
| 247. | A'tfet el-Chenâgreh. | عطفة الشناجره | U-13. |
| 248. | A'tfet Sitty Zeyneb. | عطفة ستى زينب | U-14. |
| 249. | Gâma' el-Rousân. | جامع الرُصان | U-13. |
| 250. | Khalyg Qanâter el-Sebâa'. * | خليج قناطر السباع | U-13. |
| 251. | Sibyl Ibrâhym Châouych. | سبيل ابراهيم شاويش | U-13. |
| 252. | *Quartier dit* Qanâter el-Sebâa'. | قناطر السباع | U-13. |
| 253. | Beyt Qâsim bey. | بيت قاسم بيه | T-13. |
| 254. | Bâb Gheyt el-bâchâ. | باب غيط الباشا | T-13. |
| 255. | *Ménagerie.* | | T-13. |
| 256. | Châra' Qâsim bey. | شارع قاسم بيه | T-13. |
| 257. | Derb el-Syâs. | درب السياس | S 13. |

| NUMÉROS gravés SUR LE PLAN. | LISTE DES NOMS DES LIEUX, RUES, PLACES, MONUMENS. | | CARREAUX. |
|---|---|---|---|
| 258. | Gâma' Abou Elyous. | جامع ابو اليوس | S-13. |
| 259. | El-Nâsryeh. | الناصريه | S-13. |
| 260. | Cheykh Ka'b el-Ahbâr. | شيخ كعب الاحبار | S-13. |
| 261. | Derb el-Sa'âydeh. | درب الصعايده | S-13. |
| 262. | Hammâm el-Khourbatly. | حمّام الخُربطلى | S-13 |
| 263 [1]. | Gâma' Emyr Khour. | جامع امير خور | S-13. |
| 264. | Derb el-Bendouq. | درب البندُق | S-13. |
| 265. | Bâb el-Nasryeh. | باب النصريه | R-13. |
| 266. | Birket Sitty Nasrah *ou* el-Saqqâyn. | بركة ستى نصره او السقايين | Q-13. |
| 267. | Okâlt E'mâd el-Dyn. | وكالة عماد الدّين | Q-13. |
| 268. | A'tfet el-Khoueleh. | عطفة الخوله | P-13. |
| 269. | Bâb el-cheykh Ryhân. | باب الشيخ ريحان | P-13. |
| 270. | Gâma' E'mâd el-Dyn. | جامع عماد الدّين | P-13. |
| 271. | El-cheykh Ryhân. | الشيخ ريحان | P-13. |
| 272. | Kafr el-cheykh Ryhân. | كفر الشيخ ريحان | P-13. |
| 273. | Souq el-Hemyr. | سوق الحمير | P-13. |
| 274. | Beyt O'smân bey el-Tanbourgy. | بيت عثمان بيه الطنبورجى | O-13. |

[1] Cette position paraît répondre à Gâma' Nasryeh, dont le nom est omis sur les plans.

| NUMÉROS gravés sur le plan. | LISTE DES NOMS DES LIEUX, RUES, PLACES, MONUMENS. | | CARREAUX. |
|---|---|---|---|
| 275. | *Vignes, dattiers.* | | O-13. |
| 276. | Gheyt el-E'ddeh. | غيط العدّه | O 13. |
| 277 | Gheyt el-Damâlcheh. | غيط الدمالشه | O-P-13. |
| 278. | Qantarat el-Gyr. * | قنطرة الجير | Y-14. |
| 279. | Gheyt O'mar kâchef. * | غيط عُمَر كاشف | V-14. |
| 280. | Kkalyg el-Maouardy. * | خليج المَوَردى | V-14. |
| 281. | Gheyt el-Gouhargyeh. * | غيط الجوهَرجيه | U-14. |
| 282. | Gheyt Ibrâhym Châouych. * | غيط ابراهيم شاويش | T-U-14-15. |
| 283. | *Fort de l'Institut.* * | | T-15. |
| 284. | Sekket Gheyt el-bâchâ. * | سكة غيط الباشا | T-14. |
| 285 | Gheyt Qâsim bey. * | غيط قاسم بيه | S-14. |
| 286. | Qasr el-Bendouq. * | قصر البُندُق | S-15. |
| 287. | Birket Abou el-Châmât. * | بركة ابو الشامات | S-15. |
| 288. | Gheyt el-A'bâsè. * | غيط العباسى | Q-14. |
| 289. | Gheyt Abou Châmât. * | غيط ابو شامات | P-Q-14. |
| 290. | El-cheykh A'bd-allah. * | الشيخ عبد الله | P-14. |
| 291. | Tell el-Sebâkh. * | تل السباخ | P-14. |
| 292. | Okâlt el-Ferâkh. * | وكالة الفراخ | O-13. |

| NUMÉROS gravés SUR LE PLAN | LISTE DES NOMS DES LIEUX, RUES, PLACES, MONUMENS. | | CARREAUX. |
|---|---|---|---|
| 293 [1]. | Khalyg A'marcheh. | خليج عمرشه | S-11. |

## IVe SECTION.

| | | | |
|---|---|---|---|
| 1. | Sekket Derb el-Fouâkhyr. | سكة درب الفواخير | N-O-9. |
| 2. | Sekket el-Hyn. | سكة الحين | N—9. |
| 3. | Khalyg Moustafä bey. | خليج مصطفى بيه | N-O-9. |
| 4. | Sekket Khalyg Moustafä bey. | سكة خليج مصطفى بيه | N-O-9. |
| 5. | Derb Qarâ A'ly. | درب قرا على | N-10. |
| 6. | Sekket el-Rahabeh. | سكة الرَحَبه | O-10. |
| 7. | Beyt Moustafä bey. | بيت مصطفى بيه | N—9. |
| 8. | A'tfet Abou Dera'. | عطفة ابو درع | N-10. |
| 9. | Derb el-Taouâb. | درب الطواب | N—9. |
| 10. | A'tfet el-Syrgeh. | عطفة السيرجه | N—9. |
| 11. | Gâma' el-Hyn. | جامع الحين | N—9. |
| 12. | Derb Abou Dera'. | درب ابو درع | N-10. |
| 13. | A'tfet el-Moqaddem. | عطفة المُقَدّم | N-10. |
| 14. | Souq Bâb el-Kharq. | سوق باب الخرق | N-10. |
| 15. | Qantarat Bâb el-Kharq. | قنطرة باب الخرق | M—9. |

[1] Ce numéro a été omis à côté du mot.

| NUMÉROS gravés sur le plan. | LISTE DES NOMS DES LIEUX, RUES, PLACES, MONUMENS. | | CARREAUX. |
|---|---|---|---|
| 16. | Bâb el-Kharq. | باب الخرق | M—9. |
| 17. | Hammâm el-Bâroudyeh. | حمّام الباروديه | N-10. |
| 18. | Gabbâseh, *four à plâtre.* | جباسه | M—9. |
| 19. | Okâlt el-Bâroudyeh. | وكالة الباروديه | N—9. |
| v° 20. | A'tfet el-Meydah. | عطفة الميضة | M—9. |
| 21. | Gâma' Eskander. | جامع اسكندر | M—9. |
| 22. | Senkary, *marché de ferblanterie.* | سنكرى | M—9. |
| 23. | Koum el-Saydeh. | كوم السيلك | M—9. |
| 24. | Okâlt el-Moqachâtyeh. | وكالة المقشاتيه | M—9. |
| 25. | Sibyl Eskander. | سبيل اسكندر | M—9. |
| 26. | Taht el-Rob'. | تحت الربع | M—9. |
| 27. | El-Haddâdyn. | الحدادين | M—9. |
| 28. | Okâlt el-Nahhâsyn. | وكالة النحاسين | M—8. |
| 29. | Beyt Ahmed Châouych el-Magnoun. | بيت احمد شاويش المجنون | M—9. |
| 30. | Sekket Khalyg el-Merakham. | سكة الخليج المرخم | L—9. |
| 31. | Gheyt Yahyä Tcheleby. | غيط يحيى چلبى | M—9. |
| v° 32. | Khalyg el-Merakham. | خليج المرّخم | M—9. |
| 33. | Sibyl el-Merakham. | سبيل المرخم | L—9. |

| NUMÉROS gravés SUR LE PLAN. | LISTE DES NOMS DES LIEUX, RUES, PLACES, MONUMENS. | | CARREAUX |
|---|---|---|---|
| 34. | Sekket el-Qantarah. | سكة القنطره | L-9-10. |
| 35. | A'tfet el-E'nâbeh. | عطفة العنابه | L-10. |
| 36. | Gàma' el-emyr Hoseyn. | جامع الامير حُسين | L—9. |
| 37. | Hammâm el-Qazzâzyn. | حمّام القزازين | L—9. |
| 38. | Sibyl Yahyä kâchef Ibrâhym. | سبيل يحيى كاشف ابراهيم | O-10. |
| 39. | A'tfet el-Zayâtyn. | عطفة الزياتين | O-10. |
| 40. | Sekket el-Hod el-Makhreb. | سكة الحوض المخرب | N-O-10. |
| 41. | Zâouyet Moustafä aghâ. | زاوية مصطفى اغا | O-10 |
| 42. | Hârt el-Zayâtyn. | حارة الزياتين | N-10. |
| 43. | Hârt Safyeh. | حارة صَفيه | N-11. |
| 44. | Hârt el-Hammâm. | حارة الحمّام | N-10. |
| 45. | A'tfet Qouâdys. | عطفة قواديش | N-10. |
| 46. | A'tfet el-Mogharbelyn. | عطفة المغربلين | N-10. |
| 47. | A'tfet el-Dahdourah. | عطفة الضحصورَه | N-11. |
| 48. | Zâouyet el-cheykh Qouâdys. | زاوية الشيخ قواديس | N-11. |
| 49. | Bâb el-Kharq. | باب الحرق | N-10. |
| 50. | Beyt Moustafä Tcheleby Abou Diffyeh. | بيت مصطفى چلبى ابو دفيّه | N-10. |
| 51. | Zâouyet el-Nahâs. | زاوية النحاس | N-10. |

| NUMÉROS gravés SUR LE PLAN. | LISTE DES NOMS DES LIEUX, RUES, PLACES, MONUMENS. | | CARREAUX. |
|---|---|---|---|
| 52 [1]. | Beyt A'ly aghâ el-Ouâly. | بيت على اغا الوالى | N-10 |
| 53. | Gâma' el-Soultân chàh. | جامع السلطان شاه | N-10. |
| 54. | *Maison de M. Calvi, agent français.* | | N-10. |
| 55. | Beyt Mohammed aghâ el-Bâroudy. | بيت محمد اغا البارودى | N-10. |
| 56. | Gheyt el-E'ddeh. | غيطا لعدّه | L-M-10. |
| 57. | Zâouyet Sy Gouhar el-Meyny. | زاوية سى جوهر الميني | M-10. |
| 58. | *Teintures.* | | N-10. |
| 59. | A'tfet Ghazyq el-Zeyt. | عطفة غزيق الزيت | M-11. |
| 60. | Zâouyet Ghazyq el-Zeyt. | زاوية غزيق الزيت | M-11. |
| 61. | Hârt Gheyt el-E'ddeh. | حارة غيط العدّه | M-10. |
| 62. | Souq Qouâdys. | سوق قواديس | M-11. |
| 63. | Zâouyet el-cheykh Dourghâm. | زاوية الشيخ درغام | M-11. |
| 64. | Derb el-Soukkary. | درب السُكّرى | L-10. |
| 65. | Beyt Abou Chaouâreb. | بيت ابو شوارب | M-11. |
| 66 | Derb el-Ensâry. | درب النصارى | L-10. |
| 67. | Hammâm A'bdyn. | حمّام عبدين | O-11. |
| 68. | Sekket A'bdyn. | سكة عبدين | N-11. |

[1] Ce numéro aurait dû être placé à côté de 14.

| NUMÉROS gravés sur le plan. | LISTE DES NOMS DES LIEUX, RUES, PLACES, MONUMENS. | | CARREAUX |
|---|---|---|---|
| 69. | *Jardins et vergers.* | | N-11. |
| 70. | Beyt Rachouân bey. | بيت رشوان بيه | N-11. |
| 71. | A'tfet el-Tâhoun. | عطفة الطاحون | N-11. |
| 72. | Derb el-cheykh Qouâdys. | درب الشيخ قواديس | N-11. |
| 73. | Zâouyet el-Teymy. | زاوية التيمى | N-11. |
| 74. | A'tfet el-Eyraqân. | عطفة اليرقان | N-12. |
| 75. | Derb el-Hamâmsah. | درب الحمامصه | N-11. |
| 76. | Khokhat el-Fichâr. | خوخت الفشار | N-11. |
| 77. | Gâma' el-Gemmeyzeh. | جامع الجميزه | M-11. |
| 78. | Hammâm el-Gemmeyzeh. | حمّام الجميزه | M-11. |
| 79. | El-Hadarah. | الحضره | M-11. |
| 80. | Mâdnet el-Dyq. | مادنت الديق | M-11. |
| 81. | A'tfet el-Gemmeyzeh. | عطفة الجميزه | M-11-12. |
| 82. | Birket *ou* Gheyt Abou Chaouâreb. | بركة او غيط ابو شوارب | M-11. |
| 83. | Ma'mal Khall. | معمل خلّ | M-12. |
| VIe 84. | Gâma' Hammâd. | جامع حمّاد | M-12. |
| 85. | Sibyl Hammâd. | سبيل حمّاد | M-12. |
| 86. | Sekket Bâb el-Louq. | سكة باب اللوق | N-12. |

| NUMÉROS gravés SUR LE PLAN. | LISTE DES NOMS DES LIEUX, RUES, PLACES, MONUMENS. | | CARREAUX. |
|---|---|---|---|
| 87. | Beyt A'ly kâchef Ayoub bey. | بيت علي كاشف ايوب بيه | N-12. |
| 88. | Ma'sarah. | مَعصرَة | M-12. |
| 89. | Beyt Mohammed aghâ el-Khazendâr. | بيت محمد اغا الخزندار | N-13. |
| 90. | Beyt Gheytàs bey. | بيت غيطاس بيه | M-13. |
| 91. | Gâma' el-Barmachyeh. | جامع البرمشيه | N-13. |
| 92 | Zâouyet el-Sâe'y. | زاوية الساعي | M-13. |
| 93. | Derb el-Souâfeh. | درب الصوافه | M-13. |
| 94. | Zâouyet el-Sanâfyry. | زاوية الصنافيري | M-13. |
| 95. | Derb el-Heloueh. | درب الحلوه | M-13. |
| 96. | Zâouyet Sy Farag. | زاوية سي فَرَج | M-13. |
| 97. | Okâlt el-emyr. | وكالة الامير | N-13. |
| 98. | *Vergers.* | | N-13. |
| 99. | Gâma' el-Tabbâkh. | جامع الطبّاخ | N-13. |
| 100. | *Fabriques de za'bout.* | | M-13. |
| 101. | El-Souâfeh. | الصوافه | M-13. |
| 102. | Gâma' el-Batch. | جامع البطش | N-13. |
| 103. | Zâouyet A'bd el-A'zym. | زاوية عبد العظيم | N-14. |
| 104. | A'tfet el-Goufâr. | عطفة الجفار | N-13. |

| NUMÉROS gravés SUR LE PLAN. | LISTE DES NOMS DES LIEUX, RUES, PLACES, MONUMENS. | | CARREAUX. |
|---|---|---|---|
| 105. | Sekket el-cheykh Rybân. | سكة الشيخ ريحان | N-13. |
| 106. | Gâma' el-Koureydy. | جامع الكريدى | O-13. |
| 107. | A'tfet el-Gâma'. | عطفة الجامع | O-13. |
| 108. | El-Damâlcheh. | الدمالشه | O-14. |
| 109. | El-Belâqseh. | البلاقصه | O-14. |
| 110. | Bâb Souq el-Hemyr. | باب سوق الحمير | O-14. |
| 111. | Hoch el-Faggâleh. | حوش الفجاله | O-14. |
| 112. | Gâma' el-Qâsed. * | جامع القاصد | O-14. |
| 113. | El-cheykh A'bd el-Dâym. | الشيخ عبد الدايم | O-14. |
| 114. | *Tanneries.* | الدابغ | O-14. |
| 115. | Torbet el-Qâsed. * | تربت القاسد | N-16. |
| 116. | Bâb Torbet el-Qâsed. | باب تربت القاسد | N-14. |
| 117. | El-Hattâbeh. | الحطابه | N-14. |
| 118. | A'tfet el-Hekr. | عطفة الحكر | N-14. |
| 119. | Zâouyet Abou el-Sebâa'. | زاوية ابو السباع | N-14. |
| 120. | A'tfet Abou el-Sebâa'. | عطفة ابو السباع | M-14. |
| 121. | *Petite mosquée.* | | N-15. |
| 122. | A'tfet el-Machâcheh. | عطفة المشاشه | N-15. |

| NUMÉROS gravés sur le plan. | LISTE DES NOMS DES LIEUX, RUES, PLACES, MONUMENS. | | CARREAUX. |
|---|---|---|---|
| 123. | Souq el-Barsym. | سوق البرسيم | M-15. |
| 124. | Bàb el-Khokhat | باب الخوخة | N-15. |
| 125. | Gâmâ' Serkas *ou* Tcherkas. | جامع سرگص أو چرگص | M-15. |
| 126. | El-cheykh el-Zayât. | الشيخ الزيات | M-15. |
| 127. | El-Madâbegh. | المدابغ | N-15. |
| 128 | Khalyg el-Moghraby. * | خليج المغربى | N-M-16. |
| IV-V°. 129. | Zàouyet el-cheykh Batykhà. | زاوية الشيخ بطيخا | N-9. |

## V^e SECTION.

| | | | |
|---|---|---|---|
| 1[1]. | Hammâm Derb Sa'àdeh. | حمّام درب سعاده | M-9. |
| 2. | Mahkameh Bàb el-Kharq. | محكمة باب الخرق | M-9. |
| 3. | A'tfet Abou Girgeh. | عطفة ابو جرجه | M-9. |
| 4. | Beyt Isma'yl bey el-Soghayr. | بيت اسمعيل بيه الصغير | M-9. |
| 5. | Beyt Ayoub bey, *et fonderie d'argent*. | بيت ايوب بيه | M-8. |
| 6. | Sekket Bâb el-Kharq. | سكة باب الخرق | L-M-9 |
| 7. | A'tfet el-Damanhoury. | عطفة الدمنهورى | L-8-9 |
| 8. | Sibyl A'ly Ouaraq. | سبيل على ورق | L-9. |
| 9. | Matbakh A'sal el-Esoued. | مطبخ عسل الاسود | L-9. |

[1] *Voyez* VIII^e section, n°. 374.

| NUMÉROS gravés SUR LE PLAN. | LISTE DES NOMS DES LIEUX, RUES, PLACES, MONUMENS. | | CARREAUX. |
|---|---|---|---|
| 10. | Qantarat el-emyr Houseyn. | قنطرة الامير حسين | L—9. |
| 11. | Zâouyet Sy A'bbâsy. | زاوية سى عباسى | L—9. |
| 12. | Sekket el-Mousky. | سكة الهسكى | L—9. |
| 13. | Hammâm el-Kelâb. | حمّام الكلاب | L—9. |
| 14. | *Marché de beurre et fromage.* | | L—9. |
| 15. | Beyt Isma'yl Kykhyeh. | بيت اسمعيل كيخيه | L—9. |
| 16. | Gâma' el-Benât. | جامع البنات | L—9. |
| 17. | A'tfet Gâma' el-Benât. | عطفة جامع البنات | K—8. |
| 18. | Gâma' Semboughâ. | جامع سمبوغا | L—8. |
| 19. | Beyt Ahmed aghâ Choueykâr. | بيت احمد اغا شويكار | ........ |
| 20. | Gâma' Abou el-Fadl. | جامع ابو الفضل | L—8. |
| 21. | 18e *demi-brigade.* | | ........ |
| 22. | Beyt O'smân Châouych el-Magnoun. | بيت عثمان شاويش المجنون | ........ |
| 23. | Bâb el-Charm. | باب الشرم | K—6. |
| 24. | *Mosquée.* | | K—6. |
| 25. | Sekket el-Terbya'h. | سكة التربيعه | K—6 |
| 26. | El Terbya'h. | التربيعه | K—6. |
| 27. | Khân el-Hamzâouy. | خان الحمزاوي | K—7. |

| NUMEROS gravés SUR LE PLAN. | LISTE DES NOMS DES LIEUX, RUES, PLACES, MONUMENS. | | CARREAUX. |
|---|---|---|---|
| 28. | Khân el-Fasqyeh. | خان الفسقيه | K—6. |
| 29. | Zâouyet el-Terbya'h. | زاوية التربيعه | K—6. |
| 30. | El-Bendouqanyé. | البندقنيا | K—6. |
| 31. | Okâlt Qâdy el-Bohâr. | وكالة قاضى البهار | K—7. |
| 32. | Okâlt el-A'sal. | وكالة العسل | K—6. |
| 33. | Zâouyet el-Koreychy. | زاوية الكريشى | K—6. |
| 34. | Zâouyet el-Bendouqanyé. | زاوية البندقنيا | K—7. |
| 35. | Okâlt Abou Zeyt. | وكالة ابو زيت | I—6. |
| 36. | Chams el-Doleh. | شمس الدوله | I-6-7. |
| 37. | Hammâm el-Moqâsys. | حمام المقاصيص | I—6. |
| 38. | Matbakh el-A'sal el-Esoued. | مطبخ العسل الاسود | I—6. |
| 39. | Zâouyet el-cheykh el-Gouhary. | زاوية الشيخ الجوهرى | I—6. |
| 40. | Okâlt el-emyr. | وكالة الامير | I—6. |
| 41. | Okâlt A'qâch el-Soghayr. | وكالة عقاش الصغير | I—6. |
| 42. | Gâma' el-bey Mandor. | جامع البيه منضر | I—6. |
| 43. | Okâlt Mohammed el-Hemchary. | وكالة محمد الهمشرى | I—6. |
| 44. | Okâlt el-Moulleh *ou* el-Moqâsys. | وكالة الملّة او المقاصيص | I—7. |
| 45. | *Chaudronniers.* | النحاسين | I—6. |

| NUMÉROS gravés SUR LE PLAN. | LISTE DES NOMS DES LIEUX, RUES, PLACES, MONUMENS. | | CARREAUX. |
|---|---|---|---|
| 46. | *Orfèvres.* | الخطيب | I—6. |
| 47. | A'tfet el-Nahhâsyn, *rue des Chaudronniers.* | عطفة النحاسين | I—6. |
| 48. | El-Châghah. | الشاغة | I—6. |
| 49 | Sibyl A'qâch *et école.* | سبيل عقاش و كتاب | I—7. |
| 50. | Souq el-Khachab. | سوق الخشب | I—7. |
| 51. | Serr el-Mouristân. | سرّ المرستان | H—7. |
| 52. | El-Mouristân, *hôpital des fous.* | المرستان | H—6. |
| 53. | Khân A'qàch el-Koubârah. | خان عقاش الكباره | H—6 |
| 54. | *Emplacement des folles.* | | H—6. |
| 55. | *Emplacement des fous.* | | H—6. |
| 56. | *Malades.* | | H—6. |
| 57. | Okâlt el-Khatyb, *orfèvres.* | وكالة الخطيب | H—7. |
| 58 | Okâlt el-Nakhleh. | وكالة النخلة | H—7. |
| 59. | Sibyl Abou Tâqyeh. | سبيل ابو طاقيه | H—6. |
| 60. | A'tfet el-Barqouqyé. | عطفة البرقوقيا | H—6. |
| 61. | Sekket el-Mouristân. | سكة المرستان | H—7. |
| 62. | Okâlt el-Qanbour. | وكالة القنبور | H—7. |
| 63. | Gàma' el-Tâybyeh. | جامع الطايبيه | G—7. |

| NUMÉROS gravés sur le plan. | LISTE DES NOMS DES LIEUX, RUES, PLACES, MONUMENS. | | CARREAUX. |
|---|---|---|---|
| 64. | Gâma' el-Qarâfy. | جامع القرافى | G–6. |
| 65. | Okâlt A'yn el-Ghazâl. | وكالة عين الغزال | G–6. |
| 66. | El-Bergaouâm. | البرجوام | F–7. |
| 67. | Beyt el-cheykh el-Gouhary. | بيت الشيخ الجوهرى | G–6. |
| 68. | Zâouyet A'yn el-Ghazâl. | زاوية عين الغزال | G–6. |
| 69. | Zâouyet A'ly Châouych. | زاوية على شاويش | G–7. |
| 70. | A'tfet el-Ahmar. | عطفة الاحمر | G–6. |
| 71. | Zâouyet el-Bergaouâm. | زاوية البرجوام | G–6. |
| 72. | *Belles maisons de négocians.* | | G–6. |
| 73. | Gâma' Margouch. | جامع مرجوش | F–6. |
| 74. | Zâouyet el-cheykh Sa'yd. | زاوية الشيخ سعيد | F–6. |
| 75. | Gâma' el-Mouzheryeh. | جامع المزهريه | F–6. |
| 76. | Sibyl el-Mouzheryeh. | سبيل المزهريه | F–6. |
| 77. | *Teinture de soie et de coton.* | مصبغة حرير وقطن | F–6. |
| 78. | El-Margouch. | المرجوش | F–6. |
| 79. | Matbakh A'sel el-Esoued. | مطبخ عسل الاسود | F–6. |
| 80. | Okâlt el-Khaouâgeh. | وكالة الخواجه | F–6. |
| 81. | *Lieux où l'on comprime les toiles de lin.* | | F–6. |

| NUMÉROS gravés SUR LE PLAN. | LISTE DES NOMS DES LIEUX, RUES, PLACES, MONUMENS. | | CARREAUX. |
|---|---|---|---|
| 82. | Okâlt el-Galfyeh. | وكالة الجلفية | F–6. |
| 83. | Derb el-Ouaraqah. | درب الورقه | F–6. |
| 84. | A'tfet Ahmed Houseyn. | عطفة احمد حسين | F–6. |
| 85. | A'tfet Margouch. | عطفة مرجوش | F–6. |
| 86. | Sibyl el-Debânch. | سبيل الدبانه | F–6. |
| 87. | A'tfet el-Arba'yn. | عطفة الاربعين | F–7. |
| 88. | Sekket el-Ghamry. | سكة الغمرى | F–7. |
| 89. | Okâlt Hasan Mahsen. | وكالة حسن محسن | F–7. |
| 90. | *Teintures d'indigo.* | | F–7. |
| 91. | Sekket Beyn el-Syârig. | سكة بين السارج | E-6-7. |
| 92. | Gâma' el-Boulqeyny. | جامع البُلقينى | E–6. |
| 93. | Sibyl el-Boulqeyny. | سبيل البلقينى | E–6. |
| 94. | Zâouyet el-cheykh Ahmed Yousef. | زاوية الشيخ احمد يوسف | E–6. |
| 95. | Souq el-Haddâdyn. | سوق الحدادين | E-F-6. |
| 96. | Sekket Bâb el-Foutouh. | سكة باب الفتوح | E–6. |
| 97. | Hârt el-Moghârbeh. | حارة المغاربه | E–6. |
| 98. | Hârt Bâb el-Ghadr. | حارة باب الغَدر | E–6. |
| 99. | Zâouyet el-cheykh Ouâly el-Dyn. | زاوية الشيخ والى الدين | L–7. |

| NUMÉROS gravés SUR LE PLAN. | LISTE DES NOMS DES LIEUX, RUES, PLACES, MONUMENS. | | CARREAUX. |
|---|---|---|---|
| 100. | A'tfet el-Boulqeyny. | عطفة البلقيني | E-6-7. |
| 101. | Gâma' el-Moghârbeh. | جامع المغاربه | E—6. |
| 102. | Bâb el-Foutouh. | باب الفتوح | E—6. |
| 103. | Hamzâouy el-Soghayr. | حمزاوى الصغير | K—7. |
| 104. | Zâouyet el-Arba'yn. | زاوية الاربعين | I—7. |
| 105. | *Teintures de châles de soie.* | مصبغة شيلان الحرير | K—7. |
| 106. | Masbaghat el-Haryr. | مصبغة الحرير | K—7. |
| 107. | A'tfet el-Kenyseh. | عطفة الكنيسه | K—7. |
| 108. | A'tfet el-Hommousy. | عطفة الحمصى | K—7. |
| 109. | Okâlt el-Basal. | وكالة البصل | K—7. |
| 110. | Sekket Beybars. | سكة بيبرس | K—7. |
| 111. | Gâma' el-Hatabyeh. | جامع الحطبيه | K—7. |
| 112. | Okâlt el-Mesadder. | وكالة المسدر | K—7. |
| 113. | El-Leboudyeh. | اللبودية | K—8. |
| 114. | A'tfet el-Malt. | عطفة الملط | K—7. |
| 115. | Zâouyet el-Ghourabyeh. | زاوية الغربيه | K—7. |
| 116. | Sekket el-Hamzâouy. | سكة الحمزاوى | K—7. |
| 117. | Okâlt el-Gellâd. | وكالة الجلاد | K—7. |

| NUMÉROS gravés SUR LE PLAN. | LISTE DES NOMS DES LIEUX, RUES, PLACES, MONUMENS. | | CARREAUX. |
|---|---|---|---|
| 118. | El-Saba' Qâ'ât *et bain de ce nom.* | السبع قاعاةو حمام السبع قاعاة | K—7. |
| 119. | Okâlt el-Tourkmâny. | وكالة التركمانى | K—7. |
| 120. | Okâlt el-Menâyfeh. | وكالة المنايفه | K—7. |
| 121. | Okâlt el-Derys. | وكالة الدريس | K—7. |
| 122. | *Teintures de châles.* | | K—7 |
| 123. | Zâouyet el-cheykh Charaf el-Dyn. | زاوية الشيخ شرف الدين | K—7. |
| 124. | Okâlt el-A'ttâr. | وكالة العطار | K—7. |
| 125. | *Filatures de soie.* | نول | K—7. |
| 126. | A'tfet el-Leboudyeh. | عطفة اللبوديه | K—8. |
| 127. | Gâma' Hoch A'ycheh. | جامع حوش عيشه | I—7. |
| 128. | Hoch A'ycheh. | حوش عيشه | I—7. |
| 129. | Zâouyet Mohammed el-Hennâouy. | زاوية محمد الحناوى | I—7. |
| 130. | Souq el-Samak, *marché aux poissons.* | سوق السمك | I—7. |
| 131. | Okâlt Hasan Kykhyeh. | وكالة حسن كيخيه | I—7. |
| 132. | Okâlt el-Basnaouy. | وكالة البصنوى | I—7. |
| 133. | Okâlt el-Gaouâly. | وكالة الجوالى | I—7. |
| 134. | Okâlt el-emyr. | وكالة الامير | I—7. |

| NUMÉROS gravés sur le plan. | LISTE DES NOMS DES LIEUX, RUES, PLACES, MONUMENS. | | CARREAUX. |
|---|---|---|---|
| 135. | Hârt el-Yhoud, *quartier Juif.* | حارة اليهود | I—7. |
| 136. | Sibyl A'bd el-Rahmân Kykhych. | سبيل عبد الرحمان كيخيه | I—7. |
| 137 | Derb el-Masryyn. | درب المصريين | I—7. |
| 138. | Gâma' el-Gya'ânyn. | جامع الجيعانين | I—7. |
| 139. | El-Moqasys. | المقصيص | I—7. |
| 140. | Hoch el-Souf. | حوش الصوف | I—7. |
| 141. | Hoch el-Bichloumeh. | حوش البشلومه | I—7. |
| 142. | Sibyl A'bd el-Qâdr. | سبيل عبد القادر | I—7. |
| 143. | Hârt el-Seqâlbeh. | حارة السقالبه | H-J-7-8. |
| 144. | Derb el-Dahân. | درب الدهان | H—7. |
| 145 | Gâma' Barakât Qoromyt. | جامع بركات قُرميت | I—7. |
| 146. | *Marché.* | | H—7. |
| 147. | Hârt el-Qarrâyn. | حارة القرابين | H—7. |
| 148. | Derb el-Monsyr. | درب المصير | H—7. |
| 149. | A'tfet el-Fourn. | عطفة الفُرن | H—7. |
| 150. | Derb el-Hommousâuy. | درب الحُمصانى | H—7. |
| 151. | A'tfet el-Dahaby. | عطفة الدهبى | H—7. |
| 152. | A'tfet el-Geneyneh. | عطفة الجنينه | H—7. |

| NUMÉROS gravés SUR LE PLAN. | LISTE DES NOMS DES LIEUX, RUES, PLACES, MONUMENS. | | CARREAUX. |
|---|---|---|---|
| 153. | Derb el-Qadym. | درب القديم | H—7. |
| 154. | Derb el-Gezyreh. | درب الجزيره | H—8. |
| 155. | Derb el-Matbakh. | درب المطبخ | H—8. |
| 156. | *Masures.* | | H—8. |
| 157. | Derb el-Moghârbeh. | درب المغاربه | H—8. |
| 158. | A'tfet el-Gebâlyeh. | عطفة الجباليه | H—7. |
| 159. | A'tfet-el-Khammârah. | عطفة الخمارة | H—7. |
| 160 | *Limite du quartier Juif.* | | H—7. |
| 161 [1]. | Sekket el-Khorounfech. | سكة الخُرنفش | G-H-7. |
| 162. | Okâlt A'bdouh. | وكالة عبده | G—7. |
| 163. | Okâlt Yânsoun. | وكالة اليانسون | G—7. |
| 164. | El-Khorounfech. | الخُرنفش | G—7. |
| 165. | Matbakh A'raqy. | مطبخ عرقي | G—7. |
| 166. | Okâlt el-Sebahyeh. | وكالة السبحيه | G—7. |
| 167. | A'tfet el-Mokhouraq. | عطفة المخورق | G—7. |
| 168. | A'tfet qâdy el-Bohâr. | عطفة قاضي البُهار | G—7. |
| 169. | Sekket el-Cha'râouy. | سكة الشعراوي | G—7. |

[1] *Voyez* le n°. 314 de la VIIe section, G—6.

| NUMÉROS gravés SUR LE PLAN. | LISTE DES NOMS DES LIEUX, RUES, PLACES, MONUMENS. | | CARREAUX. |
|---|---|---|---|
| 170. | Gâma' el-Bastyeh. | جامع البصطيه | G—7. |
| 171. | Zâouyet el-cheykh Mohammed Goudeh. | زاوية الشيخ محمد جوده | G—7. |
| 172. | Sibyl el-Qabbâr. | سبيل القبّار | G—7. |
| 173. | Matbakh A'raqy. | مطبخ عرقي | G—7. |
| 174. | Beyt qâdy el-Bohâr. | بيت قاضى البهار | G—7. |
| 175. | A'tfet el-Roubât. | عطفة الروبات | F-7-8. |
| 176. | Beyt Qâyd aghâ. | بيت قايد اغا | G—7. |
| 177. | Hammâm el-Qouboutân. | حمّام القبطان | G—7. |
| 178. | A'tfet Qâyd aghâ. | عطفة قايد اغا | F-G-7. |
| 179. | *Belles maisons.* | | F—7. |
| 180. | *Maisons de négocians.* | | F—7. |
| 181. | Zâouyet el-Arba'yn. | زاوية الاربعين | F—7. |
| 182. | Doulâb el-Basmagyeh. | دولاب البصمجيه | F—7. |
| 183. | Sibyl el-Galfyeh. | سبيل الجلفيه | F—7. |
| 184. | A'tfet el-Chorbagy. | عطفة الشُربجى | F—7. |
| 185. | Hammâm Margouch. | حمّام مرجوش | F—7. |
| 186. | Okâlt Hasân. | وكالة حسان | F—7. |
| 187. | Okâlt el-Khattâm. | وكالة الختام | F—7. |

| NUMÉROS gravés SUR LE PLAN. | LISTE DES NOMS DES LIEUX, RUES, PLACES, MONUMENS. | | CARREAUX. |
|---|---|---|---|
| 188. | A'tfet el-Gouakhy. | عطفة الجوخى | F—7. |
| 189. | Okâlt el-Choueykh. | وكالة الشويخ | F—7. |
| 190. | Zâouyet Serâg el-Dyn. | زاوية سراج الدين | F—7. |
| 191. | Gâma' Choueykh. | جامع شويخ | F—8. |
| 192. | Okâlt Hasân. | وكالة حسان | F—7. |
| 193. | Sibyl el-Ghamry. | سبيل الغمرى | F—7. |
| 194 [1]. | A'tfet el-Ghamry. | عطفة الغمرى | F—7. |
| 195. | A'tfet el-Leben. | عطفة اللبن | F—7. |
| 196. | A'tfet el-Chemâly. | عطفة الشمالى | F—7. |
| 197. | Gâma' el-soultân el-Ghamry. | جامع السلطان الغمرى | F—7. |
| 198. | Okâlt el-Ghamry. | وكالة الغمرى | F—7. |
| 199. | Okâlt el-Saqâr. | وكالة الصقار | F—7. |
| 200. | A'tfet el-Fourn. | عطفة الفُرن | E—7. |
| 201. | Beyn el-Syârig. | بين السيارج | E—7. |
| 202. | *Teintures.* | | E—7. |
| 203. | A'tfet el-Qatyleh. | عطفة القتيله | E—7. |
| 204. | Derb el-Ferrâkhah. | درب الفرّاخه | E—7. |

[1] Il y a un autre n°. 194 dans l'intérieur de la ve section (*Gâma' el-Echrofyeh*), lequel appartient à la série de la VIIe.

| NUMÉROS gravés SUR LE PLAN. | LISTE DES NOMS DES LIEUX, RUES, PLACES, MONUMENS. | | CARREAUX. |
|---|---|---|---|
| 205. | Gâma' el-Madrafeh. | جامع المدرفه | E—8. |
| 206. | A'tfet el-Ferrâkhah. | عطفة الفَرّاخه | E-7-8. |
| 207. | A'tfet el-Hammâm. | عطفة الحمّام | E—7. |
| 208. | *Masures et décombres.* | | E—7. |
| 209. | Bâb el-Ghadr. | باب الغدر | E-6-7 |
| 210. | Hammâm el-Bâbeyn. | حمّام البابين | E—7. |
| 211. | A'tfet O'smân Châouych el-Magnoun. | عطفة عثمان شاويش المجنون | K—8. |
| 212. | A'tfet Sitty Beyram. | عطفة ستى بيرَم | K—8. |
| 213. | Beyt cheykh el-Hefnâouy. | بيت شيخ الحفناوى | K—9. |
| 214. | Gâma' cheykh el-Hefnâouy. | جامع الشيخ الحفناوى | K—9. |
| 215. | *Teintures.* | | K—9. |
| 216. | Gâma' el-Khâsyeh. | جامع الخاصيه | K—8. |
| 217. | Gâma' O'mâr. | جامع عمار | K—8. |
| 218. | Matbakh A'raqy. | مطبخ عرقى | K—9. |
| 219. | Beyt Bâch Châouych el-Ikhtyâr. | بيت باش شاويش الاختيار | K—9. |
| 220. | Sibyl ou Zâouyet el-Seyd Loutfy. | سبيل وزاوية السيد لُطفى | K—8 |
| 221. | Hammâm el-Gedyd. | حمّام الجديد | K—8 |

| NUMÉROS gravés SUR LE PLAN. | LISTE DES NOMS DES LIEUX, RUES, PLACES, MONUMENS. | | CARREAUX |
|---|---|---|---|
| 222. | Beyt A'ly kâchef Ayoub bey. | بيت على كاشف ايوب بيه | K-8. |
| 223. | Sekket el-Leboudyeh. | سكة اللبوديه | K-8-9. |
| 224. | Okâlt el-Qoubrousy. | وكالة القبرصى | K-9. |
| 225. | Gâma' el-Zeynyeh. | جامع الزينيه | K-9. |
| 226. | A'tfet el-Chichyny. | عطفة الششينى | I-K-8. |
| 227. | El-Saba' qâ'ât. | السبع قاعات | I-8. |
| 228. | Souq el-Khachab. | سوق الخشب | I-8. |
| 229. | A'tfet el-Hattâbeh. | عطفة الحطّابه | I-8. |
| 230. | Souq el-Mousky. | سوق الموسكى | I-9-8. |
| 231. | Gâma' el-Mourâdyé. | جامع المُراديا | I-9. |
| 232. | Bâb Beyn el-Nehdeyn. | باب بين النهدين | I-9. |
| 233. | Zâouyet el-cheykh el-Menâyyer. | زاوية الشيخ المنيّر | I-8. |
| 234. | Beyt Ibrâhym kâchef. | بيت ابراهيم كاشف | I-8. |
| 235 v°. | Qantarat el-Mousky. | قنطرة الموسكى | I-9. |
| 236. | Hammâm el-Mousky. | حمّام الموسكى | I-9. |
| 237. | Gâma' el-Moghârbeh. | جامع المغاربه | I-8. |
| 238. | Derb el-Tâhoun. | درب الطاحون | I-8. |
| 239. | Okâlt el-Senbel. | وكالة السنبل | I-8. |

| NUMÉROS gravés sur le plan. | LISTE DES NOMS DES LIEUX, RUES, PLACES, MONUMENS. | | CARREAUX. |
|---|---|---|---|
| 240. | Matbakh A'raqy. | مطبخ عرقي | I—8. |
| 241. | Zâouyet Abou Tâleb. | زاوية ابو طالب | I—8. |
| 242. | Sibyl el-Selgamyeh. | سبيل السلجميه | H—8. |
| 243. | Okâlt Solymân Châouych. | وكالة سليمان شاويش | I—8. |
| 244. | A'tfet Talm el-Tourah. | عطفة طلم الترة | I—8. |
| 245 | Derb el-Mouballat. | درب المبلّة | I—8. |
| 246. | Derb el-Modrâs. | درب المدراس | H—8. |
| 247. | Derb el-Tourkyeh. | درب التركيه | H—8. |
| 248. | Derb el-Oudâa'. | درب الوداع | H—8. |
| 249 | *Cafés.* | | H—8. |
| 250. | Beyn el-Soureyn. | بين الصورين | H—8. |
| 251. | Qâ'ât el-Faddah. | قاعاة الفضّه | H—8. |
| 252. | Derb el-Dourah. | درب الصورة | H—8. |
| 253. | Okâlt el-Yânsoun. | وكالة اليانسون | G—8. |
| 254. | Okâlt el-A'gâtyeh. | وكالة العاجاتيه | G—8. |
| 255. | Hammâm el-Yhoud. | حمّام اليهود | H—7. |
| 256. | Hârt el-Zoueyleh. | حارة الزويله | G—8. |
| 257. | Kenyset el-Qobt. | كنيسة القبط | G—8. |

| NUMÉROS gravés SUR LE PLAN. | LISTE DES NOMS DES LIEUX, RUES, PLACES, MONUMENS. | | CARREAUX. |
|---|---|---|---|
| 258. | *Rue très-étroite* [1]. | | H—8. |
| 259. | El-Masbaghat el-Soultâny. | المصبغة السلطانى | G—8. |
| 260 VI°. | Qantarat el-Gedyd. | قنطرة الجديد | G—8. |
| 261. | Sibyl el-Qeysarly. | سبيل القيسرلى | G—8. |
| 262. | A'tfet Rizq. | عطفة رزق | G—8. |
| 263. | Gâma' Mayâleh. | جامع مياله | G—8. |
| 264. | Hârt el-Cha'râouy. | حارة الشعراوى. | G—8. |
| 265. | Sekket el-Cha'râouy. | سكة الشعراوى | F-G-8. |
| 266. | Madfoun el-Cha'râouy. | مدفن الشعراوى | F—8. |
| 267. | *Teintures de coton.* | مصبغة القطن | F—8. |
| 268. | Hammâm Cha'râouy. | حمّام الشعراوى | F—8. |
| 269. | *Fabrique de vinaigre.* | معمل الخلّ | F—8. |
| 270. | Beyt cheykh el-Cha'râouy. | بيت الشيخ الشعراوى | F—8. |
| 271. | Zâouyet el-Cha'râouy. | زاوية الشعراوى | F—8. |
| 272. | Zâouyet el-cheykh A'sâfyr. | زاوية الشيخ عصافير | F—8. |
| 273. | Gâma' el-Cha'râouy. | جامع الشعراوى | F—8. |
| 274. | Sibyl el-Cha'râouy. | سبيل الشعراوى | F—8. |

[1] Elle est trop large sur le plan

| NUMÉROS gravés sur le plan. | LISTE DES NOMS DES LIEUX, RUES, PLACES, MONUMENS. | | CARREAUX. |
|---|---|---|---|
| 275. | Syrgeh, *ou fabrique d'huile.* | سيرجه | F—8. |
| 276. | A'tfet Choueykh. | عطفة شويخ | F—8. |
| 277. | Sibyl el-Selymânyeh. | سبيل السليمانيه | F—8. |
| 278. | Derb el-Madbah. | درب المَدبَح | F—8. |
| 279. | Sekket Meydân el-Qotn. | سكة ميدان القُطن | F—8. |
| 280. | Sibyl Bâb el-Hadyd. | سبيل باب الحديد | E-F-8. |
| 281. | Okâlt el-Ferâkh. | وكالة الفراخ | F—8. |
| 282. | Okâlt el-Hosr. | وكالة الحصر | E—8. |
| 283. | Souq el-Selymânyeh. | سوق السليمانيه | E-F-8. |
| 284. | Bâb el-Qous. | باب القوص | E—8. |
| 285. | Beyt A'ly kâchef. | بيت على كاشف | F—8. |
| 286. | Hammâm el-Kharrâtyn. | حمّام الخرّاطين | F—8. |
| 287. | Bâb el-Cha'ryeh. | باب الشَعريّه | F—9. |
| 288. | Gâma' el-A'zqalâny. | جامع العزقلانى | F—9. |
| 289 VI^e. | Okâlt el-Ferâkh. | وكالة الفراخ | F—9. |
| 290 VI^e. | Ma'mal el-Khal. | معمل الخل | F—9. |
| 291. | Okâlt el-Hagar Khân. | وكالة الحجر خان | E—8. |
| 292. | Derb Bâb el-Cha'ryeh. | درب باب الشعريه | E—9. |

| NUMÉROS gravés SUR LE PLAN. | LISTE DES NOMS DES LIEUX, RUES, PLACES, MONUMENS. | | CARREAUX. |
|---|---|---|---|
| 293. | Gabbâseh, *four à plâtre.* | جَبّاسه | E-8. |
| 294. | Bâb el-Hadyd Betâa' Bâb el-Cha'ryeh. | باب الحديد بتاع باب الشعريه | E-8. |
| 295. | Bâb el-Cha'ryeh. | باب الشعريه | E-8. |
| 296. | Zâouyet Hasân el-Demerdâchy. | زاوية حسن الدمرداشي | E-8. |
| 297. | Syrgeh, *ou fabrique d'huile.* | سيرجه | E-8. |
| 298. | Okâlt el-Ne'nâ'. | وكالة النعناع | E-8. |
| 299. | Matbakh A'raqy. | مطبخ عرقي | E-8. |
| 300. | Hoch Hasan el-Demerdâchy. | حوش حسن الدمرداشي | E-8. |
| 301. | Masbaghah, *teintures.* | مصبغة | E-8. |
| 302. | A'tfet el-Moustâhy. | عطفة المصطاحي | D-E-8. |
| 303. | Sibyl O'mâr kâchef. | سبيل عمار كاشف | E-8. |
| 304. | A'tfet Qourbâs. | عطفة قرباص | E-8. |
| 305. | Sekket Bâb el-Cha'ryeh. | سكة باب الشعريه | E-8. |
| 306. | A'tfet Zend el-Fyl. | عطفة زند الفيل | E-8. |
| 307. | Gâma' el-Mogharbel. | جامع المغربل | D-E-8. |
| 308. | Gâma' el-Mahkameh. | جامع المحكمه | E-8. |
| 309. | Okâlt el-Gellâbeh. | وكالة الجلابه | E-8. |
| 310. | Okâlt el-Mouzy. | وكالة الموزى | E-8. |

| NUMÉROS gravés sur le plan. | LISTE DES NOMS DES LIEUX, RUES, PLACES, MONUMENS. | | CARREAUX. |
|---|---|---|---|
| 311. | Okâlt el-Semsem. | وكالة السهسم | E—8. |
| 312. | Okâlt el-Gâmous. | وكالة الجاموس | E—8. |
| 313. | Derb el-Mahkameh. | درب المحكمه | E—8. |
| 314. | A'tfet el-Mestouqad. | عطفة المستوقد | E—8. |
| 315. | Okâlt el-Qamh. | وكالة القمح | E—8. |
| 316. | Gâma' omm el-A'ychy. | جامع ام العيشى | E—9. |
| 317. | *Masures.* | | D—9. |
| 318. | Hammâm el-Tanbaly. | حمّام الطنبلى | D—8. |
| 319. | Derb el-Eqmâa'yeh. | درب الاقماعيه | E—9. |
| 320. | A'tfet el-Mogharbel. | عطفة المغربل | E—9. |
| 321. | Zâouyet el-Mogharbel. | زاوية المغربل | E—9. |
| 322. | Derb Sy Madyan. | درب سي مدين | E—9. |
| 323. | Gâma' Sy Madyan. | جامع سى مدين | E—9. |
| 324. | Gâma' el-Zâhed. | جامع الزاهد | E-10. |
| 325. | Zâouyet el-cheykh A'bd el-Rahmân. | زاويـة الـشيخ عـبـد الرحمان | E—9. |
| 326. | Beyt Mohammed kâchef. | بـيت محمد كاشف | E-10. |
| 327. | A'tfet el-Qabâqyby. | عطفة القباقيبى | E—9. |
| 328. | El-Eqmâa'yeh. | الاقماعيه | E—9. |

| NUMÉROS gravés SUR LE PLAN. | LISTE DES NOMS DES LIEUX, RUES, PLACES, MONUMENS. | | CARREAUX. |
|---|---|---|---|
| 329. | Derb el-Sahryg. | درب السهريج | E—9. |
| 330. | Derb Rycheh. | درب ريشه | D-E-9. |
| 331. | A'tfet A'gouâ. | عطفة عجوا | D—9. |
| 332 | A'tfet el-Mobaraqa'â. | عطفة المبرقعا | E—9. |
| 333. | Gâma' el-Sotouhyeh. | جامع السطوحيه | E—5. |
| 334. | Sibyl Selym. | سبيل سليم | D-5-6. |
| 335. | *Teintures.* | | D—5. |
| 336. | A'tfet Selym. | عطفة سليم | C—5 |
| 337. | Sekket el-E'doumouyé. | سكة العدمويا | C—5. |
| 338. | Zâouyet el-Sârem. | زاوية الصارم | C—5. |
| 339. | Okâlt el-emyr. | وكالة الامير | C—5. |
| 340. | A'tfet Felâfel. | عطفة فلافل | C—5. |
| 341 | A'tfet Salâh. | عطفة صلاح | B—5. |
| 342. | El-Hasanyeh. | الحسنيه | B—5. |
| 343. | Gâma' el-Bayoumy. | جامع البيومى | B—5. |
| 344. | Souq el-Balah, *marché aux dattes.* | سوق البلح | B—5. |
| 345. | Derb el-Gemmeyzeh. | درب الجميزه | B—5. |
| 346. | Gâma' el-Kourdy. | جامع الكردى | A—5. |

| NUMÉROS gravés sur le plan. | LISTE DES NOMS DES LIEUX, RUES, PLACES, MONUMENS. | | CARREAUX. |
|---|---|---|---|
| 347. | Souq el-Kourdy. | سوق الكُردى | A—5. |
| 348. | Derb el-cheykh Qamar. * | درب الشيخ قمر | A—5. |
| 349. | Derb el-Sebâa'. * | درب السباع | B—6. |
| 350. | Derb el-Saouâby. | درب الصوابى | B—6. |
| 351. | Derb el-Samâkyn. | درب السماكين | D—6. |
| 352. | Souq el-Dayaq. | سوق الديق | D-E-5-6. |
| 353. | Gâma' el-Benhâouy. | جامع البنحاوى | D—6. |
| 354. | Derb el-Gourah. | درب الجوره | D-6-7. |
| 355. | Zâouyet el-Dahaby. | زاوية الدهبى | D—6. |
| 356. | Hammâm el-Dahaby. | حمّام الدهبى | D—6. |
| 357. | Sibyl el-Sâouy. | سبيل الصاوى | D—6. |
| 358. | Derb el-Hagourah. | درب الحجورة | D-6-7. |
| 359. | Derb el-Chorafeh. | درب الشرفه | D—6. |
| 360. | Zâouyet Abou Gebbeh. | زاوية ابو جبّه | D—6. |
| 361. | A'tfet el-Semn. | عطفة السمن | D—6. |
| 362. | *Fabrique d'étoffes.* | | C—6. |
| 363. | *Fabrique d'étoffes.* | | G—6. |
| 364. | Zâouyet Hoch el-Hommous. | زاوية حوش الحُمص | D—6. |

| NUMÉROS gravés SUR LE PLAN. | LISTE DES NOMS DES LIEUX, RUES, PLACES, MONUMENS. | | CARREAUX. |
|---|---|---|---|
| 365. | Hoch el-Hommous. | حوش الحمص | D—6. |
| 366. | Beyn el-Khoukh. | بين الخوخ | C—6. |
| 367. | A'tfet el-Ghannâgeh. | عطفة الغناجه | C—6. |
| 368. | El-Sâouâby. | الصاوابى | C—6. |
| 369. | A'tfet Zara' el-Naoué. | عطفة زرع النوا | C—6. |
| 370. | Okâlt el-Hemyr. | وكالة الحمير | G—6. |
| 371. | A'tfet Balâouy. | عطفة بلاوى | C—6. |
| 372. | Gâma' el-Sâouâby. | جامع الصاوابى | B-C-6. |
| 373. | Gheyt el-Taouyl. * | غيط الطويل | C-6-7. |
| 374. | Geneynet el-Ouâly. * | جنينة الوالى | B-C-6. |
| 375. | Gheyt Hasan bey el-Geddâouy. * | غيط حسن بيه الجداوى | B—6. |
| 376. | Gheyt el-Moulleh. * | غيط الملّه | A—6. |
| 377. | Gheyt el-Qouttâ. * | غيط القطّا | A—6. |
| 378. | Gâma' el-Dâher. (*Fort Shulkowski.*) * | جامع الظاهر | A 6-7. |
| 379. | Gâma' el-Châdlyeh. | جامع الشادليه | D-E-7. |
| 380. | Sibyl el-Soufâny. | سبيل الصوفانى | D—7. |
| 381. | Sekket Bâb el-Ghadr. | سكة باب الغدر | D-7-8. |
| 382. | Zâouyet el-cheykh Cha'bân. | زاوية الشيخ شعبان | D—7. |

| NUMÉROS gravés sur le plan. | LISTE DES NOMS DES LIEUX, RUES, PLACES, MONUMENS. | | CARREAUX. |
|---|---|---|---|
| 383. | Derb el-Bezâzreh. | درب البزازره | D—7. |
| 384. | Gâma' el-Mezheryâ. | جامع المزهريا | D—7. |
| 385. | Derb el-Baghâleh. | درب البغاله | D—7. |
| 386. | A'tfet el-Birket. | عطفة البركة | D—7. |
| 387. | Birket Genâq. | بركة جناق | D—7. |
| 388. | Bâb Ma'mal el-Neché. | باب معمل النشا | D—8. |
| 389. | Kharâbt ebn Chedyd. * | خرابة ابن شديد | C—7. |
| 390. | El-Cheykh Abou Qedreh. * | الشيخ ابو قدره | C—7. |
| 391. | Khott Farkhezân. * | خط فرخزان | B—7. |
| 392. | Sekket Farkhezân. * | سكة فرخزان | B—7. |
| 393. | *Nouveau pont.* * | | A—7. |
| 394. | Qantarat el-Ouezz. * | قنطرة الوز | A—7. |
| 395. | Sibyl el-Bedaouy. | سبيل البدوى | D—8. |
| 396. | Qantarat el-Kharrouby. | قنطرة الخروبى | D—8. |
| 397. | Zâouyet el-A'daouy. | زاوية العدوى | D—8. |
| 398. | Bâb el-A'daouy. | باب العدوى | D—8. |
| 399. | Okâlt el-Hemyr. | وكالة الحمير | D—8. |
| 400. | Gâma' el-Moutâtyé. | جامع المطاطيا | D—8. |

| NUMÉROS gravés SUR LE PLAN. | LISTE DES NOMS DES LIEUX, RUES, PLACES, MONUMENS. | | CARREAUX. |
|---|---|---|---|
| 401. | Derb el-Tachtouchy. | درب الطشطوشي | D—8. |
| 402. | Derb el-Faggâleh. | درب الفجاله | D—9. |
| 403. | Okâlt el-Qamh. | وكالة القمح | D—8. |
| 404. | Gâma' el-Tachtouchy. | جامع الطشطوشي | D—8. |
| 405. | Khott el-Qattânyn. | خُط القطانين | D—9 |
| 406. | Hod A'bd el-Rahmân Kykhych. | حوض عبد الرحمان كيخيه | D—8. |
| 407. | Sibyl Ahmed el-Gouhary. | سبيل احمد الجوهري | D—8. |
| 408. | Zâouyet el-Baskhy. | زاوية البسخي | D—8. |
| 409. | Derb el-Tachtouchy. | درب الطشطوشي | C-D-8. |
| 410. | A'tfet el-cheykh Chehâb. | عطفة الشيخ شهاب | C—8. |
| 411. | A'tfet el-Madbah. | عطفة المدبح | D—8. |
| 412. | Derb el-Geneyneh. | درب الجنينه | C—8. |
| 413. | Geneynet el-cheykh el-Bekry. | جنينة الشيخ البكري | C—8. |
| 414. | El-Bekryeh. | البكريه | C—8. |
| 415. | Derb Hâtem. | درب حاتم | C-8-9. |
| 416. | A'tfet Abou el-Rych. | عطفة ابو الريش | C—9. |
| 417. | Gâma' el-Khourbatly. | جامع الخُربطلي | C—8. |
| 418. | Gâma' el-Bekryeh. | جامع البكريه | B—8. |

| NUMÉROS gravés SUR LE PLAN. | LISTE DES NOMS DES LIEUX, RUES, PLACES, MONUMENS. | | CARREAUX. |
|---|---|---|---|
| 419. | Khalyg el-Soultâny. * | خليج السلطانى | B—8. |
| 420. | *Terrain cultivé, sans palmiers.* * | | B—8. |
| 421. | Bâb el-Bekryeh. | باب البكريه | B—8. |
| 422. | Geneynet el-Khourbatly. * | جنينة الخُربطلى | B—8. |
| 423. | Bâb Qantarat el-Bekryeh. | باب قنطرة البكريه | A—8. |
| 424. | Qantarat el-Bekryeh. * | قنطرة البكريه | A—8. |
| 425. | Tell el-Taouâbeh, *butte où l'on faisait des briques cuites.* * | تَل الطوابه | A—8. |
| 426. | Birket el-cheykh Qamar. * | بركة الشيخ قمر | A—8. |
| 427. | Derb el-Tanbaly. | درب الطنبَلى | D—9. |
| 428. | Khoukh A'tfet abou Esba', *passage.* | خوخ عطفة ابو اصبع | D-8-9. |
| 429. | Derb el-Qaouâs. | درب القواص | D—9. |
| 430. | Derb el-Marâfchyé. | درب المرافشيا | D-9-10. |
| 431. | Gâma' Sitty Maryam. | جامع ستى مريم | D—9. |
| 432. | Cheykh Abou el-Rych, *fort Laugier.* * | شيخ ابو الريش | C-10. |
| 433. | Sekket el-Châre'. | سكة الشارع | D—9. |
| 434. | Birket el-Rotly, *terrain inondé, sans palmiers.* * | بركة الرطلى | B-10. |
| 435. | *Chemin du fort Shulkowski.* * | | A—9. |
| 436. | Khalyg el-Taouâbeh. * | خليج الطوابه | A—9. |

| NUMÉROS gravés SUR LE PLAN. | LISTE DES NOMS DES LIEUX, RUES, PLACES, MONUMENS. | | CARREAUX. |
|---|---|---|---|
| 437. | Gheyt Khalyl bey. * | غيط خليل بيه | A—9. |
| 438. | Sekket el-Mahmacheh. * | سكة المهمشه | A—9. |
| 439. | Zâouyet el-Sabbân. | زاوية الصبّان | D-9-10. |
| 440. | Derb el-Bousty. | درب البُصطى | D-10. |
| 441. | Bâb el-Faggâleh. | باب الفجّاله | D-10. |
| 442. | Bâb Cha'eyb. | باب شعيب | D-10. |
| 443. | Sekket Birket el-Rotly * | سكة بركة الرطلى | C-10-11. |
| 444. | Sekket el-Dâher. * | سكة الظاهر | C-10-11. |
| 445. | Gheyt el-kâchef. * | غيط الكاشف | B-11. |
| 446. | Bâb el-Hasanyeh. | باب الحسنيه | A—5. |
| 447. | Sekket el-A'ryân. | سكة العريان | E-9-10. |
| 448 VIe. | Gâma' el-A'ryân. | جامع العريان | F-10. |
| 449 VIe. | Okâlt el-Qotn. | وكالة القُطن | F-10. |
| 450 VIe. | Souq el-Zalat. | سوق الزَلَط | E-10. |
| 451. | Gâma' el-A'raby. | جامع العربى | K—7. |
| 452. | Kenyset el-Roum. | كنيسة الروم | K—7. |

| NUMÉROS gravés sur le plan. | LISTE DES NOMS DES LIEUX, RUES, PLACES, MONUMENS. | | CARREAUX. |
|---|---|---|---|
| | **VIe SECTION.** | | |
| 1. | Zâouyet el-Marsafy. | زاوية المرصفي | L—9. |
| 2. | *Verrerie.* | | L—9. |
| 3. | Derb el-Daqâq. | درب الدقاق | L—9. |
| 4. | A'tfet el-Ma'mal. | عطفة المعمل | L—9. |
| 5. | Derb el Manâsrah. | درب المناصره | L—9. |
| 6. | Sekket Qantarat el-emyr Hoseyn. | سكة قنطرة الامير حُسين | L-10. |
| 7. | Derb el-Tâhoun. | درب الطاحون | K-10. |
| 8. | Zâouyet el-cheykh Selym. | زاوية الشيخ سليم | K—9. |
| 9. | Gheyt Solymân Odobâchy, *ou* Gheyt el-Mousky. | غيط سليمان اضباشي او غيط الموسكي | K—9. |
| 10. | Gheyt el-Afrang. | غيط الافرنج | K—9. |
| 11. | Hoch el-Fahm. | حوش الفحم | K-10. |
| 12. | El-Fahhâmyn, *Fours à charbon.* | الفحامين | K-10. |
| 13. | Khalyg el-Emyr Hoseyn. | خليج الامير حسين | J-K-9. |
| 14. | Zâouyet el-Chouchtery. | زاوية الشُشترى | K—9. |
| 15. | *Maison française.* | | K—9. |
| 16. | Derb el-Bechâbcheh. | درب البشابشه | K-10. |

| NUMÉROS gravés SUR LE PLAN. | LISTE DES NOMS DES LIEUX, RUES, PLACES, MONUMENS. | | CARREAUX. |
|---|---|---|---|
| 17. | Derb el-Zyât. | درب الزيات | J-10. |
| 18. | Derb el-Gedyd. | درب الجديد | J-9. |
| 19. | Beyt mousäkâf. | بيت موسى كاف | J-9. |
| 20. | Gâma' el-A'gamy. | جامع العجمى | J-9 |
| 21. | Hârt el-Fransâouyeh. | حارة الفرنساويه | J-K-9. |
| 22 [1]. | *Maison du consul d'Autriche.* | | J-9. |
| 23. | Gâma' el-Khaznadâr. | جامع الخزنصار | J-9. |
| 24. | Hârt el-Afrang, *ou quartier des Francs.* | حارة الافرنج | J-9. |
| 25. | Derb el-Mezeyyn. | درب المزيّن | J-9. |
| 26 | Derb el-Hazzâmeh. | درب الحزامه | J-10. |
| 27. | Derb el-Barâbrah. | درب البرابرة | H-10. |
| 28. | Gâma' Derb el-Barâbrah. | جامع درب البرابره | H-10. |
| 29. | *Puisard.* | | H-10. |
| 30. | Derb el-Hyn. | درب الحين | H-9. |
| 31. | Deyr el-Soghayr, *église de la Propagande.* | دير الصغير | H-9. |
| 32. | Deyr el-Kebyr, *couvent de la Terre-Sainte.* | دير الكبير | H-9. |
| 33. | Derb Qatry. | درب قطرى | H-9. |

[1] *Okâlt el-Khall* a été oublié en face de Gâma' el-Khaznadâr.

| NUMÉROS gravés SUR LE PLAN. | LISTE DES NOMS DES LIEUX, RUES, PLACES, MONUMENS. | | CARREAUX |
|---|---|---|---|
| 34. | Derb Nakhnoukh. | درب نخنوخ | H—9. |
| 35. | Derb el-Geneyneh. | درب الجنينه | H—9. |
| 36. | Derb el-Tâhoun. | درب الطاحون | H—9. |
| 37. | Derb el-E'loueh. | درب العلوه | G-10. |
| 38. | A'tfet Girgès el-Ahmar. | عطفة جرجس الاحمر | G—9 |
| 39. | Gâma' el-E'loueh. | جامع العلوه | G-10. |
| 40. | Hammâm Abou Heloueh. | حمّام ابو حلوه | G—8. |
| 41. | A'tfet el-cheykh Ibrâhym. | عطفة الشيخ ابراهيم | G—9 |
| 42. | Hârt el-Afrang, *quartier des Francs.* | حارة الافرنج | G—8. |
| 43. | A'tfet el-Maouardy. | عطفة المَوَردى | G—9. |
| 44. | Beyt el-Qeysarly. | بيت القيرسلى | G—8. |
| 45 [1]. | Derb el-Tâhoun. | درب الطاحون | G—9. |
| 46. | Gâma' Moustafâ bey. | جامع مصطفى بيه | G—9. |
| 47. | A'tfet el-Meya'h. | عطفة الميعه | G—9. |
| 48. | A'tfet el-Haryry. | عطفة الحريرى | G—9. |
| 49. | A'tfet el-Gellâb. | عطفة الجلّاب | G—9. |
| 50. | A'tfet el-Cherry. | عطفة الشرّى | G—9. |

[1] Le graveur a indiqué en face du n°. 45 une mosquée au lieu d'un puits.

| NUMÉROS gravés sur le plan. | LISTE DES NOMS DES LIEUX, RUES, PLACES, MONUMENS. | | CARREAUX. |
|---|---|---|---|
| 51. | A'tfet el-Fourn. | عطفة الفُرن | G—9. |
| 52. | A'tfet el-Chorbagy. | عطفة الشُربجى | G—9. |
| 53. | Derb el-Tabbânyeh. | درب التبّانيه | G—9. |
| 54. | Derb Moustafâ. | درب مصطفى | G—9. |
| 55 [1]. | Zâouyet el-cheykh el-Bekry. | زاوية الشيخ البكرى | G—8. |
| 56. | Sekket Qantarat el-Gedyd. | سكة قنطرة الجديد | G—8. |
| 57. | El-Ramly. | الرملى | F-G-8. |
| 58. | Derb el-Gedyd. | درب الجديد | F—9. |
| 59. | Zâouyet el-Ramleh. | زاوية الرمله | F—9. |
| 60. | Souq el-Hammâm. | سوق الحمّام | F—9. |
| 61. | Derb Qochâch. | درب قُشاش | F—9. |
| 62. | Sekket el-Tourâb. | سكة الطُراب | G-10. |
| 63. | Sekket Ouasa't el-Gyr. | سكة وسعة الجير | G-10. |
| 64. | Okâlt el-Meydân. | وكالة الميدان | F—8. |
| 65. | Gâma' el-Meydân. | جامع الميدان | F—8. |
| 66. | Derb el-Chorafeh. | درب الشُرَفه | F-9-10. |
| 67. | Khalyg el-Cha'râouy. | خليج الشعراوى | F-G-8. |

[1] Ce lieu est situé en face du point où le numéro a été gravé.

| NUMÉROS gravés SUR LE PLAN. | LISTE DES NOMS DES LIEUX, RUES, PLACES, MONUMENS. | | CARREAUX. |
|---|---|---|---|
| 68. | Khalyg el-Mousky *ou* el-Afrang. | خليج الموسكى او الافرنج | H—8. |
| 69. | Gâma' el-Kykhyeh. | جامع الكيخيه | F—9. |
| 70. | Okâlt el-Magloub *et* el Meydân. | وكالة المجلوب والميدان | F—9. |
| 71. | Derb el-Tammâr. | درب الطمّار | F—9. |
| 72. | El-Meydân. | الميدان | F—8. |
| 73 | Zâouyet el-A'râqy. | زاوية العرقى | F—9. |
| 74 [1]. | Zâouyet el-Tammâr. | زاوية الطمّار | F—9. |
| 75 [2]. | Zâouyet el-Helâtyeh. | زاوية الحلاتيه | F—9. |
| 76. | A'tfet el-Mechakhah. | عطفة المشخه | F—8. |
| 77. | *Limite de la VI^e section.* | | F—8. |
| 78. | Okâlt el-Nakhleh [3]. | وكالة النخله | F—8. |
| 79. | Zâouyet el-Arba'yn. | زاوية الاربعين | L-10. |
| 80. | A'tfet Abou Tabaq. | عطفة ابو طبق | L-10. |
| 81. | A'tfet el-Qassâs. | عطفة القصاص | L-10. |
| 82. | Gâma' Solymân Selym. | جامع سليمان سليم | L-10. |
| 83. | Hod A'bd el-Rahmân Kykhyeh. | حوض عبد الرحمان كيخيه | L-10. |

[1] Ce lieu est situé en face du point où le numéro a été gravé.

[2] Ce numéro doit être reporté au sud dans Derb el-Tammâr, en face d'un enfoncement occupé par une citerne.

[3] Ce lieu appartient à la V^e section.

| NUMÉROS gravés SUR LE PLAN. | LISTE DES NOMS DES LIEUX, RUES, PLACES, MONUMENS. | | CARREAUX. |
|---|---|---|---|
| 84. | Derb el-Menaggemeh. | درب المنجمه | L-10 11. |
| 85. | Bâb el-Soueyqah [1]. | باب السويقه | L-11. |
| 86. | Derb el-Maddâh. | درب المدّاح | L-10. |
| 87. | Sekket el-Soueyqah. | سكة السويقه | L-10-11. |
| 88. | Sekket el-Manâsrah. | سكة المناصره | K-L-10. |
| 89 | Hoch Noukkeh. | حوش نكه | K-10. |
| 90. | A'tfet Hanbout el-Manâsrah. | عطفة حَنبوط المناصره | K-10. |
| 91. | El-Manâsrah. | المناصره | K-9-10. |
| 92. | Zâouyet el-Heraqy. | | K-10. |
| 93. | Derb el-Kelb. | درب الكلب | K-10. |
| 94. | Qala't el-Kelâb. | قلعة الكلاب | K-10. |
| 95. | Torbet el-Ezbekyeh. | تُربة الازبكيه | K 11. |
| 96. | El-cheykh Salâmeh. | الشيخ سلامه | K-10. |
| 97. | Derb el-E'loueh. | درب العلوه | K-10. |
| 98. | Koum el-cheykh Salâmeh [2]. | كوم الشيخ سلامه | I-10. |
| 99. | Gâma' el-Qadym. | جامع القَديم | I-10. |

[1] On a gravé par erreur sur le plan *Souyqah*, et le n°. 80 au lieu de 85.

[2] Ce nom est celui d'un petit quartier qui s'étend de l'autre côté de la rue Derb el-Elouch.

| NUMÉROS gravés SUR LE PLAN. | LISTE DES NOMS DES LIEUX, RUES, PLACES, MONUMENS. | | CARREAUX. |
|---|---|---|---|
| 100. | *Maison française.* | | I—9. |
| 101. | Châra' el-E'loueh. | شارع العلوه | I-10. |
| 102. | Gâma' Koum el-cheykh Salâmeh. | جامع كوم الشيخ سلامه | I-11. |
| 103. | *Projet de démolitions pour la communication du Mousky avec l'Ezbekyeh.* | | I-11. |
| 104. | El-cheykh A'ntar. | الشيخ عَنْطَر | I-11. |
| 105. | Derb el-Tâhoun. | درب الطاحون | I-11. |
| 106. | Beyt Aly bey Selym. | بيت على بيه سليم | I-11. |
| 107. | Zâouyet el-Dayasty. | زاوية الديسطى | H-11. |
| 108. | Gâma' el-cheykh el-Gouhary. | جامع الشيخ الجوهرى | H-11. |
| 109. | Ma'mal el-Qezâz, *verrerie.* | معمل القزاز | H-10. |
| 110. | *Jardin de bey, disposé à la manière des jardins anglais* [1]. | | H-11. |
| 111. | *Ménagerie pratiquée dans le jardin ci-dessus.* | | H-10. |
| 112. | Beyt Yahyâ kâchef (*Maison Dargeavel.*) | بيت يحيى كاشف | H-11. |
| 113. | Zâouyet el-Khabbâz [2]. | زاوية الخباز | G-10. |
| 114. | Sekket el-Nouby *et* Derb el-Nouby. | سكة النوبى و درب النوبى | G-10. |
| 115. | *Décombres.* | | G-11. |

[1] M. Dargeavel y avait pratiqué des bains et un manége à l'européenne. Il s'y trouve un fût de colonne antique, tout en brèche égyptienne.

[2] Ce lieu est situé en face du point où le numéro a été gravé.

| NUMEROS gravés SUR LE PLAN. | LISTE DES NOMS DES LIEUX, RUES, PLACES, MONUMENS. | | CARREAUX. |
|---|---|---|---|
| 116. | Gâma' el-Nouby. | جامع النوبى | G-10. |
| 117. | A'tfet Nasab. | عطفة نَسَب | G-11. |
| 118. | Sekket el-Tourab. | سكة الترب | G-10. |
| 119. | *Santon.* | | G-10. |
| 120. | Tourab el-Rouye'y. | ترب الرويعى | G-10. |
| 121. | Hoch Hasan, *cahutes.* | حوش حسن | F-10. |
| 122. | Tourab el-cheykh Choraf el-Dyn [1]. | ترب الشيخ شرف الدين | F-10. |
| 123. | Ouasa't el-Gyr. | وسعة الجير | F-10. |
| 124. | *Teintures.* | | F-10. |
| 125. | A'tfet el-Gayâryn. | عطفة الجياربن | G-10. |
| 126. | Derb el-Migreh. | درب الحجره | F-10. |
| 127. | Gâma' Safy el-Dyn. | جامع صفى الدين | F-11. |
| 128 | Sekket el-Meydân [2]. | سكة الميدان | F-10. |
| 129. | Souq el-Samak, *marché aux poissons.* | سوق السمك | F-11. |
| 130. | Derb el-Fouatyeh. | درب الفوطيه | F-10. |
| 131. | Hârt el-Khodery. | حارة الخضرى | F-10. |

[1] Ce lieu est situé en face du point où le numéro a été gravé.

[2] Un autre n°. 128 a été gravé par erreur sur le canal de ceinture, au midi de Qantarat el-Moghraby.

| NUMEROS gravés SUR LE PLAN. | LISTE DES NOMS DES LIEUX, RUES, PLACES, MONUMENS. | | CARREAUX. |
|---|---|---|---|
| 132. | Gâma' el-Birmâouyeh. | جامع البرماويه | E-10. |
| 133. | Masbaghat el-Basmah, *okel de teinture par impression.* | مصبغة البَصمه | F-10. |
| 134. | Souq el-Khachab. | سوق الخَشب | E-10. |
| 135. | Zâouyet el-Rekerâky. | زاوية الركراكى | E-10. |
| 136. | A'tfet el-cheykh A'bd-allah. | عطفة الشيخ عبد الله | E-10. |
| 137. | Derb el-Tabbâkh. | درب الطباخ | E-10. |
| 138. | A'tfet el-Sa'ydeh. | عطفة السعيده | E-11. |
| 139. | Zâouyet el-Tabbâkh. | زاوية الطباخ | E-10. |
| 140 [1]. | Souq el-Zalat, *nom d'un quartier.* | سوق الزلط | E-10. |
| 141. | Zâouyet el-Seyd Ouhebeh. | زاوية السيد وهبه | E-10. |
| 142. | A'tfet Souq el-Zalat [2]. | عطفة سوق الزلط | D-10. |
| 143. | A'tfet el-E'loueh. | عطفة العلوه | D-10. |
| 144. | Bâb Souq el-Zalat. | باب سوق الزلط | D-10. |
| 145. | Gâma' el-Taouâchy. | جامع الطواشى | D-10. |
| 146. | Zâouyet el-Moqaddem. | زاوية المقدم | D-10. |
| 147. | Derb el-A'ssâlet. | درب العسّالة | D-11. |

[1] Sibyl el-Seyyd-Hasan est placée à l'ouest du n°. 140, et de l'autre côté du cul-de-sac.

[2] Nom de la rue qui conduit à Souq el-Zalat.

| NUMÉROS gravés SUR LE PLAN. | LISTE DES NOMS DES LIEUX, RUES, PLACES, MONUMENS. | | CARREAUX. |
|---|---|---|---|
| 148. | Souq el-Baqar. | سوق البقر | D-10. |
| 149. | Beyt Abou Chaouâreb. | بيت ابو شوارب | M-12. |
| 150. | Gâma' Abou Chaouâreb. | جامع ابو شوارب | M-12. |
| 151. | Gheyt Abou Chaouâreb. | غيط ابو شوارب | L-11. |
| 152. | A'tfet el-Zoràyb. | عطفة الزُرايب | L-11. |
| 153. | El-cheykh el-Beydah. | الشيخ البيضه | L-12. |
| 154. | Zâouyet el-Mechahdyé. | زاوية المشهديا | K-12. |
| 155. | Zâouyet Abou el-A'yneyn. | زاوية ابو العينين | L-11. |
| 156. | Derb el-Mahâbyl. | درب المهابيل | L-11. |
| 157. | Sekket Torbet el-Ezbekyeh. | سكة تربه الازبكيه | K-11. |
| 158. | Bàb el-Oudâa'. | باب الوداع | K-12. |
| 159. | Sibyl *ou* l-Kouttab el-Dânochâry. | سبيل و كتاب الدانوشارى | K-11. |
| 160. | Beyt el-cheykh el-Mohdy. | بيت الشيخ المُهدى | G-12. |
| 161. | Derb el-Baharah. | درب البَحرَه | K-11. |
| 162. | Derb el-Okâlt. | درب الوكالة | K-11. |
| 163. | Gâma' el-Bekry. | جامع البكرى | K-12. |
| 164. | Sibyl el-Bekry. | سبيل البكرى | K-12. |
| 165. | *Maison du payeur général.* | | G-12. |

| NUMÉROS gravés SUR LE PLAN. | LISTE DES NOMS DES LIEUX, RUES, PLACES, MONUMENS. | | CARREAUX. |
|---|---|---|---|
| 166. | Beyt Marzouq bey ebn Ibrâhym bey. | بيت مرزوق بيه ابن ابراهيم بيه | K-11. |
| 167. | Beyt Ibrâhym bey. | بيت ابراهيم بيه | K-11. |
| 168. | *Fin du quartier des Chrétiens.* | | G-12. |
| 169. | El-A'tabeh el-Zeraqah. | العتبه الزرقه | K-11-I-11. |
| 170. | Sibyl el-Madânyeh. | سبيل الهدانيه | I-11. |
| 171. | Hammâm Yezbak. | حمام يزبك | I-11. |
| 172. | Ma'sarat el-Zeyt. | معصرة الزيت | I-11. |
| 173. | Derb el-Meydah. | درب الميضه | I-11. |
| 174. | Derb Tyâb. | درب طياب | G-12. |
| 175. | Sibyl Yezbak. | سبيل يزبك | I-11. |
| 176. | Beyt el-Chorâyby. | بيت الشرايبى | I-11. |
| 177. | Gâma' Yezbak. | جامع يزبك | I-11. |
| 178. | Beyt Bichyr aghâ. | بيت بشير اغا | I-11. |
| 179. | Bâb el-A'tabeh el-Zeraqah. | باب العتبه الزرقه | I-11. |
| 180. | Beyt Ayoub bey el-Kebyr. | بيت ايوب بيه الكبير | I 11. |
| 181. | *Projet de démolitions.* Voyez ci-dessus, n°. 103. | | I-11. |
| 182. | Bâb el-A'ouä. | باب العوي | H-11. |
| 183. | Beyt el-cheykh el-Gouhary. | بيت الشيخ الجوهرى | H-11. |

| NUMÉROS gravés SUR LE PLAN. | LISTE DES NOMS DES LIEUX, RUES, PLACES, MONUMENS. | | CARREAUX. |
|---|---|---|---|
| 184. | Sibyl el-cheykh el-Gouhary. | سبيل الشيخ الجوهرى | H-11. |
| 185. | Derb el-E'seyly. | درب العسيلى | H-11. |
| 186. | Derb el-E'seyly. | درب العسيلى | H-11. |
| 187. | Beyt Isma'yl bey. | بيت اسمعيل بيه | H-11. |
| 188. | Beyt Isma'yl bey. | بيت اسمعيل بيه | H-11. |
| 189. | Beyt el-Dyouân (*maison du grand divan*). | بيت الديوان | G-11. |
| 190. | Beyt Qâyd aghâ *et* Beyt el-Dyouân. | بيت قايد اغا و بيت الديوان | G-11. |
| 191. | Gâma' el-Chorâyby. | جامع الشرايبى | G-11. |
| 192. | Birket el-Ezbekyeh, *place Ezbekyeh.* | بركة الازبكيه | H-12. |
| 193. | Derb el-E'seyly. | درب العيسلى | G-11. |
| 194. | Hârt el-Rouye'y. | حارة الرويعى | G-11. |
| 195. | *Pharmacie de l'armée.* | | G-11. |
| 196. | El-cheykh el-Rouye'y. | الشيخ الرويعى | G-11. |
| 197. | Sibyl *et* Kouttâb el-Rouye'y. | سبيل و كتّاب الرويعى | G-11. |
| 198. | Gâma' el-Rouye'y. | جامع الرويعى | G-11. |
| 199. | *Imprimerie nationale.* | | G-11. |
| 200. | *Imprimerie nationale.* | | G-11. |
| 201. | Sekket el-Rouye'y. | سكة الرويعى | G-11. |

| NUMÉROS gravés SUR LE PLAN. | LISTE DES NOMS DES LIEUX, RUES, PLACES, MONUMENS. | | CARREAUX |
|---|---|---|---|
| 202. | Gâma' el-Ahmar. | جامع الاحمر | G-11. |
| 203. | Tourab Gâma' el-Ahmar. | ترب جامع الاحمر | G-11. |
| 204. | Koum el-Nokhâl. | كوم النُّخال | G-11. |
| 205. | *Habitans musulmans.* | | G-11. |
| 206. | Hammâm Gâma' el-Ahmar [1]. | حمّام جامع الاحمر | F-11. |
| 207. | Derb Gâma' el-Ahmar. | درب جامع الاحمر | F-11. |
| 208. | Derb Ryâch. | درب رياش | F-11. |
| 209. | Rouqa't Gâma' el-Ahmar. | رقعة جامع الاحمر | F-11. |
| 210. | 61e *demi-brigade.* | | F-11. |
| 211. | Sekket Gâma' el-Ahmar. | سكة جامع الاحمر | F-11. |
| 212. | Bâb Safy el-Dyn. | باب صفى الدين | F-11. |
| 213. | *Teintures d'indigo.* | | F-11. |
| 214. | A'tfet el-A'ryd. | عطفة العريض | F-11. |
| 215. | Derb el-Qouttah. | درب القُطّه | F-11. |
| 216. | Zâouyet Derb el-Qouttah. | زاوية درب القُطّه | F-11. |
| 217. | Sibyl el-Louâminy. | سبيل اللوامنى | E-11. |
| 218. | Sibyl Abou el-Fous. | سبيل ابو الفوس | E-11. |

[1] Ce lieu est situé en face du point où le numéro a été gravé.

| NUMÉROS gravés SUR LE PLAN. | LISTE DES NOMS DES LIEUX, RUES, PLACES, MONUMENS. | | CARREAUX. |
|---|---|---|---|
| 219. | Ma'sarat el-Zeyt, *moulin à huile.* | معصرة الزيت | E-11. |
| 220. | Gâma' Salmeh. | جامع سلمه | E-11. |
| 221. | Gâma' Darhem ou Nousf. | جامع درهم ونصف | E-11. |
| 222. | Bâb el-Bahr. | باب البحر | E-11. |
| 223. | Zâouyet el-Arba'yn. | زاوية الاربعين | E-11. |
| 224. | Derb el-Baouâryn. | درب البوارين | D-11. |
| 225. | A'tfet el-Baouâryn. | عطفة البوارين | D-11. |
| 226. | Zâouyet el-Chanbaky. | زاوية الشنبكى | D-11. |
| 227. | Zâouyet Abou Qoseybeh [1]. | زاوية ابو قصيبه | D-11. |
| 228 | Beyt Hasan Kykhyeh el-Gharbân. | بيت حسن كيخيه العربان | M-12. |
| 229. | Derb el-Beydah, *ou* Derb el-Beyraq. | درب البيضه ودرب البيرق | K-L-M-12. |
| 230. | Sekket el-Kafârouch. | سكة الكفاروه | M-12. |
| 231. | Hârt el Kafârouch. | حارة الكفاروه | M-13. |
| 232. | *Vigne* de Gheyt el-Taouâchy. | | M-12. |
| 233. | Gheyt Abou Seyf, *ou* Gheyt el-Taouâchy. | غيط ابو سيف او غيط الطواشى | L-12. |
| 234. | *Idem.* | | L-13. |

[1] Ce lieu est situé en face du point où le numéro a été gravé.

| NUMÉROS gravés SUR LE PLAN. | LISTE DES NOMS DES LIEUX, RUES, PLACES, MONUMENS. | | CARREAUX. |
|---|---|---|---|
| 235. | Derb el-Beyraq. | درب البيرق | L-12. |
| 236. | A'tfet La'beh. | عطفة لعبه | L-12. |
| 237. | Derb el-Manâkh. | درب المناخ | L-13. |
| 238. | Derb el-Khaouâgeh. | درب الخواجه | K-12. |
| 239. | Derb el-Gammaseh. | درب الجمّسه | K-12. |
| 240. | Derb el-A'sal. | درب العَسَل | L-11. |
| 241. | Derb el-Moqaddem. | درب المقدّم | K-12. |
| 242. | Rouqa't el-Qamh. | رُقعة القمح | K-12. |
| 243. | Souq el-Bekry. | سوق البكرى | K-12. |
| 244. | Sekket O'smân Kykhyeh. | سكة عثمان كيخيه | K-12. |
| 245. | Cheykh Mousä el-Sersy. | شيخ موسى السرسى | K-12. |
| 246. | Gâma' A'bd el-Haq. | جامع عبد الحق | K-12. |
| 247. | Beyt Mourâd bey. | بيت مراد بيه | K-12. |
| 248. | A'tfet Abou Qouttah. | عطفة ابو قطّه | K-12. |
| 249. | Beyt O'smân bey el-Achqar. | بيت عثمان بيه الاشقر | K-12. |
| 250. | Sekket Souq el-Bekry. | سكة سوق البكرى | K-12. |
| 251. | *Tisserands.* | | K-12. |
| 252. | *Administration des finances.* | | K-12. |

| NUMÉROS gravés SUR LE PLAN. | LISTE DES NOMS DES LIEUX, RUES, PLACES, MONUMENS. | | CARREAUX. |
|---|---|---|---|
| 253. | Beyt el-cheykh el-Bekry. | بيت الشيخ البكرى | K-12. |
| 254. | A'tfet el-Sekâkyny. | عطفة السكاكينى | G-12. |
| 255. | Rasyf Hârt el-Nasârah. | رَصيف حارة النصاره | G-12. |
| 256. | *Marché très-populeux.* | | F-12. |
| 257. | Khott *ou* Hârt el-Nasârah [1]. | خُط وحارة النصاره | F-12-13. |
| 258. | Derb el-Geneyneh. | درب الجنينه | F-12. |
| 259. | El-cheykh Qamar. | الشيخ القَمَر | F-12. |
| 260. | Derb el-Dohdeyreh. | درب الدحديره | F-12. |
| 261. | Gâma' el-Tourkmâny. | جامع التُركمانى | E-12. |
| 262. | Gâma' el-Gid A'ly. | جامع الجد على | E-12. |
| 263. | *Filature de coton.* | | E-12. |
| 264. | Derb el-Tourkmâny. | درب التُركمانى | E-12. |
| 265. | Derb el-Khouf. | درب الخُف | E-12. |
| 266. | *Ateliers pour blanchir le coton et les toiles.* | دولاب ووكالة بياض القُطن و الاقمشه | E-12. |
| 267. | Derb el-cheykh Abou-Bekry. | درب الشيخ ابو بكرى | E-12. |
| 268. | Derb el-Berqy. | درب البَرقى | E-12. |
| 269. | Derb el-Gâma'. | درب الجمع | E-13. |

[1] Ce quartier s'étend jusqu'à la rue Ouasa't el-Hammâm.

| NUMÉROS gravés sur le plan. | LISTE DES NOMS DES LIEUX, RUES, PLACES, MONUMENS. | | CARREAUX. |
|---|---|---|---|
| 270. | Gâma' Sydy A'ly el-Farrâh. | جامع سيدى على الفرّه | E-13. |
| 271. | A'tfet el-Fourn. | عطفة الفُرن | D-12. |
| 272. | A'tfet el-Ghafyr. | عطفة الغفير | E-12. |
| 273. | Gâma' el-Bahr. | جامع البحر | E-12. |
| 274[1]. | Okâlt el-Qamh. | وكالة القمح | E-12. |
| 275. | Derb el-Mekhâllatyeh. | درب المخاللتيه | M-13. |
| 276. | Sekket el-Sâhah. | سكة الساحه | L-13. |
| 277. | Zâouyet el-Ensâry. | زاوية الانصارى | M-13. |
| 278. | Gâma' el-Mouslemâny. | جامع المسلمانى | L-13. |
| 279. | Derb el-Choqalfâtyeh. | درب الشقلفاتيه | L-M-13. |
| 280. | Okâlt el-Kittân. | وكالة الكتان | L-13. |
| 281. | *Idem.* | وكالة الكتان | L-13. |
| 282. | Ma'mal el-Qezâz, *verrerie.* | مَعمل القزاز | L-13. |
| 283. | Rouqa't el-Qamh. | رُقعة القمح | L-13. |
| 284. | Sekket el-Laffeh. | سكة اللفه | L-13. |
| 285. | A'tfet el-Kharrâyyn. | عطفة الخرابيين | L-13. |
| 286. | Souq el-Hemyr. | سوق الحمير | L-13. |

[1] Ce numéro est placé un peu trop à l'est.

| NUMÉROS gravés SUR LE PLAN. | LISTE DES NOMS DES LIEUX, RUES, PLACES, MONUMENS. | | CARREAUX. |
|---|---|---|---|
| 287. | Hârt el-Faouâleh. | حارة الفواله | L-13. |
| 288. | El-Fahâmyn, *fabriques de charbon.* | الفحامين | L-13. |
| 289 | Zâouyet el-Châybych. | زاوية الشايبيه | L-13. |
| 290. | Zâouyet Chercheh. | زاوية شرشه | K-13. |
| 291. | Sibyl *et* Hammâm el-Kykhyeh. | سبيل وحمّام الكيخيه | K-13. |
| 292 | Sekket O'smân Kykhyeh. | سكة عثمان كيخيه | K-13. |
| 293. | Gâma' el-Kykhyeh. | جامع الكيخيه | K-13. |
| 294. | Rasyf el-Khachab. | رسيف الخشب | K-13. |
| 295. | Hârt el-Nasârah. | حارة النصاره | K-13. |
| 296. | Rahbet el-Tebn. | رَحبَت التبن | K-13. |
| 297 | El-Faouâleh. | الفَواله | K-13. |
| 298. | Beyt Mourâd bey. | بيت مراد بيه | K-13. |
| 299. | Beyt Mohammed aghâ. | بيت محمد اغا | K-13. |
| 300. | Kouttâb el-Sâkeh. | كتاب الساكه | I-13. |
| 301. | Gâma' el-Halaby. | جامع الحَلَبى | I-13. |
| 302. | Okâlt el-Lymoun. | وكالة الليمون | K-13. |
| 303. | Bâb el-Faouâleh. | باب الفَواله | I-13. |
| 304. | Beyt Mohammed effendy. | بيت محمّد افندى | I-13. |

| NUMÉROS gravés SUR LE PLAN. | LISTE DES NOMS DES LIEUX, RUES, PLACES, MONUMENS. | | CARREAUX. |
|---|---|---|---|
| 305. | Ouasa't el-Moghârbeh. | وسعة المغاربه | I-13. |
| 306. | El-Sâkeh. | الساكه | I-13. |
| 307. | Beyt O'smân aghâ el-Khaznadâr. | بيت عثمان اغا الخزندار | I-13. |
| 308. | Beyt Mohammed bey el-Elfy. | بيت محمد بيه الالفى | I-13. |
| 309. | Zâouyet el-cheykh Khodr. | زاوية الشيخ خضر | I-13. |
| 310 | Beyt Elfy bey, *maison du général en chef.* | بيت الفى بيه | H-13. |
| et 311. | *Quartier général de l'armée française.* | | H-13. |
| 312. | Khokhet el-Nasârah. | خوخة النصاره | F-13. |
| 313. | Derb Adab. | درب ادب | F-13. |
| 314. | Derb el-Ouâsa'. | درب الواسع | F-13. |
| 315. | Derb el-Sahryg. | درب السهريج | F-13. |
| 316. | Derb el-Ibrâhymy. | درب الابراهيمى | F-14. |
| 317. | *Okel et moulin.* | | F-13. |
| 318. | Hoch el-Qatry. | حوش القطرى | F-13. |
| 319. | Sibyl el-Ma'llem Neyrouz. | سبيل المعلم نيروز | F-13. |
| 320. | Zâouyet el-A'gâmy. | زاوية العجمى | E-13. |
| 321. | Zâouyet el-Ibrâhymy. | زاوية الابراهيمى | E-13. |
| 322. | A'tfet el-Bazbouz. | عطفة البزبوز | E-13. |

| NUMÉROS gravés SUR LE PLAN. | LISTE DES NOMS DES LIEUX, RUES, PLACES, MONUMENS. | | CARREAUX. |
|---|---|---|---|
| 323. | Hoch el-Daouâyâtyeh. | جوش الدوايائيه | E-14. |
| 224. | Derb el-Ouâsa'. | درب الواسع | E-13. |
| 325. | Derb el-Kihaky. | درب الكحكي | E-13. |
| 326. | A'tfet el-O'dâmyeh. | عطفة العضاميه | E-13. |
| 327. | Ouasa't el Hammâm. | وسعة الحمام | E-13. |
| 328. | Sibyl el-A'nânyeh | سبيل العنانيه | E-13. |
| 329. | Gâma' el-A'nânyeh. | جامع العنانيه | D-13-14. |
| 330. | Gabbâseh, *moulin à plâtre.* | جبّاسه | D-14. |
| 331. | *Moulin à huile.* | | D-13. |
| 332[1]. | Okâlt Bezr el-Kittân. | وكالة بزر الكتان | E-13. |
| 333. | *Bains.* | حمّام | E-13. |
| 334. | *Jardins.* | | D-13. |
| 335. | *Masures.* | | D-12. |
| 336. | Beyn el-Hârât. | بين الحارات | D-13. |
| 337. | Bâb Sydy Seyf. | باب سيدى سيف | D-13. |
| 338. | *Jardins.* | | D-13. |
| 339. | *Pierres de grès servant de meules.* | | D-13. |

[1] Ce lieu est situé en face du point où le numéro a été gravé.

15.

| NUMÉROS gravés SUR LE PLAN. | LISTE DES NOMS DES LIEUX, RUES, PLACES, MONUMENS. | | CARREAUX. |
|---|---|---|---|
| 340. | Birket el-Sâber. * | بركة الصابر | L-14. |
| 341. | Birket el-Faouâleh. * | بركة الفواله | K-14. |
| 342. | Geneynet el-cheykh Mousbâa', *jardin du quartier général.* | جنينة الشيخ مصباع | H-14. |
| 343. | Hârt el-Sâkeh. | حارة الساكه | H-14. |
| 344. | *Jardin de la maison du génie.* | | G-14. |
| 345. | Sibyl Solymân aghâ. | سبيل سليمان اغا | G-15. |
| 346. | *Bains.* | | G-15. |
| 347. | Hârt Qantarat el-Dikkeh. | حارة قنطرة الدكه | G-14. |
| 348. | *Maison de* Ma'llem Girgès el-Gouhary, *intendant général.* | بيت معلم جرجس الجوهرى | F-14. |
| 349. | A'mâret Isma'yl aghâ. | عمارة اسمعيل اغا | F-14. |
| 350. | Qantarat el-Dikkeh. | قنطرة الدكه | F-14. |
| 351. | Ma'sarat el-Zeyt, *moulin à huile.* | معصرة الزيت | F-14. |
| 352. | Derb el-Gabrouny. | درب الجبرونى | E-14. |
| 353. | Bâb el-Hadyd. | باب الحديد | D-14. |
| 354. | El-cheykh el-Madbouly. * | الشيخ المدبولى | D-15. |
| 355. | Qantarat el-Lymoun. * | قنطرة الليمون | D-15. |
| 356. | Birket el-Dem. * | بركة الدم | M-15. |
| 357. | Bâb el-Louq. | باب اللوق | M-16. |

| NUMÉROS gravés SUR LE PLAN. | LISTE DES NOMS DES LIEUX, RUES, PLACES, MONUMENS. | | CARREAUX. |
|---|---|---|---|
| 358. | Qantarat el-Madàbegh. * | قنطرة المدابغ | M-16. |
| 359. | *Orangerie.* | | H-10. |
| 360. | Qantarat el-Moghraby. * | قنطرة المغربى | I-15. |
| 361. | *Fort Conroux.* * | | G-15. |
| 362. | Sekket Boulâq. *. | سكة بولاق | D-15. |
| 363. | *Fort Camin.* * | | C-16. |

## VII^e SECTION.

| | | | |
|---|---|---|---|
| 1 [1]. | *Fort Reboul.* * | | L—3. |
| 2. | Sibyl Mohammed A'louat. * | سبيل محمد علوت | L—1. |
| 3. | Qasr Sâleh bey. * | قصر صالح بيه | L—1. |
| 4. | *Maison du commandant du fort.* * | | K—1. |
| 5. | Derb el-Mahrouq. * | درب المحروق | L—3. |
| 6. | Sekket Qâyd bey. * | سكة قايد بيه | K-L-2-3. |
| 7. | Cheykh el-Ghorayb. * | شيخ الغُريب | K—3. |
| 8. | Bâb el-Ghorayb. | باب الغُريب | K—3. |
| 9. | *Fort Dupuis.* * | | K—2. |
| 10. | Tourab el-Ghorayb. * | ترب الغُريب | K-L-3. |

[1] Les n^os. 1 et 2 ont été omis sur le plan.

| NUMÉROS gravés sur le plan. | LISTE DES NOMS DES LIEUX, RUES, PLACES, MONUMENS. | | CARREAUX. |
|---|---|---|---|
| 11. | Gâma' A'bd el-Rahmân Kykhyeh. | جامع عبد الرحمان كيخيه | K—3. |
| 12. | Hârt el-Ghorayb. | حارة الغُريب | K-3-4. |
| 13. | Derb el-Halfeh. | درب الحلفه | K-3-4. |
| 14. | Hârt el-Darâseh. | حارة الدراسه | K—3. |
| 15. | A'fet el-Seyd Mya'âd. | عطفة السيد ميعاد | I—3. |
| 16. | Gâma' el-Seyd Mya'âd. | جامع السيد ميعاد | I—3. |
| 17. | El-Cheykh Moustafâ. | الشيخ مصطفى | I—3. |
| 18. | Zâouyet cheykh el-Qazzâz. | زاوية شيخ القزاز | I—3. |
| 19. | Qasr el-Tamâa'yn. | كفر الطماعين | I—3. |
| 20. | Sibyl el-cheykh A'ârafyn. | سبيل الشيخ عارفين | I—3. |
| 21. | *Marché.* | | I—3. |
| 22. | Sekket Bourg el-Zefer.* | سكة بُرج الزفر | I—2. |
| 23. | Zâouyet el-Semlâouy. | زاوية السلهلاوى | I—2. |
| 24. | Kafr el-Foqâny. | كفر الفُقانى | I—3. |
| 25. | Kafr el-Tamâa'yn. | كفر الطماعين | I—3. |
| 26. | A'tfet el-Châmlyeh. | عطفة الشامليه | I—3. |
| 27. | A'fet el-Byr. | عطفة البير | I—3. |
| 28. | *Cahutes basses.* | | I—3. |

| NUMÉROS gravés SUR LE PLAN. | LISTE DES NOMS DES LIEUX, RUES, PLACES, MONUMENS. | | CARREAUX. |
|---|---|---|---|
| 29. | Derb el-Dânochâry. | درب الدانوشارى | H—3. |
| 30. | Derb el-Hegâzy. | درب الحجازى | H—3. |
| 31. | Kafr el Zoa'âry. | كفر الزُعارى | H—3. |
| 32. | A'tfet Maharram. | عطفة محرّم | H—3. |
| 33. | Zâouyet el-Hâggi Sa'deh. | زاوية الحاج سعله | H—3. |
| 34. | A'tfet el-Zorâyby. | عطفة الزرايبى | H—3. |
| 35. | A'tfet el-Madbah. | عطفة الدبح | H—3. |
| 36. | A'tfet el-Choumâa'. | عطفة الشماع | G-3-4. |
| 37. | A'tfet el-Torrâbeh. | عطفة الطرّابه | G—3. |
| 38. | A'tfet el-Zoa'âry. | عطفة الزُعارى | G—3. |
| 39. | A'tfet el-Bouhy. | عطفة البوهى | G—3. |
| 40. | Hoch el-Cherâqoueh. | حوش الشراقوه | G—3. |
| 41. | Gâma' el-cheykh Khalyl. | جامع الشيخ خليل | G—3. |
| 42. | Hârt el-Fourn. | حارة الفُرن | F—3. |
| 43. | Hârt el-Ouasâymeh. | حارة الوسايمه | F-3-4. |
| 44. | Gâma' el-Tyneh. | جامع التينه | F—3. |
| 45. | Bourg el-Zefer. * | بُرج الزفر | F—3. |
| 46. | Tourab *ou tombeaux de* Bâb el-Nasr. * | ترب باب النصر | E—3. |

| NUMEROS gravés sur le plan. | LISTE DES NOMS DES LIEUX, RUES, PLACES, MONUMENS. | | CARREAUX. |
|---|---|---|---|
| 47. | Tourab Bâb el-Nasr.* | ترب باب النصر | E-3-4. |
| 48. | *Monticules de* cheykh Negm-el-Dyn, *ou de* Bâb el-Nasr.* | كيمان الشيخ نجم الدّين او باب النصر | C—3. |
| 49. | *Fort Grésieux.** | | C—3. |
| 50. | Hârt el-Doueydâry. | حارة الدويداری | L—4. |
| 51. | A'tfet A'ynyeh. | عطفة عينيّه | L—4. |
| 52. | Beyt el-Cherqâouy. | بـيت الشرقاوی | L—4. |
| 53. | Gâma' A'ynyeh. | جامع عينيّه | L—4. |
| 54. | Zâouyet el-Nanâmyeh. | زاوية النـناميه | K—4. |
| 55. | A'tfet el-Sabbâneh. | عطفة الصّبّانه | L—4. |
| 56. | A'tfet el-Cherqâouy. | عطفة الشرقاوی | L-K-4. |
| 57. | Gâma' el-Azhar. | جامع الازهَر | K—4. |
| 58. | Bâb el-Bâtyeh. | باب البَطيه | K—5. |
| 59. | Okâlt Qâyd bey. | وكالة قايد بـيه | K-L-4-5. |
| 60. | Hârt el-Azhar. | حارة الازَهر | K—5. |
| 61. | *Tisserands.* | | K—4. |
| 62. | Rouqa't el-Qamh. | رُقعة القمح | K—4. |
| 63. | Sibyl A'bd el-Rahmân Kykhyeh. | سبيل عبد الرحمان كـتخيه | K—4. |
| 64. | Sekket el-Azhar. | سكة الازهَر | K—4. |

| NUMÉROS gravés SUR LE PLAN. | LISTE DES NOMS DES LIEUX, RUES, PLACES, MONUMENS. | | CARREAUX. |
|---|---|---|---|
| 65. | A'tfet cheykh el-Emyr. | عطفة شيخ الامير | K—4. |
| 66. | Sibyl Bourdeyny. | سبيل بُرديني | K—4. |
| 67. | El-cheykh Hamoudeh. | الشيخ جوده | K—4. |
| 68. | Sekket el-cheykh Hamoudeh. | سكة الشيخ جوده | K—4. |
| 69. | Hârt Ouleyleh. | حارة وليله | K—4. |
| 70. | Sibyl Bourdeyny. | سبيل بُرديني | K—4. |
| 71. | Khott el-cheykh Hamoudeh. | خُط الشيخ جوده | K—4. |
| 72. | Sekket el-cheykh Moustafä. | سكة الشيخ مصطفى | I—4. |
| 73. | A'tfet el-Chonouâny. | عطفة الشنواني | K—4. |
| 74. | Zâouyet el-Chonouâny. | زاوية الشنواني | I—4. |
| 75. | Derb el-Souâfrah. | درب الصوافره | I—4. |
| 76. | Okâlt el-Emâm. | وكالة الامام | I—4. |
| 77. | Khott el-Mechhady. | خُط المشهدى | I—4. |
| 78. | A'tfet el-Mechhady. | عطفة المشهدى | I—4. |
| 79. | Sibyl el-Mechhady. | سبيل المشهدى | I—5. |
| 80. | Zâouyet cheykh el-A'nbary. | زاوية شيخ العنبرى | I—4. |
| 81. | A'tfet Chomar. | عطفة شومر | I—4. |
| 82. | Bâb el-Hasaneyn. | باب الحسَنين | I—5. |

| NUMÉROS gravés SUR LE PLAN. | LISTE DES NOMS DES LIEUX, RUES, PLACES, MONUMENS. | | CARREAUX. |
|---|---|---|---|
| 83. | Zâouyet Hâloumeh. | زاوية حالومه | I—4. |
| 84. | Derb el-Qourtouby. | درب القُرطبى | I—4. |
| 85. | *Maison du chef des marchands.* | | I—4. |
| 86. | El-Mechhady. | المشهدى | I—4. |
| 87. | A'tfet el-Hamaouy. | عطفة الحَمَوى | I—4. |
| 88. | Gâma' el-Derdebakyeh. | جامع الدردبكيه | I—4. |
| 89. | El-cheykh Daouâqly. | الشيخ دواقلى | I—4. |
| 90. | A'tfet el-E'loueh. | عطفة العلوه | I—4. |
| 91. | Hoch el-Tourgmân. | حوش الترجمان | I-3-4. |
| 92. | Zâouyet Aydoumour. | زاوية ايدمُر | I—4. |
| 93. | Derb el-Qazzâzyn. | درب القزازين | H—4. |
| 94. | Souq el-Ga'ydyeh. | سوق الجعيديه | H—4. |
| 95. | Okâlt el-Mechhady. | وكالة المشهدى | H—4. |
| 96. | El-Ga'ydyeh. | الجعيديه | H—4. |
| 97. | Okâlt el-Kittân. | وكالة الكتان | H—4. |
| 98. | A'tfet Cheykhoun. | عطفة شيخون | H—4. |
| 99. | Khott el-Ga'ydyeh. | خط الجعيديه | H—4. |
| 100. | Derb el-Hammâm. | درب الحمّام | H—4. |

| NUMÉROS gravés SUR LE PLAN. | LISTE DES NOMS DES LIEUX, RUES, PLACES, MONUMENS. | | CARREAUX. |
|---|---|---|---|
| 101. | Hârt el-Ga'ydyeh. | حارة الجعيديه | H—4. |
| 102. | Sibyl el-Hamzeh. | سبيل الحمزه | H—4. |
| 103 | Derb el-Moqaddem. | درب المُقدم | H-4-5. |
| 104. | El-Gamâlyeh el-Qadym. | الجماليه القديم | H—4. |
| 105. | Derb el-Farrâkhah. | درب الفرّاخه | H—4. |
| 106. | Derb el-cheykh Mousâ. | درب الشيخ موسى | H—4. |
| 107. | Qasr el-Choq. | قُصر الشوق | H—5. |
| 108. | Okâlt A'bdouh el-Soghayreh. | وكالة عبله الصغيره | H—5. |
| 109. | Gâma' el-Gamâly. | جامع الجمالى | H—4. |
| 110. | Fourn el-Bâbeyn. | فُرن البابين | H—4. |
| 111. | Derb el-Tahtâny. | درب التحتانى | H—4. |
| 112. | A'tfet el-Byr. | عطفة البير | H—4. |
| 113. | Derb Roussâs. | درب رُصاص | H—4. |
| 114. | Derb el-kâchef. | درب الكاشف | G—4. |
| 115. | Derb el-Tablâouy. | درب الطبلاوى | H-4-5. |
| 116. | Beyt el-cheykh Ibrâhym el-Seyginy. | بيت الشيخ ابراهيم السيجنى | G—4. |
| 117. | A'tfet el-cheykh. | عطفة الشيخ | G—4. |
| 118. | El-Gouânyeh. | الجوانيه | G—4. |

| NUMÉROS gravés sur le plan. | LISTE DES NOMS DES LIEUX, RUES, PLACES, MONUMENS. | | CARREAUX. |
|---|---|---|---|
| 119. | Derb el-Arba'yn. | درب الاربعين | G—4. |
| 120. | Hârt el-Qelyoubych. | حارة القليوبيه | G—3. |
| 121. | A'tfet A'bd-el-lâtyf. | عطفة عبد اللاطيف | G—4. |
| 122. | Zâouyet el-cheykh A'bd-el-lâtyf. | زاوية الشيخ عبد اللاطيف | G—4. |
| 123. | El-Madâbghych, *cour où l'on prépare les cuirs.* | المدابغية | G-4-5. |
| 124. | Okâlt Chychyny. | وكالة شيشينى | F-4-5. |
| 125. | Cheykh el-Gyar. | شيخ الجيّر | F—4. |
| 126. | Derb el-Gouânych. | درب الجوانيه | F-4-5. |
| 127. | Okâlt el-Rokhbân. | وكالة الرُخبان | F—4. |
| 128. | Zâouyet Mahasen Ramadân. | زاوية محسن رمضان | F—5. |
| 129. | *Grecs.* | | F—4. |
| 130. | Hârt el-Bouz. | حارة البوز | F—4. |
| 131. | A'tfet el Chorafeh. | عطفة الشُرفه | F—4. |
| 132. | *Quartier très-peuplé.* | | F-3-4. |
| 133. | Hârt el-A'touf. | حارة العطوف | F—4. |
| 134. | A'tfet Qatcheh. | عطفة قُطشه | F—4. |
| 135. | Gâma' el-Baqary. | جامع البقَرى | F—4. |
| 136. | Hoch Ganbalât | حوش جنبلاط | E—4. |

| NUMÉROS gravés SUR LE PLAN. | LISTE DES NOMS DES LIEUX, RUES, PLACES, MONUMENS. | | CARREAUX. |
|---|---|---|---|
| 137. | Gâma' Ganbalât. | جامع جنبلاط | E—4. |
| 138. | Madfoun el-Serâkseh.* | مَدفن السراكسه | E—4. |
| 139 v°. | Madfoun el-Tamykhy.* | مَدفُن التميخى | E-4-5. |
| 140 v°. | Madfoun el-cheykh el-Hâkhbyeh.* | مَدفُن الشيخ الحاخبيه | D—4. |
| 141 v°. | Zâouyet el-Khouâs. | زاوية الخواص | C—4. |
| 142 v°. | Tourab el-Zelâqah.* | ترب الزلاقَه | B—4 |
| 143 v°. | Bàb el-Zelâqah. | باب الزلاقَه | C—5. |
| 144 v°. | Derb el-Halleh. | درب الحلّه | A-B-4. |
| 145 v°. | Sekket el-Hasanyeh. | سكة الحسنيه | A—5. |
| 146 v°. | Hoch el-Charâqoueh. | حوش الشراقوه | A—4. |
| 147. | Sekket Qoubbet el-A'zab.* | سكة قُبّة العزب | A—4. |
| 148. | Souq el-Azhar. | سوق الازهر | K—5. |
| 149. | Hod *ou réservoir.* | حوض | K—3. |
| 150. | A'tfet el-Maydah. | عطفة الميضه | K—5. |
| 151. | Gâma' Mohammed bey. | جامع محمد بيه | K—5. |
| 152. | Sibyl Qâyd bey. | سبيل قايد بيه | K—5. |
| 153. | Derb el-Etrak. | درب الاتراك | K-L-5. |
| 154. | Okâlt bekyr Chorbagy. | وكالة بكير شربجى | K—5. |

| NUMÉROS gravés SUR LE PLAN. | LISTE DES NOMS DES LIEUX, RUES, PLACES, MONUMENS. | | CARREAUX. |
|---|---|---|---|
| 155. | Sekket Mohammed bey. | سكة محمد بيه | K—5. |
| 156. | Okâlt el-Ghoury. | وكالة الغورى | K—5. |
| 157. | Okâlt el-Esbak *ou* Yesbak. | وكالة الاسبك او يسبك | K—5. |
| 158. | Sibyl Mohammed bey. | سبيل محمد بيه | K—5. |
| 159. | Hoch Kykhyeh. | حوش كيخيه | K—3. |
| 160. | Okâlt el-bâchâ. | وكالة الباشا | K—6 |
| 161. | Okâlt el-Qobrousy. | وكالة القبرصى | K—6. |
| 162. | Okâlt el-Seyd Ahmed el-Mahrouqy. | وكالة السيد احمد المحروقى | K—6. |
| 163. | Okâlt el-Zeyt A'bd el-Rahmân aghâ. | وكالة الزيت عبد الرحمان اغا | K—6. |
| 164. | Okâlt el-Garâkeheh. | وكالة الجراكشة | K—5. |
| 165. | Okâlt Gouharlâleh. | وكالة جوهرلاله | K—5. |
| 166. | A'fet cheykh el-Haouâry. | عطفة شيخ الهوارى | K—5. |
| 167. | A'tfet el-A'fyfy. | عطفة العفيفى | K—5. |
| 168. | Okâlt el Hamzâouy el-Soghayr. | وكالة الحمزاوى الصغير | K—5. |
| 169 [1]. | Hammâm el-Kharrâtyn. | حمام الخراطين | K—6. |
| 170. | Hârt el-Sanâtyeh. | حارة السنانيه | K-5-6. |
| 171. | Souq el-Kharozâtyeh. | سوق الخرزانيه | K—6. |

[1] Entre les nos. 169 et 170, est *Beyt Ahmed aghâ Choueykâr*.

| NUMÉROS gravés SUR LE PLAN. | LISTE DES NOMS DES LIEUX, RUES, PLACES, MONUMENS. | | CARREAUX. |
|---|---|---|---|
| 172. | Okâlt el-Megaouryn. | وكالة المجورين | K—6. |
| 173. | Souq el-Ghoury *et* Souq el-Aqadyn el-Belady. | سوق الغورى | K—6. |
| 174 v°. | Khott el-Ouarrâqyn. | خط الوَرّاقين | K—6. |
| 175. | El-Koutbyeh. | الكُتبيه | K-5 |
| 176. | A'tfet el-Halaouâny. | عطفة الحلوانى | K—5. |
| 177. | Zâouyet el-Halouâgyn. | زاوية الحلوجين | K—5. |
| 178 | Okâlt el-A'goueh. | وكالة العجوه | K—5. |
| 179. | Hammâm el-Megaouryn. | حمّام المجورين | K—5. |
| 180. | Okâlt el-A'ârfyn. | وكالة العارفين | K—5. |
| 181. | Sekket Abou el-Zeyny. | سكة ابو الزينى | I-K-5. |
| 182. | Sibyl A'âmar Ga'far. | سبيل عامر جَعفر | K—5. |
| 183. | Okâlt el-Chobrâouy. | وكالة الشبراوى | K—5. |
| 184. | A'tfet el-Hamchary. | عطفة الهَمّشرى | K—5. |
| 185. | Souq el-Koutbyeh, *colleurs de cartons.* | سوق الكُتبيه | K—5. |
| 186. | Okâlt el-Nachâryn. | وكالة النشارين | K—5. |
| 187. | Okâlt el-Qafâs. | وكالة القفاص | K—5. |
| 188. | Zâouyet el-cheykh Ga'far el-Sa'ydy. | زاوية الشيخ جعفر السعيدى | K—6. |
| 189. | Okâlt el-Basmeh. | وكالة البصمه | K—6. |

| NUMÉROS gravés SUR LE PLAN. | LISTE DES NOMS DES LIEUX, RUES, PLACES, MONUMENS. | | CARREAUX. |
|---|---|---|---|
| 190. | Souq el Kharrâtyn. | سوق الخراطين | K—6. |
| 191. | Okâlt el-Gellâbeh, *pour les esclaves noirs des deux sexes.* | وكالة الجلّابه | K—6. |
| 192. | *Idem.* | | I-K-6. |
| 193. | Okâlt el-Hemyr. | وكالة الحمير | K—6. |
| 194 v°. | Gâma' el-Echrofyeh. | جامع الاشرفيه | K—6. |
| 195. | Derb el-A'sal. | درب العَسَل | I—5. |
| 196. | Gâma' Bezdâr. | جامع بزدار | I—5. |
| 197. | Okâlt el-Ezmerlé. | وكالة الازمرلى | I—5. |
| 198. | A'tfet el-Hammâm. | عطفة الحمّام | I-K-5. |
| 199. | Okâlt el-Baq. | وكالة البَق | I—5. |
| 200. | El-Bohârâtyeh. | البُهارتيه | I—5. |
| 201. | Hammâm Khân el-Khalyly el-Soghayr. | حمّام خان الخليلى الصغير | K—5. |
| 202. | Zâouyet Lechbok. | زاوية لشبُك | I—5. |
| 203. | Khân el-Soukkar. | خان السُكّر | I—5. |
| 204. | Khân el-Qahoueh. | خان القهوه | I—5. |
| 205. | *Marchands de cafetières, savons, tasses, balais, soufflets.* | | I—5. |
| 206. | Bâb el-Nahâs. | باب النحاس | I—5. |
| 207. | A'tfet el-Sibyl. | عطفة السبيل | I—5. |

| NUMÉROS gravés SUR LE PLAN. | LISTE DES NOMS DES LIEUX, RUES, PLACES, MONUMENS. | | CARREAUX. |
|---|---|---|---|
| 208. | Khân el-Sibyl. | خان السبيل | I–6. |
| 209. | Khân el-Khalyly. | خان الخليلى | I-5-6. |
| 210 | El-Târâtyeh, *brodeurs.* | الطاراطيه | I–5. |
| 211. | Sekket el-Hasaneyn. | سكة الحسنين | I–5. |
| 212. | Gâma' el-Hasaneyn. | جامع الحسنين | I–5 |
| 213 | Menzal el-cheykh el-Sâdât. | منزل الشيخ السادات | I–5. |
| 214. | A'tfet Meydah el-Hasaneyn. | عطفة ميضه الحسنين | I–5. |
| 215. | El-Hasaneyn. | الحسنين | I–5. |
| 216. | Okâlt el-Kafraouy. | وكالة الكفروى | I–5. |
| 217. | El-Habbâryeh, *fabricans d'encre.* | الحباريه | I–5. |
| 218 | Khân el-Henneh. | خان الحنّه | I–5. |
| 219. | Khân el-Boust. | خان البُسْط | I–5. |
| 220. | Khott el-Noqâlyeh. | خط النقاليه | I–5. |
| 221. | El-Saramâtyeh, *cordonniers.* | الصَرماتيه | I–5. |
| 222. | Beyt el-cheykh Moustafä el-Sâouy. | بيت الشيخ مصطفى الصاوى | I–5. |
| 223. | Okâlt Kouchouk. | وكالة كوشك | I–5. |
| 224. | Sibyl Khân Ga'far. | سبيل خان جعفر | I–5. |
| 225. | Zâouyet Khân Ga'far. | زاوية خان جعفر | I–5. |

| NUMÉROS gravés SUR LE PLAN. | LISTE DES NOMS DES LIEUX, RUES, PLACES, MONUMENS. | | CARREAUX. |
|---|---|---|---|
| 226. | Okâlt Khân Ga'far el-Kebyr. | وكالة خان جعفر الكبير | H-I-5. |
| 227. | Zâouyet el-Sâleh. | زاوية الصالح | I—5. |
| 228. | Zâouyet *ou petite mosquée* | زاوية | I—5. |
| 229. | Okâlt Khân el-Nahâs. | وكالة خان النحاس | I—5. |
| 230. | Sekket Khân el-Khalyly. | سكة خان الخليلى | I—6. |
| 231. | Sekket el-Sâlehyeh. | سكة الصالحيه | I—6. |
| 232 v$^{e}$. | El-Echrofyeh. | الاشرفيه | I-K-6. |
| 233. | Okâlt el-Nahâsyn. | وكالة النحاسين | I—6. |
| 234 v$^{e}$. | Gâma' el-cheykh Moutâhar. | جامع الشيخ مُطاهر | I—6. |
| 235 v$^{e}$. | Okâlt el-Kichâyât. | وكالة الكشايات | I—6. |
| 236 v$^{e}$. | Bâb el-Zoumeh, *ou* Bâb el-Zaher Mamraq. | باب الزومه او باب الزهر ممرَق | I—6. |
| 237. | El-Khourdagyeh. | الخُردَجيه | I—6. |
| 238 v$^{e}$. | Okâlt el-Dânochâry. | وكالة الدانوشارى | I—6. |
| 239. | Okâlt el-Tâbbouneh. | وكالة الطلبونه | I—6. |
| 240 v$^{e}$. | Sekket el-Moqeysy. | سكة المقيصى | I—6. |
| 241. | Dallâlyn, *marché des fripiers.* | دلالين | I—6. |
| 242. | Khân el-Leben. | خان اللبن | I—6. |
| 243 v$^{e}$. | Okâlt el-Gouhargyeh. | وكالة الجوهرجيه | I—6. |

| NUMÉROS gravés SUR LE PLAN. | LISTE DES NOMS DES LIEUX, RUES, PLACES, MONUMENS. | | CARREAUX. |
|---|---|---|---|
| 244 ve. | Sekket el-Sâghah. | سكة الساعه | I–6. |
| 245. | Souq el-Saramâtyeh. | سوق الصرماتيه | I–6. |
| 246 ve. | Souq Gouhargyeh. | سوق جوهرجيه | I–6. |
| 247. | Gâma' el-Sâleh. | جامع الصالح | I–6. |
| 248. | Hammâm el-Nahâsyn. | حمام النحاسين | I–6. |
| 249 ve. | El-Marabbâtyeh, *marchands de confitures.* | المرباتيه | I–6. |
| 250 ve. | A'tfet el-Nahâsyn. | عطفة النحاسين | I–6. |
| 251. | A'tfet el-Mouristân el-Qadym. | عطفة المُرستان القديم | H–5. |
| 252. | Khott el-Hasaneyn. | خط الحسنين | H–5. |
| 253. | Zâouyet el-Ma'bad. | زاوية المَعبَد | H–5. |
| 254. | Okâlt el-Achrâq. | وكالة الاشراق | H–5. |
| 255. | A'tfet A'bd el-Barr. | عطفة عبد البَرّ | H–5. |
| 256 [1]. | Okâlt Zou-l-Fiqâr el-Soghayr. | وكالة زولفقار الصغير | H–5. |
| 257. | Byr Moyeh Mâlehah, *puits d'eau salée.* | بير مايه مالحه | H–5. |
| 258. | Zâouyet el-cheykh Hoseyn. | زاوية الشيخ حُسين | H–5. |
| 259. | Gâma' Mahmoud Maharram. | جامع محمود محرّم | G–5. |
| 260. | A'tfet Bedr el-Dyn. | عطفة بدر الدين | H–5. |

[1] Par erreur, on a gravé, en face du n°. 260, le n°. 251 au lieu du n°. 256.

| NUMÉROS gravés SUR LE PLAN. | LISTE DES NOMS DES LIEUX, RUES, PLACES, MONUMENS. | | CARREAUX. |
|---|---|---|---|
| 261. | Zâouyet Hegâzyeh. | زاوية حجازيه | H—5. |
| 262. | Zâouyet Bedr el-Dyn. | زاوية بدر الدين | H—5. |
| 263. | Okâlt el-Balâhseh. | وكالة البلابسه | H—5. |
| 264. | A'tfet el-Roqa'h. | عطفة الرُقعه | H—5. |
| 265. | Beyt el-qâdy el-Aslâm. | بيت القاضى الاسلام | H—5. |
| 266. | Hammâm el-effendy. | حمّام الافندى | H—5. |
| 267. | Sibyl Goulchânyeh. | سبيل جُلشانيه | H—6. |
| 268. | *Épiceries, sucres, confitures.* | | H—6. |
| 269. | El-Mabyadah. | المبيَلك | G—4. |
| 270. | El-Mouristân. | المُرستان | H—6. |
| 271. | Okâlt el-Aouend. | وكالة الاوند | H—6. |
| 272. | Sibyl el-soultân Sâleh. | سبيل السلطان صالح | H—6. |
| 273. | Madfoun Sâleh. | مدفن صالح | H—6. |
| 274. | Gâma' el-Dâhryeh. | جامع الظاهريه | H—6. |
| 275 v°. | Gâma' soultân Qalâoun Mouristân. | جامع سلطان قلاون مُرستان | H—6. |
| 276 v°. | Souq el-Nahâsyn. | سوق النحّاسين | H—6. |
| 277 v°. | El-Soukkâryeh. | السُكّاريه | H—6. |
| 278 v°. | Gâma' el-soultân el-Nâsef. | جامع السلطان الناصف | H—6. |

| NUMÉROS gravés SUR LE PLAN. | LISTE DES NOMS DES LIEUX, RUES, PLACES, MONUMENS. | | CARREAUX. |
|---|---|---|---|
| 279 V°. | Gâma' el-soultân Barqouq. | جامع السلطان بَرقوق | H—6. |
| 280 V°. | Gâma' el-Kâmlyeh. | جامع الكامليه | H—6. |
| 281 V°. | Khott Beyn el-Qasreyn. | خط بين القَصرين | H—6. |
| 282 V°. | Hammâm el-soultân el-Kebyr. | حمام السلطان الكبير | H—6. |
| 283. | Gâma' cheykh el-Aslâm. | جامع شيخ الاسلام | H—5. |
| 284 | Derb Qermez. | درب قرمز | H-5-6. |
| 285. | Zâouyet A'bd el-Rahmân Kykhyeh. | زاوية عبد الرحمان كيخيه | H—6. |
| 286 V°. | Okâlt el-Roukn. | وكالة الركن | H—6. |
| 287. | Beyt Mahmoud Maharram. | بيت محمود محرّم | G—5. |
| 288. | Derb el-Masmat. | درب المَصمط | G—5. |
| 289 | Souq el-Gamâlyeh. | سوق الجماليه | G-H-5. |
| 290. | Okâlt Zou-l-Fiqâr. | وكالة ذو الفقار | G—5. |
| 291. | Sibyl Zou-l-Fiqâr. | سبيل ذو الفقر | G—5. |
| 292. | Derb el-Mabyadah. | درب المَبيَضه | G—5. |
| 293. | Gâma' Sounqor. | جامع سُنقُر | G—5. |
| 294. | Gâma' Beybars. | جامع بيبرس | G—5. |
| 295. | Okâlt el-Hemyr. | وكالة الحمير | ....... |
| 296. | *Peaux de bœuf tannées.* | | G—5. |

| NUMÉROS gravés SUR LE PLAN. | LISTE DES NOMS DES LIEUX, RUES, PLACES, MONUMENS. | | CARREAUX. |
|---|---|---|---|
| 297. | Hoch el-O'tay. | حوش العطى | G—5. |
| 298. | Okâlt Bekyr. | وكالة بكير | F—5. |
| 299. | Zâouyet A'bd el-Kerym. | زاوية عبد الكريم | G—5. |
| 300. | Okâlt el-Gedyd. | وكالة الجديد | F—5. |
| 301. | Rouqa't el-Qamh. | رقعة القمح | G—5. |
| 302. | Gâma' el-Ma'llaq. | جامع المعلّق | G—5. |
| 303. | Okâlt el-Kykhyeh. | وكالة الكيخيه | G—5. |
| 304. | Okâlt A'bbâs aghâ. | وكالة عباس اغا | G—5. |
| 305. | Okâlt el-Moghrabyeh. | وكالة المغربى | G—5. |
| 306. | Sibyl el-Mogharby. | سبيل المغربى | G—6. |
| 307. | Zâouyet el-Aa'gâm. | زاوية الاعجام | G—6. |
| 308 ve. | Hammâm el-Beysary. | حمّام البيسرى | H—6. |
| 309. | Okâlt el-Roukn. | وكالة الرُكن | G—6. |
| 310 viie. | Souq el-Khorounfech. | سوق الخُرنفش | G-H-6. |
| 311. | Okâlt el-Châmy. | وكالة الشامى | G—6. |
| 312 ve. | Okâlt el-Emchâtyeh. | وكالة الامشاطيه | G—6. |
| 313 ve. | Okâlt el-Hosaryeh. | وكالة الحُصريه | G—6. |

| NUMÉROS gravés SUR LE PLAN. | LISTE DES NOMS DES LIEUX, RUES, PLACES, MONUMENS. | | CARREAUX. |
|---|---|---|---|
| 314 [1]. | Sekket el-Khorounfech. | سكة الحُرنفش | G–6. |
| 315. | El-Sebâtyeh. | السباتيه | G–6. |
| 316. | Gâma' el-Aqmar. | جامع الاقمر | G–6. |
| 317. | El-Gamâlyeh. | الجماليه | G–5. |
| 318. | Gâma' el-Khânqah. | جامع الخانقه | G–5. |
| 319 | Sibyl Hârt el-Sâghah. | سبيل حارة الصاغه | G–5. |
| 320. | Hammâm el-Souâfeh. | حمّام الصوّافه | G–5. |
| 321. | Derb el-Asfar. | درب الاصفر | G–5. |
| 322. | *Maisons de négocians.* | | F-G-5. |
| 323. | Okâlt el-Toufâh. | وكالة التفاح | G–5. |
| 324. | Derb el-Asfar. | درب الاصفر | G–5. |
| 325. | *Cuirs et savons.* | | G–5. |
| 326. | Khott el-Roukn. | خط الرُكن | G–6. |
| 327. | Matbakh el-A'sal. | مطبخ العَسل | G–6. |
| 328. | Sibyl Beybars. | سبيل بيبرس | G–5. |
| 329. | Okâlt el-Tyneh. | وكالة التينه | G–5. |
| 330. | El-Cheykh el-Asfar. | الشيخ الاصفر | G–5. |

[1] *Voyez* le n°. 161 de la ve section.

| NUMÉROS gravés SUR LE PLAN. | LISTE DES NOMS DES LIEUX, RUES, PLACES, MONUMENS. | | CARREAUX. |
|---|---|---|---|
| 331. | Okâlt el-Qerab. | وكالة القرَب | F—5. |
| 332. | Okâlt el-Gedyd. | وكالة الجديد | F—5. |
| 333. | Sibyl el-Gouânyeh. | سبيل الجوانيه | F—5. |
| 334. | Okâlt el-Ferâkh. | وكالة الفراخ | F—5. |
| 335. | Derb el-Rachydy. | درب الرشيدى | F—5. |
| 336. | *Fabrique de soie koreych.* | | F—5. |
| 337. | Zâouyet Souq el-A'sr. | زاوية سوق العَسر | F—5. |
| 338. | *Teintureries, petits cafés.* | | F—5. |
| 339. | Okâlt el-Ghât el-Tâlet. | وكالة الغاط الثالث | F—6. |
| 340. | A'tfet el-Dobbabyeh. | عطفة الضُبَبيه | F—5. |
| 341. | A'tfet Abou Latah. | عطفة ابو لَطَه | F—6. |
| 342. | Okâlt el-Fyameh. | وكالة الفيَمه | F—5. |
| 343. | Okâlt el-Sâboun. | وكالة الصابون | F—5. |
| 344. | Okâlt Kheych. | وكالة خيش | F—5. |
| 345. | Souq el-A'sr. | سوق العَصر | F—5. |
| 346. | Okâlt el-Asâytah. | وكالة الاسايته | F—5. |
| 347. | Madfoun el-Ghazâl. | مدفن الغزال | F—5. |
| 348. | Cheykh el-Qâsed. | شيخ القاصد | F—5. |

| NUMÉROS gravés SUR LE PLAN. | LISTE DES NOMS DES LIEUX, RUES, PLACES, MONUMENS. | | CARREAUX. |
|---|---|---|---|
| 349 [1]. | Okâlt el-Mahsen. | وكالة المحسن | F—5. |
| 350. | Okâlt el-Mourgâu A'rab | وكالة المرجان عرب | F—5. |
| 351. | Okâlt el-Moulleh el-Kebyreh. | وكالة الهلّه الكبيره | F—5. |
| 352 [2]. | Okâlt el-Moulleh el-Soghayreh. | وكالة الهلّه الصغيره | F—5. |
| 353 [3]. | Okâlt el-Hemyr. | وكالة الحمير | F—5. |
| 354. | Okâlt el-Qamh. | وكالة القمح | F—5. |
| 355. | Okâlt el-Qotn. | وكالة القطن | E—5. |
| 356. | Okâlt el-Zeyt. | وكالة الزيت | E—5 |
| 357. | Okâlt Khalylyeh. | وكالة الخليليه | E—5. |
| 358. | Cheykh Abou el-Kheyr. | شيخ ابو الخير | F—6. |
| 359. | Cheykh Doueydâr. | شيخ دويدار | E—6. |
| 360. | Okâlt cheykh el-Sâdât. | وكالة شيخ السادات | E—6. |
| 361. | Gâma' el-Hâkim. | جامع الحاكم | E—5. |
| 362 ve. | Matbakh el-A'sal el-Esoued. | مطبخ العسل الاسود | E—6. |
| 363 ve. | Okâlt el-Nyleh. | وكالة النيله | E—6. |
| 364. | Okâlt el-Hemyr. | وكالة الحمير | E—6. |

[1] Cet okel est de l'autre côté de la rue.
[2] *Idem.*
[3] *Idem.*

| NUMÉROS gravés SUR LE PLAN. | LISTE DES NOMS DES LIEUX, RUES, PLACES, MONUMENS. | | CARREAUX. |
|---|---|---|---|
| 365. | Okâlt el-Toum. | وكالة الثوم | E—6. |
| 366. | *Marché aux herbes.* | | E—6. |
| 367. | Gayyârah | جَيّارَه | E—5. |
| 368. | Bâb el-Nasr. | باب النصر | E—5. |
| 369. | Sibyl Bâb el-Nasr. | سبيل باب النصر | E—5. |
| 370. | El-A'âdlyeh. | العَادليه | E-4-5. |
| 371. | A'tfet el-Khoucheybeh. | عطفة الخشيبه | E—5. |
| 372. | Masmat el-Kouâre'. | مصمط الكوارع | E—5. |
| 373. | Sekket el-Qassâsyn. | سكة القصاصيين | E—5. |
| 374. | Sibyl Hasan el-Chonouâny. | سبيل حسن الشنوانى | E—5. |
| 375 v<sup>e</sup>. | Zâouyet el-Seyd Bedr. | زاوية السيد بَدر | E—5. |
| 376 v<sup>e</sup>. | A'tfet Koucheyk. | عطفة كشيك | D-E-5. |
| 377 v<sup>e</sup>. | Bâb el-Qassâsyn. | باب القصاصيين | E—5. |
| 378 v<sup>e</sup>. | Okâlt el-Hemyr. | وكالة الحمير | E—5. |
| 379 v<sup>e</sup>. | Gayyârah, *four à chaux.* | جيارَه | E—5. |
| 380 v<sup>e</sup>. | Souq Bâb el-Foutouh. | سوق باب الفتوح | D—5. |
| 381. | Okâlt el-ymâm. | وكالة اليمام | D—6. |
| 382 v<sup>e</sup>. | Okâlt el-Kichâyât. | وكالة الكشايات | D—5. |

| NUMÉROS gravés SUR LE PLAN. | LISTE DES NOMS DES LIEUX, RUES, PLACES, MONUMENS. | | CARREAUX. |
|---|---|---|---|
| 383 v^e. | Zâouyet el-bâchâ. | زاوية الباشا | D-5. |
| 384 v^e. | Okâlt el-Dânochâry. | وكالة الدانوشارى | D-5. |
| 385 v^e. | A'tfet el-Beyrâqdâr. | عطفة البيراقدار | D-5. |
| 386. | Zâouyet el-Sitty Ra'oumeh. | زاوية الستى رعومه | D-5. |
| 387. | *Cette rue est sans issue.* | | D-5. |
| 388 v^e. | Okâlt el-Gellâbeh el-Soghayr. | وكالة الجلابه الصغير | D-5. |
| 389 v^e. | Okâlt el-Nahâsyn. | وكالة النحاسين | D-5. |
| 390 v^e. | Okâlt el-Tâbouneh. | وكالة الطابونه | D-6. |
| 391 v^e. | Zâouyet Abou Qaché. | زاوية ابو قشا | D-5. |
| 392 v^e. | *Moulin à huile.* | | D-5. |
| 393 v^e. | A'tfet el-Châa'r. | عطفة الشاعر | D-5. |
| 394 v^e. | A'tfet el-Halleh. | عطفة الحلّه | C-5. |
| 395 v^e. | Derb el-Qeghtâ. | درب القغطا | C-5. |
| 396 v^e. | A'tfet el-Khaouâs. | عطفة الخواص | C-5. |
| 397 v^e. | Bâb el-Khourdy. | باب الخوردى | C-5. |
| 398 v^e. | Souq el-Saramâtyeh. | سوق الصرماتيه | C-5. |
| 399 v^e. | Souq el-Dellâlyn. | سوق الدلالين | B-5. |
| 400. | Okâlt el-Goubargych. | وكالة الجوهرجيه | C-5. |

| NUMÉROS gravés SUR LE PLAN. | LISTE DES NOMS DES LIEUX, RUES, PLACES, MONUMENS. | | CARREAUX. |
|---|---|---|---|
| 401 v°. | Khân el-Leben. | خان اللبن | D—5. |
| 402 v°. | Souq el-Lymoun. | سوق الليمون | E—6. |
| 403 v°. | El-cheykh el-Matbouly. | الشيخ المتبولى | E—6 |
| 404. | Okâlt el-Gellâbeh el-Soghâyr. | وكالة الجلابه الصغير | I—6. |
| 405. | *Teinture par impression.* | | H—6. |
| 406. | Derb el-Roussâs. (*Voyez* 113.) | درب الرُصاص | H—4. |

## VIIIe SECTION.

| | | | |
|---|---|---|---|
| 1. | El-Ouercheh, *carrières.* * | الوُرشه | R—2. |
| 2. | Sâqyet Sysâryeh. | ساقية سيساريه | R-S-2. |
| 3. | Tourab el-Hattabeh. | تُرب الحطّبه | R—2. |
| 4. | Gâma' Sysâryeh. | جامع سيساريه | S—2. |
| 5. | El-cheykh O'smân. | الشيخ عثمان | R-S-2. |
| 6. | *Maisons abandonnées.* | | S—2. |
| 7. | Derb el-Sâryq. | درب الصاريق | S—2. |
| 8. | El-Derb el-Ouestâny. | الدرب الوسطانى | R-S-2-3. |
| 9. | Gâma' el-Saba' Salâtyn. | جامع السبع سلاطين | R—2. |
| 10. | El-Kafr. | الكفر | R—2. |
| 11. | El-Hattâbeh. | الحطّبه | S—4. |

| NUMÉROS gravés SUR LE PLAN. | LISTE DES NOMS DES LIEUX, RUES, PLACES, MONUMENS. | | CARREAUX. |
|---|---|---|---|
| 12. | Gâma' el-Loudâmy. | جامع اللدامى | Q-R-3. |
| 13. | El-cheykh Qalantayeh * | الشيخ قلنتيه | Q—3. |
| 14. | Tourab Qâyd bey.* | تُرب قايد بيه | P-2-3. |
| 15. | Tourab el-Atleh.* | تُرب الاتله | O—2. |
| 16. | El-Soueyqah. | السويقه | S—3. |
| 17. | Bàb el-Derys. | باب الدريس | S—3 |
| 18. | Okàlt el-Derys. | وكالة الدريس | S—3. |
| 19. | El-Zàouyet el-Refâ'y. | الزاوية الرفاعى | S—3. |
| 20. | Derb el-Qolaly. | درب القُللى | S—3. |
| 21. | A'tfet el-Zara'. | عطفة الزَرع | S—3. |
| 22. | Derb el-Halyq. | درب الحليق | S—3. |
| 23. | Zàouyeh *ou petite mosquée.* | زاويه | S—3. |
| 24. | Derb el-Zàouyeh. | درب الزاويه | S—3. |
| 25. | Derb el-Khoukhah. | درب الخوخه | R—3. |
| 26. | El-Zàouyet el-Henoud. | الزاوية الهنود | S—3. |
| 27. | *Teinturerie.* | | R—3. |
| 28. | Derb el-Dahdourah. | درب الدَحدورَه | R—3. |
| 29. | Derb el-Soghayr. | درب الصغير | R—3. |

| NUMÉROS gravés SUR LE PLAN. | LISTE DES NOMS DES LIEUX, RUES, PLACES, MONUMENS. | | CARREAUX. |
|---|---|---|---|
| 30. | Zâouyeh *ou petite mosquée.* | زاويه | R—3. |
| 31. | Derb Abou Tartour. | درب ابو طرطور | R—3. |
| 32. | Hârt el-Hattâbeh. | حارة الحطابه | R—3. |
| 33. | Sibyl A'bd el-Rahmân Kykhyeh. | سبيل عبد الرحمان كيخيه | R—3. |
| 34. | A'tfet el-Abyad. | عطفة الابيض | R—3. |
| 35. | A'tfet el-Zeyfân. | عطفة الزيفان | R—3. |
| 36. | Gâma' el-Menchekyeh. | جامع المنشكيه | R—3. |
| 37. | Bâb el-Menchekyeh, *porte fermée.* | باب المنشكيه | R—3. |
| 38. | Derb el-Nakhleh. | درب النخله | R—3. |
| 39. | Gâma' el-Ounsyeh. | جامع الونسيه | R—3. |
| 40. | Bâb el-Oudâa'. | باب الوداع | R—3. |
| 41. | Sekket el-Loudâmy. | سكة اللدامى | R—3. |
| 42. | Tourab Bâb el-Ouizyr.* | ترب باب الوزير | P-Q-3. |
| 43. | Gâma' el-Tingezyeh.* | جامع التنجزيه | P—3. |
| 44. | Gâma' Qâyd bey.* | جامع قايد بيه | P—3. |
| 45. | Bourg Maqlad.* | برج مقلد | O—3. |
| 46. | Bâb Derb el-Mahrouq. | باب درب المحروق | M—3. |
| 47 citadelle. | Sekket Bâb el-Enkechâryeh. | سكة باب الانكشاريه | S—4. |

| NUMÉROS gravés SUR LE PLAN. | LISTE DES NOMS DES LIEUX, RUES, PLACES, MONUMENS. | | CARREAUX. |
|---|---|---|---|
| 48. | Sekket el-Roumeyleh. | سكة الرُميله | S—4. |
| 49. | El-Mahgar. | المحجر | S—4. |
| 50 | El-Mouristân el Qadym. | المرستان القديم | S—4. |
| 51. | Zâouyet el-Henoud. | زاوية الهنود | S—4. |
| 52. | A'tfet el-Tekyeh. | عطفة التكيه | R—4. |
| 53. | El-Kharâfyeh. | الخرافيه | R—4. |
| 54. | Derb el-Soukkary. | درب السُكّرى | R-S-4. |
| 55. | Gâma' el-Soukkary. | جامع السُكّرى | S—4. |
| 56. | A'tfet el Soukkary. | عطفة السُكّرى | R—5. |
| 57. | Derb el-Fourn. | درب الفُرن | R—4. |
| 58. | Sekket Bâb el-Ouizyr. | سكة باب الوزير | R—4. |
| 59. | Sekket el-Koumy. | سكة الكومى | R—5. |
| 60. | A'tfet Koheyl. | عطفة كُحيل | R—4. |
| 61. | Derb el-Habbâneh. | درب الحبّانه | R—5. |
| 62. | Okâlt Mouristân el Qadym. | وكالة مرستان القديم | R—4. |
| 63. | Gâma' Bâb el-Ouizyr. | جامع باب الوزير | R—4. |
| 64. | Sibyl Bâb el-Ouizyr. | سبيل باب الوزير | R—4. |

| NUMÉROS gravés SUR LE PLAN. | LISTE DES NOMS DES LIEUX, RUES, PLACES, MONUMENS. | | CARREAUX. |
|---|---|---|---|
| 65 [1]. | Bâb el-Ouizyr. | باب الوزير | R—4. |
| 66. | Cheykh Aydoumouch * | شيخ ايدمش | R—4. |
| 67. | Derb el-Qazzâzyn. | درب القزازين | R-4-5. |
| 68. | Gâma' el-soultân Terâbyeh. | جامع السلطان ترابيه | Q—4. |
| 69. | Beyt Moustafâ Kykhyeh. | بيت مصطفى كيخيه | O—4. |
| 70. | Sibyl el-Zâouyet cheykh Mourchad. | سبيل الزاوية شيخ مورشد | Q—4. |
| 71. | A'tfet Yahyä. | عطفة يحيى | Q—4. |
| 72. | A'tfet el-Ouâhyeh. | عطفة الواحيه | Q—4. |
| 73. | A'tfet el-Markaz. | عطفة المركز | Q—4. |
| 74. | A'tfet el-Byr. | عطفة البير | Q-4-5. |
| 75. | Cheykh Amourât el-Dâher Beybars. * | شيخ امراة الظاهر بيبرس | Q—4. |
| 76. | Hârt el-Kharbakyeh. | حارة الخربكيه | Q—5. |
| 77. | Sekket el-Kharbakyeh. | سكة الخربكيه | Q-4-5. |
| 78. | Gâma' el-Kharbakyeh. | جامع الخربكيه | Q—5. |
| 79. | Tourab el-Kharbakyeh. | ترب الخربكيه | Q—4. |
| 80. | Sibyl el-Kharbakyeh. | سبيل الخربكيه | Q—5. |
| 81. | *Fort Hornet.** | | Q—4. |

[1] Le n°. 65 a aussi été gravé dans les carreaux N-O-3 pour indiquer les buttes de décombres.

| NUMEROS gravés SUR LE PLAN. | LISTE DES NOMS DES LIEUX, RUES, PLACES, MONUMENS. | | CARREAUX. |
|---|---|---|---|
| 82. | Gâma' Ibrâhym aghâ. | جامع ابراهيم اغا | P-Q-5. |
| 83. | Derb Choghlân. | درب شوغلان | N—4. |
| 84 | A'tfet Choghlân. | عطفة شوغلان | P—4. |
| 85. | Kharabet Regabyeh. | خربة رجبيّه | P—4. |
| 86. | Hoch Abou A'âmer. | حوش ابو عامر | O—4. |
| 87. | El-Zâouyet el-Khodeyry. | الزاوية الخُضيرى | O—4. |
| 88. | A'tfet A'ly aghâ. | عطفة على اغا | O-4-5. |
| 89. | Kharâbet Mecha'l. | خرابة مَشعَل | O—4. |
| 90. | El-Zâouyet cheykh A'bd-allah. | الزاوية شيخ عبد الله | O—4. |
| 91. | Gâma' Sitty el-Nabouyeh. | جامع ستى النَبَويّه | O—5. |
| 92. | A'tfet el-Nabouyeh. | عطفة النبويه | N-O-4-5. |
| 93. | Hoch el-Gedyd. | حوش الجديد | O—4. |
| 94. | Gâma' Aslân. | جامع اصلان | N—4. |
| 95. | A'tfet Gâma' Aslân. | عطفة جامع اصلان | N—4. |
| 96. | Sekket Gâma' Aslân. | سكة جاع اصلان | N—4. |
| 97. | Sibyl el-Ab Ayoub el-Mohdy. | سبيل الاب ايوب المُهدى | N—4. |
| 98. | A'tfet el-Tâhoun. | عطفة الطاحون | N—4. |
| 99. | El-cheykh Goueyny. | الشيخ جوينى | N—4. |

| NUMÉROS gravés SUR LE PLAN. | LISTE DES NOMS DES LIEUX, RUES, PLACES, MONUMENS. | | CARREAUX. |
|---|---|---|---|
| 100. | Derb el-Mahrouq. | درب المحروق | M-N-4. |
| 101. | A'tfet el-Byr. | عطفة البير | N—4. |
| 102. | Beyt Ahmed bey. | بيت احمد بيه | N—4. |
| 103. | Byr el-Mech, *nom d'un puits et de la rue où il est situé.* | بير المش | N—5. |
| 104. | A'tfet el-Henoud. | عطفة الهنود | M—4. |
| 105. | Derb el-Dalyl. | درب الدليل | M—5. |
| 106. | A'tfet Abou el-Qout. | عطفة ابو القوط | M—4. |
| 107. | Kharâbet Moutâoua'. | خرابة مطاوع | M—4. |
| 108. | Gâma' el-A'nbaryeh. | جامع العنبريه | M—4. |
| 109. | A'tfet Cherâryeh. | عطفة شراريه | M—3. |
| 110. | Derb el-A'zaqy. | درب العزقى | M—4. |
| 111. | Hoch el-Bybâny. | حوش البيبانى | M—4. |
| 112. | Derb el-Qazzâzyn. | درب القزازين | M—4. |
| 113. | Zâouyet el-Foqâny. | زاوية الفوقانى | L—3. |
| 114. | Sekket el-Bâtlyeh, *et* el-Bâtlyeh. | سكة الباطليه | M—5. |
| 115. | Derb Hoseyn. | درب حسين | M—4. |
| 116. | El-Bâtlyeh. | الباطليه | M—4. |
| 117. | Souq el-Bâtlyeh. | سوق الباطليه | L—4. |

| NUMÉROS gravés SUR LE PLAN. | LISTE DES NOMS DES LIEUX, RUES, PLACES, MONUMENS. | | CARREAUX. |
|---|---|---|---|
| 118. | Gâma' Seydoun el-Qasrâouy. | جامع سيدون القصراوى | M—5. |
| 119. | Zâouyet el-Arba'yn. | زاوية الاربعين | L—4. |
| 120. | A'tfet el-Dayaqah. | عطفة الضيّقه | L—4. |
| 121. | A'tfet Ebn Edrys. | عطفة ابن ادريس | L—4. |
| 122. | Hoch Basyounyeh. | حوش بَسيونيه | L—4. |
| 123. | Sibyl el-Aa'rafyn. | سبيل الاعرفين | L—4. |
| 124. | *Point où la rue est bouchée.* | | L—5. |
| 125. | A'tfet el-Hecht. | عطفة الهشت | L—4. |
| 126. | Sekket el-Doueydâry. | سكة الدويدارى | L—4. |
| 127. | Sibyl A'ly Kykhyeh. | سبيل على كيخيه | S—5. |
| 128. | Gâma' el-Mahmoudyeh. | جامع المحموديه | S—5. |
| 129. | Derb el-Masna'. | درب المَصنَع | S-5-6. |
| 130. | Gâma' Emyr Yâkhour. | جامع اسير ياخور | S—5. |
| 131. | Derb el-Qoutneh. | درب القُطنه | S—5. |
| 132. | A'tfet el-Dâly Ibrâhym. | عطفة الدالى ابراهيم | S—5. |
| 133. | Gâma' Gouharlâleh. | جامع جوهرلاله | R-S-5. |
| 134. | A'tfet el-Labbâneh. | عطفة اللابانه | R—5. |
| 135. | A'tfet el-Mantâouy. | عطفة المنطاوى | R—5. |

| NUMÉROS gravés SUR LE PLAN. | LISTE DES NOMS DES LIEUX, RUES, PLACES, MONUMENS. | | CARREAUX. |
|---|---|---|---|
| 136. | Cheykh el-Refâ'y. | شيخ الرفاعى | S—6. |
| 137. | Sibyl effendy. | سبيل افندى | S—6. |
| 138. | El-Zâouyet cheykh Lâouy. | الزاوية شيخ لاوى | S—6. |
| 139. | Sekket el-Refâ'y. | سكة الرفاعى | R-S-6. |
| 140. | Kharâbet el-Benâgoueh. | خرابة البناجوه | R—6. |
| 141. | Derb Halâouât. | درب حلاواة | R—6. |
| 142. | A'tfet Halâouât. | عطفة حلاواة | R—5. |
| 143. | Souq el-E'zzy. | سوق العزى | P-Q-5-6 |
| 144. | Beyt Hasan bey. | بيت حسن بيه | R—6. |
| 145. | Zâouyet el-cheykh Hoseyn. | زاوية الشيخ حسين | R—6. |
| 146. | Gâma' el-Sâys [1]. | جامع السايس | R—6. |
| 147. | Beyt A'ly aghâ. | بيت على اغا | Q—6. |
| 148. | A'tfet el-Ghandour. | عطفة الغَندور | Q—5. |
| 149. | El-Zâouyet Belefyeh. | الزاوية بلفيه | Q—5. |
| 150. | Gâma' Alty Barmaq. | جامع التى برمَق | Q—5. |
| 151. | Sibyl Sitty el-Bedaouyeh. | سبيل سيد البدويه | Q—6. |
| 152. | Sibyl *ou* Hod A'ly Kykhyeh. | سبيل او حوض على كيخيه | Q—6. |

[1] Auprès est *Hammâm Souq el-Selâh* pour les hommes.

| NUMÉROS gravés sur le plan. | LISTE DES NOMS DES LIEUX, RUES, PLACES, MONUMENS. | | CARREAUX. |
|---|---|---|---|
| 153. | Sibyl Hasan aghâ. | سبيل حسن اغا | Q—6. |
| 154. | 85e *demi-brigade.* | | Q—5. |
| 155. | Derb el-Qazzâzyn. | درب القزازين | Q—5. |
| 156. | Beyt Moustafä effendy. | بيت مصطفى افندى | Q—5. |
| 157. | El-Zâouyet Derb el-Qazzâzyn. | الزاوية درب القزازين | Q—5. |
| 158. | Gâma' Mesdâdeh. | جامع مسداده | Q—6. |
| 159. | Sibyl Ibrâhym aghâ. | سبيل ابراهيم اغا | P—5. |
| 160. | Sibyl Belefyeh. | سبيل بلفيه | P—5. |
| 161. | A'tfet el Sâqyeh. | عطفة الساقيه | P—5. |
| 162. | Sekket el-Ensâry. | سكة الانصارى | Q—5. |
| 163. | Beyt Mohammed bey el-Manfoukh. | بيت محمد بيه المنفوخ | Q—5. |
| 164. | Hammâm el-Gedyd, *grand bain.* | حمّام الجديد | Q—5. |
| 165. | El-Tabbâneh. | التبانه | P—5. |
| 166. | Madfoun Ibrâhym aghâ. | مدفن ابراهيم اغا | P—5. |
| 167. | Gâma' Om el-soultân. | جامع أم السلطان | P—5. |
| 168[1]. | El-Zâouyet Moustafä effendy. | الزاوية مصطفى افندى | P—5. |
| 169. | A'tfet el-Moubayad. | عطفة المبيض | O—5. |

[1] Le no. 168 est mal gravé.

| NUMÉROS gravés sur le plan. | LISTE DES NOMS DES LIEUX, RUES, PLACES, MONUMENS. | | CARREAUX. |
|---|---|---|---|
| 170. | Souq el-Tabbâneh. | سوق التبانه | O—5. |
| 171. | A'tfet O'smân Sâouch. | عطفة عثمان صاوش | P—5. |
| 172. | El-Gazzâlyn, *brodeurs*. | الغزالين | P—5. |
| 173. | A'tfet el-Arba'yn. | عطفة الاربعين | P—5. |
| 174. | Sibyl Moustafä Kykhyeh. | سبيل مصطفى كيخيه | O—5. |
| 175. | Zâouyet Abou el-Yousfeyn | زاويه ابو اليوسفين | O—5. |
| 176. | Sibyl el-Azhar. | سبيل الازهر | O—5. |
| 177. | Sibyl el-Bahtagy. | سبيل البحتجى | O—5. |
| 178. | El-Zâouyet el-Arba'yn. | الزاوية الاربعين | O—5. |
| 179. | Beyt Baqlagy. | بيت البقلجى | O—5. |
| 180. | Gâma' el-Mardâny. | جامع المَردانى | O—5. |
| 181. | Derb el-Mardâny. | درب المَردانى | O—5. |
| 182. | *Maison du commandant turk de la section.* | | O—5. |
| 183. | Beyt Châhyn Kâchef. | بيت شاهين كاشف | N-O-5. |
| 184. | Derb el-Syâgh. | درب الصيّاغ | N-O-5. |
| 185. | *Passage et mosquée.* | | N—5. |
| 186. | Beyt Moustafä kâchef Tourah. | بيت مصطفى كاشف طره | O—5. |
| 187. | Bâb Zara' el-Naoueh. | باب زرع النوه | O—5. |

| NUMÉROS gravés SUR LE PLAN. | LISTE DES NOMS DES LIEUX, RUES, PLACES, MONUMENS. | | CARREAUX |
|---|---|---|---|
| 188. | Zara' el-Naoueh. | زرع النوه | N–5. |
| 189 | Zâouyet el-Barâde'yeh. | زاوية البرادعيه | N–5. |
| 190. | Zâouyet Zara' el-Naoueh. | زاوية زرع النوه | N–5. |
| 191. | Hârt Zara' el-Naoueh. | حارة زرع النوه | N-4-5. |
| 192. | El-Barâde'yeh [1]. | البرادعيه | N–5. |
| 193. | A'tfet el-Balachouny. | عطفة البلشونى | N–6. |
| 194. | Okâlt el-Milâyât. | وكاله الملايات | N–5. |
| 195. | Derb el-Ahmar. | درب الاحمر | N–6. |
| 196. | Gâma' Qesmâs el Barâde'yeh. | جامع قسماس البرادعيه | N–5. |
| 197. | A'tfet Abou Kelb. | عطفة ابو كلب | N–5. |
| 198. | Sibyl el-Mechhady. | سبيل المشهدى | N–5. |
| 199. | Hod el-Mousleh *ou* el-Mously. | حوض الموسله او الموسلى | N–5. |
| 200. | Sibyl el-Gabbâseh. | سبيل الجباسه | N–5. |
| 201. | Mouqaf el-Hommârah. | موقف الحمارة | N–5. |
| 202. | Hârt el-Rakhabeh. | حارة الرخبه | M–5. |
| 203. | A'tfet el-Tâhoun. | عطفة الطاحون | M–5. |
| 204. | Beyt el-Batrak, *maison du patriarche.* | بيت البترك | M–5. |

[1] Auprès est *Hammâm bâb el-Ouizyr.*

| NUMÉROS gravés SUR LE PLAN. | LISTE DES NOMS DES LIEUX, RUES, PLACES, MONUMENS. | | CARREAUX. |
|---|---|---|---|
| 205. | A'tfet el-Sibyl. | عطفة السبيل | M—6. |
| 206. | *Marché et okel de* Ma'llem Girgès el-Gouhary. | سوق و وكالة المعلم جرجس الجوهری | M—5. |
| 207. | A'tfet Bourbarah. | عطفة بربره | M—5. |
| 208. | A'tfet el-Fourn. | عطفة الفُرن | M—5. |
| 209. | A'tfet el-Byr. | عطفة البير | M—5. |
| 210. | A'tfet el-Okâlt. | عطفة الوكالة | M—6. |
| 211. | Zâouyet cheykh el-Houy. | زاوية شيخ الهوى | M—5. |
| 212. | A'tfet el-Emyr Tâdros. | عطفة الامير تادرس | M—5. |
| 213. | Hârt el-Roum. | حارة الروم | M-5-6. |
| 214. | A'tfet el-Cherâyby. | عطفة الشرايبى | L—5. |
| 215. | Gâma' el-Khourbatly. | جامع الخُربَطلى | L—5. |
| 216. | A'tfet el-Qâboun. | عطفة القابون | L—6. |
| 217. | *Quartier peu habité.* | | L—5. |
| 218. | Beyt A'ly Kykhyeh Khourbatly. | بيت على كيخيه خربطلى | L—5. |
| 219. | Hoch Qadam. | حوش قَدَم | L—5. |
| 220. | Sibyl Khalyl effendy. | سبيل خليل افندى | L—5. |
| 221. | A'tfet Khalyl effendy. | عطفة خليل افندى | L—5. |
| 222. | Zâouyet cheykh el-Dardyr. | زاوية شيخ الدردير | L—5. |

| NUMÉROS gravés SUR LE PLAN. | LISTE DES NOMS DES LIEUX, RUES, PLACES, MONUMENS. | | CARREAUX. |
|---|---|---|---|
| 223. | Sekket el-Kahakyn. | سكة الكحكين | L—5. |
| 224. | Gâma' Sy *ou* Sydy el-Hay Abou A'qb. | جامع سى اوسيدى الحى ابو عقب | L—5. |
| 225. | Okâlt el-Qarâdah. | وكالة القراضه | L—5. |
| 226. | Okâlt el-Moghârbeh. | وكالة المغاربه | K-5-2. |
| 227. | Sibyl Sy Hayeh *ou* Sydy Hayeh. | سبيل سى حيه او سيدى حيه | L—5. |
| 228. | Sibyl Mohammed el-Chonouâny. | سبيل محمد الشنوانى | L—5. |
| 229. | Hammâm el-Masbaghah. | حمام المصبغه | K—5. |
| 230. | Okâlt el-Magâouryn. | وكالة المجاورين | K—5. |
| 231. | Derb Loulyeh. | درب لوليه | L—5. |
| 232. | Sibyl Goulobânyeh. | سبيل جُلهانيه | N—6. |
| 233. | *Cordonniers.* | | M—6. |
| 234. | Gâma' Senân el-Yousfey. | جامع سنان اليوسفى | N—6. |
| 235. | Okâlt el-Khanzyr. | وكالة الخنزير | N—6. |
| 236. | Beyt Hasan Bey Qasabet Radouân. | بيت حسن بيه قصبة رضوان | N—6. |
| 237. | Gâma' el-Mahmoudyeh. | جامع المحموديه | N—7. |
| 238. | *Maisons des gens de l'*Ouâly. | | N—6. |
| 239, | Baouâbeh el-Ouâly. | بَوّابه الوالى | N—6. |

| NUMÉROS gravés sur le plan. | LISTE DES NOMS DES LIEUX, RUES, PLACES, MONUMENS. | | CARREAUX. |
|---|---|---|---|
| 240. | El-Qerâbyeh. | القرابيه | N—7. |
| 241. | El-Gazzâryn, *bouchers*. | الجزارين | M—7. |
| 242. | Sekket el-Gazzâryn. | سكة الجزارين | M—7. |
| 243. | Gâma' el-Sâleh. | جامع الصالح | N—6. |
| 244. | A'tfet el-Qâdryeh. | عطفة القادريه | M—6. |
| 245. | A'tfet el-Moqachât. | عطفة المقشاة | M—6. |
| 246. | Derb el-Qoundaqgyeh. | درب القُندُقجيه | N—6. |
| 247. | Hammâm el-Derb el-Ahmar. | حمّام الدرب الاحمر | N—6. |
| 248. | Cheykh A'ly el-Seddâr. | شيخ على السدّار | M—6. |
| 249. | Bâb Zoueyleh. | باب زويله | M—6. |
| 250. | El-Moutouâlly. | المتوالّى | M—6. |
| 251. | El-Qoundaqgyeh. | القندقجيه | M—6. |
| 252. | Ma'mal el-Khall. | معمل الخلّ | M—6. |
| 253. | Hammâm el-Soukkaryeh. | حمّام السُكّريه | M—6. |
| 254. | A'tfet el-Soukkaryeh. | عطفة السكّريه | M—6. |
| 255. | Gâma' el-soultân el-Moyed. | جامع السلطن الموئد | M—7. |
| 256. | Okâlt el-Sibyl Sitty Nefyseh Mourâd bey. | وكالة السبيل ستى نفيسه مُراد بيه | M—6. |
| 257. | El-Soukkaryeh. | السكريه | M—6. |

| NUMÉROS gravés SUR LE PLAN. | LISTE DES NOMS DES LIEUX, RUES, PLACES, MONUMENS. | | CARREAUX. |
|---|---|---|---|
| 258. | El-Monâkhlyeh. | المناخليه | M–6. |
| 259. | Sibyl el-Moyed. | سبيل المويد | M–7. |
| 260. | El-Mâti'yn el-Moyed. | المتعين المويد | M–6. |
| 261. | Matbakh el-A'sal el-Esoued. | مطبخ العسل الاسود | M–6. |
| 262. | Okâlt el-Milâyât. | وكالة الملايات | L–6. |
| 263. | A'tfet Chamseh. | عطفة شمسه | M–6. |
| 264. | *Moulins à huile.* | طحونة السيرج | M–6. |
| 265. | *Porte de* Hârt el-Roum *ou du quartier Grec.* | باب حارة الروم | M–6. |
| 266. | *Turks.* | | M–6. |
| 267. | A'tfet el-Dahaby. | عطفة الدهبى | M–6. |
| 268. | Derb el-Gedyd. | درب الجديد | L–6. |
| 269. | Beyt Moustâfa Kykhyeh. | بيت مصطفى كيخيه | M–6. |
| 270. | Okâlt el-Milâyât. | وكالة الملايات | L–6. |
| 271. | Zâouyet Sysân. | زاوية سيسان | L–6. |
| 272. | A'tfet el-Habbâkyn. | عطفة الحباكين | L–6. |
| 273. | A'tfet el-Rossâm. | عطفة الرسام | L–6. |
| 274. | Gâma' el-Faka'âny. | جامع الفكعانى | L–6. |
| 275. | Okâlt el-Bastyeh | وكالة البسطيه | L–6. |

| NUMÉROS gravés SUR LE PLAN. | LISTE DES NOMS DES LIEUX, RUES, PLACES, MONUMENS. | | CARREAUX. |
|---|---|---|---|
| 276. | Okâlt el-Khourbatly. | وكالة الخربطلى | L-6. |
| 277. | El-A'qâdyn, *fabricans de cordons de soie.* | العقادين | L-6. |
| 278. | *Idem.* | | L-6. |
| 279. | El-A'labyeh. | العلبيه | L-6. |
| 280. | A'tfet el-Habbâkyn. | عطفة الحباكين | L-6. |
| 281. | Okâlt el-Khachabeh. | وكالة الخشبه | L-6. |
| 282. | El-Fahhâmeyn. | الفحامين | L-6. |
| 283. | El-Taouaqgyeh. | الطوقجيه | L-6. |
| 284. | Sekket el-Fahhâmyn. | سكة الفحامين | L-6. |
| 285. | Khott el-Chaouâyn. | خط الشوايين | L-6. |
| 286. | Hoch Qadam. | حوش قدم | L-6. |
| 287. | A'tfet Cheq el-E'rseh. | عطفة شق العرسه | L-6. |
| 288. | A'tfet el-Gams. | عطفة الجبص | L-6. |
| 289. | A'tfet Hammâm el-Gibâleh. | عطفة حمام الجباله | L-6. |
| 290. | Bâb el-Hammâm. | باب الحمام | L-6. |
| 291. | Hammâm el-Gibâleh. | حمام الجباله | L-6. |
| 292. | Okâlt Gouharlâleh. | وكالة جوهرلاله | L-6. |
| 293. | Okâlt cheykh el-Sâdât. | وكالة الشيخ السادات | L-6. |

| NUMÉROS gravés sur le plan. | LISTE DES NOMS DES LIEUX, RUES, PLACES, MONUMENS. | | CARREAUX. |
|---|---|---|---|
| 294 [1]. | Okâlt el-Mouristân. | وكالة المرستان | L—6. |
| 295. | Okâlt el-Gouharlâleh. | وكالة الجوهرلاله | L—6. |
| 296. | Sibyl Gouharlâleh, *citerne et école.* | سبيل جوهرلاله | L—6. |
| 297. | Sibyl el-Mouristân. | سبيل المرستان | L—6. |
| 298. | Okâlt el-Mouristân. | وكالة المرستان | L—6. |
| 299. | Souq el-Moyed. | سوق المويد | L—6. |
| 300. | El-Bakragyeh. | البكرجيه | L—6. |
| 301. | Okâlt Isma'yl bey. | وكالة اسمعيل بيه | L—6. |
| 302. | Souq el-A'ttâryn *et teinturiers.* | سوق العطارين | L—6. |
| 303. | Okâlt el-Qâouqgyeh. | وكالة القاوقجيه | L—6. |
| 304. | Sekket el-soultân el-Ghoury. | سكة السلطان الغورى | K-4-6. |
| 305. | Gâma' el-soultân el-Ghoury. | جامع السلطان الغورى | K—6. |
| 306. | Sekket el-Taouaqgyeh. | سكة الطوقجيه | K—6. |
| 307. | Souq el-Charm. | سوق الشرم | K—6. |
| 308. | Okâlt el-Sitty. | وكالة الستى | K—6. |
| 309. | *Marchands d'étoffes de coton et autres.* | | K—6. |
| 310. | Sekket el-Tableytah. | سكة التبليطه | K-5-6. |

[1] En face est *Okâlt el-Harameyn.*

| NUMÉROS gravés SUR LE PLAN. | LISTE DES NOMS DES LIEUX, RUES, PLACES, MONUMENS. | | CARREAUX. |
|---|---|---|---|
| 311. | Sekket el-A'raby. | سكة العربى | K–6. |
| 312. | El-Bahragânyeh. | البهرجانيه | K–6. |
| 313. | Okâlt el-Mâouardy. | وكالة الماوردى | K–6. |
| 314. | Hammâm el-Chorâyby. | حمّام الشرايبى | K–6. |
| 315. | Okâlt el-E'chouby. | وكالة العشوبى | K–6. |
| 316. | Okâlt el-Chorâyby. | وكالة الشرايبى | K–6. |
| 317. | A'tfet el-Naggâr. | عطفة النجار | O–7. |
| 318. | A'tfet el-Târâty. | عطفة التاراتى | O–7. |
| 319. | A'tfet Abou-Qeloung. | عطفة ابو قلنج | O–7. |
| 320. | A'tfet el-Fourn. | عطفة الفُرن | O–7. |
| 321. | A'tfet el-Sitteh. | عطفة الستة | O–7. |
| 322. | Gâma' el-Bourdeyny. | جامع البُرديني | O–7. |
| 323. | Sibyl el-Dâoudyeh. | سبيل الداوديه | O–7. |
| 324. | Beyt A'ly bey Hasan. | بيت على بيه حسن | O–7. |
| 325. | A'tfet Chechteh. | عطفة ششته | N–9. |
| 326. | Sekket Beyt el-Cherqâouy | سكة بيت الشرقاوى | N–8. |
| 327. | A'tfet el-Rossâm, *fabricans de cordons de soie.* | عطفة الرَسّام | N–7. |
| 328. | A'tfet el-Hamazyeh. | عطفة الحمزيه | N–7. |

| NUMÉROS gravés SUR LE PLAN. | LISTE DES NOMS DES LIEUX, RUES, PLACES, MONUMENS. | | CARREAUX. |
|---|---|---|---|
| 329. | A'tfet el-Halouagy. | عطفة الحلوَجي | N—7. |
| 330. | A'tfet A'bd el-Rahman Kykhyeh. | عطفة عبد الرحمن كيخيه | N—7. |
| 331. | A'tfet el-Qerabyeh. | عطفة القربيه | N—7. |
| 332. | Zâouyet el-Qerabyeh. | زاوية القربيه | N—7. |
| 333. | Sekket el-Qerabyeh. | سكة القربيه | M-N-7. |
| 334. | Sibyl Ibrâhym Kykhyeh. | سبيل ابراهيم كيخيه | N—7. |
| 335. | *Teinturerie.* | | N—7. |
| 336. | Zâouyet Sy A'ly Haymounyeh. | زاوية سى على حيمونيه | N—7. |
| 337. | A'tfet el-Khoucheybeh. | عطفة الخشيبه | N—7. |
| 338. | Sibyl Mohammed effendy. | سبيل محمد افندى | M—7. |
| 339. | Okâlt el-A'sal el-Abyad. | وكالة العسل الابيد | N—7. |
| 340. | El-Hamazyeh [1]. | الحَمَزيه | N—7. |
| 341. | Okâlt el-Mae'z. | وكالة المعز | N—7. |
| 342. | El-Gazzâryn, *bouchers.* | الجزّارين | M—7. |
| 343. | Sibyl el-Deheycheh. | سبيل الدهيشه | M—7. |
| 344. | Sekket Sy A'ly Abou el-Nour. | سكة سى على ابو النور | M—7. |
| 345. | Zâouyet el-cheykh A'ly Negm. | زاوية الشيخ على نجم | M—7. |

[1] Auprès est *Hammâm el-Ouâly.*

| NUMÉROS gravés SUR LE PLAN. | LISTE DES NOMS DES LIEUX, RUES, PLACES, MONUMENS. | | CARREAUX. |
|---|---|---|---|
| 346. | Okâlt Sy A'ly Abou el-Nour. | وكالة سى على ابو النور | M—7. |
| 347. | Okâlt A'ly bey. | وكالة على بيه | M—7. |
| 348. | Gâma' el-Goulchâny. | جامع الجلشانى | M—7. |
| 349. | Okâlt el-Khoucheybeh. | وكالة الخشيبه | M—7. |
| 350. | Taht el-Rob'. | تحت الربع | M—7. |
| 351. | Ma'mal el-Khall. | معمل الخلّ | M—7. |
| 352. | A'tfet el-Hammâm. | عطفة الحمّام | M—7. |
| 353. | Hammâm el-Moyed, *bain pour les hommes.* | حمّام المويد | M—7. |
| 354. | Hammâm el-Moyed, *bain pour les femmes.* | حمّام المويد | M—7. |
| 355. | A'tfet el-Haddâdyn, *forgerons.* | عطفة الحدّادين | M—7. |
| 356. | Sibyl Qâyd bey. | سبيل قايد بيه | M—7. |
| 357. | *Dôme.* | | M—7. |
| 358. | Zâouyet Abou el-Nour. | زاوية ابو النور | M—7. |
| 359. | Hatab Ouarä el-Moyed. | حطب وَرَى المويد | M—7. |
| 360. | Sibyl el-Moyed. | سبيل المويد | M—7. |
| 361. | A'tfet el-Mâti'yn. | عطفة الماطين | M-6-7. |
| 362. | Beyt Hassan bey el-Tahtâouy. | بيت حسن بيه الطحطاوى | M—7. |
| 363. | Sekket Fâtmeh el-Nabaouyeh. | سكة فاطمه النبويه | M-7-8. |

| NUMÉROS gravés sur le plan. | LISTE DES NOMS DES LIEUX, RUES, PLACES, MONUMENS. | | CARREAUX. |
|---|---|---|---|
| 364. | El-Goudaryeh. | الجودريه | L—7. |
| 365. | A'tfet el-Mahrouqy. | عطفة المحروقى | L—7. |
| 366 | *Maison d'*el-Mahrouqy. | | L—7. |
| 367. | Zâouyet el-Rahmânyeh. | زاوية الرحمانيه | L—7. |
| 368. | Cheykh el-Goudâryeh. | شيخ الجودريه | L—7 |
| 369 | El-Mechakhah. | المشخه | L—7. |
| 370. | Zâouyet Oualy el-Dyn. | زاوية وَلى الدين | L—7. |
| 371. | Zâouyet el-Châmyeh. | زاوية الشاميه | L—7. |
| 372. | *Belles maisons.* | | L—7. |
| 373. | Gâma' Beybars. | جامع بيبرص | L—7. |
| 374[1]. | Derb Sa'âdeh. | درب سعاده | L-7-8. |
| 375. | Derb el-Hesbeh. | درب سكة الحسبه | L-6-7. |
| 376. | Beyt Seyd Ahmed el-Mahroûqy. | بيت سيد احمد المحروقى | L—7. |
| 377. | Beyt A'ly Kykhyeh. | بيت على كيخيه | L—7. |
| 378. | Hammâm Beybars. | حمام بيبرس | L—7. |
| 379. | A'tfet el-E'rqousous. | عطفة العرقسوس | N-7-8. |
| 380. | Zâouyet el-Ma'llaqah. | زاوية المعلّقه | N—8. |

[1] *Voyez* v[e] section, n°. 1.

| NUMÉROS gravés SUR LE PLAN. | LISTE DES NOMS DES LIEUX, RUES, PLACES, MONUMENS. | | CARREAUX. |
|---|---|---|---|
| 381. | Beyt O'smân bey el-Cherqâouy. | بيت عثمان بيه الشرقاوى | N—8. |
| 382 1re. | A'tfet el-cheykh Moubârek. | عطفة الشيخ مبارك | N—8. |
| 383. | A'tfet Derb el-Madbah. | عطفة درب المدبح | N—8. |
| 384. | Okâlt el-Nachâryn. | وكالة النشارين | M—8. |
| 385. | Ma'mal Khall, *fabrique de vinaigre.* | معمل خلّ | M—8. |
| 386. | Gâma' el-Marah. | جامع المَره | M—8. |
| 387. | *Forgerons.* | | M—8. |
| 388. | A'tfet el-Tâhoun. | عطفة الطاحون | M—8. |
| 389. | A'tfet el-Haouy. | عطفة الهوى | M—8. |
| 390. | Sekket el-Haddâdyn. | سكة الحدادين | M—8. |
| 391. | Zâouyet el-Qazangyeh. | زاوية القزنجية | M—8. |
| 392 [1]. | Sekket el-cheykh Farag. | سكة الشيخ فرج | M-7-8. |
| 393. | Beyt A'bd el-Rahmân Kykhyeh. | بيت عبد الرحمان كيخيه | M—8. |
| 394. | Zâouyet Fâtmeh. | زاوية فاطمه | M—8. |
| 395. | Gâma' el-Habachly. | جامع الحبشلى | M—8. |
| 396. | *Belles maisons.* | | M—8. |
| 397. | Beyt Ahmed aghâ. | بيت احمد اغا | M—8. |

[1] En face est *Beyt Hasan bey Geddâouy.*

| NUMÉROS gravés SUR LE PLAN. | LISTE DES NOMS DES LIEUX, RUES, PLACES, MONUMENS. | | CARREAUX. |
|---|---|---|---|
| 398. | Gâma' el-cheykh Feyrouz. | جامع الشيخ فيروز | L–8. |
| 399. | Okâlt el-Mangaleh. | وكالة المنجله | L–8. |
| 400. | Sibyl A'bd el-Bâqy. | سبيل عبد الباقى | L–8. |
| 401. | Matbakh el-A'raqy. | مطبخ العرقى | M–5. |
| 402. | *Teinture de châls de Kachmyr.* | | L–6. |
| 403. | Hammâm el-Ghouryeh. | حمام الغوريه | L–6. |
| 404. | Okâlt el-Beyreqdâr. | وكالة البيرقدار | L–6. |
| 405 1^re. | Gâma' Moustafâ bey. | جامع مصطفى بيه | T–5. |
| 406. | Okâlt el-Soukkary. | وكالة السكرى | O–7. |
| 407. | A'tfet el-Gouâr. | عطفة الجوار | L–5. |

| NUMÉROS gravés SUR LE PLAN. | LISTE DES NOMS DES LIEUX, RUES, PLACES, MONUMENS. | | CARREAUX. |
|---|---|---|---|

## CITADELLE DU KAIRE.

| | | | |
|---|---|---|---|
| 1. | Bourg el-Mouballat. | برج المبلط | T—1. |
| 2. | Bourg el-Matar. | برج المطر | T—2. |
| 3. | Bourg el-Moqoussar. | برج المقوصر | T—1. |
| 4. | A'tfet el-Moqasqas. | عطفة المقصقص | T—2. |
| 5. | *Blocs détachés du* Gebel Mokatam*. | | T—1. |
| 6. | Hârt Zorounbeh. | حارة ظرنبه | S—1. |
| 7. | A'tfet el-Sâqyeh. | عطفة الساقيه | S—1. |
| 8. | Sibyl Chàryeh. | سبيل شاريه | S—1. |
| 9. | Bourg el-Ymâm. | برج الايمام | S—1. |
| 10. | El-Aoudâlâr, *place des Tombeaux*[1]. | الاوضالار | S—1. |
| 11. | Sour el-Enkcharyeh[2], *enceinte des Janissaires*. | صور الانكشريه | S—1. |
| 12. | Bourg el-Ramleh. | برج الرمله | S—1. |
| 13. | Bourg el-Haddâd. | برج الحداد | R—1. |
| 14. | El-Ouercheh*, *vaste esplanade pour les exercices*. | الورشه | U—2. |
| 15. | Bourg Kerkyalân. | برج كركيلان | T—2. |

[1] Une citerne est auprès de la place des Tombeaux et une autre au nord de la Maison de la monnoie.

[2] Ces mots se rapportent à toute l'enceinte des Janissaires comprise entre *Bâb Derys*, *Bourg el-Tabbâlyn*, *Bâb el-Gebel*, *Bourg el-Mouballat* et *Bourg el-Haddâd*.

| NUMÉROS gravés SUR LE PLAN. | LISTE DES NOMS DES LIEUX, RUES, PLACES, MONUMENS. | | CARREAUX. |
|---|---|---|---|
| 16. | Bourg el-E'loueh [1]. | برج العلوه | T—2. |
| 17. | Bourg el-Tourfeh. | برج الطرفه | T—2. |
| 18. | A'tfet el-Ghazàl. | عطفة الغزال | T—2. |
| 19. | A'tfet el-Qoustangy. | عطفة القصطنجى | T—2. |
| 20. | El-Toub Khâneh. | الطوب خانه | T—2. |
| 21. | Sekket el-Souq el-Soghayr. | سكة السوق الصغير | T—2. |
| 22. | Gâma' Tâg el-Dyn. | جامع تاج الدين | T—2. |
| 23. | Sibyl Solymân bàchâ. | سبيل سليمان باشا | T—2. |
| 24. | Sibyl Isma'yl effendy *ou* el-Khourbatly. | سبيل اسمعيل افندى | S—2. |
| 25. | Sekket el-Khourbatly. | سكة الخوربطلى | S—2. |
| 26 [2]. | *Ville des Janissaires*, el-Enkcharyeh. | الانكشريه | S—2. |
| 27. | Souq el-Soghayr. | سوق الصغير | S—2. |
| 28. | Souq el-Hatab. | سوق الحطب | S—2. |
| 29 | A'tfet el-Maddâuyn. | عطفة الهدانين | S—2. |
| 30. | Sekket el-Châryeh. | سكة الشاربه | S—2. |
| 31. | Gâma' el-Châryeh. | جامع الشاربه | S—2. |

[1] Le numéro a été gravé trop loin de la tour.

[2] Ce n°. 26 se rapporte à toute la partie de la citadelle appelée *Ville des Janissaires*, comprise dans l'enceinte de ce nom et le n°. 11.

| NUMÉROS gravés SUR LE PLAN. | LISTE DES NOMS DES LIEUX, RUES, PLACES, MONUMENS. | | CARREAUX. |
|---|---|---|---|
| 32. | A'tfet el-Châryeh. | عطفة الشاريه | S—2. |
| 33. | A'tfet el-Qazzâzyn. | عطفة القزازين | S—2. |
| 34. | Bourg el-Sahrâ. | برج الصحرا | S—2. |
| 35. | Establ el-bâchâ. | اصطبل الباشا | V—3. |
| 36. | Sibyl Chechmeh *ou* Soultân el-Ghoury. | سبيل ششمه | V—3. |
| 37. | Ouasa't el-Establ. | وسعة الاصطبل | V—3. |
| 38. | Bâb el-Elouhayeh, *porte inférieure.* | باب الالوحيه | U—3. |
| 39. | Ouasa't el-bâchâ, *cour du Pâchâ.* | وسعة الباشا | U—3. |
| 40. | Gâma' el-Dahâyché. | جامع الدهايشا | U-3-4. |
| 41. | Sorâyet el-bâchâ. | سُرايت الباشا | U—3. |
| 42. | Sibyl el-Châouchyeh. | سبيل الشاوشيه | U—3. |
| 43. | Dâr el-Darb, *maison de la Monnoie.* | دار الضرب | U—3. |
| 44. | Ouasa't el-Matbakh. | وسعة المطبخ | U—3. |
| 45. | Bâb el-bâchâ, *porte intérieure.* | باب الباشا | U—3. |
| 46 [1]. | Byr el-Saba' Saouâqy. | بير السبع ساوقى | U—3. |
| 47. | Sibyl el-Saouâqy. | سبيل السواقى | U—3. |
| 48. | Bourg el-Halazoun. | برج الحلزون | U—3. |

[1] Ce numéro aurait dû être gravé dans le massif qui est placé un peu au midi.

| NUMÉROS gravés SUR LE PLAN. | LISTE DES NOMS DES LIEUX, RUES, PLACES, MONUMENS. | | CARREAUX |
|---|---|---|---|
| 49. | Bourg Softah [1]. | برج صفطه | T—3. |
| 50. | Bâb el-Gebel. | باب الجبل | T—3. |
| 51. | Byr Yousef, PUITS DE JOSEPH [2]. | بير يوسف | T—3. |
| 52. | Souq el-Matrabâzyeh. | سوق الطرباظيه | T—3. |
| 53. | Souq el-bâchâ. | سوق الباشا | T-U-3. |
| 54. | Gama' soultân Qalaoun. | جامع سلطان قلَون | T—3. |
| 55. | Sibyl Cheryfah Chelmeh. | سبيل شريفه شلهه | T—4. |
| 56. | Bâb el-Moudâfa', *porte de l'enceinte des Janissaires.* | باب الهدافع | T—3. |
| 57. | El-Chechmeh. | الششهه | T—3. |
| 58. | Souq el-Barrâny. | سوق البرّانى | T—3. |
| 59. | Bâb el-Chirk, *porte intérieure.* | باب الشرك | T-3-4. |
| 60. | Sekket el-Chechmeh. | سكة الششهه | T—3. |
| 61. | Sibyl aghâ el-Bâb. | سبيل اغا الباب | T—3. |
| 62. | Bourg Khazneh Qoulleh, *ou tour des Janissaires.* | برج خزنه قـلّـه | T—3. |
| 63. | Sekket el-Enkcharyeh. | سكة الانكشريه | S-T-3. |
| 64. | Dyouân Moustahfazân. | ديوان مستحفظان | S—3. |

[1] On a gravé sur le plan *Bourg Soffah* par erreur; ces mots et le n°. 49 devaient aussi être placés près de la grosse tour qui touche à la porte Bâb el-Gebel.

[2] Le n°. 51 aurait dû être gravé au-dessous du mot *Joseph*.

| NUMEROS gravés SUR LE PLAN. | LISTE DES NOMS DES LIEUX, RUES, PLACES, MONUMENS. | | CARREAUX. |
|---|---|---|---|
| 65. | Hammâm el-Qala'h. | حمام القلعه | S—3. |
| 66. | Bâb el-Enkcharyeh. | باب الانكشريه | S—4. |
| 67. | El-Kassârah. | الكتارة | S—3. |
| 68. | Sour el-aghâ. | صور الاغا | S—3. |
| 69. | *Tours en partie ruinées.* | | S—3. |
| 70. | El-Gebâkhâneh, *magasin à poudre.* | الجباخانه | U—4. |
| 71. | Bâb el-Ouestâny. | باب الوصطانى | U—4. |
| 72. | Saba' Hadarât. | سبع حَضَرات | U—4. |
| 73. | *Porte.* | | U—4. |
| 74. | *Mosquée ruinée.* | | U—4. |
| 75 [1]. | Beyt el-Terzy, *et mosquée ruinée.* | بيت الترزى | U—4. |
| 76. | *Enceinte avancée.* | | U—4. |
| 77. | El Qodarâr. | القضرار | U—4. |
| 78. | *Enceinte avancée.* | | T-U-4. |
| 79. | Zâouyet el-Qodarâr el-A'zab. | زاوية القضرار العزب | T—4. |
| 80. | Hârt el-Sâqyeh. | حارة الساقيه | T—4. |
| 81. | Sibyl soultân Mourâd. | سبيل سلطان مراد | T—4. |

[1] Au nord du n°. 75, Zâouyet el-Bourdeyny, البرديني, *petite mosquée ruinée.*

| NUMÉROS gravés SUR LE PLAN. | LISTE DES NOMS DES LIEUX, RUES, PLACES, MONUMENS. | | CARREAUX. |
|---|---|---|---|
| 82. | Qasr Yousef, PALAIS ou DIVAN DE JOSEPH. | قصر يوسف | T—4. |
| 83. | *Magasin à poudre.* | | T—4. |
| 84. | Beyt Yousef Salâh el-Dyn. | بيت يوسف صلاح الدين | T—4. |
| 85. | *Magasins souterrains.* | | T—4. |
| 86. | Bourg el-Chakhs. | برج الشخص | T—4. |
| 87. | Gâma' el-A'zab. | جامع العزب | T—4. |
| 88. | Sibyl Bâb el-A'zab el-Beyreqdâr. | سبيل باب العزب البيرقدار | T—5. |
| 89. | Sekket el-A'zab. | سكة العزب | T-4-5. |
| 90. | Bâb el-Arba'yn, *porte intérieure.* | باب الاربعين | S—4. |
| 91. | A'tfet el-Fourn. | عطفة الفُرن | S—4. |
| 92. | Dyouân el-A'zab. | ديوان العزب | T—5. |
| 93. | Gâma' el-Moyed. | جامع المويد | S—4. |
| 94. | Tourab el-Chorafeh. | ترب الشرفه | S—4. |
| 95. | Sekket el-Chorafeh. | سكة الشرفه | S—4. |
| 96 VIIIe. | Zâouyet Mohammed aghâ. | زاوية محمد اغا | S—4. |
| 97. | Gâma' el-Moustafâouyeh. | جامع المصطفاويه | T—5. |
| 98. | Sibyl el-Moustafâouyeh. | سبيل المصطفاويه | T—5 |
| 99. | Bâb el-A'zab. | باب العزب | T—5. |

| NUMÉROS gravés SUR LE PLAN. | LISTE DES NOMS DES LIEUX, RUES, PLACES, MONUMENS. | | CARREAUX. |
|---|---|---|---|
| 100. | Sour el-A'zab, *enceinte des A'zabs* [1]. | صور العزب | T—5. |
| 101. | Sour el-Sorâyeh [2]. | صور الصرايه | U—3. |
| 102. | Sibyl Kykhyeh, *grande et belle citerne*. | سبيل كيخيه | S—3. |
| 103 [3]. | *Porte intérieure.* | | U—4. |
| 104 [4]. | Bourg el-Tabbâlyn. | برج الطبالين | T—3. |
| 105. | Gebel el-Gyouchy.* | جبل الجيوشى | Q-U-V-I. |

[1] Ces mots et le n°. 100 doivent s'appliquer à toute l'enceinte des A'zabs comprise entre l'enceinte des Janissaires et la place dite *el-Roumeyleh*.

[2] On a gravé sur le plan, le mot *Serâyeh* par erreur.

[3] Ce nombre aurait dû être placé plus au nord.

[4] Grande tour placée à l'est de *Bâb el-Chirk*, n°. 59. Ce numéro et le suivant ont été omis sur le plan.

FIN DE L'EXPLICATION DU PLAN DU KAIRE.

# CHAPITRE III.

## Notions sur les monumens, la population, l'industrie, le commerce et l'histoire de la ville du Kaire.

Les notions qu'on va lire sont pour la plupart le résultat d'un travail dont je fus chargé par le chef des ingénieurs-géographes, pour compléter le plan géométrique du Kaire et ajouter à son utilité[1]; il s'agissait d'inscrire, sur toutes les parties de ce plan, les noms exacts des établissemens publics et des monumens de toute espèce, en même temps que ceux des quartiers et des rues de la ville. Je devais aussi recueillir des renseignemens sur le commerce et l'industrie, la population et les usages des habitans. La tournée que je fis dans le Kaire, commença le 19 frimaire an VIII et dura deux mois entiers, sans un jour d'interruption; j'étais accompagné d'un interprète et d'un écrivain de l'odabâchy, connaissant parfaitement la ville, et de trois ou quatre autres indicateurs : les chevaux suivaient par derrière avec les domestiques. Aussitôt chaque indication obtenue, les noms étaient écrits en arabe sur le plan original par l'écrivain qobte, grec, ou musulman, et par moi-même en lettres françaises.

[1] Relativement aux opérations faites pour le plan géométrique du Kaire, consultez le Mémoire du colonel Jacotin, *sur la construction de la carte d'Égypte*, tome XVII, page 548.

Les descriptions étaient inscrites en même temps, et en présence du lieu même, sur un cahier de renseignemens. Ici, je n'ai fait qu'ajouter à ces détails plusieurs circonstances historiques, pour interrompre la monotonie et l'aridité de la nomenclature : je les ai empruntés à divers savans orientalistes, M. Venture et M. Marcel qui faisaient partie de l'expédition, M. Silvestre de Sacy, principalement pour la traduction d'A'bd-el-latyf[1], les auteurs des Notices des manuscrits de la Bibliothèque du roi, etc.; de manière qu'on trouvera ici la substance d'un assez grand nombre de passages d'el-Maçou'dy, el-Edriçy, Abou-l-fedâ, A'bd-el-latyf, A'bd-el-Rachyd el-Bakouy, el-Makyn, Chems el-dyn, Ebn el-Ouardy, el-Maqryzy, Ben-Ayâs, el-Soyouty, Haggy Khalfah, Yousef ben-Meryi, etc., sur la topographie du Kaire et des environs.

## §. I. *Du canal du Kaire.*

Le Kaire est séparé, dans le sens de sa longueur, en deux parties un peu inégales, par un canal qui dérive du Nil au-dessous du nilomètre de l'île de Roudah[2], au point même où se trouve la prise d'eau de l'aquéduc, et qui se jette dans le canal appelé *Abou-Meneggeh*, l'ancienne branche Pélusiaque, à une lieue au-dessous de Chybyn el-Qanâter. C'est par ce canal que les eaux sont introduites chaque année, dans les étangs intérieurs et extérieurs, et dans plusieurs grandes places de

[1] Relat. d'A'bd-el-latyf, traduite par M. Silvestre de Sacy.

[2] Voyez *E. M.*, volume 1, pl. 15 et 26.

la ville, à l'époque de l'inondation, et à la suite d'une cérémonie qui est décrite ailleurs (*voy*. plus bas, §. VIII). Sa largeur varie de 5 à 10 mètres (15 à 30 pieds); il n'est point bordé de quais et les maisons sont baignées par l'eau : ainsi nulle part on ne peut jouir de la vue du canal, excepté quand on est aux fenêtres des maisons dont il arrose le pied, et on ne l'aperçoit même pas du haut des ponts assez nombreux qui le traversent, parce que les parapets ont plus de 2 mètres d'élévation. Il prend divers noms au dehors et au-dedans du Kaire : il en est de même d'une branche de ceinture, qui communique avec l'étang de Qâsim-Bey, et qui rentre dans la branche principale, près de la mosquée de Dâher, après avoir fait le tour de la partie occidentale de la ville.

Les auteurs arabes l'appellent *canal du Kaire*, *canal du Prince des Fidèles* ou *des Croyans*, parce qu'A'mrou le fit creuser en 639, par ordre d'O'mar, pour faire communiquer le Nil avec la mer Rouge, et enfin *canal de Hakem;* on le désigne aussi au Kaire sous le nom de *khalyg* seulement, c'est-à-dire *canal*[1]. Il serait intéressant de comparer les passages des écrivains arabes au sujet du canal et des lieux qu'il baigne, avec le plan de la ville et des environs, et avec la nomenclature détaillée que j'ai insérée dans ce mémoire, nomenclature qui a été l'objet d'une attention minutieuse, tant pendant le cours de l'expédition que depuis; on reconnaîtrait probablement la plupart des monumens et des

[1] Le canal a pris aussi le nom de *Louloua*, de celui d'un belvéder qui était placé près de son origine.

lieux, et même des noms que citent ces auteurs. Ce travail, que je ne ferai qu'ébaucher, sera maintenant aisé à faire plus complètement, et c'est principalement pour le faciliter que je publie ici tous les noms en arabe, tels que je les ai fait inscrire sur les lieux, et sous mes yeux, sur les feuilles originales de la topographie du Kaire, inscrivant moi-même, comme je l'ai dit, après l'écrivain du pays, les noms comme je les entendais prononcer. Il sera facile, avec le secours des plans et de la nomenclature authentique, de suivre le texte des auteurs et d'entendre leurs descriptions, mieux qu'on ne l'a pu faire jusqu'à présent; ce qui contribuera à compléter l'histoire de la ville du Kaire.

Un nom qui rappelle une époque beaucoup plus ancienne a été connu des auteurs arabes; Maqryzy nous apprend qu'il s'appelait *canal d'Adrien César,* nom qui paraît correspondre au *Trajanus amnis* de Ptolémée : d'Anville l'a déjà remarqué. Puisque le canal du Kaire est la tête de celui qui, dans l'antiquité, communiquait avec la mer Rouge, et que, d'un autre côté, il est constant que, bien avant les Arabes, et à quatre époques différentes, la communication des deux mers avait été opérée ou rétablie, n'est-on pas fondé à croire qu'A'mrou ne fit pas construire, même la partie de ce canal voisine de Fostât; et que seulement il fit recreuser tout l'ancien canal, qui était encombré de sables par le laps des siècles; ensuite, qu'il lui donna le surnom d'*O'mar* ou *du Prince des Fidèles?* Les termes mêmes dans lesquels Maqryzy rapporte cet événement paraissent lever toute incertitude à l'égard du canal des deux Mers, considéré dans son ensemble. A'mrou, selon lui, écrivit au khalife, que, depuis la conquête, la communication était interrompue et la navigation abandonnée par l'effet de l'encombrement du canal [1]. Or, il n'y a aucun motif pour ne pas étendre, au bras qui arrose aujourd'hui le Kaire, ce qui est dit du canal entier. Long-temps on suivit la partie supérieure de la branche Pélusiaque; mais celle-ci s'étant obstruée, soit sous les Ptolémées, soit sous Adrien, on pratiqua un nouveau canal beaucoup plus étroit, sortant du Nil au-dessous de Babylone, et qui allait rejoindre la branche Pélusiaque, non loin d'Onion. C'est sur les bords de ce canal que l'on bâtit d'abord des palais et des maisons de plaisance, et, plus loin, la ville même du Kaire, quand Fostât fut abandonnée. Quant au *Trajanus amnis*, on n'est pas autorisé à lui comparer absolument le canal du Kaire, comme l'a fait d'Anville, puisque Ptolémée se borne à dire qu'il joignait Babylone avec Héroopolis, et que dans sa carte ce canal va droit à l'est, au lieu de se diriger vers le nord. Tout au plus la prise d'eau était-elle placée au même point qu'aujourd'hui.

Il ne paraît pas que, depuis le comblement ordonné en 767, on ait rouvert le canal des deux Mers.

Voici la substance du passage d'el-Maqryzy sur ce point de l'histoire de l'Égypte : Sur la demande d'O'mar Ben el-Khattab, le canal des deux Mers fut creusé ou plutôt désencombré par A'mrou ben el-A's, gouver-

[1] Car A'mrou écrivait à O'mar : « Depuis que nous avons fait la conquête de ce pays, les communications sont interrompues, le canal est encombré, et les marchands en ont abandonné la navigation. »

neur de l'Égypte, en 639, année de la mortalité (18e de l'hégire)[1]. On l'ouvrit d'abord dans le voisinage de Fostât, et il fut conduit du Nil jusqu'à la mer : on le nomma *canal du Prince des Fidèles*. En moins d'un an les vaisseaux y passèrent (en six mois, selon el-Kendy). Après la mort d'O'mar ben A'bd el-A'zyz, en 719, les gouverneurs négligèrent de l'entretenir. Il se terminait à l'endroit appelé *la Queue du Crocodile* (Deneb el-Temsah), dans le canton des marais de Qolzoum. Le canal était large d'environ 50 pieds. L'an 69 de l'hégire (688), le gouverneur de l'Égypte, A'bd el-A'zyz ben Merouân, bâtit un pont sur le canal, selon el-Kendy (ou deux ponts, selon Soyouty). Ensuite ils laissèrent le canal se boucher naturellement, afin de couper les vivres aux révoltés de Médine. Le khalife Abbasside Abou Ga'far el-Mansour fit même combler entièrement le canal en 145 (762), suivant el-Makyn, ou plutôt en 150 (767), selon Ben-Ayâs. C'est ainsi qu'il est resté obstrué jusqu'au temps de Maqryzy, et depuis lors jusqu'à nos jours. Ce canal est le même que celui dont l'ouverture est célébrée par des fêtes annuelles : Il traversait, dit Maqryzy, le chemin appelé la *Grande Rue*, par lequel on vient aujourd'hui au Kaire; il entourait le fossé qui ferme le jardin connu sous le nom de *Ebn-Caïsan*, et s'étendait jusqu'au bassin qui porte le nom de Seyf Allah, fils de Hosseyn, et jusqu'au jardin d'el-Mechteha (*lieu de Délices*). On y voit des restes du belvéder de Louloua, où se tenait le khalife lorsqu'on

[1] Notic. des *Mss*, extrait de la *Description de l'Égypte* de Maqryzy, par M. Langlès, tome VI, page 320.

faisait l'ouverture du canal sur ce chemin. Les habitans du Kaire se promenaient dans des barques sur le canal, par passetemps, jusqu'à ce que le sultan mamlouk Melik al-Naser (el-Nasr) fit creuser le canal appelé de son nom, el-Nasry ou *el-Nassery*, en 725 (1324)[1].

Dès l'année 401 (1010) el-Hakim Biamr-Allah avait défendu de se promener en barques sur le canal; cette défense fut renouvelée en 594 (1197-8), et en 706 (1306-7), sous Mohammed ben-Qalaoun. Depuis ce dernier prince, les barques destinées pour les amusemens et parties de plaisir, n'eurent plus lieu que sur le canal el-Nasry.

Ce dernier, qui fut creusé l'an 725 de l'hégire par Mohammed ben-Qalaoun, surnommé Melik el-Nasr, aboutit au couvent des derviches de Seryaqous. Deux ans lui suffirent pour ce grand travail : c'est aussi lui qui fit construire tous les ponts qu'on voit sur ce canal; on en comptait quatorze au temps de Maqryzy.

De tout temps, et indépendamment de son utilité pour la ville, le canal a servi à l'agrément des personnages principaux, des cheykhs et des gens aisés de la ville; au temps de l'expédition française, les cheykhs et les Qobtes les plus riches avaient aussi coutume de s'y promener en barque, accompagnés de musiciens, et de s'y livrer à plusieurs sortes de jeux et de divertissemens.

[1] Traduction d'A'bd-el-latyf, par M. Silvestre de Sacy, pages 429-430

## §. II. *Principaux lieux et monumens du Kaire.*

### 1°. QUARTIERS ET PLACES PUBLIQUES.

Dans le premier chapitre, j'ai passé rapidement en revue les lieux et les établissemens les plus remarquables du Kaire; ici, j'entrerai dans d'autres développemens, sans répéter ce qui a été dit plus haut. Il est inutile d'énumérer les cinquante-trois quartiers de la ville : on en formera aisément la liste en consultant la nomenclature et relevant tous les noms commençant par le mot *hârt* ou *hârah*. Ils se distinguent par les noms des différentes nations, des différentes espèces de fabricans, d'artisans ou de commerçans qui les habitent, ou enfin des établissemens principaux qui s'y trouvent. Ce sont des enceintes de maisons plus ou moins étendues, et ordinairement closes par des portes qui sont fermées la nuit pour la sûreté de la ville, excepté pendant le Ramadân et quelques fêtes nocturnes; toutes les impasses qui s'y trouvent débouchent dans des ruelles (*a'tfet*) qui aboutissent à leur tour dans la rue centrale du quartier (*sekket, derb*), laquelle souvent lui donne son nom[1]. Il faut savoir que la plupart des noms de rues conviennent plutôt à la masse des maisons qui entourent la li-

[1] Ces espèces d'enclos sont habités, soit par des ouvriers d'une même profession, soit par des étrangers d'un même pays ou d'une même religion, mais toujours par des hommes exerçant aux mêmes conditions, ayant les mêmes droits aux priviléges, et ainsi réunis dans un même intérêt.—*Voyez*, sur ce même sujet, une note de M. Silvestre de Sacy, traduction de la Relation d'A'bd-el-latyf, page 385.

gne où l'on chemine, qu'à la rue elle-même; c'est pourquoi ils changent si souvent. Les quartiers les plus commerçans et aussi les plus peuplés sont ceux qu'on appelle *Bâb el-Kharq*, *el-Moyed*, *el-Azhar*, *el-Mousky*, *el-Cha'râouy*, *Hanafy*, *Setty Zeyneb*, *Bâb el-Ghadr*, *el-Zoueyleh*, *el-Soukkâryeh*, *el-Ghoury*, *el-Echrofyeh*, *el-Selâh*, *el-Afrang*, *el-Yhoud*, *el-Roum*, *el-Nasârah*, *el-Ezbekyeh*, *etc.* : plusieurs se distinguent par le mot *Khott*; enfin d'autres, comme *Taht el-Rob'*, *Beyn el-Soureyn*, n'ont pas leur nom précédé par l'indication du terme générique. Si l'on jugeait de la population du Kaire par quelques-uns de ces quartiers, où une foule immense se presse à tout moment dans des rues très-étroites, dans lesquelles on a la plus grande peine à se faire jour, on s'en formerait une idée exagérée, et c'est ce qui est arrivé à bien des voyageurs. Ce point sera traité plus bas (§. IV).

Les places les plus basses (*birket*), inondées pendant l'automne, forment autant de lacs qui se couvrent de bateaux, jusqu'à ce qu'ils aient fait place à des champs de verdure, et plus tard à des places poudreuses. Les jardins particuliers qui sont au-dedans, près de l'enceinte de la ville, reçoivent, comme ces places, l'eau de l'inondation par les coupures faites au canal. En parlant du commerce, j'aurai occasion de revenir sur les places où se tiennent de grands marchés périodiques. *Ouasa'h* est un autre nom que l'on donne aux parties de la voie publique qui sont élargies. Il existe encore dans la ville de vastes cours fermées (*hôch*) : ce sont des emplacemens vagues, sur le derrière de certains groupes de maisons;

on n'y passe point; des immondices y sont déposées; on y rassemble les chameaux et les animaux malades, et les plus pauvres habitans y demeurent dans des cahutes: plusieurs de ces cours servent aussi à l'usage des professions qui travaillent sur les matières animales. Tous ces différens termes génériques, ainsi que les noms arabes qu'on donne aux différentes sortes de monumens et d'édifices, ont été expliqués précédemment [1].

Maqryzy distinguait de son temps trois grandes rues (*châra'*) hors de Bâb el-Zoueyleh; l'une en face de la porte, les autres à gauche et à droite de la première. On doit les reconnaître aujourd'hui, selon moi, dans la grande rue longitudinale, et dans les grandes rues transversales: 1°. celle qui, partant de Bâb el-Seydeh, joint la mosquée de Touloun à celle de Hakim; 2°. la rue qui part de Bâb el-Zoueyleh, et se porte obliquement à la citadelle; 3°. celle qui, du même point, se rend à Bâb el-Louq et au pont. Quant à celle qui va le long du canal, depuis les ponts el-Sebâa' jusqu'au-delà de Bâb el-Cha'ryeh, elle est passée sous silence par Maqryzy. Les autres grandes rues de la ville, quoique nous en ayons distingué plus haut huit principales, sont secondaires, à côté de ces grandes communications [2]. Il suit de là que

[1] *Voyez* page 137 ci-dessus.

[2] Je dois renvoyer ici à une savante note de M. de Sacy au sujet des noms des rues du Kaire; savoir: *châra'*, grande rue, voie publique: *khott*, *hârah*, *derb*; *zoqâq*, rues fermées par des portes et aboutissant dans les *châra'*; *a'tfet*, petite rue débouchant dans un *hârah* ou un *derb*; *khoukhah*, ruelle conduisant d'un hârah à un autre. Les khans, les palais, les boutiques bordent les grandes rues. L'auteur ajoute qu'il n'y a point de boutiques dans les hârah. Cette dernière assertion a besoin d'être modifiée. (Trad. d'A'bd-el-latyf, pag. 384 et 428.)

la porte *el-Gedyd* était à la moitié de la longueur actuelle de la ville (*voyez* page 301), d'où l'on voit quel accroissement a pris celle-ci du côté du sud.

2°. PORTES.

Le nombre des portes de la ville, ainsi que je l'ai dit, est de soixante-onze, en y comprenant celles dont l'extension de la ville a changé l'objet, et qui en occupent le centre, comme aujourd'hui, à Paris, l'ancienne barrière des Sergens, les portes Saint-Denis, Saint-Martin, et d'autres localités qu'on pourrait citer. Sous le rapport de l'architecture, les plus importantes sont la porte de Secours (*Bâb el-Nasr*) et la porte de la Victoire (*Bâb el-Fotouh*), toutes deux percées dans la vieille enceinte bâtie par le visir Bedr el-Gemâly. Aujourd'hui intérieures, elles semblent flanquer l'ancienne mosquée el-Hakim, la plus grande et la plus ancienne après celle de Teyloun ou Touloun, et aujourd'hui abandonnée. La première porte est d'une construction massive, mais d'un bon style : les deux tours sont carrées : les corniches et les moulures sont d'une belle exécution ; on y a sculpté des boucliers et des écus d'un ciseau ferme et pur. Cet antique ouvrage n'a presque rien de commun, pour le caractère, avec l'architecture arabe telle qu'on la conçoit vulgairement ; outre les parties lisses qui reposent l'œil agréablement, il a un mérite particulier pour la disposition des masses et pour la proportion des parties. Ce monument prouve que les Arabes ne sont point insensibles au beau, car l'architecte a su le concevoir et le faire goûter, en composant et élevant un tel édifice. Je le regarde comme le premier monument du Kaire, sous le rapport du goût et du style : il a quelque chose qui rappelle les monumens arabes de l'Espagne ; son époque remonte au khalife Fatémite Mostanser b-illah [1], c'est-à-dire au XIe siècle de l'ère vulgaire.

C'est à tort qu'on a mis au-dessus de cet édifice la porte Bâb el-Fotouh : celle-ci a ses tours rondes (non pas circulaires, mais elliptiques), trop saillantes même pour l'objet de la défense; la sculpture en est moins soignée, et le tout est plus massif [2]. Néanmoins la construction de cette porte, comme celle de la première, l'emporte de beaucoup sur celle des édifices bâtis au Kaire dans les siècles postérieurs [3]. La hauteur de l'une et de l'autre porte, sous la clef de la voûte, est inférieure à celle de la porte Saint-Denis, à Paris. L'ouverture même de la porte en est la moitié; l'élévation totale de ces monumens est d'à peu près 22 mètres (67 à 68 pieds). Les inscriptions qui ornent les deux portes sont en caractères koufiques : il en est de même à la porte Bâb el-Zoueyleh.

Maqryzy, qui, dans sa description du Kaire, a consacré un chapitre aux portes de la ville, indique comme les principales, les dix portes suivantes : il existait au sud deux portes jointes ensemble, Bâb el-Zoueyleh ; au

[1] *Voyez* planche 46, *É. M.*, volume I. En général, consultez les planches de ce volume pour suivre la description du Kaire; savoir : pour les ponts, la planche 27; pour les mosquées, les planches 27 à 38 et 73; pour les places publiques, les planches 39 à 43; pour les jardins et les portes, les planches 44 à 47; pour les bains et les citernes, les planches 48 et 49; pour les palais et maisons principales, les planches 50 à 59; pour les tombeaux, les planches 60 à 66; pour la citadelle, les planches 67 à 73.

[2] *Voy.* pl. 47, *É. M.*, vol. I. Voy. plus loin la Descript. de la cit., §. III.

[3] Plusieurs voyageurs ont pris ces portes l'une pour l'autre, et ont mal interprété leurs noms.

nord, deux portes, Bâb el-Fotouh et Bâb el-Nasr; à l'est, trois, Bâb Berqyeh, Bâb el-Gedyd, Bâb el-Mahrouq; et à l'ouest trois, Bâb el-Qantarah, Bâb Farrag, Bâb Sa'âdeh, auxquelles on peut joindre Bâb el-Khoukhah [1]. De son temps, ces portes n'étaient plus aux lieux où Gouhar les avait fait construire [2]. Bedr-el-Gemâly, fit bâtir les portes de Nasr et de Fotouh à quelque distance au-dessous des anciennes; c'est à lui que l'on doit les hautes et épaisses murailles dont ces portes sont accompagnées.

Nous ne retrouvons aujourd'hui que six de ces noms parmi les portes existantes. On ne doit pas confondre les noms de Bâb el-Gedyd et de Bâb el-Hadyd, puisque cette dernière porte est au nord-ouest du Kaire, tandis que l'autre était au contraire à l'est, mais beaucoup plus près de Bâb el-Zoueyleh que l'enceinte actuelle; la porte de Mahrouq, ou plutôt de Derb el-Mahrouq, était également alors plus rapprochée de Bâb el-Zoueyleh qu'elle ne l'est aujourd'hui [3]. La porte Bâb el-Gedyd avait été bâtie par les ordres de Hakim [4].

[1] *Voyez* le fragment de Maqryzy sur les portes du Kaire, traduit par feu Prosper Rouzée (plus bas, APPENDICE).

[2] La construction des murs du Kaire date de l'an 572 de l'hégire (1176), selon Maqryzy; elle fut faite par ordre du sultan Salah-el-dyn Yousouf, et par les soins de l'eunuque grec Qarâqouch, émyr du sultan (Relation d'A'bd-el-latyf, etc., p. 210).

[3] *Voy.* le plan du Kaire (pl. 26, *É. M.*, vol. I, carreaux M-6 et M-3). Le plan explique bien ces variations, ainsi que tout le passage de Maqryzy à ce sujet, cité par M. Silvestre de Sacy, dans la Relation d'A'bd-el-latyf (pages 430 et suiv.). *Voyez* les remarques de ce savant, qui a deviné très-juste, quoiqu'il eût sous les yeux des plans imparfaits. L'écrivain arabe parle de la porte el-Safa, aujourd'hui el-Seydeh, qui appartenait à l'ancien Kaire. Elle fut jointe à la porte neuve, *el-Gedyd*, par la grande rue de Qeysoun, à mesure de l'extension de la ville.

[4] Le khalife Hakim Biamr-Allah, de la fin du x^e siècle. On avait cette

### 3°. PONTS.

Les ponts élevés sur les canaux du Kaire ne présentent aucune remarque intéressante : ils ont tous, une ou deux arches en ogive, leur chaussée étroite et leurs parapets très-élevés. Celui qu'on appelle *el-Sebâa'* ou des Lions, porte la figure de cet animal, sculptée dans toute la longueur des frises, comme le pont de Beyçous sur le canal Abou-Meneggeh, au-dessus du Ventre de la Vache. Il est double, c'est-à-dire composé de deux ponts, l'un perpendiculaire au canal et débouchant en face de la mosquée de Setty-Zeyneb; l'autre, oblique et très-large, conduisant à la rue de la citadelle : ce qui fait qu'on appelle ce lieu *Qanâter,* et non *Qantarat el-Sebâa'*[1]. Ils sont l'ouvrage du sultan Beybars, qui les fit construire vers 1270, ainsi que le pont du canal *Abou-Meneggeh.* A cette époque le Kaire n'était pas bâti vers le sud, au-delà de la rive droite du canal. J'ai dit que Maqryzy comptait quatorze ponts sur le canal; on en trouvera vingt-un marqués sur les plans, dont neuf hors la ville.

### 4°. MOSQUÉES.

De tous les monumens du Kaire, les plus remarquables, sans comparaison, ce sont les *édifices religieux.* Le nombre en est considérable; à cette classe on pourrait rattacher encore les fondations pieuses ou charitables, les *tekyeh* et les couvens où l'on donne aux voyageurs l'hos-

porte à gauche, en sortant du Kaire par Bâb el-Zoueyleh, et allant au vieux Kaire.

[1] On peut prendre une idée des ponts du Kaire, en consultant la planche 27, fig. 9, *É. M.*, vol. 1.

pitalité (*voyez* plus bas, 5°). Il n'est pas permis aux Francs d'entrer dans les mosquées ; ce n'est que par suite de l'occupation militaire des Français qu'il nous a été permis d'y pénétrer, d'en relever les plans et les dimensions, de dessiner les principaux ornemens de l'architecture. Et cependant les musulmans, rassemblés dans les mosquées, murmuraient très-haut de voir des chrétiens chaussés, souiller le saint lieu, quand eux sont obligés de déposer leurs sandales. Le 1er volume des planches de l'*État moderne* présente les détails, les vues ou les plans des mosquées suivantes[1] : Touloun*, el-Hakim*, Soultân-Qalaoun*, Cheykhoun*, Soultân-Hasan*, el-Moyed*, el-Nasryeh, el-Sa'yd, el-Meçihyeh, el-Mahmoudyeh* et el-Dâher* au dehors[2]. Je crois, au reste, inutile de faire la description d'un genre d'édifices aussi connus que les mosquées, de leurs dômes, de leurs minarets, des tribunes, des bassins et piscines, etc. Il est à regretter qu'on n'ait pu dessiner la mosquée des Fleurs, *Gâma' el-Azhar,* nommée aussi *la grande Mosquée,* qui est une des plus étendues, une des plus fréquentées, et celle où se rassemble le plus de monde. Elle est la plus ancienne après Touloun et el-Hakim ; ses revenus sont considérables, et la plus grande partie sert à l'entretien d'une bibliothèque et d'une espèce d'université ; l'on y professait autrefois la médecine, la théologie, les lois, les mathématiques, l'astronomie et l'histoire. On y enseigne encore les élé-

[1] *Voyez* les planches 27 à 38.

[2] Les plus remarquables sont désignées par une étoile dans cette énumération. Il y en a encore beaucoup d'autres qu'on peut regarder comme de grandes mosquées. *Voyez* plus bas.

mens des connaissances et l'arabe littéral, avec beaucoup de soin : plus de quinze cents élèves y sont instruits; jadis le nombre en passait, dit-on, douze mille, et l'on nourrissait et logeait les étudians les plus pauvres. Je reviendrai plus bas sur l'histoire de cet édifice.

L'on n'a rien négligé pour recueillir les dessins et les détails du grand édifice bâti en face de la citadelle, dans la place dite *el-Roumeyleh* (la mosquée de Soultân-Hasan); elle fut fondée en 758 (1356) par Hasan-Melik el-Nasry, qui régna deux fois, et mourut en 762 (1360). C'est un des plus beaux monumens du Kaire et de tout l'empire; il mérite un des prèmiers rangs parmi les ouvrages de l'architecture arabe, par la hardiesse de sa coupole, l'élévation de ses deux minarets et la grandeur du vaisseau, ainsi que par la richesse des marbres et des ornemens, qui y sont prodigués sur les pavés et sur les murailles[1], et disposés selon la manière simple qui est propre à cette architecture. Le bois et le bronze y sont travaillés avec art dans les portes et les grillages. Les seules peintures admises dans les mosquées, sont des ornemens qui représentent des lettres d'écriture dessinées très en grand, en toutes sortes de couleurs, bleu d'outre-mer, or, vert et rouge : ce sont des sentences et divers passages du Qorân. A l'extérieur du bâtiment, on voit aussi des inscriptions de ce genre; les sculptures imitent des fleurs, des enroulemens de toutes sortes de formes, empruntées des végétaux. Une multitude de lampes sont suspendues aux voûtes des

[1] Voyez *É. M.*, vol. 1, planches 35 à 37.

dômes, qui renferment, comme on sait, les tombes des fondateurs.

Ici l'architecte paraît avoir été contraint de bâtir sur un terrain irrégulier; mais il a sauvé assez habilement l'irrégularité des lignes obliques qui lui étaient imposées[1].

Voici ce que raconte, au sujet de cette mosquée, l'auteur d'un ouvrage peu connu, traduit de l'arabe par feu Venture[2], ouvrage que j'aurai occasion de citer plusieurs fois, et qui paraît n'avoir pas été publié :

« C'est sous le règne de Hasan-Melik el-Nasry que fut construite la mosquée nommée *Cheykhoun*, du nom de son fondateur, en 755 (1354 de J.-C.); le couvent des Derviches, connu également sous le nom de *Cheykhoun*, en 756 (1355), et le fameux collége nommé *el-Soultân-Hasan*, situé dans la place el-Roumeyleh, qui date de l'an 758 (1356). Voici ce que dit l'historien el-Maqryzy au sujet de cet édifice : « L'islamisme ne possède aucun temple qui puisse être comparé au collége de Soultân-Hasan, pour la hauteur et la grandeur de son édifice, et pour la beauté de son architecture; il coûta trois années consécutives de travail, et la dépense de chaque jour allait à près de mille mitqâls d'or (quinze mille francs environ). Quelque temps après qu'il fut achevé, un de ses minarets vint à tomber, et il écrasa

[1] *Voyez* le plan, pl. 33, *É. M.*, vol. I. Les plans, les coupes et les détails de cette belle mosquée ont été mesurés et dessinés par M. Protain.

[2] Extrait d'un manuscrit intitulé: *Passe-temps chronologique et historique*, ou *Coup d'œil récréatif sur le règne des khalifes, des rois et des sultans d'Égypte*, de la composition du cheykh de l'imâm, le plus docte des docteurs, Yousef ben-Meryi, natif de Jérusalem, de la doctrine d'Hanbel; traduit par feu Venture. Je ne possède que la traduction. M. Silvestre de Sacy regarde cet ouvrage comme inédit.

dans sa chute environ trois cents orphelins occupés à l'étude. Le peuple regarda cet événement comme un présage sinistre des malheurs qui menaçaient son fondateur; il fut tué en effet trente-trois jours après. »

C'est aux planches que j'ai déjà citées que le lecteur doit recourir, pour avoir une idée plus précise des dimensions de la mosquée colossale de Soultân-Hasan [1] et de l'élévation de ses différentes parties : je me bornerai à dire que sa longueur totale, sur le grand axe, est d'environ cent cinquante mètres (462$^{ds}$); l'élévation de son grand minaret est de quatre-vingts mètres (247$^{ds}$). Son entrée sur la rue appelée *Souq el-Selâh* (le marché des armes) est très-imposante, quoique irrégulière [2]; l'effet en serait bien plus grand, s'il y avait une place de ce côté, comme du côté de la citadelle.

Quand, du haut de ce dernier endroit, on jette les regards sur cette grande ville, et au-delà, sur la vallée du Nil qui termine la plaine, sur les Pyramides, plus loin sur le désert Libyque à perte de vue, cette mosquée forme un premier plan magnifique au-devant d'un tableau déjà si pittoresque et digne du pinceau des premiers paysagistes. Tout artiste qui voit ce spectacle est frappé de sa beauté, et aussitôt il saisit ses crayons pour mieux en conserver la vive impression [3].

[1] Les plans de mosquées, figurés en petit sur le plan du Kaire (planche 26, *É. M*, vol I), n'ont pas tous été réduits à l'échelle convenable; il faut consulter, pour les dimensions exactes, les planches 27, 30, 33 et suivantes, et aussi la planche 73.

[2] *Voyez* pl. 38, et pl. 33, fig. I et 2, *É. M.*, vol. I.

[3] Cet *aspect* manque à la collection des planches du Kaire, mais il a déjà été gravé plus d'une fois : c'est celui qu'aurait eu à représenter l'artiste qui a dessiné la vue de la pl. 32, *É. M.*, vol. I, s'il se fût élevé suffi-

La plus ancienne de toutes les mosquées du Kaire est celle de Teyloun ou Touloun, bâtie par Ahmed ben-Touloun, premier sultan d'Égypte, de l'an 264 à 266 de l'hégire (877-879 de J.-C.) : « C'est, dit l'auteur arabe que j'ai cité plus haut [1], l'un des plus magnifiques temples qui aient jamais été construits à la gloire de l'Éternel; il le commença la dixième année de son règne, et l'acheva en trois ans. La dépense fut de 120000 dynârs (1800000 francs [2]). On montait au minaret par un escalier extérieur, en forme de spirale (c'est ce qu'on observe encore aujourd'hui [3]). Il fit faire la corniche qui régnait tout autour, avec de l'ambre pétri, pour flatter l'odorat de ceux qui viendraient y prier. » La dernière circonstance pourrait donner une idée peu avantageuse de l'écrivain auquel j'emprunte ces détails, judicieux d'ailleurs dans le reste de son ouvrage. Il nous apprend qu'il fut lui-même professeur de jurisprudence au collége de la mosquée de Touloun, où il y avait, à une certaine époque, un grand nombre de chaires. Plus tard, le sultan Mamlouk Hoçeyn el-Dyn, qui régna en 697 et 698 (1297 et 1298), en fonda neuf, dont l'une était destinée à la partie de l'astronomie qui concerne la marche de la lune; d'autres à la médecine, à l'étude des lois, etc. Ahmed ben-Touloun fut un grand prince; il fit faire beaucoup d'autres ouvrages.

samment. La vue pl. 61 est dirigée du même côté, mais elle représente *la ville des Morts* sur le premier plan, au lieu du Kaire même.

[1] Traduction du manuscrit arabe de Meryi, par Venture.

[2] En supposant au dynâr de Touloun (comme étant le plus pur) une valeur de 15 fr. (*Mém. sur les monnoies arabes*, par M. Samuel Bernard).

[3] Pl. 29, 30, 31, *E. M.*, vol. I.

Celle de Touloun, avec son enceinte, a environ 80 mètres (247 ds) dans un sens sur 76 (234 ds) dans l'autre.

La plus ancienne mosquée, après celle de Touloun, est Gâma' el-Azhâr, ou *la Mosquée des Fleurs*, que j'ai déjà nommée; la longueur totale de son plan est d'environ 150 mètres, la même que celle de Soultân-Hasan. Sa fondation est de la même date que celle même du Kaire. Les Fatémites s'étant emparés de l'Égypte et du titre de khalifes, en 358 (968), le premier sultan de cette dynastie, Abou-Temym el-A'ad el-Mo'ez le-dyn-allah, résolut de bâtir une nouvelle ville qui pût rivaliser avec Baghdâd, que les Abbassides avaient élevée avec tant de magnificence. Par ses ordres, le visir Qâyd-Gouhâr jeta les premiers fondemens du Kaire et de l'hôtel appelé *el-Qasreyn*, ou les deux Palais, celui du gouvernement et celui du visir[1]. En 359 (969), il fit commencer la mosquée el-Azhâr, et elle fut achevée en 361[2]; le sultan mourut en 365, après avoir régné vingt-quatre ans, tant en Barbarie qu'en Égypte. Comme les Fatémites prétendaient descendre de Fatime el-Zehrâ (la fille du Prophète), c'est peut-être à cette prétention qu'est dû le nom de la mosquée[3]. Pendant son long règne, le sultan Qâyd-bey Abou el-Nasr fit faire des embellissemens à la mosquée el-Azhâr, une grande piscine, un magnifique

[1] *Voyez* pl. 26 (n°. 281, H-6), *Kholt Beyn el-Qasreyn.*

[2] *Voir* la traduction du manuscrit arabe cité plus haut.

[3] En 658 (1259), Beybars répara la mosquée des Fleurs et plusieurs autres mosquées du Kaire : c'est le même qui rebâtit la mosquée d'A'tar el-Naby, village voisin, les ponts du canal Abou-Meneggeh, Damiette, ainsi que les murs et le phare d'Alexandrie.

bassin avec un jet d'eau, et il ajouta près de la porte, une fontaine publique avec une école. Deux salles furent aussi ajoutées à ce vaste temple pour l'enseignement de la théologie et du droit. Il fit encore construire en divers lieux des mosquées, des chapelles, des ponts, et son exemple fut imité par les grands de sa cour [1]. Enfin, Qansouh el-Ghoury, sultan en 906 (1500), fit ajouter à cette mosquée un minaret qui est admiré pour la hardiesse de son architecture [2]. La mosquée el-Azhâr fut aussi réparée par un gouverneur turk, en 1004 (1595). Ce vaste bâtiment renferme des quartiers d'habitation pour des étrangers appartenant à une multitude de nations différentes, et qui viennent, pour s'instruire au Kaire, notamment des Persans, des Syriens, des Kourdes, des Arabes de l'Hedjâz et de l'Yemen, des Indiens, des Africains occidentaux, etc., sans parler des habitans des diverses provinces de la haute et de la basse Égypte. Les aveugles y occupent un quartier séparé.

La grande mosquée el-Hakim est l'ouvrage du sultan Fatémite Abou el-Mansour, surnommé *el-Hakim Bi-amr-Allah*. Au temps de l'auteur du manuscrit, elle s'appelait plus communément *Gâma' Ennoreh* (la Mosquée Lumineuse [3]); cependant, quand je demandais le nom de cet édifice, en 1800, on répondait *el-Hakim*. Elle est très-ruinée, et abandonnée depuis trente à quarante ans; cependant les piliers et quelques arcades subsistent encore, ainsi que les minarets. Elle forme à peu près un carré, de 45 mètres de côté [4], ayant

[1] Manuscrit arabe cité plus haut.

[2] *Ibid.*

[3] Manuscrit arabe cité plus haut.

[4] *Voyez* pl. 27, fig. 1, et pl 28.

quinze piliers dans un sens, sur seize dans l'autre : l'époque de sa fondation est entre les années 386 et 411 (996 et 1020). Ce grand édifice fut renversé par un tremblement de terre; le sultan Beybars, vers l'an 707 (1307), le fit relever.

Je passerai rapidement en revue les autres édifices religieux, en suivant l'ordre chronologique de leur construction. Le sultan Ebn A'ly el-Mansour, qui mourut assassiné à l'île de Roudah, fit construire entre les années 495 et 524 (1101 à 1129) la mosquée *el-Aqmar*[1], dans le quartier el-Sebâtyeh. La mosquée *el-Fakà'âny*, située non loin de Bâb el-Zoueyleh[2], date du règne d'Ismâ'yl, surnommé *el-Dafir A'âda-Allah*, de 545 à 549 (1150 à 1154); ce prince mourut aussi assassiné. La mosquée qu'on trouve en sortant de Bâb el-Zoueyleh (sans doute Gâma' el-Sâleh)[3], est l'ouvrage de Melik el-Nalih, fils de Rezik, ministre ou plutôt véritable souverain sous Ysa, mort en 555 (1160). Sous ce visir, quoique poète lui-même, les poètes, les littérateurs furent avilis, les sciences et la vertu méprisées. Il bâtit le mausolée de Hoçeyn, et il périt aussi de mort violente en 556. Le fameux Salâh el-dyn Yousef, premier des sultans Ayoubites, et si connu sous le nom de *Saladin*, fit bâtir en 569 (1173) le collége appelé *Medreçet el-Salihyeh*, situé près du mausolée de l'imâm Châfe'y[4]. Entre autres édifices religieux, Saladin fit construire aussi en 566 (1170) le couvent

[1] Pl. 26 (n°. 316, G-6), c'est-à-dire dans le carreau formé par la bande G et la colonne 6 du plan, au n°. 316 qu'on trouve dans ce carreau.

[2] *Voyez* pl. 26 (n°. 274, L-6).

[3] *Ibidem* planche 26 (n°. 243, M-6).

[4] Pl. 26, *E. M.*, vol. I (Z-6).

de derviches, Khanqat Sayd el-Saâda, qu'avait habité le prince Fatémite de ce nom; j'aurai occasion de revenir sur ses autres ouvrages. La date de la mosquée el-Kamilyeh [1], nommée ainsi du sultan el-Melik el-Kamil, qui l'éleva et y fonda un collége, est de 621 (1224). Negm el-dyn Ayoub, le même qui mourut à Mansourah de la main des croisés, fit bâtir en 639 (1241) deux colléges situés entre les deux palais (*el-qasreyn*). Le pont de la digue sur le canal du Kaire, Qantarat el-Sadd, fut construit par ses soins, ainsi que la forteresse de l'île de Roudah; son mausolée fut bâti auprès des colléges précités. Le premier sultan de la dynastie des Mamlouks, A'zz el-Dyn Ibek, surnommé *el-Melik el-Moe'z* (652 à 658, 1254 à 1259), éleva le collége de son nom, Medreçet el-Moe'z, dans le quartier Rahbet el-Hinna [2]. En 662 (1263), Beybars, sultan mamlouk, surnommé el-Melik el-Zâher, *Rokn el-Douniaou el-Dyn* [3], construisit le collége qui est en face du Mouristân, et, trois ans après, il éleva la grande mosquée du quartier el-Hasanyeh [4] et d'autres constructions (*voyez* page 308). On doit au sultan Qalaoun, surnommé *el-Melik el-Mansour*, en outre du collége appelé *el-Mansouryeh* [5] (cette mosquée date de l'an 681, 1282),

[1] Pl. 26 vol. I (n°. 280, H-6). La liste des noms du Kaire porte, je crois, à tort le nom de *Kamlyeh*.

[2] Peut-être Sekket el-Rakhabeh, pl. 26, vol. I (n°. 202, M-5). La mosquée appelée *el-Maiz*, dont le nom se rapproche du précédent, est éloignée de ce quartier (n°. 85, R-7).

[3] Selon le manuscrit.

[4] Peut-être la mosquée n°. 346, A-5. L'auteur arabe ou son traducteur a écrit *el-Housseinyeh*, mais je pense qu'il faut lire *Hasanyeh*, nom de la grande rue du Nord, qui traverse le faubourg et mène à la porte du même nom.

[5] Pl. 26, *E. M.*, vol. I (VIIe sect., n°. 275, H-6) : c'est la mosquée de

un des édifices du Kaire les plus remarquables, le grand hôpital appelé *Mouristân*[1]. Les pauvres habitans n'y étaient pas seuls admis; le paragraphe suivant renferme des détails sur cette intéressante institution. (*Voyez* p. 320 et suiv.)

Un autre sultan de la première dynastie des Mamlouks, Rokn el-dyn Beybars, second du nom, fit bâtir la mosquée et le collége de son nom, situés dans Derb el-Asfar, à gauche en entrant par Bâb el-Nasr[2]. Mohammed, fils de Qalaoun, surnommé *el-Melik el-Nasr*, celui qui ordonna que les chrétiens et les Juifs fussent distingués par la couleur du turban, et qui régna quarante-quatre ans en trois fois (c'est-à-dire plus qu'aucun autre sultan d'Égypte), fit bâtir à la citadelle, en 718 (1318), la belle mosquée qui porte aussi le nom de *Soultân-Qalaoun*[3], et le collége qui est situé entre les deux Palais[4]. Beaucoup d'autres travaux attestent sa magnificence : il avait eu le dessein de détourner le cours du Nil, et de le faire passer sous les murs de la citadelle; le devis de la dépense fut évalué à trois *khazneh* : mais on ne répondait pas du succès, et on renonça avec raison à cette folle entreprise. Sous le règne de ce prince, le Kaire s'agrandit de moitié.

La double mosquée, appelée *Cheykhoun* du nom de

Soultân-Qalaoun, auprès du Mouristân.

[1] Pl. 26, *État moderne*, vol. I (n°. 52, H-6).

[2] Pl 26, *E. M.*, vol. I (n°. 294, G-5). Il y a une autre mosquée de ce nom, n°. 373, L-7 : elle est peut-être du temps du second Beybars, de l'an 698 (1298). (*Voir* la note 3, p. 311.)

[3] Pl. 26, *État moderne*, vol. I (n°. 54, T-3).

[4] L'auteur que j'extrais semble répéter ici une indication précédente. (*Voyez* ci-dessus les travaux de Negm el-Dyn).

son fondateur, située à droite et à gauche de la rue qui monte de Gâma' Touloun à la citadelle [1], du temps de Hasan Melik el-Nasr, date de 755 (1354) : c'est le même prince qui fonda la grande mosquée de Hasan, décrite précédemment : la mosquée qui est située sur la droite de la rue en montant, a 24 mètres environ sur 20 [2] ; le couvent des derviches du nom de Cheykhoun est de l'an 757.

Gâma' el-Echrof est une mosquée ruinée qui était placée sur une éminence [3] en regard du château. Ce collége, un des plus beaux de l'Égypte, bâti pour rivaliser avec celui de Soultân-Hasan, fut fondé par Cha'bân, surnommé *Melik el-Echrof*, mort en 778 (1376). On détruisit la plus grande partie de l'édifice après sa mort, et après la démolition, on bâtit sur le même emplacement l'hôpital de Mouyed-Cheykh.

La célèbre mosquée el-Barqouq fut fondée par un sultan de ce nom, surnommé *Melik el-Zâher* [4] : elle date de l'an 788 (1386). Ce prince, le premier sultan Mamlouk Circassien, est le même qui fit construire sur le Jourdain un pont fameux nommé *Gisr el-Megiamy*.

[1] Pl. 26, *É. M.*, vol. 1 (n°. 121, U-7); *voyez* aussi la pl. 27, fig. 4.

[2] Ma présence dans cette mosquée causa un grand scandale, et le cheykh eut beaucoup de peine à me protéger contre la population nombreuse de ce quartier, qui murmurait de plus en plus et menaçait de me faire un mauvais parti. Il disait, pour prendre ma défense : « Ne faites point de mal a ce Français, il est bon ; il n'y a que sa chaussure.... ; il l'ôtera une autre fois »

[3] Cette hauteur se voit sur le plan (n°. 65, Y-7) ; le manuscrit traduit donne à cette hauteur le nom de *Res el-Sont;* une autre mosquée, el-Echrofyeh, existe au Kaire (*voyez* planche 26, *Etat moderne*, vol. 1, n°. 194, K-6).

[4] Son premier nom était *Tounbayha :* son patron l'appela du nom de *Barqouq* (nom qui signifie *prune*), à cause de ses grands yeux à fleur de tête.

La mosquée et le collége du sultan Barqouq sont situés rue Soukkaryeh [1].

Une mosquée non moins remarquable est celle de Moyed, ou Medreçet el-Moyedyeh, du nom du sultan Abou el-Nasr Cheykh el-Mahmoudy, surnommé *Melik el-Moyed;* elle est de l'an 817 (1414) : la construction dura trois ans. C'est un carré d'environ 33 mètres (102$^{ds}$) de côté [2], orné de quatre-vingt-seize colonnes, régulièrement placées sur deux rangs et disposées sur les quatre côtés de l'édifice.

Il existe au Kaire une autre mosquée du nom de *Medreçet el-Echrofyeh,* fondée par Bourzabây Abou el-Nasr, surnommé *Melik el-Echrof;* comme il a régné seize ans et qu'il est mort en 841 (1437), la date de la fondation est entre 841 et 825 (1437 et 1421). Il paraît certain que c'est la mosquée de la rue du même nom, el-Echrofyeh [3]; cependant l'auteur arabe que j'extrais, la place dans le quartier el-A'nbareyn : or, on trouve une mosquée *el-A'nbaryeh* non loin de la porte Derb el-Mahrouq [4] et une petite du nom de cheykh el-A'nbary [5]. Le même prince fonda un autre collége dépendant du couvent des derviches dit el-Seryaqousyeh.

J'ai déjà parlé de l'extension et des embellissemens apportés à la mosquée el-Azhâr par le sultan Qâydbey Abou el-Nasr ou el-Zaheri el-Mahmoudy, mort en 901 (1495) : on lui doit aussi plusieurs mosquées du Kaire, en outre de beaucoup d'édifices.

[1] *Voyez* pl. 26, *E. M.*, vol. I (n°. 279[1], H-6).

[2] Pl. 27, vol. I, f. 3 et pl. 26 (M-7).

[3] *Voyez* pl. 26. *É. M.*, vol. I (n°. 194, K-6).—*V.* ci-dessus, p. 313.

[4] *Voyez* planche 26, *État moderne*, volume I (n°. 108, M-4).

[5] *Ibidem* (n°. 80, I-4).

Ganbalât, surnommé encore *Melik el-Echrof*, qui ne régna que six mois, en 905 (1499), fit cependant construire la mosquée de son nom, Medreçet el-Ganbalâtyeh, située auprès de Bâb el-Nasr [1].

La mosquée dite el-A'âdlyeh, du nom de son fondateur Toumân-bey Seyf el-dyn, surnommé *Melik el-A'âdil*, date de l'an 906 (1500) : elle est en dehors de la même porte, ainsi que le mausolée de ce prince [2].

Qansouh el-Ghoury Abou el-Nasr, surnommé aussi *Melik el-Echrof*, le même qui périt dans la bataille livrée par lui au sultan Selym en 922 (1516), éleva au Kaire, selon notre auteur, le collége de Som el-Gemelloun avec le mausolée qui est en face. « C'est sous son règne, dit cet écrivain, vers l'an 920 (1514), qu'une nation franque, nommée *les Portugais*, trouva le moyen, en contournant l'Afrique et la mer Ténébreuse, le canal de Mosambique (*qui est derrière les montagnes de la Lune, où sont les sources du Nil*), d'aborder sur les côtes des Indes : Qansouh el-Ghoury envoya contre eux une flotte de cinquante galères, sous le commandement de l'émyr Hoçeyn le Kourde. » J'ai cru devoir rapporter ce passage à cause de l'intérêt qu'il présente sous le rapport de la géographie. La mosquée, que je viens de nommer, est le dernier monument religieux dû aux sultans d'Égypte; c'est en 1517 que périt le vingt-quatrième et dernier sultan Circassien Toumân-bey, neveu du précédent, et surnommé *Melik el-Echrof*. On sait qu'après une défense glorieuse

[1] *Voyez* planche 26, *Etat moderne*, volume I (n°. 137, E-4).

[2] *Voyez* planche 26, *Etat moderne*, volume I (n°. 370, E-5).

il se rendit au sultan Selym : celui-ci le fit pendre à Bâb el-Zoueyleh.

Devenue province de l'empire ottoman, l'Égypte cessa d'être embellie par de grands ouvrages de l'architecture arabe; cependant, le gouverneur turk Souleiziman-pâchâ, en 933 (1526), construisit plusieurs beaux édifices, entre autres, à la citadelle, la mosquée nommée *Gâma'*[1] *Genet'*. L'auteur cite encore le collége nommé *el-Medreçet el-Meçyhyeh*, bâti par le gouverneur appelé *Meçyh*, qui gouverna cinq ans sous Mourâd III, depuis l'an 982 (1574). Cette mosquée est située près la porte de Qarâfeh[2].

En terminant cet aperçu historique des mosquées du Kaire, je ne puis pas omettre la grande mosquée extérieure, située entre le canal et l'étang de Cheykh-Qamar, appelée *Gâma'el-Dâher*, la plus grande après Touloun et el-Hakim. Presque abandonnée à l'époque de l'arrivée des Français, elle fut convertie en fort, et prit le nom du général Shulkowski, glorieuse victime de l'insurrection du Kaire; sa longueur est d'environ 59 mètres (181<sup>ds</sup> ½) sur 56 mètres[3]. Une autre mosquée également extérieure et célèbre est la mosquée de Qâyd-Bey, dont le règne date de l'an 871 (1466); son emplacement est au milieu des tombeaux du même nom, au nord de la citadelle[4]. Sous le même Qâyd-bey, l'émyr Ezbeky bâtit la mosquée el-Ezbekyeh, qui a donné son nom à la fameuse place du Kaire, en 892 (1486).

[1] *Gâma' Geneyd* (n°. 170, U-12), planche 26, *Etat moderne*.

[2] *Voy*. pl. 26, vol. 1 (n°. 20, X-4).

[3] *Ibid.*, vol. 1 (n°. 378, A-6).

[4] *Voyez* pl. 26, *E. M.*, vol. 1, (n°. 44, P-3).

On pense à tort que, depuis la conquête des Ottomans, l'architecture arabe n'a plus produit de monumens. Indépendamment des tombeaux, dont il sera question, des mosquées ont été bâties par les beys : celle de Mohammed Abou-Dahab, où ce prince a été embaumé et déposé, auprès de la mosquée des Fleurs, n'a précédé l'expédition française que de vingt-neuf ans.

Outre les mosquées décrites dans le commencement, on trouvera encore figurées dans les planches la vue de Gâma' el-Sa'yd, située derrière le palais d'O'smân-Bey el-Tanbourgy [1]; la vue de Gâma' el-Mahmoudyeh, sur la place Roumeyleh [2]; enfin, celle de Gâma' Emyr Khour, ou mosquée Nasryeh, près de la porte de ce dernier nom [3].

On peut aussi consulter les planches 41, 42 et 43 (*É. M.*, vol. 1), représentant une sorte de panorama de la place Ezbekyeh, dans lequel plusieurs mosquées sont représentées. Il sera facile de les reconnaître sur la liste, en s'aidant du plan topographique, et en se plaçant au point de vue.

Toutes les autres mosquées sont désignées, et leurs noms soigneusement inscrits dans la liste qui forme le chapitre précédent : il serait inutile de les énumérer; les plus importantes ont été distinguées dans le I^er^ chapitre [4]; il ne me reste ainsi que quelques mots à ajouter sur deux d'entre elles. La mosquée Gâma' Soultân el-Ghoury [5], dans la rue de ce nom, est fort grande et

[1] *Voyez* pl. 26, *É. M.*, vol. 1 (n°. 19, P-9), et la pl. 50

[2] Planche 26 (n°. 128, S-5), et planche 67, à la gauche du dessin.

[3] Pl. 26 (n° 263, S-13), et pl. 45.

[4] *Voyez* ci-dessus, page 121.

[5] Cette mosquée passe pour dater de l'année 933 de l'hégire; mais

divisée en deux édifices situés sur les deux côtés de la rue [1]. La mosquée el-Hasaneyn est aussi grande et aussi belle; les femmes ont le droit d'y entrer le septième jour de la semaine, nahar el-Sahbt [2].

Les mosquées d'une petite étendue, ou chapelles, sont en général désignées sous le nom de *zâouyeh;* le nombre en est considérable, environ cent soixante. Tous ces édifices, consacrés au culte, sont fréquentés chaque jour, avec assiduité et avec ferveur, par la population du Kaire.

## 5°. HÔPITAUX, TEKYEH, COUVENS MUSULMANS, ÉGLISES, ETC.

On ne peut, sous aucun rapport, comparer le Kaire aux villes de l'Europe, en ce qui regarde les fondations pieuses ou charitables; mais ce serait aussi une erreur de penser qu'il est tout-à-fait dépourvu de ce genre d'é-

notre auteur arabe ne permet guère qu'on lui donne une date aussi récente, puisque l'histoire du prince de ce nom nous apprend que le sultan el-Ghoury est mort en 922, dans le combat qu'il livra au sultan Selym.

[1] On n'en a indiqué qu'un seul sur le plan (*voyez* pl. 26, n°. 305, K-6).

[2] *Ibidem* (n°. 212, I-5). Suit la liste de trente-six autres grandes mosquées du Kaire qui n'ont pas été décrites ci-dessus : Gâma' el-Yesbak, ornée de quarante colonnes; el-Kykhyeh, Mesdâdeh, el-Mardâneh, el-Ghamry, el-Cha'râouy; A'mrou derrière le vieux Kaire (extérieure), Sitty Zeyneb, el-Gâouly, el-Senânyeh, Iskander, el-Meskeh, el-Imâm (aux tombeaux de ce nom), Mohammed-Bey, el-Sâleh (près le Nahâsyn, devant le Mouristân), Seyyd A'ouâm el-Dyn, el-Zâyed; Cheykh, A'ryân, ornée de sculptures; Cheykh el-Gouhâry, petite mais bien bâtie; Soultân-Qeysoun, el-Seyyd Omm Qâsem, Imâm el-Chafe'y, el-Barade'yeh, el-Sâleh (quartier de Bâb el-Zoueyleh), A'bdyn, el-Tabbakh Bâb el-Louq, el-Roue'yy, el-Tabbakh Bâb el-Cha'ryeh, el-Bayoumeh, el-Kourdy, el-Souto'hyeh, Bâb el-Fotouh, el-Mahallaq, el-Dâher (extérieure), Abou el-So'oud: on trouvera où elles sont situées en consultant la liste du chapitre II. J'ai noté dans mon journal 360 minarets et 750 mosquées de toute grandeur, mais ce dernier nombre est fautif et pèche par excès.

tablissemens. Ce n'est pas toujours en raison des progrès de la civilisation que les peuples sont enclins à la compassion, et portés à soulager le malheur; seulement, il est vrai de dire que le despotisme a laissé périr les établissemens formés pour ce but. Il a existé au Kaire, il y a cinq à six siècles, plusieurs hôpitaux destinés à recueillir les infirmes, les malades, les aliénés; il n'en reste plus qu'un seul, le Mouristân, où les aliénés des deux sexes sont réunis : nous le décrirons dans un instant. Les *tekyeh* sont des maisons où l'on reçoit quelques voyageurs pauvres ou des personnes recommandées : ils y trouvent l'hospitalité gratuite. On peut enfin regarder comme des fondations de bienfaisance les nombreuses fontaines et abreuvoirs publics, et les écoles gratuites qui les accompagnent souvent. Des sultans, des beys, des hommes riches ont fait élever ces bâtimens à leurs frais, et ont légué en mourant certaines sommes dont les intérêts servent à entretenir les édifices, et couvrent les dépenses annuelles. Les noms de ces bienfaiteurs sont attachés à leurs ouvrages, et prononcés par le peuple avec vénération. Il n'est pas question ici des donations ou fondations religieuses destinées à l'entretien des mosquées : elles sont très-nombreuses en Egypte; on les nomme *rizâq*, pluriel de *rizqah* : ce nom générique s'applique aux deux espèces de fondations. Celles qui ont été faites par les souverains sont surnommés *soultâny ;* les autres s'appellent plus spécialement *ouâqf.* On peut regarder les uns comme des legs publics, et les autres comme des legs particuliers. Une partie des *ouâqf* est destinée à l'entretien des mosquées, des colléges et des couvens de derviches, aux prières qui se font sur les tombeaux et dans les grandes fêtes, aux dépenses qu'il en coûte pour jeter sur les tombeaux des fleurs et des feuilles de palmiers à certains jours de l'année; une autre partie des *ouâqf* est employée en aumônes, pour les pauvres et les aveugles, et en secours donnés aux hôpitaux, et enfin un grand nombre d'*ouâqf* est consacré à l'entretien des citernes et des écoles publiques[1] : ce nom se donne aussi aux legs faits en faveur des écoles. Enfin on doit comprendre au nombre des établissemens de ce genre les dervicheries ou couvens de derviches, qui ont été fondés au Kaire à différentes époques, parce que les voyageurs y recevaient l'hospitalité. Nous avons mentionné à l'occasion des mosquées ceux que Saladin et d'autres princes ont fait construire.

L'auteur inédit dont nous avons souvent parlé, cite l'hôpital de Mouyed-Cheykh, élevé par le fils du sultan Barqouq, sur l'emplacement du collége el-Echrofyeh; nous ignorons ce qu'est devenu à son tour cet hôpital, et nous ne connaissons de subsistant que le grand Mouristân[2].

Un hôpital du même nom existait à Damas au temps de Thévenot, dès l'année 831 de l'hégire (1427). On y prodiguait aux malades des alimens recherchés : ils y

[1] Plusieurs de ces *rizâq* ont une destination qui paraîtra singulière; savoir : de nourrir des chiens errans dans les rues de la ville, ou de pourvoir à la nourriture des oiseaux, ce que l'on fait en répandant du grain sur les minarets, témoin celui de la mosquée de Touloun, surmonté d'un grand vaisseau que l'on entretient plein de grain dans tous les temps de l'année, et qui a plus de 10 pieds de longueur : aussi l'on voit sans cesse une multitude de tourterelles voler autour de cette haute sommité.

[2] Cet établissement, selon M. de Sacy, doit être désigné sous le nom de *bimaristân*, بيمارستان (Relat. d'A'bd-el-latyf, pages 89 et 441).

jouissaient des plus grandes douceurs et de toutes les commodités de la vie.

Le mouristân du Kaire est encore plus célèbre que celui de Damas : dans l'origine il ne servait qu'à recevoir les aliénés ; on peut voir dans les écrivains arabes l'origine de cette fondation, qui remonte, selon quelques-uns, mais à tort, au fils d'Ebn-Touloun, mais, selon Maqryzy, à la petite-fille de Mo'ez le-dyn-allah. Dans la suite, cet édifice eut la destination de recevoir toute espèce de malades, et fut richement doté par les souverains de l'Égypte. A chaque espèce de maladie était affectée une salle particulière, avec un médecin spécial. Chaque sexe occupait une partie séparée du monument. On y admettait tous les malades, pauvres ou riches, indistinctement. Les médecins, attirés de diverses parties de l'Orient, étaient traités avec magnificence : une pharmacie bien pourvue était jointe à l'établissement. On prétend que chacun des malades coûtait une pièce d'or (*dynâr*) par jour, et avait deux personnes pour le servir ; que les malades sujets à l'insomnie étaient transportés dans une salle séparée, où on leur faisait entendre une musique pleine d'harmonie ; ou bien les conteurs les plus exercés les récréaient par leurs récits. Dès que les malades commençaient à recouvrer la santé, on les isolait des autres ; on les faisait jouir du spectacle de la danse, et l'on représentait devant eux des sortes de comédies ; enfin on leur donnait en sortant de l'hôpital cinq pièces d'or, pour qu'ils ne fussent pas obligés de se livrer sur-le-champ à des travaux pénibles.

C'est le sultan el-Mansour Qalaoun qui a fondé, au

lieu où il est actuellement, le collége qui dépend de l'hôpital, où l'on enseignait la médecine et les doctrines de la religion. Il employa dans les matériaux, des colonnes de granit et d'autres fragmens des anciens édifices. Dans ce même lieu, un autre genre d'institution avait été fondé par la fille d'El-A'zyz b-illah Nazar, fils de Mo'ez le-dyn-allah[1] : huit cents filles y étaient logées et nourries. Qalâoun transféra ailleurs cet établissement, et bâtit dans cet ancien local le grand hôpital, ou Mouristân, en l'an 681 (1282), avec quatre portiques ornés chacun d'un jet d'eau : les travaux furent terminés en moins d'un an. La dotation des revenus affectés à l'entretien date de l'an 685 (1286).

A l'époque de l'expédition française, ce célèbre établissement, jadis un asile ouvert au malheur, avait complètement dégénéré de sa prospérité primitive, ou, pour mieux dire, il en offrait à peine une ombre, grâce à l'incurie des Turks et des Mamlouks, et surtout à la dilapidation des deniers de la fondation. Quand je m'y rendis, les malades, autres que les insensés, étaient au nombre de cinquante ou soixante : ils occupaient des salles au rez-de-chaussée, ouvertes à tout vent, sans lits et sans meubles. Les insensés occupaient une autre partie du bâtiment, divisée en deux cours, une pour chaque sexe : les fous étaient au nombre de dix, renfermés dans des loges grillées, ayant une chaîne au cou. Parmi eux étaient deux *Barâbrah* (un jeune homme fort gai renfermé depuis trois ans et un esclave d'Elfy-bey, ré-

[1] C'est ce dernier prince, le second des Fatémites, qui fonda le Kaire en 360 de l'hégire (970).

clus depuis quatre mois); un cheryf, maniaque seulement tous les mois; un autre ayant sa femme avec lui, etc. : les femmes étaient nues ou presque point vêtues. Ce vaste bâtiment est contigu à la mosquée dite *Gâma' Soultân-Qalâoun*.

Le général français donna ordre au médecin en chef de le visiter, de lui en rendre compte, et de proposer des vues d'amélioration. M. Desgenettes y fut conduit par le cheykh A'bd-allah el-Cherqâouy. Voici en quels termes il s'exprime dans son rapport : « Le Mouristân est un vaste local assez mal situé, susceptible de recevoir commodément cent malades[1]; dans le moment actuel, il y a vingt-sept malades et quatorze insensés, sept hommes et sept femmes. Parmi les malades, il en est plusieurs d'aveugles; un plus grand nombre est attaqué de cancers, d'autres languissent de maladies chroniques abandonnées à leurs progrès. Tous sont sans autre secours qu'une distribution d'alimens, consistant en pain, riz, lentilles, et ils ne soupçonnent même pas qu'ils puissent être soulagés; et dans cet abandon aux volontés du destin, ils n'ont jamais connu les médicamens les plus simples. Les insensés sont dans deux petites cours séparées, contenant l'une dix-huit loges pour les hommes, l'autre dix-huit loges pour les femmes : les hommes m'ont paru froids et mélancoliques; la plupart sont âgés. Un jeune homme seul est entré en fureur : il rugissait comme un lion; et, par une transition presque sans nuance, il est rentré dans le calme, et un sourire stupide est venu se placer sur ses lèvres. Les loges des

[1] Ou plutôt deux cents.

femmes ne sont pas toutes grillées; les femmes, quoique toutes enchaînées, ne sont pas fixées au mur comme les hommes. »

Il existe au Kaire un autre lieu du nom de *mouristân, mouristân el-qâdym* ou *le vieux*. C'est une maison abandonnée depuis très-long-temps, située au midi, et non loin de la citadelle [1]. (Une citerne et deux okels dans le voisinage de la mosquée de Soultân el-Ghoury [2] portent encore le même nom.) L'histoire ne fait pas mention de deux *mouristân* : cependant les gens du lieu m'ont affirmé l'existence de cet ancien mouristân; la maison que j'ai vue était délabrée, mais encore habitée. La tradition locale m'a appris en outre l'existence d'un autre hôpital fondé pour les femmes, par A'bd el-Rahman kykhyeh. Il est situé près de Taht el-Rob' [3] : il renfermait alors vingt-six femmes malades; il porte le nom, je crois, générique de *Tekyeh*. Un autre tekyeh pour les derviches est dans la rue de Habbânyeh, et en porte le nom [4]. Un tekyeh plus considérable, l'hôpital des Derviches fondé par le sultan Dâher Beybars, est situé dans la grande rue de Salybeh [5] : on l'appelle *Tekyet el-A'gâm*; il touche à la mosquée du même nom : quand je l'ai visité, il renfermait seize malades. Enfin, deux autres *tekyeh*, du nom de Qeysoun, sont situés, l'un dans la rue dite Souq el-Selâh [6], et l'autre dans la rue de *Qeysoun* [7]. Je termine cet article sur les fondations cha-

[1] *Voir* le plan du Kaire, pl. 26, *E. M.*, vol. I (n°. S-4).

[2] *Idem*, pl. 26, *E. M.*, vol. I (n°s. 294, 297, 298, L 6 [1]).

[3] *Ibidem* (M-7).

[4] *Voir* le plan du Kaire (n°. 24, P-9).

[5] *Idem* (n°. 67, S-7).

[6] *Ibidem* (n°. 13, R-6).

[7] *Ibidem* (n°. 99, Q-7).

ritables, par l'énumération des sommes consacrées à cette destination, et qui faisaient partie des dépenses publiques au moment de l'expédition française : elles étaient prélevées sur le myry ou l'impôt territorial. Cet exposé prouvera que l'on a des idées fausses, en Europe, sur le défaut de philantropie chez les Orientaux, et sur la négligence absolue de leurs gouvernemens, en ce qui regarde les secours publics. Pour être fort arriérés à cet égard (j'en conviens), comparativement aux progrès récens des institutions européennes en ce genre, il s'en faut de beaucoup cependant que ces hommes soient dépourvus de toute sensibilité pour le malheur. Des hospices pour les aveugles existaient en Syrie et en Égypte long-temps avant l'institution de celui des *Quinze-Vingts,* et Louis IX, qui a eu la gloire de cette fondation en France, avait eu probablement connaissance de ces établissemens. Ainsi les Orientaux nous en ont donné le premier exemple.

En prenant possession de l'Égypte, les Ottomans n'abolirent point les fondations pieuses et charitables ; au contraire, Selym y ajouta, et Solymân les augmenta encore : d'autres princes et de riches particuliers multiplièrent ces legs ; malheureusement le gouvernement des beys amena de grands abus et la dilapidation des deniers consacrés à l'infortune. Voici une liste succincte des sommes portées sur le tableau des charges publiques en 1798 :

1°. Une quantité de 154339 ardebs d'orge, à prélever sur le myry en nature, était consacrée annuellement à divers établissemens ; savoir : pour les aveugles et les malades de l'hôpital du Mouristân et de la mosquée d'el-Ahzar, pour les étudians de cette mosquée, et pour cinq autres *ouâqf*. A 90 médins, prix moyen de cette denrée (ou 3 francs 15 centimes, au prix fixé pour le médin à l'époque de l'expédition[1]), cette quantité représente une somme de 486168 francs.

2°. Il est alloué sur le myry en argent aux derviches, mendians et infirmes, 13109358 médins, ou 458828 francs de notre monnoie.

3°. Selym et Solymân ont institué des pensions pour les veuves, montant à 3286348 médins, ou 115022 francs, et pour les orphelins, à 2824662 médins, ou 98863 francs.

4°. Les pauvres de la mosquée el-Azhar reçoivent, en riz et en miel, une valeur de 20489 médins, ou 717 francs; plus, un supplément de secours de 250 médins pour les orphelins du Mouristân.

Le Mouristân avait une dotation suffisante pour toutes ses dépenses, et, en outre, différentes sources de revenus; par exemple, toute la thériaque confectionnée au Kaire (préparation qui est l'objet d'un privilége) était déposée au Mouristân, et le produit de la vente était affecté à l'entretien de l'établissement.

Dix *effendy* avec un chef spécial, nommé *effendy el-Youmyeh*, étaient chargés du compte des pensions et des dépenses pour les pauvres, les impotens, les veuves, les orphelins, et pour les aveugles de la grande mosquée (el-Azhar); ces sommes, considérées comme dépenses publiques, faisaient partie du *Gamkyet el-*

[1] Un peu plus de 3 centimes ½ pour un médin.

*Masr* et étaient prélevées sur le myry. Enfin, outre les fondations relatives à la ville du Kaire, il y avait aussi plusieurs dépenses de même nature allouées pour les provinces[1].

Je passe aux couvens et églises des chrétiens et des Juifs, qui se trouvent dans le Kaire; il y a peu de mots à en dire sous le rapport du plan suivi dans cette description.

On ne compte qu'un petit nombre d'églises pour les chrétiens, dans l'intérieur de la ville; la plupart sont à *Masr el-A'tyqah* (le vieux Kaire), dans l'enceinte appelée *Qasr el-Châma'*. Ce n'est pas qu'il n'y ait beaucoup de tolérance au Kaire pour les sectes chrétiennes; on serait même surpris qu'une populace, aussi ignorante, et jugée aussi fanatique, n'insultât pas les Juifs ou les chrétiens catholiques, qobtes, arméniens, syriens, grecs, etc., si elle n'était habituée à en voir tous les jours un grand nombre circuler et commercer librement dans les rues, les marchés et les lieux publics. Les quartiers occupés par les Qobtes, les Francs, les Grecs et les Juifs, sont disséminés dans toutes les parties de la ville, et ne sont protégés par aucune enceinte particulière. Chaque nation y a des églises, où elle professe son culte paisiblement et sans aucune espèce de trouble. C'est encore un point sur lequel on a en Europe des idées peu conformes à la vérité.

C'est principalement dans la v$^{e}$ section, dans la vi$^{e}$

[1] Les détails précédens sur les dépenses des établissemens charitables sont empruntés la plupart à M. Estève, trésorier général de l'armée française, et à feu Michel-Ange Lancret (Voir *État moderne*, tome XI, pages 472, et tome XII, page 105 et suivante).

et dans la VIIIe, que sont établies les églises chrétiennes; les chrétiens qobtes ou jacobites en ont deux près de la rue Beyn el-Soureyn [1] : en ce même endroit, il y en a une d'Arméniens. Un quartier qobte, *Hârt el-Nasârah*, est au midi de la place Ezbekyeh : le plus considérable de ceux qui portent ce nom, est celui qui est au nord de cette même place. Il y a encore quelques Qobtes dans le quartier grec situé à l'est du Soukkaryeh de Moyed; la maison du patriarche (el-Batrak) [2] est auprès, ainsi que la rue de l'émyr Tadoros ou Taodoros (Théodore).

Les chrétiens grecs ont leur église près de l'Hamzâoueh, à l'ouest; ils ont encore un quartier dit *Hârt el-Roum* à l'est du Soukkaryeh. Kenyset el-Roum, l'église des Grecs, est assez bien bâtie : j'y ai vu seize ou dix-huit colonnes de marbre [3]. Aux murs sont suspendus plusieurs tableaux qui représentent les Apôtres; l'office y est célébré en grec et en arabe, le jour el-Ahhed des musulmans. L'évêque actuel (1801) se nomme *Parthenios*. Il n'y a pas d'autre église grecque dans la ville, mais il en existe au vieux Kaire.

Le quartier juif, *Hârt el-Yhoud*, est très-vaste et très-peuplé; il s'étend presque du Mouristân jusqu'au pont du Mousky, de l'est à l'ouest, et il a la même étendue du nord au sud. Il est assez remarquable qu'au centre même de cette population juive si agglomérée, il se trouve une mosquée. Le quartier juif renferme dix synagogues; elles sont toutes situées dans des rues

[1] *Voir* le plan du Kaire (n°. 257, G-8).

[2] *Voyez* le plan (n°. 204, M-5).

[3] *Idem* (n°. 452, K-7).

très-étroites et sombres : au dehors, les portes n'ont rien qui les distingue des autres maisons; intérieurement, elles sont assez belles et décorées de colonnes de marbre[1]. On distingue les Juifs du Kaire en talmudistes et en karaïtes. En Égypte, les Juifs sont chargés des douanes.

Enfin le quartier Franc, *Hârt el-Afrang*, est à l'ouest du canal, entre le pont du Mousky et le pont el-Gedydeh : on y trouve deux églises catholiques, l'une celle du couvent de la Propagande, *Deyr el-Soghayr*[2]; l'autre celle du couvent de la Terre-Sainte, *Deyr el-Kebyr*[3]. Ce ne sont pas seulement des prêtres européens qui les desservent, mais encore des Syriens et des Damasquins catholiques. Ces églises sont ornées avec simplicité; on y voit des tableaux moins grossiers que ceux des églises qobtes et grecques. Les Arméniens qui résident au Kaire ont sans doute une église, mais je ne l'ai point vue. Parmi les Qobtes, les Grecs et les Arméniens, les uns sont schismatiques et soumis à des patriarches de leur nation; les autres sont catholiques et soumis au pape, excepté les Grecs seuls. Les Maronites sont catholiques : leur patriarche réside au mont Liban.

Les Juifs se partagent aussi en deux sectes, comme je l'ai dit; le nom de *Qarrâyn*, que porte une des rues du quartier israélite au Kaire, est peut-être celui de la secte principale. On compte au Kaire environ trois mille

[1] *Voyez*, pour l'emplacement de ces dix synagogues, la pl. 26, *É. M.*, vol. I, carreaux G-H-I-7 et H-8, n$^{os}$. 135, deux à l'est du n°. 157, une au nord du n°. 149, et six auprès des n$^{os}$. 137, 140, 144, 148, 246.

[2] *Voyez* le plan n°. 31, H-9.

[3] *Idem* n°. 32, H-9.

Juifs. Nous avons vu plus haut que l'on comptait environ vingt-deux mille chrétiens ; savoir : dix mille Qobtes, cinq mille Grecs, cinq mille Syriens et deux mille Arméniens. Il existe quelques *rizaq* ou fondations en faveur des églises et des couvens qui appartiennent aux Qobtes, aux Grecs et aux différentes sectes chrétiennes.

### 6°. PALAIS OU MAISONS DES BEYS, DES KACHEFS, ET AUTRES GRANDS PERSONNAGES.

Nous avons déjà dit que par le mot de *palais* il ne fallait pas entendre ici ces grandes et riches constructions qui ornent les capitales de l'Europe; cependant les palais du Kaire ne sont dépourvus ni de grandeur, ni de somptuosité, ni d'agrément. Le luxe et la recherche l'emportent même, sous quelques rapports, sur ce qu'on observe chez nous. La richesse de l'ameublement se borne presque, il est vrai, aux tapis et à quelques tentures et étoffes; celles-ci recouvrent les sophas ou divans, et une multitude de coussins distribués tout autour des salles; mais les tapis sont très-beaux, et les étoffes brochées d'or et de soie ne manquent point de magnificence. De grands vases du Japon décorent aussi l'entrée des salles : nos autres meubles d'Europe sont étrangers à un salon égyptien. Venons à l'énumération abrégée des palais du Kaire; nous renvoyons aux planches pour donner une idée de leur architecture, de leur distribution, et de la manière dont ils sont ornés. Les principaux, abstraction faite des plus anciens qui sont aujourd'hui ruinés, sont les palais suivans, que je désignerai seulement par les noms des personnages auxquels ils appartiennent :

I^re^ SECTION. — *Dans les environs de Birket el-Fyl.* 1°. *Maisons de beys :* Ibrâhym bey el-Ouâly (maison considérable); Yousef; Mourâd (très-grande et très-belle maison, bâtie en 1787 par Ismâ'yl-bey : la porte extérieure est fort riche[1]); Ibrâhym bey el-Kebyr; Marzouq; A'bd el-Rahman; Solymân bey el-Chaboury; Qâsim (deux maisons); Khalyl bey Belefyeh; 2°. *maisons de kâchefs :* Mohammed; Rachouân; Ga'far; Khalyl; 3°. A'bd el-Rahman aghâ; O'sman-aghâ (grande maison); Mohammed-aghâ; Ismâ'yl-kykhyeh.

II^e^ SECTION. — *Partie sud du Kaire.* 1°. *Maisons de beys :* Moustafä; Bekyr; O'smân bey el-Tanbourgy; Yahyâ; 2°. *kâchefs :* O'mar; Ga'far; 3°. Moustafä aghâ ogâqly; O'smân-effendy; Moustafä-tchorbâgy.

III^e^ SECTION. — *Partie sud-ouest du Kaire.* 1°. *Maisons de beys :* Selym bey Abou Dyâb; O'smân bey el-Tanbourgy; Sâleh; Ayoub; Mohammed bey el-Mabdoud[2]; Ayoub bey el-Soghayr (deux maisons); A'bdyn (deux maisons); Marzouq; Qâsim (deux maisons; *cette maison était occupée par la Commission des sciences et arts d'Égypte*); Solymân; Qâsim bey Ibrâhym; O'smân bey el-Achqar; Mourâd bey el-Soghayr; 2°. *kâchefs :* Mohammed Farag; O'mar; Selym; Haçan (*cette maison était occupée par l'Institut d'Égypte*); Solymân kâchef el-Bachaly; Ibrâhym kykhyeh el-Sennary; Ro-

[1] *Voyez* pl. 26 (n°. 88, Q-7).

[2] Appartenant au cheykh Solymân el-Fayoumy.

douàn kykhyeh; Solymân-aghâ; el-Oukyl, cheykh el-Hanafy et cheykh Solymân el-Fayoumy (membres du grand divan); Moustafa-aghâ (aghâ de la police après l'ouâly); cheykh Sâdât (le principal cheykh de la religion), deux maisons; Mourâd-aghâ, Moustafä-odabâchy.

IVe SECTION. — 1°. *Maisons de beys :* Gheytâs; Rachouân (avec un jardin); Moustafä; 2°. *kâchefs :* A'ly kâchef Ayoub bey; 3°. Ahmed Tchâouych el-Magnoun; A'ly aghâ. el-Ouâly; Mohammed aghâ el-Baroudy; Moustafä Tcheleby Abou Deffyeh; A'ly-kykhyeh; Abou Chaouâreb; Mohammed aghâ el-Khaznadâr.

Ve SECTION. — 1°. *Maisons de beys :* Isma'yl bey el-Soghayr; Ayoub; Ahmed bey el-Ouâly; 2°. *kâchefs :* A'ly-kâchef; Ayoub-bey; Ibrâhym; Mohammed; 3°. Cheykh el-Gouhary (membre du divan); Qâyd-aghâ; Qâdy el-Bohâr (le chef des négocians en café et épiceries); cheykh el-Cha'raouy (membre du divan); O'smân Tchaouych el-Magnoun; Isma'yl-kykhyeh; cheykh el-Hafnâouy (membre du divan); A'ly-odabâchy (commissaire de la ve section); Mohammed aghâ Choueykâr; Bâch Tchâouch el-Ykhtyâr.

VIe SECTION. — 1°. *Maisons de beys :* Mohammed bey Elfy; Mourâd (deux maisons); O'smân bey el-Achqar; Marzouq bey ebn-Ibrâhym bey; Ibrâhym; A'ly-bey; Selym; Ayoub bey el-Kebyr; Ismâ'yl; 2°. *kâchefs :* Yahyâ; 3°. el-Qeysarly (très-grande maison); Hasan kykhyeh el-Gharbân (fort belle et grande maison); cheykh el-Mohdy; Ma'llem Girgès el-Gouhary (intendant général qobte); Mohammed-effendy; O'smân aghâ el-Khaznadâr; Mohammed-aghâ; cheykh el-Bekry (membre du divan), deux maisons; el-Chorayby (commissaire de la VI^e section); Bichyr-aghâ; Qayd-aghâ (maison du grand divan); Ismâ'yl aghâ el-Ouakyl.

VII^e SECTION. — *Maisons de beys, cheykhs et autres personnages :* Cheykh Ibrâhym el-Segyny, cheykh de la grande mosquée el-Azhâr; el-Qâdy ou Qâdy el-Eslâm (maison du qâdy où se rend la justice; on y juge tous les jours de l'année les affaires civiles et criminelles); petite maison du cheykh Sadât; Moustafä el-Saouy (membre du divan); el-Cherqâouy, *idem.*

VIII^e SECTION. — 1°. *Maisons de beys :* Mohammed bey el-Manfoukh; Hasan bey Qasabet el-Radouân, Hasan bey el-Geddâouy; A'bd el-Rahman; Ayoub; Hasan bey el-Tahtâouy; A'ly bey Hasan; Ahmed; O'smân bey el-Cherqâouy; 2°. Moustafä Ketkhouda; Moustafa-effendy; Ahmed-aghâ; A'ly-aghâ; Ahmed aghâ Choueykâr; A'ly Ketkhoudä, Seyyd Ahmed el-Mahrouqy (le premier des négocians du Kaire pour les marchandises de l'Inde et de l'Arabie); Chahyn-kâchef; Moustafä-kâchef; A'ly kykhyeh el-Khourbatly; A'bd el-Rahman kykhyeh.

Il sera question plus loin des palais compris dans la citadelle.

### 7°. ÉCOLES, CITERNES OU FONTAINES ET ABREUVOIRS PUBLICS.

J'ai dit précédemment que les citernes et les écoles publiques du Kaire provenaient, pour la plupart, de fondations et de legs, laissés par des princes et par de riches particuliers, pour l'avantage et la commodité des habitans de cette grande ville. Aucune ville d'Europe ne renferme, peut-être, autant de ces fontaines publiques. On remarque dans ces édifices des colonnes de marbre, de riches sculptures, et des ornemens en pierre et en bronze. Le peuple s'y procure l'eau dont il a besoin en toutes saisons, et gratuitement. On l'y apporte à grands frais du bras du Nil le plus voisin; sans cesse on rencontre dans les rues, des chameaux destinés à ce service. En outre des bassins où l'on puise de l'eau en abondance, il existe à l'extérieur de ces bâtimens des appendices en forme de biberon, où les passans, qui veulent se désaltérer, aspirent l'eau par succion. Les colonnes qui enrichissent les façades de ces citernes sont ordinairement des pièces en marbre blanc travaillées en Italie, tantôt lisses et tantôt torses ou cannelées, souvent l'un et l'autre à-la-fois, et avec des ornemens en bronze doré; les fenêtres elles-mêmes de la citerne sont garnies de grillages en bronze, d'un travail recherché. Des inscriptions gravées sur les murs perpétuent le nom du fondateur. Les citernes ont trois étages; l'un, qui est au-dessous du sol, est un vaste bassin où l'on vide les outres d'eau apportées par les chameaux; quantité de piliers ou de colonnes supportent l'étage supérieur[1]. Ainsi ces caveaux récèlent une multitude de colonnes de granit et de pierre dure, que l'on a re-

[1] *Voyez*, dans la planche 48, fig. 3 et 4, *É. M.*, vol. 1, le dessin de la citerne appelée *Sibyl A'ly Aghâ*, et sur le plan le n°. 72, P-11, et *voyez* aussi dans la pl. 73, fig. 13, le plan de Sibyl Kykbyeh.

cueillies dans les anciens monumens; je ne doute pas qu'en faisant des recherches l'on y trouvât des fragmens antiques d'un grand intérêt. Le nombre de ces édifices si utiles est considérable; ils prouvent que l'esprit de bienfaisance est plus répandu en Orient qu'on ne le croit d'ordinaire. Il serait infiniment trop long de les énumérer; je vais me borner à citer les principaux et les plus riches sous le rapport de l'architecture, en les désignant sous le nom des personnages qui sont regardés comme leurs fondateurs.

*Première section :* on distingue celle qui est appelée Sibyl Ibrâhym kykhyeh. *Deuxième section :* Sibyl el-Motouâlly; Qâyd-bey [1] (trois autres citernes de ce nom dans la rue de Morahlyeh, près de Roumeyleh, et enfin deux dans la septième et dans la huitième); Yousef-kykhyeh; Hasan-kykhyeh; Moustafâ-kykhyeh *; Serkas *; Sâleh bey el-Chorafeh [2]; A'ly-kykhyeh; Sitty Raqyeh; Qabr el-Taouyl; el-Nagâch; el-Meçyhyeh; Hôch Qadam; Hasan kykhyeh el-Tablytah. *Troisième section :* Sibyl Soultân Mahmoud (belle citerne); el-Habbânyeh *; A'ly-aghâ (deux citernes). *Quatrième section :* Sibyl Yahyâ kâchef Ibrâhym (très-belle citerne en marbre, d'une riche sculpture, avec quatre colonnes); Eskander; Hasan-kykhyeh * (belle citerne, au-dessus de laquelle se trouve suspendue une énorme vertèbre dont la grosseur est de 26 centimètres, 9 pouces). *Cinquième section :* Sibyl el-Selymânyeh. *Sixième section :* Sibyl

[1] Sous-entendu *Sibyl*.

[2] Les cinq citernes marquées d'une * ont été omises dans l'explication du plan du Kaire, ainsi que plusieurs autres.

el-Kykhyeh; el-Dânochâry; el-Bekry; el-Madânyeh; cheykh el-Gouhary; el-Roue'yy; el-Ouâminy; Abou el-Fous; el-A'nânyeh; Ma'llem Neyrous; el-Seyyd Hasan*. *Septième section :* Sibyl Hamzeh; Beybars; Zou-l-Fiqâr; A'bd el-Rahman kykhyeh (deux autres citernes du même nom se trouvent dans la cinquième et dans la huitième); Bâb el-Nasr. *Huitième section :* Sibyl el-Azhâr; Rouqa't el-Qamh (très-belle citerne); el-Moyed (deux belles citernes de ce nom); A'ly-kykhyeh; Souq el-Selâh (deux citernes); Sitty Bedâouyeh; Khalyl bey Belefyeh; el-Deheycheh (Bâb el-Zoueyleh); el-Mouristân.

Indépendamment de ces citernes, il en existe encore dix-sept autres notables, qui sont omises dans l'explication du plan du Kaire; savoir : Sibyl Souq el-A'sr; Qanâter el-Sebâa'; Ahmed Hoçeyn *ou* Margouch; el-Echrofyeh; el-Nahâsyn; Sitty Nefyseh; el-Ghoury; A'ly-aghâ (deux citernes); Souq el-E'zzeh; el-Soukkâryeh; el-Zenâtyeh; el-Birkâouy; el-Roukn; el-Tabbâneh; Sitty Zeyneb; el-Saba' Souâqy.

Le nombre total des citernes, ou du moins de celles que j'ai visitées, est de deux cent quarante-cinq, dont plus de soixante sont d'une construction remarquable [1].

Assez souvent les citernes sont surmontées d'un étage, où se trouve une école gratuite (*kouttâb*), fondée par le même bienfaiteur qui a fait bâtir la fontaine, et portant aussi son nom [2]; il paraît que ces do-

[1] D'après un autre relevé, le nombre des citernes est évalué à trois cents.

[2] *Voyez* planche 48, *E. M.*, volume I.

nations sont religieusement respectées, et cela n'est pas indigne de remarque à l'égard d'une population que l'on croit condamnée à l'ignorance absolue par esprit de système. Les notions qu'on apprend dans ces écoles sont à la vérité très-élémentaires, puisqu'elles se bornent à la lecture, à l'écriture et à l'arithmétique; mais, d'une part, cet enseignement n'est qu'une introduction à celui de l'université, c'est-à-dire de la grande mosquée el-Azhâr, et des autres *medreçeh* ou colléges. D'un autre côté, c'est déjà beaucoup que le peuple trouve un certain nombre de maisons ouvertes où il peut toujours acquérir ces connaissances premières si indispensables, et que cependant, en Europe, le cinquième ou le quart au plus des pères de famille donnent à leurs enfans. Au Kaire, on prétend que le tiers des habitans mâles sait lire et écrire; mais ce nombre est, je crois, exagéré : quant aux filles, elles n'apprennent que très-rarement. En troisième lieu, le mode d'enseignement de l'écriture et de la lecture y est supérieur, sous un rapport, à celui de beaucoup de nos villages, et même de nos villes d'Europe. Tandis que, dans ces dernières, on suit encore la méthode *individuelle*, au Kaire, on instruit *simultanément* tous les élèves. De plus, ils apprennent à lire et à écrire à-la-fois, c'est-à-dire qu'en écrivant les syllabes des mots, ils les prononcent en même temps à haute voix[1]. C'est pour cela que l'école égyptienne, dans son imperfection, n'est pas indigne d'attention ni d'intérêt; malheureusement ils ne lisent

[1] Il n'est pas rare, dit-on, de trouver au Kaire des gens qui écrivent bien sans savoir lire : cette remarque appartient à M. Poussielgue.

guère dans d'autre livre que dans le Qorân. Je donne ailleurs des remarques sur ce sujet; en les lisant, on se convaincra que l'Égypte, l'Inde et d'autres nations très-anciennes avaient observé, de temps immémorial, l'avantage du mode d'enseignement simultané. Je me bornerai ici à dire que les enfans lisent tous à-la-fois les mots qui leur sont dictés; il en résulte un assez grand bruit qui étonne et étourdit les passans, et pourtant ce bruit est exempt de cacophonie, parce que les écoliers récitent, ou plutôt chantent la leçon sur le même ton ou à l'unisson, et parce qu'ils le font très-bien en mesure. Un autre sujet de surprise pour celui qui voit une école du Kaire pour la première fois, c'est que chaque élève balance continuellement sa tête, et la baisse jusqu'à la poitrine, mais toujours en mesure, et par un mouvement simultané; ce mouvement ne finit qu'avec la leçon, et cependant il ne paraît pas fatiguer les enfans. Ceux-ci ont à la main un petit tableau peint en noir : ils écrivent avec de la craie qui s'efface aisément; ce qui leur apprend vite à bien former les caractères, sans consommer une grande quantité de papier. La même leçon est dictée à tous. Ils sont assis les jambes croisées. Ce n'est guère qu'à l'âge de huit ans qu'on leur enseigne à lire; avant cet âge, et quelquefois dès cinq ou six ans, ils fréquentent les écoles, et ils s'accoutument peu à peu avec les lettres de l'alphabet. Il n'y a point de maîtres particuliers qui aillent donner des leçons chez les parens; cependant les gens à leur aise n'envoient pas toujours leurs enfans dans les écoles publiques, et il arrive quelquefois que le père lui-même apprend la lecture à son fils. Tous ne sont pas enseignés gratuitement dans les écoles; les enfans des familles aisées paient depuis 10 médins par mois jusqu'à 60. Quand la donation de l'école est suffisante, on procure gratis aux enfans pauvres l'habillement et la nourriture. Le donateur et les siens ont droit de nommer l'instituteur; mais le qâdy a celui de faire remplacer le maître incapable, et aussi de forcer le détenteur des deniers de la dotation à la servir fidèlement.

La liste suivante des écoles du Kaire est loin d'être complète; nous la donnons cependant pour comparer, sous ce rapport, les quartiers entre eux. Dans la première section, j'ai noté quatre écoles; dans la deuxième, neuf écoles, dont trois du nom de *Qâyd-bey*, celles de Moustafâ-bey, de Serkas, de Sitty Reqayeh, de Hôch-Qadam; dans la troisième, trois écoles; dans la quatrième, deux écoles; dans la cinquième, une école dite *Oqâch;* dans la sixième, huit écoles, dont celles d'el-Dânochâry, el-Sakeh, el-Roue'yy; dans la huitième, six écoles, dont celle d'el-Gouharlâleh[1].

Le Kaire compte aussi plusieurs écoles primaires pour les chrétiens, conduites dans un système un peu différent. Il existe des *rizaq* ou fondations pour cet objet.

Les abreuvoirs (*hôd*) sont ordinairement placés aux environs des citernes : comme elles, ce sont des bâtimens supportés par des colonnes de marbre, que surmontent des dômes ornés de niches et de sculptures[2].

[1] *Voyez* pl. 48, fig. 4, *E. M.*, volume 1, étage au-dessus de la citerne. D'après un relevé général des écoles de la ville, leur nombre monterait à plus de cent.

[2] Pl. 48, fig. 1, 2, *É. M.*, vol. 1.

Ce ne sont pas des bassins à ciel ouvert, comme les abreuvoirs de nos villes, où les bestiaux et les chevaux peuvent se plonger; ici, les chameaux et les baudets s'y désaltèrent seulement dans des auges en pierre, placées à une hauteur convenable. Les abreuvoirs publics du Kaire sont entretenus par des fondations, comme les citernes et les écoles. Il est inutile d'en donner la liste; on les trouvera indiqués, partie sur le plan du Kaire, et partie dans l'*Explication du plan*.

### 8°. BAINS PUBLICS.

Passons aux maisons de bains (*hammâm*). Les bains chauds sont de première nécessité dans l'Orient, et l'Égypte, on le sait, est un des pays les plus chauds de la terre; même au Kaire, la *température moyenne* de l'année s'élève à près de vingt-trois degrés centigrades : aussi a-t-on, dans cette ville, multiplié les bains à un nombre considérable; toutes les classes d'habitans, et les deux sexes, en font un usage continuel. Ce sujet a été traité tant de fois par les écrivains et les voyageurs, qu'on ne pourrait que répéter ici leurs descriptions; il faut dire, cependant, qu'ils ne se sont point ici, comme en d'autres sujets, livrés à l'exagération : le nombre et la beauté des bains publics dépassent même leurs récits; il en est de même du goût que toutes les classes d'habitans ont pour cette pratique. Enfin, la richesse de l'architecture, les soins que l'on prodigue aux baigneurs, la recherche et le luxe des établissemens, le nombre et l'empressement des serviteurs; en un mot, la réunion de tout ce qui sert à la commodité et à l'agrément, ne le cèdent en rien au tableau qu'en ont fait les auteurs modernes. C'est au bain que les femmes surtout, passent des heures délicieuses : on sait qu'elles s'y rendent couvertes de leurs habits et de leurs joyaux les plus précieux, qu'elles y traitent des affaires secrètes, et que c'est là que se concluent les mariages. Personne n'ignore non plus que les hommes, fatigués par un travail quelconque, y réparent promptement leurs forces par l'effet d'une transpiration abondante. La tête, le tronc, les membres, tout est inondé et plongé dans une vapeur extrêmement chaude. La sueur coule et ruisselle sur tout le corps. La transpiration est encore facilitée par l'opération connue sous le nom de *masser*, et par le frottement rapide qu'exerce sur toute la peau un serviteur intelligent, la main garnie d'un gant de crin. Quand par l'effet de ces moyens puissans les pores sont bien ouverts, c'est alors que le serviteur s'applique à donner de la souplesse aux articulations, en faisant craquer doucement toutes les jointures. Une grande faiblesse succède, le repos est devenu nécessaire; on le goûte sur des sophas préparés à dessein. Les sorbets et le café viennent rendre la force aux baigneurs, et, mollement étendus sur de riches tapis, sur des coussins moelleux, ils respirent des tabacs aromatisés. Ce n'est qu'au bout de plusieurs heures qu'ils quittent ce lieu de délices, après avoir passé successivement par des salles dont la température est graduée. L'homme du peuple lui-même goûte presque toutes ces jouissances, et tous profitent également du bienfait que cette pratique apporte à la santé.

Parmi les bains du Kaire, plusieurs sont exclusivement destinés aux riches, du moins à ceux qui n'ont point dans leurs maisons des salles de bains aussi splendides ou aussi commodes. Les grands personnages y célèbrent quelquefois des festins au son de la musique. La plupart des bains servent alternativement aux deux sexes (on verra les exceptions ci-dessous et dans l'*Explication du plan*). Une draperie exposée devant le bain annonce quand il est ouvert aux femmes, et alors tous les domestiques mâles se retirent pour faire place aux servantes. De vieux chanteurs aveugles sont les seuls hommes qui soient admis dans les bains des femmes. Je donnerai ici la liste des bains les plus somptueux ou plus notables, en suivant encore l'ordre des sections.

*Première section.* Hammâm el-Douq, Bachtaq (un pour les hommes, et un pour les femmes), Qeysoun (un bain pour chaque sexe).

*Deuxième section.* Hammâm el-Salybeh (un bain pour chaque sexe), Moustafâ-bey, Qarâmeydân.

*Troisième section.* Hammâm Marzouq (joli bain destiné aux femmes seulement), Hammâm Sounqor, el-Gedyd.

*Quatrième section.* Hammâm el-Baroudyeh, el-A'bdyn (grand bain).

*Cinquième section.* Autre bain du nom de Hammâm el-Gedyd, grand bain pour les deux sexes; Saba'-Qâa't, Margouch (deux grands bains pour les deux sexes), Derb el-Sa'âdeh (pour les hommes et pour les femmes), el-Mousky (grand bain pour les deux sexes), el-Kharratyn (un pour chaque sexe), el-Tanbaleh (très-grand bain pour les hommes seulement), el-Hasanyeh (deux bains pour les deux sexes), Hammâm el-Dahaby (grand bain pour les deux sexes).

*Sixième section.* Hammâm Abou Heloueh (nom d'un cheykh du divan), près du pont neuf ou *Qantarat el-Gedyd* (pour les deux sexes), el-Kykhyeh, el-Yesbak (fort grand).

*Septième section.* Hammâm el-Beysary, el-Soultân (un grand pour les hommes, un petit pour les femmes), el-Kharratyn (pour les hommes).

*Huitième section.* Hammâm el-Masbaghah (pour les deux sexes), el-Gibeyleh (pour les deux sexes), el-Gedyd (grand bain pour les deux sexes), Souq el-Selâh (pour les hommes), el-Soukkaryeh (pour les femmes), el-Ouâly (grand bain pour les hommes), el-Chorâyby (grand bain, bâti par un riche marchand moghrebin, qui a aussi fait construire l'Hamzâouy), el-Moyed (grand bain, un pour chaque sexe).

On cite encore quatre bains remarquables, el-Sorougyeh, el-Gazzaryn, el-Ouâgahah, et el-Khateyry.

Le nombre total des bains dépasse cent; néanmoins les listes ci-dessous n'en présentent que quatre-vingt-onze.

Je me bornerai à renvoyer à une planche de l'ouvrage et à son explication, où sont tous les détails nécessaires pour comprendre la distribution des bains de vapeur[1]. Ici, je me bornerai à peu de mots. Le bain

[1] *Voy.* planche 49, *É. M.*, vol. I. Consultez aussi la pl. 94, *É. M.*, vol. II, représentant un autre bain d'Alexandrie, et son explication.

représenté dans cette planche est un petit édifice, en comparaison des grands bains du Kaire; il est situé près de la porte de Qarâmeydân, dans la place de ce nom. On entre, de la rue, par un corridor débouchant dans la salle principale, la même où l'on se repose après le bain; on s'y fait frotter les pieds avec de la pierre ponce, et l'on y prend le café. Cette salle est un carré d'environ 13 mètres de côté (plus de 40 pieds); chaque côté est orné de huit colonnes de marbre; au centre est un grand bassin avec jet d'eau; au-delà, sont plusieurs pièces chauffées à des degrés différens, d'où l'on passe dans une autre grande salle pour prendre le bain; celle-ci renferme quatre enfoncemens avec des cuves enduites de ciment, où l'on peut se plonger comme dans nos baignoires ordinaires. Au milieu est un massif où les baigneurs se placent pour être frottés et massés. Des jets d'eau jaillissent au centre de la salle et dans les enfoncemens; toutes ces pièces sont éclairées en verres de couleur; dans plusieurs l'on se savonne le corps avec des étoupes[1].

Les bains des Égyptiens passent pour les plus beaux, les plus commodes et les mieux disposés de l'Orient. Le sol, selon A'bd-el-latyf, est pavé de marbres de toute espèce; les murs, les plafonds et les dômes sont, dit-il, d'un blanc éclatant, peints d'ornemens et de fleurs de couleurs diverses. Des verres de toutes couleurs sont appliqués aux coupoles, et répandent un jour doux et mystérieux. Au milieu de la pièce principale, ordinairement vaste et élevée, où l'on se repose après le

[1] *Voyez* planche 94, *E. M.*, vol. II.

bain, s'élève un jet d'eau qui entretient une fraîcheur douce et modérée. Le chauffage est dirigé avec intelligence. Si l'on en croit A'bd-el-latyf, on a coutume de verser du sel en grande quantité sur le foyer, afin de conserver la chaleur [1]; c'est un fait dont je n'ai pas eu connaissance en visitant les maisons de bains du Kaire et d'Alexandrie.

### 9°. TOMBEAUX ET CIMETIÈRES.

Il serait superflu d'entrer dans de grands détails sur les tombeaux publics de la ville du Kaire; les voyageurs en ont donné d'amples descriptions. Plusieurs de ces cimetières sont aussi grands que des villes : aussi leur en a-t-on donné le nom; c'est ainsi que, dans l'antiquité, le mot de *Necropolis* leur était consacré. Il y a au Kaire deux *villes des tombeaux*, celle du midi et celle du levant. La première commence aux tombeaux de l'Imâm, nommés ainsi à cause du mausolée de l'imâm Châfe'y, et s'étend fort loin sur le chemin de Basatyn : leur longueur est d'une lieue; c'est plus de la moitié de celle du Kaire. Le dôme du mausolée de Châfe'y est l'ouvrage de Melik el-Kamyl, qui y fit conduire les eaux de Birket el-Habech, ancien étang situé entre le vieux Kaire et le château. Auprès de Tourab el-Imâm, sont les tombeaux de Qarâfeh, et, plus loin, ceux appelés *Tourab el-Seydeh Omm-Qâsem*. La plupart sont remarquables par une grande magnificence; le marbre, l'or et les couleurs brillantes

[1] *Relation d'A'bd-el-latyf*, traduction de M. de Sacy, page 299

y sont prodigués : six planches de l'ouvrage ont été consacrées à les représenter. En jetant un coup d'œil sur ces gravures, le lecteur se formera une idée de leur richesse. Un des plus beaux, est celui d'A'ly-bey. De grandes enceintes sont particulièrement réservées pour les familles opulentes, la famille Cherqâouy possède une des enceintes principales. Celles-ci sont fermées par des portes en pierre, roulant sur leurs gonds. Indépendamment des sculptures en marbre et recouvertes d'or, les tombes sont encore enrichies de fleurs et de feuillages sculptés, revêtus d'or de couleur rouge, verte et jaune; les colonnes et les cippes sont chargés d'inscriptions arabes, sculptées de la même manière; enfin l'intérieur des coupoles est orné de caissons sculptés en relief[1].

Au levant du Kaire, est l'autre ville des tombeaux connus sous le nom de *Tourab Qâyd-Bey*, dont l'étendue est d'une lieue; elle va rejoindre la Qoubbeh. Ces tombeaux ne sont ni moins magnifiques ni moins imposans pour le luxe de l'architecture que ceux de Qarâfeh. On distingue encore au-dehors du Kaire les tombeaux de Bâb el-Ouizyr, près la porte de ce nom; les tombeaux d'el-Ghorayb, ceux de Bâb el-Nasr au levant; et, du côté du couchant, les tombeaux de Qâsed, près la porte du même nom. A l'intérieur même de la ville, on rencontre encore plusieurs cimetières; savoir : Tourab Gâma' el-Ahmar, Tourab el-Roue'yy

[1] On a essayé de donner dans la planche 66, *E. M.*, vol. I, une idée de la richesse des tombeaux du Kaire et du goût qui règne dans ces édifices. *Voyez* cette planche et son explication.

et Tourab el-Ezbekyeh, près de la place de ce nom, sans parler de plusieurs autres de peu d'importance.

On compte treize grands tombeaux ou cimetières publics, sans parler de plusieurs *madfân*. Entre ces milliers de tombes et d'enceintes, il y a des sortes de rues où l'on marche commodément, et des banquettes de pierre où l'on peut s'asseoir. L'usage est de visiter les tombeaux chaque vendredi, au lever de l'aurore. On y prie, on y plante des fleurs, on y répand des plantes aromatiques. Les femmes et les enfans s'y rendent avec les hommes; la foule des visiteurs est immense et annonce au loin l'emplacement de ces *Necropolis*. C'est un spectacle à-la-fois religieux, touchant et pompeux, qu'il faut avoir vu plusieurs fois pour s'en faire une juste idée [1].

## §. III. *Description de la Citadelle du Kaire* [2].

La citadelle, *el-Qala'h*, est bâtie sur une hauteur qui commande la ville, et qui est elle-même commandée par le mont Moqattam, montagne calcaire coquillière dont elle est séparée par un vallon d'une médiocre largeur. De la profondeur du puits de Joseph, on déduit que le point le plus élevé est à environ 95 mètres au-dessus des basses eaux du Nil. Du sommet de la montagne à la tour des Janissaires, qui est à peu près au

[1] Voyez *Essai sur les mœurs des Égyptiens*, par M. de Chabrol, tome XVIII, page 188.

[2] *Voyez* le plan du Kaire, pl. 26, *E. M.*, vol. I. Le plan original de la citadelle a été levé à l'échelle de 0,0012 pour mètre, c'est-à-dire à une échelle six fois plus grande que celui du Kaire; les détails ont dû disparaître dans la réduction, et celle-ci manque un peu de clarté, surtout pour la citadelle.

centre, il y a 709 mètres[1], et à la tour la plus avancée, bourg el-Haddâd, 408 mètres seulement[2]. La forme est très-irrégulière, la circonférence est de 3000 mètres[3]. Elle fut construite par ordre du fameux Salâh el-dyn Yousef Ebn Ayoub (Saladin) en 562 (1166). Voici à quelle occasion, suivant le récit qu'en fait Maqryzy[4] : Après avoir ruiné l'empire des Fatémites, Saladin, pour se mettre à l'abri de toute attaque, chercha à se former un asile plus sûr que le palais du visirat au Kaire[5], que les sultans avaient habité jusqu'alors, et il se décida pour l'emplacement où est bâti le château, parce qu'on avait observé que la viande s'y conservait deux fois plus long-temps qu'au Kaire. Il ordonna à un de ses émyrs, Boha el-dyn Qarâqouch Asadi, d'y élever une citadelle; celui-ci fit apporter les pierres provenant de la démolition des petites pyramides de Gyzeh, et construisit avec ces matériaux la citadelle et le rempart du Kaire ou mur d'enceinte[6]. Ce rempart de Saladin avait 29300 coudées de tour, selon A'bd-el-Rachyd el-Bakouy[7]. Cependant ces travaux ne furent terminés que quarante-deux ans plus tard par Melik el-Kamil Nasr el-dyn, fils de Melik el-A'bd el-Seyf el-dyn.

Saladin et son fils ne résidèrent à la citadelle que momentanément; mais, depuis el-Kamil, les princes et les gouverneurs y ont presque toujours demeuré. Ce-

[1] 365 toises.

[2] 211 toises.

[3] 1539 toises.

[4] *Relation d'A'bd-el-latyf*, traduction de M. de Sacy, page 209.

[5] Dâr el-Ouizyrah, dans Derb el-A'sfar.

[6] Yousef Ben-Meryi, l'auteur du manuscrit souvent cité plus haut, n'attribue à l'émyr Qarâqkouch que la construction du rempart.

[7] *Voyez* la Décade égyptienne, tome III, page 171.

pendant, cet emplacement pour un château-fort était mal choisi; du mont Moqattam, qui est au levant, on plonge dans l'intérieur du château, et l'on peut aisément le battre en ruines; mais du côté du Kaire, ce lieu est bien défendu par l'escarpement du rocher; ses flancs au midi, à l'ouest et au nord peuvent être mis à l'abri de toute attaque. Qu'on me permette de revenir sur le magnifique spectacle que le voyageur a ici sous les yeux : quand du haut de la citadelle, il promène ses regards vers le Kaire, il a devant lui une des plus imposantes perspectives qui se puissent imaginer : plusieurs artistes ont cherché à en retracer l'image, mais aucun, selon moi, n'a réussi, et peut-être est-il impossible de le faire complètement. Le champ du tableau est immense, principalement du côté de l'ouest. La vue s'étend bien loin dans le vaste désert de Libye, à trois ou quatre lieues, au-delà des grandes pyramides de Gyzeh et de Saqqârah, et de la plaine des Momies, jusqu'aux derniers rameaux de la chaîne libyque. La grande plaine cultivée et les forêts de palmiers qui sont au pied de ces gigantesques monumens; le Nil qui serpente comme un ruban argenté; la charmante île de Roudah; la rive droite du fleuve, partie verdoyante et partie sablonneuse; à droite Boulâq, à gauche le vieux Kaire; la vallée de l'Égarement, et, plus près, la ville des Tombeaux et l'aquéduc; plus près encore l'immense ville du Kaire et ses trois à quatre cents minarets; enfin, sous les pieds, une vaste place animée par une population pressée[1], avec la masse majestueuse de la mosquée de

[1] *Voyez* planches 32 et 67, *E. M.*, vol. I.

Soultân-Hasan, le plus bel édifice peut-être de toute la ville et ses deux magnifiques minarets qui s'élèvent au-dessus de la citadelle même; ces contrastes de l'antique et de la moderne Égypte et des tombeaux de l'ancienne capitale avec ceux de la nouvelle; les ruines d'Héliopolis à la droite, à gauche celles de Memphis : tout ce grand ensemble émeut le spectateur le plus froid, plonge le philosophe dans la méditation, l'artiste dans l'enthousiasme, et l'homme le plus indifférent dans la rêverie et la contemplation. On a peine à se détacher de ce magique spectacle, unique sur le globe.

Le château du Kaire est divisé en deux parties, la partie haute, l'enceinte ou la ville des Janissaires, *Sour el-Enkcharyeh*, élevée d'environ 100 mètres au-dessus du Nil (à l'étiage), et la partie basse ou celle des *A'zabs*, *Sour el-A'zab*, divisée elle-même en deux enceintes. La première est tout-à-fait isolée, et même elle renferme à l'intérieur une petite enceinte avec une grande tour dite *Khazneh Qoulleh*, et la tour des Janissaires, la plus forte de la citadelle. Le puits de Joseph est lui-même enfermé dans une clôture particulière; enfin une autre enceinte porte le nom de *Sour el-Aghâ*.

On s'élève à l'enceinte des Janissaires par deux chemins escarpés, taillés dans le rocher : l'un, à l'ouest, commence à la porte *Bâb el-A'zab*, sur la place du château, el-Roumeyleh : cette porte est flanquée de deux grosses tours très-imposantes, peintes de bandes blanches et rouges; l'autre chemin est au nord-ouest, formant une rue extérieure, *Sekket el-Chorafeh*; des gradins y sont pratiqués dans le rocher pour adoucir la montée : tous deux aboutissent à la porte *Bâb el-Moudâfa'*, flanquée de deux tours, au milieu d'une courtine que terminent deux autres grandes tours, savoir : *bourg el-Tabbâlyn* du côté du nord, et *bourg Sofṭah* du côté de la montagne, ainsi que la porte du Moqattam, *Bâb el-Gebel.*

Un troisième chemin, aussi taillé dans le roc, conduit à la porte sud du château, où était situé l'ancien palais du pâchâ. Il débouche dans la grande place ou hippodrôme de *Qarâmeydân* (où s'exerçaient les Mamlouks), par la porte dite *Bâb Saba' Hadarât;* de là on arrive à la quatrième porte de la citadelle, la porte de Secours, *Bâb el-Ouestânyi,* par une rampe taillée dans la montagne; puis on entre dans un chemin souterrain en zigzag, aussi creusé dans le roc, large de 3 mètres sur une longueur de 40, où il a fallu tailler le rocher dans une hauteur de 20 mètres. Les fossés du côté du Moqattam sont creusés dans le roc. Toutes les tours rondes ou carrées, au nombre de trente-deux, sont formées d'assises régulières et très-solidement construites : il en est de même du rempart.

Outre les quatre portes extérieures désignées ci-dessus, et la grande porte des Janissaires, *el-Moudâfa',* on compte cinq portes intérieures désignées dans l'Explication du plan du Kaire.

L'édifice de la citadelle le plus considérable est appelé ordinairement *Palais de Joseph;* mais le véritable palais ou château de Yousef Salah el-dyn (ou Saladin) est un bâtiment ruiné, placé plus à l'ouest et qui commande la ville du Kaire. En effet, outre le nom de *Beyt*

*Yousef Salah el-dyn* qu'on lui donne encore, aujourd'hui il porte l'empreinte d'une grande magnificence; les murs sont massifs, parfaitement construits, couverts de sculptures, de mosaïques et même de dorures et de peintures encòre subsistantes, avec des restes de voûtes, cependant trop ruinés pour pouvoir être décrits [1]. Il renfermait une salle ornée de douze grandes colonnes de granit, surmontée d'une coupole, avec des inscriptions en lettres d'or. Cet ouvrage doit dater de l'an 567 de l'hégire (1171). Un autre palais beaucoup plus récent, celui du pâchâ, situé au midi, n'est pas moins ruiné.

Je viens au fameux édifice, appelé improprement *palais de Joseph*, et aussi *divan de Joseph*. Ce qui lui a valu sa réputation chez tous les voyageurs, ce sont surtout les trente-deux belles colonnes de granit, avec les grandes murailles et une partie du plafond qui subsistent encore : les colonnes sont monolithes, toutes debout et hautes (sans les chapiteaux) d'environ 8 mètres (25 pieds); les bases sont en grès et mal travaillées. Ces colonnes n'ont pas été faites pour le monument, car le diamètre n'est pas exactement le même dans toutes; le plus ordinaire est d'un mètre : les chapiteaux diffèrent aussi entre eux. Le galbe général des chapiteaux approche plus du type corinthien que d'aucun autre; mais les sculptures sont presque superficielles : ce ne sont, en quelque sorte, que de légers dessins qu'on y a tracés, représentant des palmes lisses, des filets, des nœuds, et aussi des volutes dans les angles, avec peu de saillie [2]. Le

[1] *Voyez* pl. 26 (n°. 84, T-4), et la pl. 67, au milieu du dessin.

[2] *Voyez* planche 71, figures 2-5, *E. M.*, vol. I.

granit est rouge et très-beau; on admire la masse des colonnes, le poli de la matière, le temps et le travail qu'il a fallu pour les transporter à une telle élévation. Elles portent des arcades en pierres, des frises couvertes d'inscriptions arabes à lettres gigantesques; aux angles des plafonds, et à peu près comme dans nos pendentifs, sont des ornemens en bois à plusieurs étages, disposés en forme d'encorbellement [1]. Le plan est plus savant que celui des plus belles mosquées du Kaire, Touloun et Soultân-Hasan (quoiqu'il leur cède en étendue); enfin le goût qui règne dans la disposition diffère de ce qu'on observe dans les édifices arabes aujourd'hui subsistans [2]. Ce monument prouve qu'au VIe siècle de l'hégire (ou XIIe de l'ère vulgaire) l'architecture arabe avait un style grandiose, qui a disparu sous les Ayoubites successeurs de Saladin, et sous les sultans Mamlouks, bien que ces princes aient élevé des édifices très-hardis et souvent sacrifié à la magnificence. Si l'on pouvait comparer le divan de Joseph à quelqu'autre monument du Kaire, ce serait (mais pour le goût seulement et la sévérité du style) à la porte Bâb el-Nasr, dont j'ai fait remarquer plus haut le caractère original [3], peut-être aussi à la mosquée el-Hakim voisine de cette porte. Or, la mosquée ouvrage d'el-Hakim Biamr-Allah, le 3e des Fatémites, doit être du commencement du XIe siècle, tandis que Saladin n'a commencé à régner qu'en 1171. Le rapport qui existe entre la mosquée d'el-Hakim et

[1] *Voyez* planche 71, fig. 6, *Etat moderne*, vol. I.
[2] *Voyez* l'APPENDICE à la fin de ce mémoire, §. II.
[3] *Voyez* ci-dessus, pag. 299.

le divan de Joseph, consiste principalement dans les arcades en plein cintre qui se voient dans l'un et l'autre édifice, quoique supportées, dans le premier, par des piliers, et dans le deuxième, par des colonnes[1]. Il est probable que la grande mosquée el-Azhâr, encore antérieure (de 969), porte dans ses parties les plus anciennes le même style d'architecture; mais je ne puis que le conjecturer, n'ayant point pénétré dans l'intérieur de ce monument.

Il ne serait pas facile de découvrir l'origine des colonnes du divan de Joseph; je me bornerai à dire que leur forme permet de croire qu'elles ne viennent pas de Memphis, comme on l'a supposé. Il me paraît plus vraisemblable qu'elles ont été apportées d'Alexandrie, où des centaines de colonnes de la même proportion sont accumulées dans les fondations du port. Au reste, on a trouvé auprès de l'aquéduc, et gisant sur le sol, une vingtaine de colonnes en granit, à peu près de la même proportion, qui paraissaient avoir appartenu à une mosquée voisine[2], et qui proviennent sans doute de la même source (ou Babylone d'Égypte, ou Alexandrie) que celles de la mosquée bâtie dans le château par Saladin. J'ai dit *mosquée* et non *palais*, malgré les créneaux que l'on voit au sommet de l'édifice, et je me fonde sur l'emplacement de la niche de l'adoration, ordinaire aux mosquées, ainsi que sur la forme générale du plan. On le conclut aussi des inscriptions que portent les frises,

[1] *Voyez* planche 28 et planche 70, *É. M.*, vol. I.

[2] Voyez la *Décade égyptienne*, t. I, p. 98. La plus grande avait 8 mètres 79 centimètres de long, et 1 mètre 8 centimètres de diamètre.

inscriptions religieuses autant qu'on peut le voir par ce qui en reste[1]. Un rapprochement encore plus concluant se présente ici, et quiconque a visité les églises chrétiennes de la haute Égypte, en conviendra sans peine : le plan du divan de Joseph retrace celui de ces églises d'une manière assez frappante; on peut en dire autant des arcades et du reste de l'élévation. Est-ce une église convertie en mosquée par Saladin ou ses successeurs? est-ce un architecte chrétien qui aura été chargé de sa construction, et qui aura emprunté le style des édifices de sa religion? Cette dernière supposition n'est pas impossible, et nous savons que plusieurs architectes grecs ont été employés par les sultans. Quoi qu'il en soit, aucun édifice musulman ne ressemble plus aux églises d'Égypte que le divan de Joseph[2]; mais ce qui ferait pencher pour la première opinion, c'est que la niche n'est pas tournée vers l'orient.

Après le divan de Joseph, le plus bel édifice de la citadelle, est la mosquée du Soultân-Qalaoun. Son nom fait connaître que c'est un ouvrage de la fin du XIII^e siècle; son plan est un rectangle de 63 mètres sur 57, ayant deux rangées de dix colonnes dans chaque sens, le long des murailles; au milieu est une cour comme à l'ordinaire : en tout, il y a soixante-douze colonnes, à cause du vide laissé devant la niche de l'adoration : les quatre placées aux angles de la cour sont plus grosses que les autres et en granit. Les murs sont ornés de mosaïques. Les deux minarets sont très-bien bâtis et sculp-

[1] *Voyez* planches 70, 71, 72, *É.M.*, vol. I.

[2] Voyez *A.*, vol. IV, pl. 67, f. 11; vol. V, pl. 37.

tés ; on les trouvera, ainsi que le plan, représentés dans l'ouvrage[1] ; précédemment j'ai parlé des autres monumens qu'on doit au même sultan. On compte encore onze autres mosquées, tant dans la ville des Janissaires que dans l'enceinte des Arabes, dont deux entièrement ruinées.

La citadelle renferme quatorze citernes; la plus considérable et la plus magnifique est Sibyl Kykhyeh[2], placée derrière l'enceinte des Janissaires; elle suffirait à elle seule pour conserver la provision d'eau de dix mille personnes, pendant plus d'une année. Le plan est un rectangle de 51 mètres sur 50; les voûtes sont élevées, soutenues par trente grands piliers, d'environ $1^{m}6$ (5 pieds de large). Le sol et les parois des murs et des piliers sont couverts d'un enduit imperméable à l'eau et très-durable, enduit dans la fabrication duquel excellent les Égyptiens; il prend, par le séjour de l'eau, un poli particulier. Le coup d'œil de ce monument souterrain est imposant, et son utilité surtout le fait admirer : on trouvera sur le plan et dans son explication l'indication des autres citernes.

On compte six puits dans l'intérieur du château, dont deux surtout sont des ouvrages considérables; savoir : Byr Saba' Saouâqy, et avant tout Byr Yousef, le puits dit *de Joseph*. Celui-ci a été célébré par tous les voyageurs, mais souvent décrit et figuré avec peu d'exactitude. J'ai cru devoir profiter du séjour que j'ai fait à la citadelle, pendant près de deux mois, afin

[1] *Voyez* pl. 73, *É. M.*, vol. I, f. 5-10.

[2] *Voyez* pl. 73, f. 13, et sur le plan, n°. 102, S-3.

d'en lever le plan géométrique, pour examiner le puits en détail et en prendre les plans et les mesures. J'y suis descendu trois fois et en ai mesuré tous les contours. Deux bœufs placés en haut du puits, en faisant tourner un roue à pots ordinaire, soulèvent une chaîne de pots qui se remplissent d'eau, dans un premier réservoir, placé vers la moitié de la hauteur totale; ici, une autre roue à pots est mise en mouvement par un cheval, et apporte l'eau du fond du puits. Les deux parties du puits ne sont pas dans la même ligne verticale [1]; la première a 5 mètres en carré, et la seconde a 2 mètres 3 décimètres. La distance des pots est environ de 8 décimètres; leur nombre dans le premier puits est de 138 : le diamètre de la roue est de 1 mètre 98 centimètres; le temps total pour faire arriver un pot du premier réservoir au niveau de la citadelle est de 4′ 20″. Il en résulte, 1°. que le volume de chaque pot est de 0 mètre cube, 0004 (ou 20 pouces cubes $\frac{2}{10}$); 2°. que les 138 pots fournissent en 4′ 20″, 0 mètre cube, 0552; 3°. que le produit par minute (sauf les pertes d'eau), est de 0 mètre cube, 0127 (ou 641 pouces cubes). Selon les gardiens du puits de Joseph, la première partie du puits ou la supérieure est profonde de 75 pyks stambouly, qui font à peu près 50 mètres 3 décimètres (155 pieds), et la seconde de 60 pyks, faisant 40 mètres 3 décimètres (124 pieds). La première chaîne employée a, selon les gardiens, 150 grandes brasses de corde, et la seconde 100 brasses [2]. Si on laisse tom-

[1] *Voyez E. M.*, vol. 1, pl. 73, fig. 1 à 4, et sur le plan, n°. 51, T-3.

[2] Proportionnellement, il faudrait ici environ 120 brasses.

ber une pierre du haut du puits, le temps compté depuis l'instant de la chûte jusqu'à ce que le son frappe l'oreille, est d'environ 5 secondes [1]. La rampe le long de laquelle on descend au fond du premier puits est taillée dans le roc, en hélice spirale rectiligne à pente douce; la hauteur de ce chemin est de 2 mètres 2 décimètres, et la largeur de 2 mètres. Elle est faiblement éclairée par des jours percés sur les quatre faces; ce qu'elle a de remarquable, c'est l'épaisseur extrêmement mince de la cloison qui la sépare de la paroi du puits : il a fallu une attention extraordinaire pour réserver une si petite masse de pierres [2]. La température du fond du puits est de 17 à 18° (Réaumur), le thermomètre placé dans l'eau. C'est précisément la chaleur moyenne du Kaire, mesurée par M. le colonel Coutelle (17°,7); mais elle est inférieure d'environ 4° ½ à celle du puits de la grande pyramide, laquelle est de 22° : il est vrai que la température de l'air ambiant, au fond du puits de Joseph, doit être environ 22°, si l'on en juge par l'expérience faite dans le Nil, à Philæ.

L'erreur de Maillet et de Pockocke, qui attribuent le puits de Joseph à un vizir de ce nom, sous Mohammed, fils de Qalaoun, a déjà été relevée [3]; l'honneur de la construction appartient à Sala'h el-dyn Yousef, et date de ce prince, comme celle du château. A'bd-el-

[1] La hauteur résultant de cette observation (même réduite à 4 secondes ¼) serait celle des deux puits ensemble.

[2] Environ 16 centimèt. ou 6 pouces (*voyez* pl. 73, fig. 3). Aux fenêtres, cette épaisseur est encore moindre (4 pouces), et l'on craint pour ainsi dire d'en approcher.

[3] Par M. Silvestre de Sacy, traduction de la *Relation* d'A'bd-el-latyf, page 211.

latyf, qui met au nombre des merveilles de l'Égypte les deux puits de la citadelle, le témoigne expressément, quoiqu'il commette lui-même une autre erreur, et Maqryzy avec lui, en disant que l'on descend dans ces deux puits *par un escalier de près de trois cents degrés*, à moins que les marches n'aient été transformées, avec le temps, en rampe douce; mais cela est douteux, parce que les animaux destinés à tourner la roue du second réservoir, n'auraient pu y descendre ni en remonter commodément. Je conjecture qu'A'bd-el-latyf entend par les deux puits celui de Joseph et le plus important des autres, dit *Byr Saba' Saouâqy*, placé au midi de la mosquée de Qalaoun, lequel reçoit l'eau tirée du Nil au vieux Kaire; et non pas les deux parties du puits de Joseph qui ne forment qu'un seul et même ouvrage. J'ai vu encore un autre puits extrêmement profond, le long d'un mur attenant à la tour dite Bourg el-Sahrâ. La qualité de l'eau du puits de Joseph est un peu saumâtre, et cependant son niveau est au-dessous de celui des hautes eaux du Nil, et même des basses eaux, selon M. Gratien Le Père : ce qui prouve que telle est la source d'où l'eau arrive au puits, mais que dans le trajet elle traverse des bancs chargés de sel.

Il existe un seul bain public à la citadelle, une grande place des tombeaux à la pointe orientale de la ville des Janissaires, plusieurs autres places et marchés publics, six moulins à blé, etc. Les magasins à poudre sont dans des souterrains voûtés et à piliers d'une construction remarquable; il en est de même des écuries souterraines du pâchâ, soutenues par des colonnes. Vers le nord du divan de Joseph, on trouve encore des salles souterraines voûtées et très-élevées.

La citadelle renferme un autre genre de monumens qui mérite d'être mentionné : on les appelle *dyouân* ou divans : ce sont des lieux d'assemblée. Celui qui touche à la tour des Janissaires, *Dyouân el-Moustahfazân*, est le plus imposant; c'était aussi le divan des janissaires. Un dôme couronne cette salle : il est supporté par quatre colonnes de marbre blanc. Les murs sont couverts de riches mosaïques d'un effet agréable, formées de carreaux en émail blanc, colorées d'ornemens en bleu, en vert et d'autres couleurs : tout autour est une estrade pour asseoir les assistans. Le plafond est richement peint et tout couvert de dessins en arabesque, ainsi que la coupole. La plupart des sujets représentés sur des émaux sont emblématiques et ont trait à des passages du Qorân ; les inscriptions ont une grande netteté. Ces pièces remarquables ont 12 pouces sur 9 : on les exécute en Caramanie, à Kiutayah[1]. Le divan des *A'zab* est situé près de la porte de ce nom; les mosaïques sont aussi formées d'émaux blancs artistement ajustés, ornées de fleurs et de dessins en bleu et en vert. On y voit des minarets à longues flèches, selon l'ancien usage : l'effet en est charmant, et, à quelque distance, on croit voir des fresques. Les carreaux sont appliqués très-solidement sur un enduit de gypse de 2 pouces d'épaisseur.

C'est au château qu'on frappe les monnoies d'É-

[1] J'en ai rapporté deux à Paris. Voy. *E. M.*, vol. II, pl. GG, fig. 13, 14.

gypte. Rien n'est plus simple que le bâtiment consacré à cette destination; c'est en quoi il ressemble aux procédés de la fabrication. Le mémoire de M. Samuel Bernard me dispense de faire la description de l'un et des autres, et je me borne à dire que l'hôtel des Monnoies, *Dâr el-Darb*, est situé à l'angle *est* de la cour du pâchâ. L'or qu'on y frappe vient, pour la plus grande partie en Égypte, par la caravane de Dârfour. On peut dire que les connaissances des chefs musulmans en fabrication étaient au niveau de la probité des beys et des pâchâs, en ce qui regarde le titre des monnoies.

On trouvera dans les planches [1] différens aspects de la citadelle et de ses monumens, et, dans leur explication, des détails qui suppléeront à ce que je passe ici sous silence, afin d'abréger cette description. Je ferai remarquer seulement deux choses, savoir un sarcophage en marbre blanc sculpté assez richement, que j'ai vu près du divan des Janissaires, et qui s'écarte du style ordinaire des Arabes [2], et ensuite une disposition singulière dans la coupe des voussoirs de plusieurs portes, voûtes et arcades. Au lieu d'être taillées selon des faces planes, les parois du voussoir sont formées de portions de surfaces cylindriques, alternativement saillantes et rentrantres, de manière à ce que le profil présente une suite de courbures dirigées en sens opposé; si les constructeurs ont imaginé donner par-là plus de solidité aux plattes-bandes, ils se sont trom-

[1] *Voyez* planches 66 à 73, *É. M.*, volume 1.
[2] Voyez *E. M.*, vol. 1, pl. 73, f. 14.

pés, puisque le plus souvent les pierres se sont disjointes, au lieu de se tenir plus fortement par ces crochets fragiles[1]. J'ai aussi remarqué à la citadelle des assemblages en charpente dont le trait est fort compliqué[2].

Il serait trop long de parler ici des environs du château, tels que la montagne du Moqattam sur laquelle il est assis, et dans le corps de laquelle on a taillé les chemins et les souterrains, les places de Qarâmeydân et de Roumeyleh qui sont à ses pieds, et dont la première servait, comme je l'ai dit, pour les courses des cavaliers mamlouks, etc. On trouvera d'ailleurs, dans l'ouvrage, des remarques sur la montagne Arabique, et ci-dessous, §. VIII, ainsi que dans l'Explication des planches, des détails sur les places publiques[3].

La nature du rocher est une pierre calcaire coquillière, principalement *numismale*, c'est-à-dire formée de coquilles plates agrégées ensemble, parfaitement rondes comme une pièce de monnoie, ou plutôt comme des moules de bouton. Les plus grandes sont liées par une infinité d'autres très-petites, semblables à des lentilles, mais moins grosses. Le sol étant jonché de ces coquilles innombrables, dès que le vent souffle, il fait entendre de ce côté un cliquetis bruyant. La couleur en est blanche, quelquefois rose : souvent l'épaisseur est coupée en deux, et montre, à découvert, un dessin spiral. Parfois

[1] Voyez *É. M.*, pl. 71, fig. 7, et pl. 72, fig. 15-18.

[2] Voyez *État moderne*, pl. 71, figure 8.

[3] La place de Qarâmeydân renferme des huttes où logent entassées de pauvres familles, dont la misère est telle, que des cabanes de chiens ne sont ni plus étroites ni plus dégoûtantes.

la pierre du Moqattam renferme des vis et des coquilles d'Ammon pétrifiées.

A l'égard des restes antiques existant dans la citadelle, il en est question dans le chapitre xx des *Antiquités-Descriptions*.

### §. IV. *De la population du Kaire, de la santé des habitans et de la mortalité.*

Ayant consacré un mémoire spécial à la population de l'Égypte, et traité de ce qui regarde celle du Kaire en particulier, je dois me borner ici à peu de mots. J'ai expliqué la cause qui a fait exagérer la population du Kaire; c'est l'apparence que présentent certaines rues étroites, où l'affluence est plus grande que dans nos villes d'Europe les plus peuplées: toutes les autres rues sont loin de présenter le même aspect. Ce n'est pas seulement le commerce et le soin des affaires qui rassemblent une si grande foule sur un certain nombre de points, c'est encore le défaut de communication entre les quartiers, qui oblige de passer par les rues principales. Je distinguerai les différentes classes d'habitans suivant la religion, la nation et le sexe auxquels ils appartiennent, et aussi selon l'âge et la condition des individus. Quant aux professions, elles seront détaillées dans le paragraphe suivant sur l'industrie des habitans du Kaire. D'après différentes données, j'ai évalué cette population à environ 263000, et, en nombre rond, à 260000 pour l'année 1798; c'est un huitième de moins que l'estimation admise par les Francs résidant au Kaire antérieurement à l'expédition : il faudrait faire la même réduction sur le nombre des individus appartenant aux différentes professions. Les 260000 habitans se composaient ainsi, selon moi :

1°. Sous le rapport de la religion : Grecs schismatiques, 5000; chrétiens jacobites, 10000; Grecs catholiques de Syrie et maronites, 5000; chrétiens d'Arménie, 2000; religion juive, 3000[1]; Francs, catholiques et protestans, 400 : le reste mahométan.

2°. Sous le rapport de la nation : Égyptiens qobtes, 10000; Juifs, 3000; Syriens, 5000; Arméniens, 2000; Grecs, 5000; Francs ou Européens, 1000; Mamlouks et odjaklis, 10400; Turks ou Osmanlis, 10000; Africains, nègres, *Barâbrah*, Nubiens et Éthiopiens des deux sexes, 12000; Égyptiens musulmans, et Arabes, environ 210000.

3°. Sous le rapport du sexe et de l'âge : 114000 mâles, 146000 femmes ou filles; le nombre des adultes des deux sexes est 195000; celui des enfans, 65000.

4°. Sous le rapport des conditions, et sans parler des femmes ni des enfans : militaires, environ 10400. L'ordre civil se divise ainsi (indépendamment des femmes et des enfans) : u'lemas, cheykhs, hommes de loi, effendys, etc., nombre inconnu, mais qu'on peut réunir aux propriétaires et moultezims, en tout 5000; commerçans en gros, 3500; marchands en détail, 4500; maîtres de cafés, 1500; artisans établis, 21800 (y compris les âniers et les chameliers); ouvriers, journaliers et portefaix, 4300; manouvriers qui ont peine à vivre de leur travail, 8600; serviteurs mâles, sa-

[1] Je crois ce nombre trop faible.

voir : bâtonniers, sâys, valets, porteurs d'eau, 26400; en tout 86000 individus, autres que les enfans et les femmes. Quant aux domestiques du sexe féminin, un très-grand nombre d'entre elles se composent de négresses et de Nubiennes; peu de gens aisés en ont moins de deux; souvent le nombre va à quatre ou cinq.

Quant à la distinction de la population en personnes libres et en esclaves, elle est presque superflue, attendu qu'il n'y a que les noirs des deux sexes et un petit nombre de Nubiennes qui ne jouissent pas de la liberté; mais il ne faut pas comprendre dans ce nombre les 12000 individus nègres, Nubiens et Éthiopiens mentionnés ci-dessus, attendu que beaucoup d'entre eux ont été émancipés par leurs maîtres et exercent des professions libres; quelques-uns sont propriétaires ou négocians, etc. D'ailleurs l'état d'esclavage est bien différent, en Egypte, de ce qu'il était chez les anciens, ou de ce qu'il est encore dans les colonies : c'est un point qui a été éclairci dans d'autres mémoires; et je dois y renvoyer, surtout à celui de M. de Chabrol sur les mœurs des Égyptiens. Il suffit de dire que le serviteur noir est considéré plutôt comme le fils que comme le domestique de la maison. La mansuétude des maîtres envers leurs esclaves tient à des causes qu'il serait trop long de développer. On sait aussi que beaucoup d'Africains sont parvenus en Égypte aux plus grandes charges militaires, sous le gouvernement des Mamlouks, chez lesquels, à la vérité, la bravoure menait à tout. Je me permettrai une seule réflexion; c'est que si les Éthiopiens sont susceptibles (comme on ne peut raisonnablement en douter) de se former à notre civilisation, le moyen pour eux d'y parvenir est de s'établir quelque temps en Égypte, où ils trouvent des mœurs et des idées non entièrement différentes des leurs : c'est, en quelque sorte, une transition à l'ordre des idées européennes, si différent de l'état des choses dans l'Afrique intérieure.

Il ne sera pas hors de propos de dire un mot des *Barâbrah,* qui demeurent au Kaire. Ces hommes viennent de la Nubie inférieure, où ils habitent de misérables huttes; là ils cultivent une langue étroite de terre que le fleuve laisse entre le granit et lui, et ils vivent de quelques dattes. On voit peu d'arbres dans ces contrées : ce sont quelques doums, quelques *sount* ou acacias, et des dattiers. Ces hommes ont dans leurs mouvemens une grande lenteur, et leur humeur est paresseuse. Les *Barâbrah,* par leur pauvreté, leur fidélité, la simplicité de leurs mœurs et la douceur de leur caractère, sont d'ailleurs comparables aux Savoyards : de même que ceux-ci quittent leurs montagnes pour venir à Paris exercer quelque métier où ils gagnent à peine du pain, les hommes voisins de la cataracte et de la basse Nubie quittent leurs rochers pour venir au Kaire, où la plupart sont domestiques. La plus grande partie des portiers du Kaire sont *Barâbrah,* gens très-fidèles et très-sûrs, quoique gagnant 5 à 6 médins par jour seulement; il est vrai de dire que l'oisiveté de cet état convient assez à leur caractère indolent. Un autre trait de ressemblance entre eux et les habitans de la Savoie, c'est que, pour peu qu'ils aient amassé quelques médins, ils s'empressent d'aller regagner leurs cabanes et leurs rochers[1].

Le nombre des maisons habitées dans le Kaire est évalué à vingt-six mille, renfermant, l'une dans l'autre, un peu plus de neuf individus, selon les uns, et même dix, selon les autres : ce n'est pas trop, attendu que, dans bien des maisons, les serviteurs reposent, réunis en grand nombre ensemble, dans une seule et même chambre. Il existe d'ailleurs, entre les massifs des maisons, de grandes cours ou enceintes pleines de cahuttes de 4 pieds de haut, où logent une foule de pauvres gens entassés pêle-mêle avec leurs bestiaux : ces lieux s'appellent *hôch*. Le nombre des maisons est un moyen de confirmation de nos calculs, qui, quoique insuffisant, est préférable cependant à l'évaluation de la population par la superficie du sol; il y a, en effet, trop de différence d'une partie de la ville à l'autre. A supposer qu'on pût tenir compte exactement des places, des jardins, des étangs, pourrait-on faire la distinction réclamée par le nombre des étages, par la quantité considérable des édifices religieux, et des quartiers commerçans où la population se presse infiniment plus qu'ailleurs? circonstance qui, ainsi que je l'ai déjà observé, a été la

[1] Il est remarquable qu'à mesure qu'on s'avance au-dessus d'Esné, on rencontre des gens d'un caractère plus doux, en même temps que leur teint se noircit; en arrivant à la cataracte, on trouve des hommes presque tout-à-fait noirs, et en même temps d'une humeur simple et presque bonace : cette disposition d'esprit semble contraster avec la misère de leur situation et la pauvreté du pays. En effet, dans ces contrées, la vallée du Nil ne consiste le plus souvent que dans le fleuve et ses bords; tandis que les habitans du reste du Sa'yd et ceux de la basse Égypte, maîtres d'un territoire très-riche, ont l'humeur plus revêche et disposée à la révolte.

cause de l'exagération des voyageurs, qui, jugeant de la ville entière par le Soukkâryeh ou quelque autre rue semblable, lui donnent 4 à 5 cent mille habitans, et plus encore[1]; tandis qu'il résulte des tables de décès dressées de 1798 à 1802, que la population ne montait pas, au commencement du siècle, à plus de 260000 individus.

On remarque que, sur le nombre total des décès, la mortalité des enfans s'élève à plus de moitié (environ $\frac{9}{16}$) : ce qui s'explique par les ravages de la petite-vérole; et on sait quelle complication fâcheuse rend celle-ci encore plus meurtrière au Kaire que partout ailleurs. La mortalité des femmes est assez exactement d'un quart ou $\frac{4}{16}$; les trois autres seizièmes se composent des adultes mâles[2]. La mortalité générale annuelle est environ d'un trentième.

Si l'on s'en rapportait à la relation d'A'bd-el-latyf, la population du Kaire, de son temps, aurait été bien plus considérable : on le conclut de son récit, puisque, lors de la famine de l'an 596 et des années suivantes (1199, 1200), les noms de près de 111000 individus furent portés sur les registres des décès; que ce nombre était peu de chose, dit-il, en comparaison de celui des hommes morts dans leurs maisons et au pied des murailles, et qu'un plus grand nombre encore avait été mangé par les per-

[1] Maillet veut bien accorder qu'il n'y a pas, à beaucoup près, trois ou quatre millions d'âmes au Kaire; mais il existe telle maison, selon lui, qui renferme jusqu'à trois cents personnes.

[2] *Voyez* le *Mémoire sur la population de l'Égypte ancienne et moderne*, ci-dessus, t. IX, et les *Tables nécrologiques dressées au Kaire* par M. Desgenettes : *Déc. égypt.*, t. II, et ci-dessus, t. XVI, p. 229.

sonnes affamées [1]. Il y a une grande exagération, sans doute, dans ce récit; mais il est précieux, en ce qu'il nous apprend qu'on tenait alors des registres publics pour y inscrire les morts. C'est un usage qu'on fit revivre au temps de l'expédition française : des tables nécrologiques furent dressées et remplies, pendant trois années, dans chacune des sections du Kaire, par les soins du médecin en chef M. Desgenettes; le résultat en a été publié dans la *Décade égyptienne*. Si le temps l'eût permis, on y aurait ouvert un registre des naissances, qui eût donné plus de lumières sur le mouvement de la population.

La fécondité des femmes a été exagérée par les voyageurs; néanmoins elle est aussi grande qu'en aucun pays du monde : rien n'est plus commun que l'accouchement de deux enfans jumeaux. Cette fécondité répare la mortalité si considérable des enfans. On remarque aussi, en Égypte, la longévité des habitans, mais ce n'est pas aux femmes que cette observation s'applique le plus généralement : il n'est pas rare de rencontrer des hommes de cent ans; on en voit même de cent vingt ans marcher sans appui. L'extrême sobriété des Égyptiens, la régularité de leur genre de vie, la modération qui caractérise le plus grand nombre, contribuent, autant que la nature des alimens, de l'air et des eaux, à prolonger l'existence en ce pays, qu'on peut regarder comme très-sain, malgré les maladies meurtrières qui l'affligent fréquemment, la peste, la dyssenterie, la petite-vérole. L'abus des aphrodisiaques abrège sans doute la vie d'un

[1] Traduct. de la *Relation* d'A'bd-el-latyf, page 412.

certain nombre d'hommes; mais c'est une exception qui n'intéresse pas la santé publique. Toutefois, il n'est pas permis d'en faire abstraction d'une manière absolue; le débit qui s'en fait dans les boutiques du Kaire annonce une consommation très-forte: peut-être, au Kaire seul, quinze à vingt mille individus, parmi les gens aisés, font usage des aphrodisiaques, des stimulans, de l'opium, etc.

Outre les trois maladies régnantes désignées ci-dessus, il en existe une autre qui règne aussi constamment, et qui est la plus commune de toutes; le tiers de la population en est affligé : sur trois ou quatre individus, il est rare de n'en pas voir un avec des yeux malades; aucune ville ne renferme plus d'aveugles. A l'égard des causes de l'ophthalmie et de la cécité, je renvoie aux observations publiées par les médecins de l'expédition française[1]. Il y a, au Kaire, beaucoup d'asthmes, de varices, de hernies : il en est de même des maladies de la peau, les dartres surtout sont très-communes; la lèpre proprement dite s'observe rarement; l'éléphantiasis présente un spectacle hideux qui frappe quelquefois les yeux dans les places publiques; il en est de même des sarcocèles d'hommes et de femmes[2]. Les maux de dents sont très-rares. On rencontre peu de sourds. A peu près tous les quatre ou cinq ans, la peste éclate au Kaire d'une manière violente; l'histoire de l'Égypte présente fréquemment des exemples de

[1] *Voyez* le Mémoire du docteur Savaresy sur l'*Ophthalmie d'Égypte*, et divers mémoires publiés dans la *Décade égyptienne*.

[2] Voyez *É. M.*, vol. II, pl. XXXI, *Arts et métiers*.

peste effroyables qui excèdent la croyance : mais nous-mêmes, en 1801, en avons subi une qui les rend vraisemblables : il mourut au Kaire jusqu'à dix mille individus dans un mois; la multitude des morts ne permettait plus d'observer les rites funéraires. Ces désastres continueront sans doute de se renouveler périodiquement, jusqu'à ce que le gouvernement du pays ait adopté des mesures prophylactiques; mais le fanatisme est un obstacle puissant et peut-être insurmontable à l'établissement des lazarets. En général, les bienfaits de la civilisation et tous les moyens que suggère la science, éclairée par l'observation des faits naturels, ne s'introduiront en Égypte qu'avec des idées d'ordre et de justice et avec l'affaiblissement des préjugés religieux.

Il existe un usage funeste à la santé des habitans du Kaire : c'est celui d'enterrer une partie des morts en dedans même de la ville; on y compte au moins trois cimetières intérieurs, sans parler de ceux qui touchent aux portes. Les eaux stagnantes des places inondées ne sont pas moins nuisibles à la salubrité publique, dans la saison où le Nil décroît.

J'ai parlé de la grande mortalité des enfans; mais elle est, toutes choses égales d'ailleurs, beaucoup plus considérable pour ceux des étrangers que pour ceux des indigènes. Les Mamlouks et les Osmanlis laissent peu ou point de postérité au Kaire. Le fait a été observé et constaté en Égypte par M. Fourier; la cause en est encore à découvrir : le climat y contribue sans doute, mais ce qu'il faudrait expliquer, c'est comment il agit dans ce cas. Le phénomène est moins constant quand l'étranger s'unit à une Égyptienne, mais la différence est légère : au bout de très-peu d'années, les enfans, quelque nombreux qu'ils soient, disparaissent, et les familles s'éteignent tout-à-fait.

## §. V. *De l'industrie et des professions mécaniques*[1].

En Égypte, tous les artisans exerçant un même métier sont subordonnés à un cheykh : celui-ci a seul le privilége de conférer le droit de maîtrise à un ouvrier apprenti; c'est ainsi que les professions de cordonniers, tailleurs, tisserands, etc., ont, chacune, son cheykh particulier : ce dernier connaît parfaitement tous les ouvriers de sa corporation.

Lorsque les agens de l'autorité veulent prélever un impôt sur l'une de ces corporations, c'est toujours au cheykh qu'ils s'adressent. Ce dernier répartit la somme à payer sur les principaux et les plus riches artisans qui sont placés sous son autorité. Dans les grandes villes, surtout pour les professions qui sont plus généralement répandues, le cheykh a plusieurs adjoints : ils sont ordinairement au nombre de trois ou quatre; et on leur donne le nom de naqyb نقيب, pluriel *noqabâ* نقبا, qui signifie *chef* : ce sont en effet autant de chefs en sous-ordre[2].

Les baladins, les chanteurs publics et les escamo-

[1] Consultez, sur l'industrie et le commerce de l'Égypte en général, le mémoire de M. Girard, *É. M.*, t. XVII, pag. 1, 270, etc.

[2] Lorsqu'un homme se destine à une profession quelconque dans les arts manuels, il entre d'abord comme garçon apprenti chez un ouvrier établi et accrédité; dès qu'il est assez expert dans le métier, et qu'il se

teurs forment aussi une corporation subordonnée à un supérieur. Il en est encore de même des femmes publiques. Enfin les voleurs sont eux-mêmes soumis à la surveillance d'un chef particulier qui, souvent, quand on s'adresse à lui, fait retrouver les objets volés : c'est le reste d'une ancienne police du pays. Au reste, les vols sont très-rares au Kaire, bien que les magasins soient à peine fermés, et malgré la foule qui se presse dans les rues marchandes.

Les métiers les plus communs au Kaire sont ceux de boulanger, meûnier, fabricans d'huile, mélasse et

propose de l'exercer pour son propre compte et d'ouvrir lui-même un atelier, son patron le conduit chez le cheykh de la corporation, et là, il est reçu maître ouvrier. Voici quel est à peu près le cérémonial ordinairement usité dans cette circonstance:

L'apprenti, sous les auspices de son maître, se présente chez le cheykh, le salue, et dit : « El-Fatihah الفاتحة, » c'est-à-dire, *Récitons le Fatihah* (c'est l'invocation qui est à la tête du Qorân). Le cheykh répond en effet à l'appel en récitant cette prière, en même temps que l'apprenti et tous les autres assistans. Cela fait, il demande au néophyte et au maître-ouvrier qui l'accompagne le motif de leur visite; celui-ci déclare que l'apprenti qu'il lui amène étant suffisamment instruit dans son état, désire ouvrir un atelier pour y exercer comme *maître*. Aussitôt le cheykh fait approcher le jeune homme, et, lui attachant une ceinture autour des reins, le proclame comme faisant partie, dès ce moment, de la corporation.

Quelques jours après, le néophyte prépare un dîner où sont invités le cheykh et les principaux artisans de son corps; tout se borne là : il n'a aucune rétribution à payer ni au cheykh ni au gouvernement. Si un garçon ouvrier sort de chez son patron, soit par suite d'une altercation, soit parce qu'il n'est pas content de ses gages, il ne peut plus être admis dans aucun atelier, s'il ne fait préalablement une visite au cheykh de sa profession, auquel il est obligé d'exposer les motifs qui lui ont fait quitter son maître ; alors le cheykh se transporte chez ce dernier, et il parvient quelquefois à les réconcilier : dans le cas contraire, le garçon ouvrier entre au service d'un autre maître avec l'assentiment et par l'entremise du cheykh ou de l'un de ses adjoints suppléans : il ne lui en coûte ordinairement que la modique somme de 30 à 40 parâts.

vinaigre, tisserand et fabricant d'étoffes et tissus divers en laine, coton, crin, lin et chanvre, fabricans d'ouvrages en cuir, tanneur, feutrier, teinturier, tailleur, potier, forgeron, menuisier et tourneur. Les brodeurs et les passementiers sont en grand nombre, et pour cela méritent d'être aussi mentionnés. Tous ces états se partagent en plusieurs arts qui en dépendent. Il y a aussi force préparateurs de fèves, et de fabricans de chaux, de plâtre, de briques, de charbon. Bien d'autres arts encore sont mis en pratique, mais pour un usage plus limité.

Pour ôter un peu de sécheresse à l'énumération qui va suivre, nous diviserons les professions en trois classes : 1°. les arts qui nourrissent l'homme; 2°. ceux qui le vêtissent; 3°. ceux qui servent à l'abriter, à orner ou meubler sa demeure, y compris ceux qui satisfont à divers besoins domestiques. La même classification sera suivie pour le commerce du Kaire.

Avant d'entrer dans le détail des arts industriels, je dois rappeler la dextérité toute particulière des ouvriers égyptiens; ils ont surtout le talent qu'on admire dans les Chinois, celui de copier avec précision les ouvrages des étrangers, de manière à faire confondre quelquefois la copie et l'original; on sait aussi que les Égyptiens ont coutume de travailler assis, et en même temps avec prestesse, à des ouvrages que nos artisans ne pourraient exécuter dans une pareille attitude. Il aurait été très-intéressant de comparer l'état des arts dans l'ancienne et la moderne Égypte, et de remonter à l'origine de plusieurs pratiques ingénieuses qui subsistent encore; mais ces rapprochemens historiques meneraient trop loin. *L'Explication des planches des Arts et Métiers*, nos. I à XXX, me dispensera au surplus d'entrer dans beaucoup de développemens sous le rapport technique.

### I°. ARTS ALIMENTAIRES.

#### BLÉ, PAIN.

Le nombre des moulins à blé est d'autant plus considérable au Kaire, que ces moulins sont d'un plus faible produit. Ils ont été décrits dans l'Explication des planches des *Arts et métiers*, et nous devons y renvoyer le lecteur. Le moyen employé pour la mouture est simple[1], mais bien imaginé : on emploie à cet usage des tronçons de colonnes en granit, puisées dans les anciens monumens, et que les Turks scient impitoyablement pour en faire des meules. C'est ordinairement un manége que fait aller un cheval ou un bœuf. On fabrique au Kaire les instrumens nécessaires pour vanner le blé, l'orge et les fèves, et autres grains qui sont soumis à la mouture; ils se font avec des nerfs de cheval, d'âne et de buffle : les hommes livrés à ce métier de vanneur s'appellent *mogharbelyn ;* ils sont logés dans l'endroit appelé *Kafr cheykh Ryhân*[2], où habitent aussi les porteurs d'eau (*saqqâyn*), classe d'hommes très-nombreuse au Kaire et extrêmement occupée pour tous les usages alimentaires et économiques.

Le pain fabriqué au Kaire est sans levain ou à

[1] *Voyez* les pl. IX et X, *Arts et métiers*, par feu Conté, et les explications par MM. Boudet et Jollois.

[2] *Voyez* planche 26 (n°. 272, O-13).

peine levé, et on le cuit mal; il a peu de saveur. Le four à cuire est à peu près comme les nôtres.

### FÈVES.

La préparation des fèves occupe aussi un grand nombre d'individus; c'est un aliment très-commun et très-sain, qui est d'une immense consommation pour le peuple : il serait curieux de comparer sous ce rapport les usages des anciens et des modernes Égyptiens. On a coutume de faire fermenter les fèves deux jours dans l'eau; après qu'elles ont germé, on les assaisonne, et c'est dans cet état qu'on les met en vente. Plusieurs lieux consacrés à cette fabrication sont connus sous le nom de *faouâleh*[1] (de *foul*, fève).

### BOUCHERS.

Les bouchers (*gezzâryn*) ne sont pas en très-grand nombre au Kaire, pour la raison que nous avons dit tout-à-l'heure; le peuple mange fort peu de viande, moins de viande ou de poisson que de pain, et moins de pain que de fèves. La viande de chameau, ou de buffle tout au plus, lui est abandonnée par les grands qui se réservent le bœuf. Cependant il se nourrit aussi de pieds de moutons qu'on fait sécher à la fumée (*masmat el-Kouâre'*). Les boucheries (*mad-bah*) sont en général reléguées aux extrémités de la ville.

[1] *Voyez* planche 26 (n°. 287, L-13).

### FOURS A POULETS.

On connaît l'industrie singulière *des fours à poulets;* c'est là le genre de fabrique qui alimente à bon marché les tables du Kaire en volailles de cette espèce. A peine le croira-t-on, les poulets se vendent au boisseau; quand un marché est conclu entre les parties, le vendeur verse les poulets dans des mesures, ou bien sur le carreau, exactement comme on verserait de l'eau dans un vase, ou par terre [1].

### HUILE.

Le peuple se nourrit aussi de pâte de siryg, formée des graines de semsem (ou sésame) qu'on apporte de la basse Égypte, afin d'en extraire l'huile commune. Le moulin qui sert à piler cette graine est analogue au moulin à farine : elle est préalablement séchée au four pendant six heures; ensuite on en fait une pâte épaisse appelée *siryg*, qui est foulée dans une cuve, à pieds d'homme. L'huile qui en sort est épaisse et verte; elle filtre à travers un vase poreux. Le nombre de ces moulins à huile (*sirgeh*) est très-considérable.

Il y a aussi des fabriques d'huile de lin (*ma'sarah*) et d'huile d'olive. Jadis cette dernière espèce d'huile était plus commune et de meilleure qualité en Égypte [2].

### VINAIGRE.

On fabrique avec les dattes presque tout le vinaigre

[1] *Voyez* tome XI, page 401, les mémoires de MM. Rozière et Rouyer, et les pl. I et II, *Arts et métiers*.

[2] *Voy.* les planches I et XII, *Arts et métiers*, et l'explication de la première par M. Devilliers.

qui se consomme au Kaire. C'est pendant l'été que ces manufactures sont en activité. On se sert aussi de vin de Chypre et de Smyrne, et aussi du raisin du Levant (*el-zebyb*) qu'on fait fermenter pendant huit jours en été et pendant quarante ou cinquante jours en hiver. Ces deux sortes de fabrique sont répandues partout [1].

### SUCRE.

Le sucre est apporté du Sa'yd, brut ou rouge, en gros pains, et on le raffine au Kaire en trois degrés différens. Celui de première qualité (*moukarrar*) est d'une très-grande blancheur; mais l'opération du raffinage étant longue et dispendieuse, renchérit considérablement le prix de cette denrée qui est à si bon marché dans la haute Égypte. Le résidu est la mélasse, appelée *a'sal el-esoued*, miel noir, qui se purifie et qui est un grand objet de consommation. On trouvera ailleurs tous les détails nécessaires sur la production et la fabrication du sucre [2].

### PATES SUCRÉES.

Les gens riches du Kaire sont friands de sucreries et confitures (*morabbeh*), qui sont préparées assez habilement, et qui se débitent dans le Soukkâryeh, avec force pâtes sucrées. Les confiseurs occupent un très-grand nombre de boutiques dans ce riche et beau quartier [3].

[1] *Voyez* la pl. XI, fig. 1, *Arts et métiers*, et l'explication par M. Rozière.

[2] *Voyez* principalement le Mémoire de M. Girard, sur l'agriculture, l'industrie, etc., tome XVII.

[3] *Voyez* planche X, *Arts et métiers*, et l'explication par M. Boudet.

### EAU-DE-VIE.

L'eau-de-vie à l'usage des chrétiens de l'Égypte, du Levant et de l'Europe, est fabriquée avec les dattes, comme le vinaigre. Quant aux musulmans, ils y suppléent par deux boissons appelées, l'une *bouz*, l'autre *hachych*, faite avec le chanvre, et qui porte à la tête.

L'art de la distillation est né en Égypte, et cependant, aujourd'hui, il est pratiqué si grossièrement, qu'on dirait qu'il vient d'y naître. Tout en est imparfait : l'alambic, la manière de chauffer et celle de luter[1]. On distille les dattes pour faire de l'eau-de-vie, et les roses du Fayoum pour faire l'eau et l'essence de rose, objets de grande consommation dans les harems et d'exportation à l'étranger[2].

### CAFÉ.

On pourrait encore ranger parmi les arts alimentaires celui qui a pour objet de piler le café, attendu la consommation prodigieuse que tout le monde, et le peuple même, fait de cette substance, dont on prend jusqu'à huit et dix tasses par jour. La graine est torréfiée sur des plateaux en fer, *maqlâyet*. L'opération du pilage a lieu à l'aide d'un pilon de fer pesant quarante *rotl* et avec des circonstances qui méritent d'être remarquées : ces hommes sont dits *daqâqyn el-boun*. *Voyez* l'Explication des planches des *Arts et métiers*[3].

[1] *Voy.* la pl. XI, fig. 2, *Arts et métiers*, et l'explication de la planche.

[2] *Voy.* le Mémoire de M. Girard, sur l'agriculture, l'industrie, etc.

[3] *Voy.* la pl. XXVI, *Arts et métiers*, et l'explication par M. Coutelle.

## II°. ARTS QUI SERVENT A VÊTIR, FILATURES, BLANCHISSAGE, TISSAGE.

### FILATURES DE COTON, LAINE, SOIE ET LIN.

Avant d'être filés, le coton et la laine sont préparés au Kaire par les arçonneurs, *el-menaggedyn*, qui logent en grand nombre dans la rue dite *Sekket el-Qotn* et *Meydân el-Qotn*[1]. Ce travail se fait à l'aide d'un arc tendu, *qous*, dont l'ouvrier frappe la corde avec un petit maillet, *el-medaqq*. La substance est parfaitement divisée par les vibrations fréquentes de la corde; ce moyen est bien connu chez nous[2]. Les cardeurs de coton s'appellent *naddâfyn*, nettoyeurs. Les femmes filent le lin et le coton, les hommes seuls filent la laine. On s'habitue bientôt à voir ceux-ci tourner le fuseau, car c'est un spectacle qu'on a dans les villes comme dans la campagne : la même chose avait lieu chez les anciens[3]. Le fileur de laine s'appelle *ghazzâl*, le fuseau de fer *marden* et *raddâneh*, le fuseau de bois *maghzal*. La dévideuse, *kaouâfeh*, se sert d'un appareil simple et bien conçu, *mansab*, et qu'on verra dans les planches d'*Arts et métiers*[4]. La bobine est en roseau et se dit *koufyeh*; le dévidoir, *kouârah*. Il y a au Kaire plusieurs filatures de soie[5].

[1] *Voyez* pl. 26 (n°. 128, F-10).

[2] *Voyez* planche xv, fig. 1, et l'explication par M. Delile.

[3] *Voyez* Hérodot., l. II, c. 35, et Sophocl., *OEdip. à Col.*, vers 352.

[4] Planche xv, fig. 3, *Arts et métiers*, et l'explication.

[5] *Voyez* pl. 26, *Etat moderne*, volume I (n°. 336, F-5, et n°. 125, K-7, etc.)

TISSAGE.

Le métier des tisserands, *el-qazzâzyyn*, est à peu près le même pour les toiles de lin et celles de coton; rien n'est plus simple que l'appareil [1]. Ce métier est très-étroit, surtout pour les étoffes de lin. Les grandes pièces de toile appelées *milâyeh* sont moins bien fabriquées au Kaire que dans la haute Égypte et surtout à la Mekke. On fabrique aussi des étoffes en laine brune, de couleur naturelle, appelées *bicht*, ou teintes en noir et parsemées d'ornemens en sillons d'un jaune doré ou d'autre couleur, qu'on appelle *a'bbâyeh*; elles servent de tuniques pour les hommes et pour les enfans. Une étoffe de laine plus légère est appelée *za'bout* [2]. On prépare aussi des manteaux de laine blanche appelés *barnous*, mais inférieurs à ceux des Moghrebins.

FEUTRE.

On a décrit ailleurs l'opération du feutrage en laine [3], et désigné les quartiers où elle se fait, appelés *el-Leboudyeh* [4]. Il est inutile d'y revenir; mais nous devons dire qu'il sort de ces ateliers une très-grande quantité de produits : les uns consistent en pièces de laine grossière, ou gros feutres blancs, qui se placent sous les selles des chevaux et des baudets, et sont très-utiles pour absorber la sueur; les autres sont des bonnets de même

[1] *Voyez* pl. XIII, *Arts et métiers*, et l'explication par M. Coutelle.

[2] *Voyez* planche XIV, fig. 3, et l'explication.

[3] *Voyez* planche XVII, fig. 2, *Arts et métiers*, et l'explication.

[4] *Voyez* planche 26, *E. M.*, vol. I (n°. 223, K-8, et 33, T-11.)

étoffe. C'est là que sont placés les fabricans de *tarbouch* (ou bonnets feutrés qui se mettent sous le turban), *el-taouâqgyeh*[1]. Ces bonnets sont ordinairement d'une couleur rouge et ont la forme d'une profonde calotte. On sait que cette industrie existe aussi en France, et constitue une partie de la richesse de la ville d'Orléans.

Les bonnets de Mamlouk se confectionnent dans le même quartier; les fabricans s'appellent *qâouqgyeh*[2].

SOIE.

On fabrique au Kaire plusieurs étoffes de soie : l'une, appelée *koreych*, est une étoffe claire; l'autre, dont on fait les turbans, est d'une qualité plus forte; on l'appelle *el-dorayeh :* elle a un demi-pyk de large. On fait aussi de la gaze. Les ouvriers en koreych habitent deux quartiers[3]. On fabrique au Kaire des schâls de soie rouge et de diverses couleurs. La soie vient de Syrie.

Chaque ouvrier d'une filature meut une manivelle qui fait tourner les rouets et rouler vingt écheveaux à-la-fois. Avant de se rouler sur la bobine, le fil reçoit un mouvement latéral par un *va et vient* qui le fait passer dans un anneau de fer, où il s'égalise parfaitement. On fabrique dans ces mêmes endroits des taffetas ainsi que des étoffes de soie et de coton. Il y a trente ou trente-cinq fabriques de cette espèce. Les filatures de soie s'appellent *doulâb fattâl*; presque tous les ouvriers

[1] *Voyez* planche 26, *E. M.*, vol. I (n°. 283, L-6, et 306, K-6).

[2] *Ibid.* (n°. 303, L-6).

[3] *Voyez* planche 26, *Etat moderne*, volume I (n°. 59, Q-10, et n°. 336, F-5).

sont musulmans. On y fait aussi des mousselines et des mouchoirs d'étoffes bleues et blanches, appelées *nöl.*

BLANCHISSAGE DES FILS ET DES ÉTOFFES.

On blanchit le lin en écheveau en le faisant macérer dans le natroun pendant six, huit ou dix jours; puis on le fait bouillir dans des chaudières avec une solution de chaux et de natroun pendant quatre ou cinq heures : après quoi on le lave dans le Nil et on l'expose au soleil. Cet établissement s'appelle *goufâr qazzâzyyn*[1].

On blanchit le coton dans un autre endroit, *doulâb bayad el-qotn*[2].

TEINTURE.

Le Kaire compte un très-grand nombre d'ateliers de teinture. C'est un art qui était très-avancé chez les anciens; les modernes ont encore de bonnes pratiques, mais ils sont livrés à une routine aveugle. Les matières tinctoriales dont ils font usage sont l'indigo pour le bleu; la gaude pour le jaune; le beqqem, la cochenille et le carthame pour le rouge; le henneh pour l'orangé. La première espèce de teinture est la plus commune; quoique belle et solide, elle pourrait être bien supérieure si l'on perfectionnait la fabrication de l'indigo, *nyleh,* qui arrive de la campagne en pains terreux de trois pouces de diamètre sur un d'épaisseur. La

[1] *Voyez* planche 26, *E. M.*, vol. I (F 10, à l'angle de la rue dite *Sekket el-Meydân*).

[2] *Ibid.* (n°. 266, E-12).

gaude, *beleghah*, s'apporte de la province d'Atfyeh; le henneh vient du Charqyeh et de la basse Égypte en général, à l'état d'une poudre fine d'un vert citrin : on sait qu'elle provient des feuilles du *Lawsonia inermis*, séchées et pilées, et qu'elle a la propriété de rougir la peau, les ongles et toute partie d'un animal vivant. On produit un rouge-brun avec le bois appelé *beqqem*, propre à teindre la soie en écheveau; la grenade est employée pour la teinture en noir[1].

Il y a peu de couleurs que les teinturiers du Kaire ne produisent : ils sont surtout fort habiles pour apprêter les vieux schâls de kachmyr et leur donner un air de fraîcheur et de nouveauté. Ils les teignent en rouge, en jaune, en couleur de chair, etc., même ceux qui portent une couleur plus foncée; on en est quitte pour deux pataques : avis à ceux qui se procurent des schâls de l'Inde par la voie de l'Égypte. On teint aussi avec succès les schâls de soie, les milâyeh, les étoffes de coton. Le plus grand atelier de teinture au Kaire est appelé *masbaghat el-Soultâny*[2] : on y teint les draps, les soies, les étoffes, etc., en vert, en bleu, en noir, en rouge, en jaune et de toute couleur. On y compte trente à quarante ouvriers.

Il existe quatre ateliers de teinture par impression, *doulâb el-basmagyeh*. On s'y sert de planches ou de moules portant des dessins assez jolis, du moins ceux qui sont travaillés à Constantinople, car ceux qui sont faits au Kaire sont d'une très-mauvaise exécution, et

[1] *Voyez* planche XVI, fig. 1, *Arts et métiers*, et l'explication.
[2] *Ibid.* (n°. 259, G-8).

les dessins sont plus mauvais encore. L'ouvrier a la main garnie d'un cuir; il trempe la planche dans le bain et frappe avec force l'étoffe qui est à imprimer et qui est ordinairement une mousseline de la Mekke [1].

### LUSTRAGE.

Plusieurs ateliers pour le lustrage des étoffes, existent au Kaire; ce travail consiste dans les opérations suivantes : on lave d'abord les étoffes, neuves ou vieilles; après les avoir fait sécher au soleil, on les passe à l'empois, et on les fait sécher de nouveau; après quoi, deux hommes les frappent avec de gros marteaux de bois pendant l'espace d'une heure, afin de leur donner beaucoup de poli et de souplesse; de là elles passent au laminoir (*mangaleh*), ainsi composé : c'est un double cylindre; l'inférieur est en bois, il a un pied de diamètre; l'autre a 6 pouces, il est en cuivre et creux : de temps en temps on y introduit un rouleau en fer rougi; avant que l'étoffe ne passe entre les cylindres, un homme la frotte légèrement avec un peu de bougie et de savon, tandis qu'un autre la tient du côté opposé; le cylindre est mis en mouvement par deux ouvriers à l'aide d'une manivelle. Au bout de trois jours, l'opération est complète, et alors l'étoffe a acquis beaucoup de lustre [2].

### BRODERIES.

Les brodeurs, *el-qoubourgyeh*, occupent un grand

[1] *Voyez* planche 26, *E. M.*, vol. I (n°. 182, F-7, en face du n°. 259, G-8, n°. 405, H-7, n°. 189, K-6, et n°. 133, F-10).

[2] *Ibid.* (n°. 399, L-8).

nombre de boutiques. On brode au tambour, en fil de métal, sur soie, sur drap, sur casimir, sur velours, sur mousseline, etc., au crochet et de diverses manières. Les brodeurs les plus habiles sont ceux qui travaillent sur le maroquin et sur toute sorte de peaux, en or et en argent. On trouvera, dans l'Explication des *Arts et métiers,* quelques détails sur cet art, dans lequel les Égyptiens sont fort adroits [1].

PASSEMENTIERS.

Les passementiers ne manquent point non plus d'adresse : ceux qui font des cordons de soie ronds ou plats, sont dits *el-a'qâdyn* [2]; d'autres tressent en coton, *el-habbâkyn*. Les métiers sont remarquables par leur simplicité [3] : par exemple c'est à l'aide d'un os, ordinairement un *tibia* de chameau, qu'on aplatit les cordons de soie. Les fabricans de glands en soie, or et argent, s'appellent *el-armagych* [4]; les ouvriers en fils d'or et d'argent, *el-qasabgyeh :* ce sont des Qobtes; on garnit de métal la soie jaune ou blanche, après qu'on a coupé ce métal en très-petites lames [5].

TANNERIES.

Les tanneries, *el-madâbegh*, forment une industrie assez considérable : c'est dans l'ouest de la ville [6] que sont les grandes tanneries; deux à trois cents ouvriers

[1] *Voyez* planche XVII, fig. 2, *Arts et métiers*, et l'explication.

[2] *Voyez* pl. 26, *E. M.*, vol. I (n°. 277, L-6, n°. 327, N-7, et autres endroits de la VIIIe et de la VIIe section).

[3] *Voyez* planche XIV, fig. 2..4, *Arts et métiers*, et l'explication.

[4] *Voyez* la note [2] ci-dessus.

[5] *Voy.* pl. 26, vol. I (n°. 276, L-6).

[6] *Ibid.* (n°. 114, O-14, et n°. 123, G-4-5).

tanneurs, *madâbghyeh*, y travaillent à-la-fois dans une vaste cour; on y tanne les peaux de vache, de buffle, de mouton, de chèvre, etc. On commence par en enlever le poil au moyen de l'eau de chaux; ensuite on les prépare avec du sel et des graines de *qarad* (*mimosa Nilotica*). L'opération dure vingt à trente jours, suivant la saison.

On commence aussi dans ces ateliers la préparation du maroquin, appelé *sakhtyân*, c'est-à-dire, qu'on y passe la peau de chèvre, après l'avoir tannée, à la teinture en rouge et en autres couleurs. On se sert du *rommân* ou grenade pour teindre en jaune; du *beqqem* bois coloré, ainsi que du *doud* ou de la cochenille, pour teindre en rouge, et du *gâz* ou vitriol pour teindre en noir. On ne trempe point la peau dans le bain, mais l'ouvrier verse la teinture sur les peaux, et les frotte aussitôt avec vivacité : la teinture est appliquée deux fois, après quoi on fait sécher les peaux au soleil.

On achève dans un grand okel, non loin du Soukkâryeh [1], le maroquin du Kaire, commencé au madâbegh. D'abord on augmente la souplesse du maroquin, en pressant la peau dans tous les sens pour la rendre flexible : à cet effet, on se sert d'une traverse en bois et on râcle la peau avec un instrument de fer plat et arqué, un peu aigu, ayant un gros manche; il faut un jour pour étendre la peau parfaitement [2]. L'usage le plus commun qu'on fait du maroquin est pour les babouches et les bottines.

[1] Voyez planche 26, *E. M.*, vol. I (n°. 339, N-7).

[2] Voyez *Arts et métiers*, pl. XXVI, fig. 4, et l'explication par M. Boudet.

Beaucoup d'ouvrages en cuir et en peau sont fabriqués au Kaire avec succès : savoir, les chaussures, telles que babouches du pays appelées *balgha*, pantoufles, bottines, etc., travaillées par les cordonniers (*saramâtyn*[1]); les selles de chevaux à la mamlouk, celles des baudets confectionnées dans le quartier *el-Barâde'yeh*[2], les sangles, longes et entraves, travaillées dans le *Choukâlyeh*[3], etc. : ces ouvrages sont brodés quelquefois avec beaucoup d'adresse. Les bardes de chameau, *châgher*, se font tout auprès, dans le *Morâhlyeh*[4]. Les outres et autres ouvrages semblables appelés *qerab*, les outres de chameau qui s'appellent *rayyeh*, les bidons ou petites outres, *zamzamyeh*, tous ces articles sont fabriqués dans le *Qerâbyeh*[5]. Les pots en cuir fondu, *qest*, servant à mettre l'huile, le beurre et le miel, et qui sont d'un grand usage dans le pays, se vendent dans le *Monâkhlyeh*, près le *Soukkâryeh*.

TAILLEURS.

Dans les mémoires sur les mœurs et les usages des habitans, on s'est étendu sur les différentes parties du costume égyptien : quoique simple de forme, il occupe un très-grand nombre d'ouvriers tailleurs, *kheyâtyn*, attendu qu'il se compose de beaucoup de pièces diverses. Je remarquerai seulement que les tuniques à l'usage des femmes et des hommes ne me semblent pas avoir changé de forme depuis la plus haute an-

[1] *Voyez* planche 26, *E. M.*, vol. I (n°. 221, I-5, et ailleurs).

[2] *Ibid.* (n°. 192, N-5).

[3] Pl. 26, *E. M.*, vol. I (n°. 3, T-6).

[4] *Ibid.* (n°. 5, T-6).

[5] *Ibid.* (n°. 240, N-7).

tiquité : le nom de ce vêtement est *tôb qamys;* la longueur, égale à l'ouverture des deux bras étendus, est double de la largeur; la tunique est ouverte en totalité, elle descend un peu au-dessous de la hauteur du genou. J'ai reconnu cette même forme, tant sur les tuniques trouvées dans les hypogées, que parmi les peintures des tombeaux des rois : aujourd'hui on possède beaucoup de tuniques de momies qui confirment cette observation.

### FOURREURS.

Les fourrures sont le luxe particulier aux cheykhs et aux grands personnages : ce sont des Grecs qui font au Kaire le métier de fourreurs, *farrâyn;* ils sont établis dans plusieurs quartiers [1].

### III°. ARTS QUI SERVENT A LOGER ET A MEUBLER, ET DIVERS ARTS ÉCONOMIQUES.

Les principaux arts qui servent à construire les habitations au Kaire, sont, 1°. pour le travail des pierres et minéraux, ceux du tailleur de pierres, du briquetier, du chaufournier, du plâtrier, du maçon, du couvreur; 2°. pour le travail des métaux, ceux du forgeron, du taillandier, du serrurier; 3°. pour le travail du bois et des substances végétales, ceux du scieur de long, du charpentier, du menuisier, du serrurier en bois, etc.

Les principaux arts consacrés à l'ameublement ou l'embellissement des habitations, consistent dans les

[1] *Voyez* planche 26, *E. M.*, vol. I (n°. 34, P-5, et n°. 49, R-10).

suivans, divisés comme tout-à-l'heure, 1°. ceux du potier, du verrier, etc.; 2°. ceux du ferblantier, du chaudronnier, de l'étameur, de l'orfèvre, de l'armurier, etc.; 3°. ceux du tourneur, du nattier, du vannier, des faiseurs de sparterie, balais, couffes et paniers, etc.

Les principaux arts destinés à satisfaire les divers besoins économiques sont ceux du fabricant de meules à moudre, du salpêtrier, du fabricant de sel ammoniac, du lapidaire, etc.; ceux du maréchal, des faiseurs de clinquant, de fil-de-fer et de laiton, etc.; ceux du cordier, des fabricans de sacs, de pipes, etc.; du pileur de tabac, du cartonnier, du fabricant d'encre, du faiseur de mottes, du fabricant de charbon, etc.; ceux des ouvriers en ambre, en corail et en nacre, des ouvriers en crin et étoffes de crin, des fabricans de bougies et de luminaires, etc., etc.

Bien des professions subalternes sont ici passées sous silence, comme étrangères à l'industrie proprement dite, telles que celles du barbier, du batelier, du chamelier, de l'ânier, de ceux qui préparent les illuminations, etc.; le catalogue formant le chapitre II suppléera aux omissions. Il serait trop long d'insister sur tous ces arts; ils sont d'ailleurs trop peu avancés en Égypte pour qu'il soit utile d'entrer dans de grands détails. Si même j'en fais ici une description ou plutôt une mention rapide, c'est afin de constater l'état de l'industrie dans la capitale de l'Égypte, au moment de l'expédition, afin qu'on puisse apprécier, un jour à venir, les progrès qu'elle aura faits depuis cette époque mémorable. On doit en grande partie à feu Conté la connaissance de l'état des arts au Kaire, à la fin du XVIIIe siècle, puisque la collection des dessins où ils sont représentés est presque toute entière son ouvrage; c'est à lui que les Égyptiens eux-mêmes auront été redevables des premières leçons d'industrie européenne : c'est un hommage que je me plais ici à rendre à sa mémoire. (*Voyez* la Notice biographique sur Conté.)

## *Logement.*

### MAÇONS, TAILLEURS DE PIERRE, ETC.

Le maçon du Kaire se sert de deux espèces de matériaux : la pierre de taille et la brique. Les carrières de Torrâh et celles du Moqattam lui fournissent abondamment la première; mais plus souvent il puise dans les anciennes constructions, et débite en fragmens d'un ou deux décimètres des pierres d'assises d'un mètre ou plus de hauteur. Les outils du maçon et du tailleur de pierre sont presque grossiers, mais les ouvriers suppléent à leur imperfection par l'adresse et la dextérité.

Pour éteindre la chaux, ils jettent de l'eau par dessus comme à l'ordinaire en petite quantité, et la remuent vivement pour la rendre pulvérulente. La chaux se calcine, du côté de Bâb el-Nasr, dans des fours assez bien disposés (*gayyârah*). Le fourneau est en briques, en forme de cône renversé; on le chauffe simplement avec des roseaux; l'évasement supérieur est large d'environ 5 pieds. Il y a aussi des fours à chaux du côté de Bâb el-Cha'ryeh. On tire la pierre de Gebel el-Gyouchy; c'est un calcaire ordinaire, non coquillier : chaque fournée produit cent cinquante *qantâr* de chaux et exige cinq cents bottes de bouz, qui se paient dix parâts l'une; le feu est entretenu pendant deux jours et une nuit[1].

Il y a des fours à plâtre (*gabbâseh*) établis dans quatre quartiers du Kaire; le gypse est apporté de Helouân par Torrâh, et de Bayâd près de Beny-Soueyf[2]. C'est la première espèce qui produit le plus beau plâtre, le plus fin et le plus blanc[3]. On fait de l'un et de l'autre, au Kaire, un très-grand usage pour enduits sur les murailles; ils suppléent à nos tentures; on les rehausse quelquefois par des peintures assez grossières qui représentent des fleurs et des ornemens, d'autres fois, par des sentences du Qorân, écrites en lettres colossales de diverses couleurs, qui ne manquent pas d'une sorte d'élégance. Le maçon égyptien excelle dans l'art d'appliquer et d'étendre ces enduits[4]; et quand le plâtre n'est pas assez blanc, il étend par dessus une couche de chaux. Il sait aussi fabriquer une sorte de stuc.

C'est encore le plâtre qui sert pour les toitures. L'art du couvreur se borne à latter les plafonds et à les recouvrir de cette matière[5]. Ces couvertures légères ré-

[1] *Voy.* pl. 26, *E. M.*, vol. I (D-10; n°. 379, D-E-5); *voyez* aussi planche II, *Arts et métiers*, fig. 4, 5, 6, et l'explication.

[2] *Ibid.* (n°. 330, D-14; n°. 293, E-8; n°. 18, M-9, et n° 172, U-10). *Voyez* aussi pl. II, *Arts et métiers*, fig. 7, 8, et l'explication.

[3] L'art de moudre le plâtre est plus avancé qu'en France même; il est représenté et décrit dans la planche XXVI, *Arts et métiers*, fig. 2, et l'explication.

[4] *Voyez* pl. XVIII, *Arts et métiers*, fig. I, et l'explication par M. Le Père, architecte.

[5] Voyez *Ibid.* fig. 2, et l'explication.

sistent d'une manière étonnante aux vicissitudes atmosphériques ; ce qui s'explique moins par la constance du climat (car il ne faut pas confondre l'uniformité des saisons avec les variations diurnes de l'atmosphère, qui sont, comme on l'a vu plus haut, très-considérables), que par une sorte d'élasticité propre à ces couvertures : ce n'est pas sans surprise que l'on voit des dômes de la plus grande dimension, exécutés de cette manière depuis nombre d'années, et qui ne sont ni altérés ni fendillés dans aucune de leurs parties.

Les briques en usage sont de deux espèces : celles qu'on appelle *crues* et qui sont simplement cuites au soleil; les autres que l'on cuit dans les fours à briques. Ces fours n'ont dans leur forme rien de particulier. La matière est le limon du Nil, plus ou moins mélangé d'argile, quelquefois sablonneuse : on y ajoute des brins de paille pour leur donner de la ténacité; ce procédé est suivi de temps immémorial. Le briquetier opère dans son moule avec une extrême vitesse.

### FORGERONS, ETC.

Les outils du forgeron [1], du taillandier [2], du serrurier, sont très-imparfaits. La forge est entretenue par un double soufflet, qui ne laisse pas que de fournir un courant très-rapide pour entretenir la flamme. On serait étonné de voir les noyaux de datte servir de combustible, si l'on ne savait quelle immense consommation les

[1] *Voyez* pl. XXI, fig. 2, *Arts et métiers*, l'explication par M. Coutelle, et pl. XXX ; *voyez* aussi pl. 26 (n°. 355, M-6, et n°. 387, M-8).

[2] Pl. XXVI, fig. 3, *Arts et métiers*, et l'explication ; *voy.* aussi pl. XXX.

habitans font de ce fruit. Beaucoup de forgerons sont réunis dans le quartier dit *el-Nahâsyn* ou *des Chaudronniers*[1] : on y fait des clous avec assez d'adresse.

CHARPENTIERS, MENUISIERS, ETC.

Les scieurs de long et les charpentiers[2] (*nachâryn*) occupent plusieurs okels : les charpentiers travaillent principalement en bois de *sount* et de *nabq* (*mimosa Nilotica et rhamnus napeca*); le bois de *lebbek* (*mimosa lebbek*) vaut mieux encore, mais il est devenu trop rare et trop cher par l'incurie des maîtres du pays. Le bois de sycomore, à l'exception de la racine, est trop tendre, et cependant on l'emploie souvent, faute de mieux. Il en est de même du dattier, dont le tronc fournit des supports, et dont l'on fait même d'assez mauvaises planches : les meilleures sont les planches d'acacia. Je dois faire remarquer que ce dernier bois servait aux anciens habitans pour le même usage.

Le menuisier égyptien travaille avec une dextérité et une prestesse singulières, et cependant il se tient ordinairement assis à terre. Ses outils, ainsi que ceux des ouvriers dont on vient de parler, ont été décrits ailleurs[3], il suffit de citer le *qaddoum* qui lui sert à toute sorte d'usages; savoir : entailler, fendre, frapper, arracher, etc. Un grand nombre de menuisiers et de layetiers sont établis dans une grande rue très-large et couverte, appelée *Taht el-Rob'*[4]; ils fabriquent des caisses

[1] *Voyez* pl. XXI, fig. 1, *Arts et métiers*, et l'explication.

[2] *Voyez* pl. XIX, fig. 1, *Arts et métiers*, et l'explication.

[3] Pl. XIX, fig. 2, *Arts et métiers*, et l'explication; *voy.* aussi pl. XXX.

[4] *Voyez* pl. 26, *E. M.* volume I, (n°. 350, M-7).

d'une grande capacité et très-solides, en bois de cèdre et autres bois odorans. Le serrurier en bois, *dobaby*, fabrique des serrures en bois, *dobbeh*, qui sont les plus répandues dans le Kaire et dans tout le pays : elles sont trop connues pour qu'on en fasse la description ; un artiste français a cherché à les introduire dans notre industrie. Ces ouvriers [1] occupent des quartiers distincts, tels que *Khorounfech* et *Taht el-Rob'*.

## *Ameublement.*

---

### POTIERS.

On sait qu'en Égypte l'art de la poterie, ainsi que la chimie elle-même, remonte à la plus haute antiquité; il avait fait dès-lors de grands progrès, mais depuis bien des siècles il n'a fait que dégénérer. Aujourd'hui, le potier du Kaire se borne presque à fabriquer des jarres (*zyr* et *zela'h*), des vases plats, des lampes en terre cuite, des vases communs pour l'usage domestique, etc. [2] : j'en ferai l'énumération plus loin. La matière sur laquelle il travaille est une argile, *el-tyn*, qui se tire d'une plaine voisine contiguë à la vallée de *l'Égarement*, auprès des villages d'el-Basâtyn et de Deyr el-Tyn, dont le second tire son nom de cette circonstance locale. Il faut que l'inondation ait séjourné deux fois sur le sol, afin que la terre soit bonne à exploiter pour les po-

[1] *Voyez* pl. XV, *Arts et métiers*, fig. 5, et l'explication par M. Delile ; *voyez* aussi pl. XXX.

[2] *Voyez* pl. II et XXII, *Arts et métiers*, et l'explication par M. Boudet.

teries. Nous avons parlé ailleurs du tour à potier : il rappelle pour la forme, celui des anciens, tel qu'ils nous en ont conservé l'image dans leurs hypogées. Tout le luxe des ouvrages en terre cuite semble s'être réfugié dans les fourneaux de pipe, fabriqués et sculptés avec un égal soin; ils sont d'une terre fine qui ressemble à la pâte des vases étrusques. Cependant, nous n'oublierons pas les bardaques ou vases réfrigérans, dont il se fabrique une immense quantité, à l'usage de toutes les conditions. On sait que tout le secret de cette fabrication consiste à mettre dans la pâte un quart, plus ou moins, de sel commun; la première eau qu'on verse le dissout et laisse une multitude de pores par où transsude le liquide : en s'évaporant, il fait baisser la température de l'eau qui reste dans le vase. Les formes que les Égyptiens donnent aux bardaques sont commodes, variées et élégantes en général. On ne tire pas en Europe le même parti des vases réfrigérans qu'en Égypte : le motif en est facile à apercevoir. On fabrique aussi au Kaire quelques fayences, des tasses appelées *fingân belady* (ou du pays), par opposition à celles qu'on apporte d'Europe; des carreaux de fayence, appelés *qechâny*, etc.

La liste des produits de la poterie du Kaire figurera plus bas à l'article du Commerce.

### VERRERIE.

La verrerie du Kaire, *ma'mal el-qezâz*, est aussi imparfaite que la poterie : on compte quatre établissemens de ce genre dans el-Hasaneyn, el-Faouâleh, et auprès du quartier Franc; il y en a d'autres à Gyzeh :

on y fait des ballons, cornues, et matras pour la fabrication du sel ammoniac et la distillation, des bouteilles communes, des godets pour lampes ordinaires et d'autres pour les illuminations, des verres de couleur plats pour l'usage des bains, des mortiers en verre et des molettes à polir. Les vases de terre pour les alambics s'appellent *qezâz el-anbyq*, قزاز الانبيق, origine très-probable du mot alambic (ce mot a le même sens arabe que *cucurbita*[1]).

### CHAUDRONNIERS, ETC.

Les chaudronniers, *nahâsyn*, occupent la rue de ce nom et les environs du Mouristân; ils travaillent le cuivre avec quelque adresse et l'étament parfaitement. On appelle *semkary* les étameurs en fer : ces hommes travaillent aussi le fer-blanc pour toute sorte d'usages; on le trouve dans le quartier appelé *Taht el-Rob'*. Ils travaillent encore le laiton en fil et en plaque, le fil de fer, etc.

### ORFÉVRES, ARMURIERS, ETC.

Le travail de l'or et de l'argent est abandonné aux Juifs et aux Qobtes : ils en font des bijoux, des colliers de femme, des garnitures de sabre et de poignard, des ceinturons; les orfévres s'appellent *el-seyâgh*, et donnent leur nom à un quartier[2]. Les plus habiles sont réunis dans un lieu appelé *Khân abou Tâqyeh*; leurs outils se réduisent à peu près à quelques poinçons : ces hommes gagnent 40 parâts par jour. Un assez grand nombre

[1] *Voyez* pl. 11, *Arts et métiers*, figures 13...19 et l'explication par M. Boudet, ainsi que la pl. XXIII; *voyez* aussi pl. 26 (n°. 282, L-13; n°. 109, H-10, et n°. 2, L-9, etc.).

[2] *Voyez* pl. 26, *E. M*, vol. I (n°. 46, I-6; n°. 5, M-8; entre les n°s. 57 et 51, H-7, et n°. 41, I-6).

d'ouvriers, *el-gouhargyeh*, fabriquent des colliers, des anneaux et des chaînes d'argent que les femmes des *fellâh* se mettent au cou et aux jambes. L'appareil du fondeur d'argent est grossier; le fourneau est un âtre mal entouré, au fond duquel le creuset est placé en plein air. Le soufflet n'est autre chose qu'une outre avec un tuyau en terre cuite, qu'un homme assis à terre ouvre et resserre tour-à-tour avec ses mains. Le bois et le charbon s'emploient indistinctement pour combustibles. Quant à la fabrication de la monnoie d'or et d'argent, elle a été décrite avec trop de soin et de développement par M. Samuel Bernard dans le cours de cet ouvrage, pour qu'il ne suffise pas de renvoyer le lecteur à son mémoire.

Les armuriers occupent le quartier de *Souq el-Selâh;* leur industrie ne présente rien qui mérite d'être mentionné.

NATTIERS.

Les meubles les plus communs au Kaire sont peut-être les nattes, *el-hosr,* qui sont indispensables dans des appartemens dallés ou carrelés; il en est de même chez les peuples où le sol est en terre: aussi fabrique-t-on au Kaire une quantité considérable de nattes de toute sorte de prix; l'on y consomme en outre des nattes du Fayoum, de Syrie et de l'Asie mineure [1]. Les belles nattes se fabriquent avec des joncs appelés *samar* (*juncus spinosus*) qui se tirent de Terrâneh et se recueillent aux lacs de Natroun et aussi à trois grandes journées

[1] *Voyez* pl. 26 (n°. 406, R-4); *voyez* aussi pl. xx, *Arts et métiers*, fig. 1, et l'explication.

du fleuve sans eau. Ce sont les Geouaby qui transportent cette plante : il en vient aussi de Helouân près de Torrâh, mais d'une qualité inférieure.

Avant d'employer les joncs, il faut les faire sécher au soleil, environ pendant un ou deux mois, puis les faire digérer dans le safranon pendant vingt jours; après quoi ils sont lisses, ronds et flexibles. On teint les joncs en noir, en jaune, en rouge et autres couleurs, et on les emploie encore mous pour fabriquer les nattes. Le métier à nattes consiste en un long et large filet formé de ficelles tendues à quatre grandes pièces de bois, et formant la chaîne, entre les fils de laquelle l'ouvrier passe les joncs alternativement, par dessus et par dessous, en même temps qu'une pelote de fil qui aide à soutenir la trame. Plusieurs ouvriers travaillent à-la-fois et ils agissent très-régulièrement et en mesure, afin que chaque rang soit fait au même instant, après quoi tous ensemble serrent l'ouvrage, avec une longue pièce de bois transversale. Les dessins sont composés de losanges noirs, jaunes, etc., et ordinairement très-agréables à l'œil : cette espèce de nattes se nomme *hosr samar*. Il s'en fabrique de beaucoup plus communes en feuilles de dattiers, de roseaux, etc. On fait d'autres ouvrages de sparterie, des paniers en branches de hennch, des couffes en feuilles de dattier, des balais, *moqachât*, qu'on forme de la base des pétioles du même arbre (en battant et divisant les fibres), des caffas, caisses et lits, fabriqués avec des *geryd* ou branches de palmier [1], etc.

---

[1] *Voyez* pl. xx, *Arts et métiers*, et l'explication par M. Delile.

Les faiseurs de tuyaux de pipes sont naturellement fort occupés au Kaire; ces ouvriers s'appellent *chouboqgy* (de *Chouboüq*). Ces tuyaux sont en roseau ou en bois de noisetier, de cerisier, de lilas ou de jasmin. Ils occupent le Nahâsyn, non loin du Mouristân, et encore plusieurs autres quartiers; ils travaillent à l'aide d'un archet qui sert à percer les tuyaux sous un diamètre convenable [1].

Le charbon se fabrique au Kaire. Les charbonniers *el-fahâmyn*, se tiennent non loin de Faouâleh; ils se servent de bois de sount ou acacia, et de bois d'atl ou tamarix : on en fait aussi avec du nabq et du lebbek; mais ces dernières espèces sont plus chères.

Outre les sacs qui viennent du Fayoum, et dont il se fait une forte consommation, les ouvriers du Kaire en fabriquent une grande quantité en toile et en crin. On confectionne beaucoup de tamis en crin, en gaze et en soie dans le quartier appelé *Monâkhlyeh*. La nacre de perle, *sadaf*, est employée assez habilement pour la construction des meubles, boutons, chapelets, etc.; cette matière vient en Égypte par Soueys. On la travaille principalement dans l'okel nommé *el-A'gatyeh* [2].

Le corail et l'ambre sont travaillés dans le *Margouch;* on en fait des colliers, des chapelets, des bouts de pipes et différens ouvrages. On fabrique aussi des colliers et des bracelets en ambre faux, qui se débitent dans *Souq el-Khorouzâtyeh*.

[1] *Voyez* pl. XXVII, fig. 1, *Arts et métiers*, et l'explication.

[2] *Voyez* planche 26, *E. M.*, vol. I (n°. 254, G-8).

## *Divers arts économiques.*

---

### ÉMOULEURS.

L'émouleur du Kaire se sert des meules de grès qu'on va chercher à l'entrée de la vallée de l'Égarement. Au milieu de l'ouverture de la vallée (qui est large de plus d'une lieue et demie), et au-delà d'el-Basâtyn, sont des monticules d'environ vingt pieds; c'est là qu'on exploite le grès. Les eaux des torrens minent ces rochers : les uns sont d'une couleur rougeâtre, d'un grain mou, et ce grès ne peut être d'aucun usage; celui qui s'exploite aujourd'hui est blanc, d'un grain fin et assez dur, parsemé de points ferrugineux et d'impressions de coquilles, cependant généralement homogène. Ce qu'il y a d'extrêmement remarquable, c'est que les lits du grès sont absolument verticaux. Les gens qui l'exploitent ont la paresse de tailler leurs meules horizontalement, de manière qu'il s'y rencontre souvent deux ou trois veines ou bandes différentes de couleur et de ténacité; quand la meule tourne, elle s'use inégalement à cause de ces veines, et il faut continuellement l'arrondir : en outre, le mouvement de la meule la fait souvent séparer et casser à l'endroit des changemens de veines, par l'effet de la force centrifuge; ce qui est très-dangereux pour les ouvriers. Ce n'est pas que les travailleurs qui exploitent ce grès n'aient remarqué que les lits sont verticaux, mais ils ignorent absolument le mal qui peut en résulter. Voici comment ils tirent une meule de la carrière : ils choisissent un point élevé, le débarrassent du sable et creusent un cercle d'environ huit pouces de profondeur et plus large que la meule qu'ils veulent avoir. Après avoir déchaussé le pied, ils introduisent un grand nombre de coins de fer, vingt à trente, entre le bloc et la pièce de la meule; ces coins sont maintenus par des plaques de fer nombreuses. Lorsque les coins sont tous placés, un homme frappe un coup sur chacun d'eux; quand il a fait le tour, il arrive presque toujours que le dernier coup enlève la meule, ce dont on s'aperçoit à un petit bruit qu'elle fait en se détachant du bloc. J'ai eu bien de la peine à faire entendre aux ouvriers qu'ils devaient exploiter le grès en hauteur pour avoir une meule ou deux dans chaque lit, et qu'ils auraient ainsi des meules plus solides et beaucoup meilleures[1].

### SALPÊTRIERS.

Les salpêtriers exploitent une butte située au nord de Birket el-Saqqâyn, *Tell el-Sebâkh*, où les habitans apportent les cendres et la poussière de leurs maisons. Ils lessivent dans des caisses de bois ces cendres (*el-sebâkh*), et ils font cristalliser la dissolution. Je ne parlerai point ici de la fabrication du sel ammoniac, elle a été décrite ailleurs par feu M. Descostils[2].

### TOURNEURS.

Les tourneurs en bois, *el-kharrâtyn*, sont très-nombreux au Kaire, attendu qu'il n'est pas une seule fenêtre qui ne soit formée de pièces de bois, tournées

[1] *Voyez* pl. xxv, fig. 1, *Arts et métiers*, et l'explication.

[2] *Voyez* pl. xxiv, *Arts et métiers*, et l'explication par M. Descostils; *voyez* aussi le mémoiré du même auteur, *E. M.*, tom. xiii, pag. 1.

plus ou moins artistement. Un grand nombre sont logés près de Cha'râouy : ces ouvriers peuvent passer pour les plus adroits de la ville, et leur industrie pour une des plus avancées [1].

### ARTS DIVERS.

L'art du cordier ayant été décrit [2], je crois inutile d'y revenir ; il en est de même du pileur de tabac [3].

Les fabricans de chapelets en bois étranger (*sebah*) occupent l'okel el-Sebahyeh ; on les fait en bois de Bezrebat (de l'Hegâz), en bois de sandal, etc.

Au Kaire, la température est si élevée qu'on ne peut travailler le suif que pendant la nuit : la chandelle est beaucoup plus commune que la bougie, malgré le bon marché de la cire ; la bougie est fabriquée par des chrétiens qobtes ; au reste, on consomme infiniment moins de l'une et de l'autre qu'on ne brûle d'huile.

Le clinquant d'or occupe un certain nombre d'ouvriers, *el-baragânyeh ;* ils en préparent des feuilles et des filets d'or pour les *fellâh* et pour la parure des femmes : celles-ci les portent sur la tête.

Les cartonniers et fabricans de couvertures en carton occupent le *Sanâtyeh.*

Les fabricans d'encre, *el-habbâryn,* occupent les environs d'*el-Hasaneyn.*

Si cet article n'était pas uniquement consacré aux arts industriels, j'aurais dit quelques mots du peintre,

[1] *Voyez* pl. xv, fig 4, et l'explication par M. Delile.
[2] *Ibid.* pl. xvi, fig. 2, *Arts et métiers*, et l'explication.
[3] *Ibid.* pl xxvii, fig. 2, et l'explication par M. Delile.

du sculpteur, de l'architecte et du graveur sur pierres fines ou sur métaux; mais, outre que ce serait sortir de mon sujet, le lecteur est suffisamment prévenu qu'il chercherait en vain, chez les artistes indigènes, quelque étincelle de goût ou de véritable talent. L'architecte n'est qu'un maçon qui travaille sans plan et au hasard, sans tracer de projet, et sans autre précaution préalable que des mesures prises grossièrement. Le peintre ne peut s'occuper que de l'ornement, puisque l'imitation de la nature animée lui est interdite par sa religion. Il en est de même du sculpteur en pierre, en bois et en marbre, *naqqar*. Le graveur en pierres fines, *naqqâch*, est le seul dont les procédés méritent quelque attention : c'est de temps immémorial que cet art est pratiqué et cultivé avec succès sur les bords du Nil; les Hébreux l'empruntèrent à leurs maîtres, et nous trouvons encore, parmi les débris de l'antique civilisation égyptienne, des ouvrages de cette nature qui ont servi de modèle aux Grecs eux-mêmes, non sans doute sous le rapport du style, mais sous celui du travail et de la perfection de l'exécution. Aujourd'hui le lapidaire égyptien ne grave guère que sur l'agathe, la cornaline ou le lapis lazuli, et il ne grave que des fleurs, des ornemens ou des inscriptions, mais il le fait avec adresse et avec pureté.

---

## §. VI. *Du commerce.*

Les produits de l'industrie dont on vient de faire l'énumération ne font qu'une petite partie des articles dont se compose le commerce du Kaire. Comme l'Égypte est de tous les pays de l'Orient celui qui est le plus à la portée de l'Europe, son commerce est aussi un des plus étendus de cette contrée; il est même le seul, à raison de sa position entre deux continens, qui les approvisionne en même temps en marchandises d'Europe; encore, pour ce qui regarde l'Afrique, n'est-il que l'ombre de ce qu'il pourrait être dans d'autres circonstances et avec un autre gouvernement. Le commerce intérieur et le commerce extérieur comprennent également les produits indigènes et les produits exotiques. Le Kaire distribue ses produits en Égypte avec ceux de l'Asie et de l'Afrique, et il exporte en Europe l'excédant de sa consommation; de même il expédie les marchandises d'Europe aux marchés d'Afrique et d'Asie. On peut donc classer les denrées qui sont l'objet du commerce du Kaire en deux espèces : articles d'Orient en masse, et articles d'Europe. On a publié des tableaux du commerce de l'Égypte, pour l'époque antérieure à l'expédition, où il est divisé d'une autre manière; ici il serait inutile d'entrer dans des détails aussi étendus : je me bornerai à énumérer les okels, c'est-à-dire les magasins et dépôts de marchandises, les *souq* ou marchés, les jours où ils se tiennent, et les *khân* ou bazars (foires perpétuelles); je mentionnerai les *soukkân* et les *menzal,* espèces d'auberges pour les commerçans, et je donnerai une liste abrégée des articles de commerce du Kaire, divisés, comme les produits de l'industrie, en trois branches; 1°. substances alimentaires et médicales; 2°. objets qui servent à vêtir; 3°. objets servant à divers usages économiques, et j'indiquerai quelquefois le prix des marchandises. Beaucoup de produits du pays ont été omis à dessein dans cette liste : c'est pour éviter un double emploi avec le paragraphe précédent qui sert nécessairement de complément à celui-ci.

### I°. SUBSTANCES ALIMENTAIRES.

---

*Marchandises de l'Egypte et de l'Orient.*

On compte dans le Kaire plusieurs grands marchés de bled ainsi que de nombreux okels où ce grain est mis en vente; le principal marché est près de Qarâmeydân. Le bled dit *du pays, qamh belady,* ou bled rouge, *qamh el-ahmar,* se vend 12 à 13 parâts ou médins le rob', équivalant à 7 litres $\frac{1}{2}$; le bled blanc se vend 14. Les sacs contiennent ordinairement un ardeb ou bien un ardeb et demi : l'ardeb est de 24 *rob',* et au Kaire il vaut 180 litres. L'orge se vend 6 parâts le rob', et les fèves 7.

Les bouchers[1] vendent le rotl de mouton, mesure de 14 onces 4 gros 27 grains, 5 à 6 *gedyd;* le buffle et le bœuf, 5 parâts : le cent de poules se vend 1300 médins, et à la campagne 1200; le cent de pigeons 600 médins, et à la campagne 500. Ce dernier commerce a lieu dans l'okel dit *el-Ferâkh*[2]. Le jour de

[1] *Voyez* pl. 26, *E. M.*, volume I (n°. 241, M-7).
[2] *Ibid.* (n°. 281, F-8).

Gouma' il y a un marché, souq el-Meskeh, pour la vente des moutons, chèvres, poules, oies et pigeons [1] : plusieurs marchés sont approvisionnés de poissons du Nil et des deux mers [2].

L'huile de sésame se fabrique dans la basse Égypte en plus grande quantité que dans la haute; elle vient de Mansourah, d'Abousyr, etc. Le prix est d'environ 9 parâts. L'huile d'olive se vend 25 parâts le rotl; c'est du Gharb ou de l'Europe qu'on l'apporte : le vinaigre, fait avec le vin de Chypre et de Smyrne, 10 et 12 parâts. Le vinaigre de dattes se vend 7 médins la mesure équivalant à une pinte.

Le sucre, les confitures et toutes sortes de sucreries, *morabbeh*, se vendent dans le Soukkâryeh [3], fort belle rue composée de riches boutiques, petites, mais ornées et d'un aspect agréable. Le plus beau sucre raffiné, qui approche de celui-ci de Hambourg, se vend 60 parâts le rotl; il y en a de deux autres qualités, de 40 et de 25 parâts; mais, dans le Sa'yd, on en trouve de bon pour 6 médins seulement. Le meilleur miel blanc de la basse Égypte et du Sa'yd se vend 15 parâts le rotl; le miel commun, 8, 9 et 10 parâts [4]; le miel noir ou mélasse, *a'sal el-esoued*, se vend dans les fabriques de raffinage de sucre [5].

Le café d'Arabie est l'objet d'un très-grand commerce. Dans une seule des sections de la ville, j'ai

[1] Pl. 26, *E. M.*, vol. I (n°. 127, Q-R-11, et n°. 128, Q-11).

[2] *Ibid* (n°. 120, T-7, et ailleurs).

[3] *Ibid.* (n°. 257, M-6, et n°. 249, I-6).

[4] Planche 26, *E. M.*, volume I (n°. 9, L-9, et n°. 32, K-6).

[5] *Ibid.* (n°. 38, I-6, et d'autres endroits de la v^e^ et de la VIII^e^ section).

compté 22 okels consacrés à la vente du café; il est apporté de Djeddah à Qoçeyr, et de là chargé sur des chameaux jusqu'au Nil. Une farde de trois *qantâr* coûte, rendue au Kaire, environ 80 piastres. Le même pays envoie de l'encens, du benjoin, de la gomme, de la myrrhe, etc. Le poivre, le girofle, l'aloès, l'anis, le tamarin, le séné, l'opium, la casse, le musc, le safran, la canelle, le kermès, le cachou et les épiceries remplissent quantité de boutiques et d'okels particulièrement destinés au commerce des drogueries. Ce commerce occupe une multitude de marchands appelés *a'ttâryn* [1]. On vend en outre dans les boutiques une substance appelée *ne'na'*, graine très-odorante employée comme remède, et venant d'une espèce de menthe.

Les fruits exposés en abondance dans les marchés, sont les dattes du Charqyeh, du Fayoum, de la haute et de la basse Égypte [2]; les dattes de Syouah, celles de l'Hegâz et de la Mekke; les dattes en pâte appelées *a'goueh;* le raisin, les amandes, les citrons et limons, les oranges, les bananes, enfin les pistaches, les noisettes et autres fruits secs, *el-noqâlyeh* [3].

Les légumes qui sont mis en vente ne sont pas très-variés : ce sont les fèves, les haricots, les lentilles, le bâmyeh, l'oignon, le pourpier et le kharroub, légume un peu sucré venant de Chypre.

[1] *Voy.* le Mémoire de M. Rouyer sur les drogues d'Égypte, *E. M.*, tome XI, page 429. Le principal quartier des *a'ttâryn* est dans la VIIe section (*voyez* pl. 26, n°. 302, L-6).

[2] *Voyez* pl. 26 (n°. 220, I-5, et ailleurs).

[3] *Ibid.* (n°. 66, Q-10, dans el-Habbânyeh, et n°. 287, F-9, dans Derb Bâb el-Cha'ryeh, ainsi que dans la IVe section).

Le fourrage le plus commun sur le marché est le *barsym* (*trifolium Alexandrinum*).

*Marchandises d'Europe.*

Les principaux articles alimentaires venant d'Europe sont l'huile d'olive, et le vin, qui est à l'usage des chrétiens du Levant et des Francs établis en Égypte.

### II°. OBJETS DE VÊTEMENT.

---

*Marchandises de l'Égypte et de l'Orient.*

Le coton se vend principalement dans le quartier de Meydân el-Qotn[1] : il vient de la basse Égypte, et se vend, brut, de 42 à 55 *qerch* le qantâr (le *qerch* est de 30 parâts); le plus beau, 52 à 55; le coton de Syrie, 90 *qerch* ou 30 pataques de 90 parâts. Il ne vient point de coton du Sa'yd; au contraire, on en achète ici pour la haute Égypte : ce qui s'y récolte s'emploie à Esné, et ne s'exporte pas. Les sacs, portant ordinairement de quatre à cinq cents *rotl*, se vendent 200 à 250 *qerch*. Le coton bien cardé et parfaitement nettoyé coûte 20 à 22 parâts le rotl. La toile de coton est fabriquée dans toute l'Égypte; elle occupe au Kaire beaucoup d'artisans et de marchands : le pyk se vend 10 parâts. Les toiles de Syout et de Girgeh sont estimées. Les *milâyeh* sont des pièces de toile de coton bleu rayée, objet d'une grande consommation, tant

[1] *Voyez* planche 26 (n°. 128, F-10).

ceux du Kaire, de la haute et basse Égypte, que ceux qui se fabriquent à la Mekke et qui se vendent dans el-Ghoury et à Bâb el-Charm : on les vend principalement dans le quartier el-Margouch.

Le lin se vend brut, tel qu'on l'apporte du Sa'yd, 3 pataques la charge de chameau; battu et peigné, il coûte 8 pataques le qantâr. Les jours du marché pour la vente du lin sont, les jours dits *el-tâny* et *el-khamys,* et le matin, dans le marché connu sous le nom de Souq el-A'sr (ou marché de trois heures après midi : il y en a deux de ce nom). Ce marché présente une grande affluence [1]. Le bazar du Margouch est consacré à la vente du lin filé et des étoffes de fil.

Les marchandises en laine (autres que les draps d'Europe) consistent en étoffes assez communes dont il a été question dans le précédent paragraphe. Les étoffes noires de cette espèce, qui servent de robes à la plupart des habitans, se vendent 300 parâts, et s'appellent *a'bbâyeh;* il en faut dix pyks pour habiller un homme. Cette étoffe a 3/4 de large, et le pyk revient à 30 parâts. Les robes en étoffe de laine brune (*bicht*) coûtent 3 pataques. C'est toujours le pyk belady, ou coudée du pays, dont on parle quand on ne spécifie pas la coudée de Constantinople (*pyk stambouly*); sa longueur, mesurée avec soin par M. Costaz, est $0^{m}5775$. Les étoffes en laine des Moghrebins se vendent dans le Fahâmeh et dans le quartier des Moghrebins, dont il a déjà été parlé; ces étoffes sont apportées par les caravanes de Moghrebins qui passent par le Kaire pour

[1] *Voyez* planche 26 (nº. 169, N-9, et nº. 345, F-5).

se rendre à la Mekke. Leurs barnous sont principalement estimés : c'est un manteau de laine blanche très-ample et très-fine, qui est leur seul vêtement, quelquefois couvert d'un capuchon et orné de glands, de cordons et d'agrafes. D'autres sont de simples pièces dont on s'enveloppe. Les barnous les plus beaux se vendent 10 piastres. Cet habit est excellent pour traverser le désert; c'est surtout pour l'hiver un vêtement très-commode, parce qu'il enveloppe complètement et parce qu'il est léger quoique très-chaud (*voyez* l'Appendice).

Les schâls de Kachmyr remplissent un grand nombre de boutiques dans le quartier de Margouch, d'el-Ghoury, etc. Le prix varie depuis 20 piastres d'Espagne jusqu'à 100 et plus. Mais il est nécessaire que l'acheteur s'assure qu'ils n'ont pas été reteints et mis à neuf. Les étoffes en feutre varient de prix selon les usages auxquels elles sont destinées. Les *tarbouch*, ou bonnets en laine, se vendent dans le Margouch; les feutres blancs, dont on fait de gros bonnets, dans le Leboudyeh; les barnous, dans la quartier des Moghrebins, près de Touloun.

Les étoffes en soie et coton que l'on fabrique au Kaire pour mouchoirs de couleurs bleue et blanche, se nomment *nôl;* le mouchoir revient à 90 parâts. L'étoffe de soie appelée *dorâych,* dont les *fellâh* se font des turbans, se vend 120 parâts le pyk, ou le double de l'ancien prix; elle a un demi-pyk de large. Le koreych est une étoffe de soie plus claire. Les schâls du Fayoum et autres se vendent principalement dans le Khân el-Khalyly, près de l'Hamzâouch, et dans el-

Ghoury (il en est de même des étoffes de soie, satins, taffetas), ainsi que dans el-Emchâtyeh.

Les cordons de soie tressés et les rubans se vendent 8 à 10 parâts le darhem de la meilleure qualité, dans le marché appelé *Souq el-A'qâdyn el-Belady* [1]. Le fil d'or monté sur la soie, travaillé par les Qobtes, se vend 50 parâts le darhem et demi ou mitqâl; le fil d'argent, 40 parâts.

Parmi les matières tinctoriales indigènes, l'indigo est le plus universellement employé : la plus belle qualité se vend 15 *real belady* le qantâr; l'indigo ordinaire, 10. Le meilleur henneh se vend 20 parâts le rob', et ordinairement de 10 à 15 parâts : on l'apporte du Charqyeh, dans des sacs qui contiennent 14 *rob'*. C'est dans le Khân el-Henneh que se fait la vente de cette marchandise [2]. Le safranon ou carthame, le curcuma, la noix de galle et les substances tinctoriales exotiques se vendent dans divers okels qu'il serait trop long de désigner. Cette observation s'applique à d'autres marchandises.

Les peaux de chèvre maroquinées, teintes en jaune, noire ou rouge de *beqqem* ou bois colorant, se vendent 40, 60 ou 80 médins l'une; les peaux teintes en rouge de *doud* ou cochenille, 4, 5 et 6 pataques; les peaux de buffle et de vache, 300 à 380 parâts, préparées au Kaire; celles qui sont travaillées à Syout, 7 à 8 pataques. Les peaux de maroquin du Kaire se vendent tous les matins au marché dit *Souq el-A'sr;* les

[1] *Voyez* planche 26, *E. M.*, vol. I (n°. 173, K-6).

[2] *Voyez* planche 26, *E. M.*, vol. I (n°. 218, I-5).

peaux de maroquin de Barbarie, 8 à 10 piastres de 90 parâts.

Les pots en cuir fondu (*qest*) qui servent à mettre l'huile, le beurre et le miel, se vendent au Monâkhlyeh [1], près le Soukkâryeh, ainsi que les sacs en cuir; les autres à *Souq el-Qerab* [2], jour de *gouma'h*, jusqu'à midi.

Les babouches de Constantinople, beaucoup plus estimées que celles du pays, se vendent au *Khân el-Khalyly*.

La quantité de peaux de bœuf et de buffle que l'Égypte exporte est considérable; autrefois elle était de plus de soixante mille peaux, sans parler des moutons dont il se fait une immense consommation pendant les fêtes du Beyrâm. En énumérant les classes qui formaient le peuple d'Égypte, Hérodote fait une classe particulière des seuls bouviers; c'était surtout dans la basse Égypte qu'ils faisaient paître leurs innombrables troupeaux : aujourd'hui cette distinction n'est pas encore tout-à-fait abolie.

Le marché des colliers et des chaînes d'argent est à Souq el-Gouhargyeh [3].

### *Marchandises d'Europe.*

C'est dans le Khân el-Khalyly et le Khân el-Hamzâoueh que se vendent les draps d'Europe. Ce sont principalement des draps de nos fabriques du Midi (les draps plus légers), et les sayes de Venise, étoffe très-épaisse et servant pour les pantalons des Mam-

[1] Planche 26 (n°. 258, M-6).

[2] *Ibid.* (n°. 220, Q-13).

[3] *Voyez* planche 26, *E. M.*, vol I (n°. 246, I-6).

louks : leur ampleur et leur épaisseur amortissent le coup des armes tranchantes; mais leur poids est tel, que le cavalier démonté a beaucoup de peine à se mouvoir.

### III°. OBJETS ÉCONOMIQUES.

---

### *Marchandises diverses.*

La chaux fabriquée au Kaire se vend 35 à 40 parâts chaque qantâr, produit, comme on l'a dit, avec trois bottes de bouz $\frac{4}{10}$, qui se paient 10 parâts l'une. Le prix du plâtre est plus considérable.

Le bois indigène pour la charpente et la menuiserie, non débité, se vend 150 parâts le hamleh, ou charge de chameau pesant cent soixante *rotl;* c'est presque toujours du nabq. Le bois débité se vend 200 à 220 parâts. On sait que l'Égypte est privée de bois, et est obligée de tirer de l'étranger la plus grande partie de ce produit. Plusieurs okels sont consacrés à la vente des bois de construction [1]. Le bois à brûler vient de la Syrie et de la Caramanie en grande partie. Il se vend au poids.

C'est dans Bâb el-Cha'ryeh que se débitent les poteries et faïences communes du pays. Les fourneaux de pipes et les produits en terre cuite, les poteries d'Europe et les porcelaines se vendent dans le Mousky. Il serait inutile de parler du prix de ces marchandises. Quant aux bardaques ou vases réfrigérans, faits avec l'argile

[1] Planche 26, *E. M.*, vol. I (n°. 134, E-10, et les marchés n°. 50 et n°. 228, v$^{e}$ section).

de Deyr el-Tyn, suivant un procédé connu, leur usage est si commun et si nécessaire, qu'on en fabrique une quantité immense, et qu'on peut en avoir deux pour un parât. C'est le luxe du pauvre. On peut consulter, dans l'ouvrage, la collection des vases de cette espèce, et de toutes les poteries égyptiennes en général recueillies par M. Redouté [1].

Cette collection curieuse mériterait une description particulière à cause de l'intérêt qu'elle présente sous le rapport des formes, et surtout à cause des rapports qui existent entre les formes antiques et celles des vases modernes. Mais l'aspect des figures suffira pour cet objet : nous rapporterons seulement ici les noms recueillis avec soin, en français et en arabe, tant au Kaire qu'en d'autres villes de l'Égypte, ainsi que les usages auxquels ces vases sont destinés.

Voici l'indication des figures qui les représentent dans les planches, classées par espèce : 1°. *Barâdyeh* (بَرادية), pl. EE, *E. M.*, fig. 2, 5, 6, 7, 23. Ces vases servent principalement à conserver l'eau-de-vie, le vinaigre et autres liquides; les Arabes se servent de la figure n°. 2 comme de baril à poudre. — 2°. *Zela'h, Zyr* (زلعة, زير), pl. EE, fig. 4, 10, 12, 17. Ce sont les jarres ou grands vases à conserver l'eau; au-dessous des *zyr*, qui sont d'une forme ovoïde, se place un petit vase appelé *bourmeh* (بُرمة). On donne le nom particulier de *Denn* (دَنّ) à la jarre qui sert à la fabrication de l'indigo, fig. 17. *Zyr Tabâchyr* (زير طباشير), fig. 11,

[1] *Voyez* planches EE, FF, *État moderne*, volume II.

est une jarre très-volumineuse, sur le corps de laquelle on place des *goulleh* à plusieurs étages. — 3°. *Qâdous* ou *Qâdouz* (قادوس), pl. EE, fig. 3, 9, 20. Ces vases servent pour les roues à chapelets. — 4°. *Goutâryeh* (جوتاريه), pl. EE, fig. 18. On se sert de ces vases dans la haute Égypte pour faire nicher les pigeons. — 5°. *Ghattah* (غطه), pl. EE, fig. 22. Alambic pour distiller l'eau-de-vie. — 6°. *Qoum'* (قمع), pl. EE, fig. 24. Cette espèce de vase sert de moule à sucre. — 7°. *Malamm* (ملم), pl. EE, fig. 8. Vase de forme sphérique avec deux très-petites anses. — 8°. *Gabb* (جب), pl. EE, fig. 15. Ce vase sert à puiser de l'eau. — 9°. *Ballâs* (بلاص), pl. EE, fig. 21. Sorte de jarre qui se fabrique dans le Sa'yd, où l'on met l'huile et d'autres liquides; on en fait de grands radeaux semblables à nos trains de bois. — 10°. *Qedreh* (قدره), pl. EE, fig. 19. Pot au lait. — 11°. *Mashan* (مصحن), pl. EE, fig. 16. Espèce de mortier à piler. — 12°. *Mâgour* (ماجور), pl. EE, fig. 13. Vase qui remplit en Égypte l'office de baquet; il sert à laver le linge. — 13°. *Zebdyeh* (زبديه), pl. EE, fig. 8. Espèce de terrine. — 14°. *Qoulleh* (قله), pl. FF, fig. 1, 4, 6, 8, 9, 10, 12, 16, 17. Vases dont l'usage est le plus répandu en Égypte, et qui servent à faire rafraîchir l'eau; on les appelle du nom générique de *bardaq*. — 15°. *Doraq* (دورق), pl. FF, fig. 2, 3, 5, 7, 11, 13, 14, 15, 23, 24, 25, 26. Vases pour le même usage. — 16°. *Ebryq* (ابريق), pl. FF, fig. 21, 22, 27. Nom qui s'applique ordinairement aux aiguières; ces deux derniers vases sont surnommés *ebryq el-faqyr* (ابريق الفقير), *ebryq du pauvre.* — 17°. *Kouz* (كوز), pl. FF, fig. 18, 19. Autres espèces de vases. — 18°. *Boukleh* (بُكلة), pl. FF, fig. 20. Autre vase commun.

La verrerie égyptienne est, comme on l'a dit, encore dans l'enfance. C'est d'Europe que le pays tire tous les cristaux et verres communs, les verroteries qui servent aux colliers des femmes de la campagne, et presque tous les produits en verre, à l'exception des bouteilles communes, des godets pour lampes, des ballons pour la fumigation du sel ammoniac, et de quelques autres articles de peu d'importance qui se font en Égypte.

C'est dans le quartier du Nahhâsyn, devant le Mouristân, que se tiennent les marchands d'objets en cuivre, de cafetières, aiguières, marmites et bassines; les cafetières et autres chaudronneries de Constantinople, se vendent dans Khân el-Nahâs, et dans plusieurs autres endroits [1]. Les colliers et chaînes d'argent se vendent dans Souq el-Goubargyeh, marché destiné à ce commerce.

Toutes les matières métalliques qui se vendent au Kaire, l'or, l'argent, le fer, le cuivre, le plomb, l'étain, le mercure, etc., viennent de l'étranger, principalement de Venise et de Trieste. Le premier de ces métaux se vend principalement dans l'okel el-Gellâbeh, où les caravanes d'Afrique apportent la poudre d'or et les autres productions du Soudan. On n'a pu découvrir encore dans le pays aucune mine productive; le cuivre

[1] *Voyez* planche 26, *E. M.*, vol. I (n°s. 229 et 205, I-5; n°. 45, I-6, et n°. 28, M-8).

seul était exploité, il y a peu d'années, au mont Baram, à la hauteur de Syène; aussi l'Égypte est-elle à la merci des marchés étrangers pour les métaux les plus nécessaires à l'usage domestique et à l'agriculture. Le manque de bois et de fer sera toujours pour ce pays une cause d'infériorité, et personne n'a encore expliqué comment l'ancienne Égypte a pu se suffire à elle-même sous ce rapport, pendant tant de siècles.

Les Qobtes et les Juifs travaillent assez bien l'or et l'argent pour en faire des garnitures d'armes, des colliers et des bijoux : on a une fort belle garniture de sabre, en argent doré, pour 35 piastres, dans laquelle somme il entre 15 piastres de fond, 4 sequins de Venise, et 8 piastres de façon.

Le marché appelé *Souq el-Selâh*, ou *Marché aux Armes*, se tient tous les matins près de la mosquée de Soultân-Hasan, hors le khamys et le tâny, jours auxquels il se tient au Khân el-Khalyly; c'est un des plus fréquentés : on y vend, outre les armes du pays, sabres, masses, poignards, etc., les armes d'Europe, fusils, pistolets, etc. C'est là que les Arabes s'approvisionnent de carabines, et les achètent avec l'argent des voyageurs qu'ils ont souvent assassinés la veille.

Les nattes de jonc, de 9 *pyk* de longueur sur 3 1/2, se vendent 15 parâts le pyk. La natte double, revient à 6 piastres de 150 parâts. Les joncs avec lesquels on les confectionne se vendent 10, 12 et 14 piastres la charge de chameau, ou hamleh, apportée d'Hélouân, près de Torrâh. Les nattes de prix, pour l'usage des Mamlouks, se payaient 5 piastres la demi-natte.

Les meules en grès rouge tirées de Gebel Ahmar près du Moqatam, et taillées dans le Gabrouneh, près de Bâb el-Hadyd, se vendent dans Okâlt el-Lymoun [1].

Le sel ammoniaque se vend 60 parâts le rotl chez les droguistes; il en est de même du natroun, de l'alun, du soufre, du borax et du vitriol.

Le fil-de-fer, le laiton en fil et en plaque, se vendent dans le Bendouqanyeh [2]; le clinquant dans el-Terbya'h [3]; les cordes, ceintures, gibernes, sangles, sacs, etc., dans el-Emchâtyeh [4]; les paniers dans l'okel el-Mechannat; les tentes et les filets dans el-Kheyâmyeh [5]. Une tente suffisante pour quatre personnes coûte 7 à 8 piastres : il y en a du prix de 40 à 50 piastres. On vend aussi dans el-Terbya'h l'eau de rose qui coûte de 30 à 50 parâts la bouteille, et jusqu'à 80 celle du Fayoum. L'essence de rose se vend au poids : on sait qu'elle reste gelée en hiver. Une mesure qui fait un darhem 1/2 se vend 6 piastres de 150 parâts ou 4 piastres le darhem, et ne forme qu'un très-petit flacon plat.

Les quincailleries et articles analogues se vendent dans le Khourdagyeh [6] et dans el-Echrofyeh, tels que miroirs, objets pour l'usage domestique, sacs, soufflets, le papier et aussi les différentes sortes de tabac, les savons et marchandises de Syrie, les cafas ou paniers en geryd, les châssis pour les lampes, les couffes, etc.

[1] *Voyez* planche 26, *E. M.*, vol. I (nº. 339, D-13).

[2] *Ibid.* (nº. 30, K-6).

[3] *Ibid.* (nº. 26, K-6).

[4] *Ibid.* (nº. 312, G-6).

[5] *Ibid.* (nº. 112, P-7).

[6] *Ibid.* (nºs. 237, 235 et 229, I-6; nº. 254, H-5; nº. 185, K-5; nºs. 348 et 349, F-5; nº. 323, G-5; nº. 24, M-9; nº. 303, L-6). Un des lieux où se vendent les quincailleries se nomme el-Chaouâdeh.

Le tabac ordinaire se vend 50 parâts le rotl : pour 2 pataques on a du tabac de très-bonne qualité. Le plus recherché est celui de Latakyeh, qui se vend, le meilleur, 70 parâts le rotl. Cet article est l'objet d'un commerce considérable [1].

Les tuyaux de pipes de 8 à 9 *fetr* de long, en noisetier, cerisier, lilas ou jasmin, coûtent 60 à 80 pataques : le fetr est le tiers du pyk belady (19 centimètres et 1/4); les tuyaux de 10 *fetr* coûtent 100 pataques. C'est un commerce assez considérable qui se fait dans le Choubouqgyeh, près le Nahhâsyn.

Le Kouṭbyeh [2] est le quartier des relieurs, des fabricans de couvertures de livres et des colleurs de carton; ces hommes vendent aussi les manuscrits, et il n'y a pas d'autres libraires qu'eux dans le Kaire : on y trouve parfois, presque pour rien, des ouvrages rares et précieux que, dans les bibliothèques d'Europe, on serait heureux de pouvoir se procurer.

Le charbon d'acacia et de tamarix se vend 3 à 3 1/2 pataques le qantâr; on en fait aussi avec le nabq et le lebbek, qui se vend 320 médins [3].

Le mille d'écailles de nacre de perle se vend 80 pataques ou 7200 médins dans l'okel el-A'gâtyeh [4]. Une belle écaille de 7 pouces coûte de 10 à 15 médins. Les colliers de corail et autres ouvrages en même matière, les colliers en ambre vrai ou faux, les meu-

[1] *Voyez* planche 26, *E. M*, vol 1 (n°. 329, G-5; n°. 350, F-5; n°. 323, G-5; n°s. 311 et 312, G-6; n°s. 208, 239 et 238, I-6).

[2] *Ibid.* (n°. 185, K-5).

[3] *Voyez* pl. 26 (n°. 288, L-13, et n°. 12, K-10).

[4] *Ibid.* (n°. 254, G-8, et n°. 166, G-7).

bles en nacre, etc., se vendent dans l'okel el-Mourgân et dans d'autres okels du même quartier [1].

Les tamis de soie et de crin se vendent dans el-Monâkhlyeh. Les tamis de soie rouge, fabriqués avec une soie légère confectionnée au Kaire, se vendent 13, 15 et 16 parâts.

Les tapis étrangers se débitent dans Khân el-Boust [2]; les couvertures, coussins, tapis, ainsi que meubles, glaces, fauteuils, etc., se vendent dans Okâlt el-Gabouch. Les vieux cotons, coussins, laines, etc., dans Matti'yn [3].

La cire est travaillée en bougie par les Qobtes et se vend 50 à 60 parâts le rotl dans Ma'mal el-Chama' [4]; la chandelle coûte 15 parâts; on tire la cire de la Syrie et de la Barbarie. L'Égypte pourrait cependant suffire, sous ce rapport, à tous ses besoins.

Enfin les différentes marchandises franques ou d'Europe se vendent dans le Mousky et les rues environnantes; c'est le point le plus populeux de la ville du Kaire [5].

Il existe deux marchés pour les marchands de vieilles étoffes et friperies, *el-dallâlyn;* l'un, près de Souq el-Moyed, se tient tous les matins; l'autre à Khân el-Khalyly, le deuxième et le cinquième jour de la semaine.

Le grand marché aux chevaux, ânes, mulets et chameaux, se tient dans la place de Roumeyleh : plusieurs

[1] *Voyez* pl. 26, vol. I (n°. 350, F-5; n°. 171, K-6; n°. 172, K-6).

[2] *Ibid.* (n°. 219, I-5).

[3] *Ibid.* (n°. 301, L-6). Cet okel porte aussi le nom de el-Matti'yn

[4] *Voyez* planche 26 (n°. 388, D-5).

[5] *Ibid.* (n°. 230, I-9, 8).

marchés sont spécialement consacrés à la vente des ânes, *souq el-hemyr*, principalement celui qui se tient tous les jours à trois heures après midi : un autre se tient le jour el-gouma'h seulement [1]. Ces animaux se vendent depuis 6 piastres jusqu'à 35, 40 [2]. Il a été question ailleurs, de la beauté, de la force et des excellentes qualités des ânes d'Égypte ; c'est une race qu'il serait très-désirable et non moins facile d'introduire en France.

Les esclaves noirs se vendent dans la cour d'Okâlt el-Gellâbeh, où ils sont exposés tout nus, filles et garçons pêle-mêle ; les femmes blanches se vendent dans Okâlt Kouchouk et dans Khân Ga'far : leur prix est de 400 à 600 piastres de 90 médins et jusqu'à 1000 piastres.

C'est dans le même okel des Gellâbeh que se vendent les autres produits apportés par les caravanes d'Afrique : les civettes, les perruches, les *kourbâg*, faites avec la peau de l'hippopotame roulée, le tamarin, les plumes d'autruche (blanches et noires) à 360 parâts le rotl des communes ; les dents d'éléphant à 90 parâts le même poids, les cornes de rhinocéros qui servent aux poignées de sabre ; du musc, de l'ébène, du chechmeh, de la gomme arabique et de grandes outres en cuir de chameau.

---

Le premier négociant du Kaire, Seyd-Ahmed el-Mahrouqy, a sa maison près d'el-Ghoury ; il préside

[1] *Voyez* pl. 26, O-13, à côté du n°. 292.

[2] *Voyez* pl. 26, *E. M.*, vol. I (n°. 228, M-12). Maison près de laquelle se tient un marché dit *Souq el-Hemyr*.

un tribunal de commerce : ses relations commerciales sont immenses.

Les changeurs, *serrâf*, sont tous juifs; ils sont réunis dans un même quartier. Les monnoies d'or et d'argent s'échangent dans plusieurs okels. L'endroit le plus fréquenté pour cet objet est Okâlt el-Moulleh ou el-Moqâsys [1].

La bourse se tient à Khân el-Hamzâoueh.

Ce serait ici le lieu de parler des monnoies usitées au Kaire, mais il suffit de renvoyer au mémoire de M. Samuel Bernard. Quant aux mesures de poids, de longueur ou de capacité employées par le commerce ou par les arts, je me bornerai à peu de mots. Le qantâr est le quintal d'Égypte; il équivaut ordinairement à 100 *rotl*, chacun du poids de 14 onces 4 gros 27 grains: c'est plus que la livre de Marseille [2]. Le rotl n'est pas un poids constant : le rotl de savon est plus fort qu'un rotl de sel ammoniac, etc. Le rotl commun est de 144 dragmes, et le grand rotl, de 1/6 en sus; mais la dragme est fixe et correspond à 58 grains 5/6, poids de marc. Pour l'or et les pierres fines, on se sert du mitqâl, qui fait une dragme 1/2 ou 24 karats, chacun de 4 grains. L'okke est de 400 dragmes.

La coudée la plus en usage pour l'aunage des étoffes est le *pyk* ou *dera'h belady*, c'est-à-dire coudée du pays, longue de 577 millimètres 1/2, ainsi que je l'ai expliqué ci-dessus. La coudée de Constantinople ou le pyk stam-

[1] *Voy*. pl. 26, *E.M*, vol. I (n°. 44, I-7; n°. 43, I-6, et aux environs).

[2] *Voyez*, dans l'*Annuaire du Kaire*, ans VII, VIII et IX, les déterminations faites par M. Costaz, membre de l'Institut d'Égypte.

bouly sert à mesurer les étoffes qui viennent de Turquie et d'autres étoffes étrangères : elle a environ un décimètre de plus. Le pyk *hendazeh* est intermédiaire entre ces deux mesures, et sert spécialement aux étoffes de l'Inde; sa mesure est de 627 millimètres. Les habitans ont coutume de se servir de leurs mains comme d'une mesure. En écartant le pouce de l'index, et la main étendue, ils produisent un *fetr,* qui est le tiers du pyk belady, comme on l'a vu plus haut. La distance du pouce à l'auriculaire forme le *chebr,* qui est le tiers du pyk stambouly, plus exactement dans le rapport de 1 à 2 $\frac{11}{12}$. Ces mesures se retrouvent dans l'ancien système métrique égyptien : le *fetr* répond à l'*orthodoron* de 10 doigts, le *chebr* à la *spithame* ou demi-coudée antique de douze doigts. Les maçons se servent d'une mesure particulière du nom de *qirât* et qui est égale à un pyk belady et un tiers[1]. Le qasab, long de 6 *pyk* et $\frac{2}{3}$, ne sert que pour les mesures agraires. L'ardeb est la principale mesure de capacité en usage pour les grains et les autres substances et denrées sèches. L'ardeb du Kaire est plus petit que ceux de Rosette et de Damiette; son volume équivaut à 184 litres, selon M. Girard, et se partage en 24 *rob' : 4 rob'* font un ouehbah, mesure qui a, selon la mesure de Niebuhr en pieds danois, pour le diamètre du haut, 11 pouces 7/16; pour celui du fond, 17 pouces 1/8, et pour la hauteur, 8 pouces : 4 *moudd* font un rob'.

La police des marchands est confiée à un aghâ, qui

[1] *Voyez* pour ces mesures et les suivantes l'*Exposition du système métr. des Égypt.*, tom. VII.

exerce avec rigueur les devoirs de son ministère. On sait que les détaillans surpris à vendre à faux poids sont jugés sommairement par cet officier, et que le jugement est exécuté à la minute. A peine la marchandise est-elle pesée, que le coupable est renversé à terre et bâtonné sur la place; pendant l'opération, l'aghâ passe à un autre, qui est expédié avec la même célérité. Mais vendre à fausses mesures ou à faux poids, n'est pas le seul motif de punition, j'ai vu un pauvre marchand de pastèques frappé de 150 coups de bâton sous la plante des pieds, pour avoir vendu 5 parâts une pastèque qu'il ne fallait vendre que 3. L'aghâ abuse beaucoup de son autorité, et l'on entend souvent murmurer les habitans, révoltés de ces exécutions arbitraires.

Les marchands étrangers logent dans des maisons qu'on appelle *soukkân* et *menzal* : ce sont les auberges du pays; mais ils habitent principalement dans les okels, sorte de bâtimens très-commodes pour cette destination. On n'en a pas donné le plan dans la collection des édifices du Kaire, parce qu'ils sont représentés en plan, coupe et élévation, dans une planche comparative de l'ouvrage, où les okels d'Alexandrie, de Damiette et de Rosette sont rassemblés. Rien n'est mieux conçu que la distribution des okels; chaque marchand a ses magasins et son appartement séparés, tout est sous une seule clef, et confié à la garde des *Baouâb*, ou portiers, ordinairement à des *Barâbrah*, hommes connus pour leur fidélité. Sur les quatre côtés de la cour règne une galerie-péristyle donnant entrée aux divers magasins; au-dessus de chacun, sont deux étages d'appartemens, et un grand balcon tout autour. Enfin un couloir ou galerie sert à isoler par derrière les magasins de la voie publique, et ajoute à la sûreté de ces établissemens : je les regarde, sous ces divers rapports, comme des modèles. Je me bornerai à indiquer quelques grands okels servant de logement : dans la VIIe section, celui de Rokhbân, pour les marchands grecs; Okâlt el-Toufâh, pour les marchands de Syrie; Okâlt el-Bekyr Chorbagy, pour les marchands turks; Okâlt el-Gellâbeh, pour les nègres; dans la VIIIe section, Okâlt Khalyl-Effendy, Okâlt el-Moghârbeh, Okâlt el- Magâouryn, Okâlt el-Beyreqdâr, habités par des marchands moghrebins, ainsi que les okels el-E'chouby et el-Mâouardy servant d'auberges pour les mêmes négocians.

### *Marchés du Kaire.*

Le nombre des marchés publics dont j'ai eu connaissance en parcourant la ville, est d'environ quatre-vingts, non compris les *Khân*, parmi lesquels on en distingue cinquante-six principaux indiqués ci-dessus chapitre Ier; les voici par ordre alphabétique, avec leur emplacement dans la ville :

| NOMS DES *SOUQ*. | PLAN DU KAIRE. | | |
|---|---|---|---|
| | SECTIONS. | NUMÉROS. | CARREAUX. |
| Souq-Allâleh | III. | 115. | T—12. |
| — A'qàdyn el-Belady | VII. | 173. | K—6. |
| — el-A'sr, qui se tient à trois heures après midi | I. | 169. | N—9. |
| — *Idem* | VII. | 345. | F—5. |
| — el-A'sfour | I. | 156. | O-8,9. |
| — el-A'ttâryn, marché des épiciers-droguistes | VIII. | 302. | L—6. |
| — el-Azhar | VII. | 148. | K—5. |
| — Bâb el-Fotouh | V. | 380. | D—5. |
| — Bâb el-Kharq | IV. | 14. | N—10. |
| — el-Bâchâ | Citadelle. | 53. | T,U-3. |
| — el-Balah | V. | 344. | B—5. |
| — el-Baqar | VI. | 148. | D—10. |
| — el-Barrâny | Citadelle. | 58. | T—3. |
| — el-Barsym | IV. | 123. | M—15. |
| — Bâtlyeh | VIII. | 117. | L—4. |
| — el-Bekry | VI. | 243. | K—12. |
| — el-Charm | VIII. | 307. | K—6. |
| — el-Dallâlyn, marché de fripiers | VII. | 399. | B—5. |
| — *Idem* | VII. | 241. | I—6. |
| — el-Dayak | V. | 352. | D,E-5,6. |
| — el-E'zzy | VIII. | 143. | P,Q-5,6. |
| — Ferâkh, marché à la volaille. | II. | 76. | U—6. |
| — el-Gamâlyeh | VII. | 289. | G,H-5. |
| — Ga'ydyeh | VII. | 94. | H—4. |
| — Gelleh, marché de mottes à brûler | III. | 206. | Q—12. |
| — el-Ghanam, des moutons | II. | 100. | V—7. |
| — el-Ghoury | VII. | 173. | K—6. |
| — el-Gouhargyeh | VII. | 246. | I—6. |

| NOMS DES *SOUQ.* | PLAN DU KAIRE. | | |
|---|---|---|---|
| | SECTIONS. | NUMÉROS. | CARREAUX. |
| Souq-el-Haddâdyn, marché des forgerons | V. | 95. | E,F-6. |
| — el-Hammâm | VI. | 60. | F—9. |
| — el-Hatâb, marché au bois à brûler | Citadelle | 28. | S—2. |
| — el-Hemyr, marché aux ânes | III. | 273. | P—13. |
| — *Idem* | VI. | 286. | L—13. |
| — el-Kebyr | III. | 96. | U—12. |
| — el-Khachab, marché au bois de construction | V. | 50. | I—7. |
| — *Idem* | VI. | 134. | E—10. |
| — *Idem* | V. | 228. | I—8. |
| — el Kharrâtyn, marché des tourneurs | VII. | 190. | K—6 |
| — el-Khorouzâtyeh | VII. | 171. | K—6. |
| — el-Khodâryeh, marché aux herbes | II. | 101. | V—7. |
| — Khorounfech | VII. | 310. | G,H-6. |
| — el-Lymoun | VII. | 402. | E—6. |
| — el-Matrabâzyeh | Citadelle. | 52. | T—3. |
| — el-Meskeh | III. | 127-128. | Q,R-11. |
| — el-Moyed | VIII. | 299. | L—6. |
| — el-Moghârbeh, marché des moghrebins | II. | 144. | V—8. |
| — el-Mousky | V. | 230. | I-9,8. |
| — el-Nahhâsyn, marché des chaudronniers | VII. | 276. | H—6. |
| — el-Qerab, marché aux outres | III. | 220. | Q—13. |
| — Qouâdys | IV. | 62. | M—11. |
| — Qourdy | V. | 347. | A—5. |
| — Sabbâa'yn | III. | 132. | Q—11. |
| — Salybeh | II. | 218. | T—7. |
| — el-Samak, marché aux poissons | II. | 120. | T—7. |
| — *Idem* | III. | 137. | Q—11. |
| — *Idem* | V. | 130. | I—7. |
| — *Idem* | VI. | 129. | F—11. |
| — Saramâtych, cordonniers | VII. | 245. | I—6. |
| — *Idem* | VII. | 398. | C—5. |
| — el-Selâh | I. | 20. | R—6. |
| — el-Soghayr | III. | 39. | S—10. |
| — *Idem* | Citadelle. | 27. | S—2. |
| — Solymânyeh | V. | 283. | E,F-8. |
| — Tabbâneh | VIII. | 170. | O—5. |
| — Zalat | VI. | 140. | E—10. |
| — *Idem* | V. | 450. | E—10. |

| NOMS DES *SOUQ*. | PLAN DU KAIRE. | | |
|---|---|---|---|
| | SECTIONS. | NUMÉROS. | CARREAUX. |
| *Autres marchés.* | | | |
| Marché très-populeux.......... | VI. | 256. | F—12. |
| Marché.................. | VII. | 21. | I—3. |
| *Idem*.................. | VIII. | 206. | M—5. |
| *Idem*.................. | II. | 23. | X—4. |
| *Idem*.................. | II. | 128. | T—6. |
| *Idem*.................. | V. | 146. | H—7. |
| *Idem*.................. | VII. | 21. | I—3. |
| *Idem* aux herbes.............. | VII. | 366. | E—6. |
| Marché de beurre et de fromage.. | V. | 14. | L—9. |
| Marché de ferblanterie (*semkary*). | IV. | 22. | M—9. |
| Halles.................. | II. | 79. | U—6. |
| Marché des esclaves noirs des deux sexes (dans Okâlt el-Gellâbeh). . | VII. | 191. | K—6. |
| Marché des femmes blanches (dans Okâlt-Kouchouk............ | VII. | 223. | I—5. |
| et Khân Ga'far)............ | VII. | 226. | H,I-5. |

*Liste des principaux Khân (bazars ou foires perpétuelles).*

| NOMS DES *KHÂN*. | PLAN DU KAIRE. | | |
|---|---|---|---|
| | SECTIONS. | NUMÉROS. | CARREAUX. |
| Khân el-Hamzâoueh............ | V. | 27. | K—7. |
| — el-Fasqyeh.......... | V. | 28. | K—6. |
| — el-Soukkar.......... | VII. | 203. | I—5. |
| — el-Qahoueh.......... | VII. | 204. | I—5. |
| — el-Sibyl.......... | VII. | 208. | I—6. |
| — el-Khalyly.......... | VII. | 209. | I-5,6. |
| — el-Henneh.......... | VII. | 218. | I—5. |
| — el-Boust.......... | VII. | 219. | I—5. |
| — el-Leben.......... | VII. | 242. | I—6. |
| — *Idem*.......... | VII. | 401. | D—5. |
| — el-Nahâs.......... | VII. | 229. | I—5. |
| — A'qâch el-Koubârah...... | V. | 53. | H—6. |

Le Khân el-Khalyly est un emplacement composé de plusieurs rues dans une enceinte, garnies de fort belles boutiques appartenant à de riches marchands : on y vend des étoffes de soie, des schâls, des draps, des marchandises d'Europe et de Constantinople.

Il serait trop long de donner la liste des okels du Kaire. Outre les deux cents okels qu'on trouvera dans l'index général des noms de lieux (*voyez* ci-dessus chap. II), il existe un très-grand nombre d'autres maisons destinées au commerce, et comprises dans cette liste, mais qui ne sont pas précédées du mot *okâlt*. Le nombre total est de douze à treize cents.

## §. VII. *Remarques historiques sur plusieurs localités.*

La fondation du Kaire date de l'an 970 (360 de l'hégire). Cette ville fut bâtie par el-Mo'ezz le-dyn-allah, prince Fatémite, et prit le nom d'*el-Qâhirah* القاهرة, ou *la Victorieuse*, soit à cause des victoires du khalyfe, soit à cause de la planète de Mars (el-Qâher), sous l'aspect de laquelle on en jeta les fondemens. Elle succédait à Fostât ; c'est plus de deux siècles après que le fameux Saladin, le premier des sultans Ayoubites, bâtit la citadelle et la fit enceindre de murs [1] : tel est le récit d'A'bd el-Rachyd el-Bakouy [2].

Selon el-Macin, c'est en 358 (968) que Qâyd Gouhar, général ou vizir d'el-Mo'ezz, qui avait enlevé l'Égypte aux Abbassides, jeta les fondemens du Kaire au nom

[1] On croit que l'enceinte de Saladin est la muraille intérieure qui subsiste encore dans la partie nord de la ville : elle est plus haute et plus forte que l'enceinte extérieure actuelle.

[2] Voyez la *Décade égyptienne*, tom. III, pag. 170 et suiv.

de ce prince; c'était au moment de l'ascension de Mars, d'où lui est venu son nom. Enfin, selon Abou-l-fedâ (*Description de l'Egypte*), ce fut en 359 (969) qu'el-Mo'ezz fit bâtir le Kaire[1]. Beaucoup plus tard, c'est-à-dire après l'incendie de Fostât, cette ville prit le nom de *Mesr*, comme capitale de l'Égypte.

Si nous en croyons l'auteur de l'ouvrage arabe manuscrit que nous avons cité au §. II, ce fut un sentiment de jalousie contre les Abbassides qui décida le khalyfe Mo'ezz le-dyn-allah à bâtir le Kaire. Ils avaient élevé la ville de Baghdâd et y avaient prodigué la magnificence; le Fatémite voulut l'effacer par la splendeur de sa nouvelle ville, et fit construire par le même motif la superbe mosquée el-Azhar, pour rivaliser avec les plus grands édifices de Baghdâd. Son vizir Gouhar jeta les premiers fondemens de la ville, et construisit le bâtiment appelé *el-Qasreyn, les deux Palais,* dont j'ai retrouvé et indiqué plus haut la localité. Comme il bâtit aussi la mosquée el-Hakim, on voit combien fut étendu, dès l'origine, l'emplacement de la ville du Kaire; car le quartier de Touloun et celui d'el-Hakim sont encore presque aux deux extrémités sud et nord de la ville.

On commença à bâtir le quartier au nord de Fostât, occupé aujourd'hui par la mosquée de Touloun. Le personnage connu sous le nom d'*Ahmed ben-Touloun* était gouverneur vers l'an 254 (868). Il avait lui-même construit en cet endroit un palais et un faubourg, qu'il nomma *el-Qâtaya'* ou *Aqatâya'* (des fiefs

[1] *Voyez* plus bas.

ou apanages)[1]. Cependant quelques-uns prétendent que son palais était au pied du château actuel, dans l'emplacement d'el-Roumeyleh. L'histoire ne fait pas bien connaître les agrandissemens successifs du Kaire; mais comme, dans le §. II, nous avons rapporté l'époque de l'érection d'un grand nombre d'édifices, et qu'à mesure qu'on élevait des mosquées ou d'autres monumens, les habitations se bâtissaient aux alentours, on a le moyen, en comparant le plan du Kaire à ces renseignemens, de connaître quelle est la date approchée de la construction des différens quartiers.

Le bourg el-Gyouchy ou el-dyn Gyouchy, à l'est, fut bâti environ cent trente ans après, entre 487 et 495 (1094-1101), par le vizir el-Afdal, fils de Bedr el-Gemâly, sous le khalyfe Abou-l-Qâsim Ahmed, surnommé *el-Mouste'ali b-illah*. Ce quartier extérieur était situé sur la partie inférieure du mont Moqatam. Voilà la limite orientale du Kaire.

Le château, comme on l'a dit plus haut, fut construit sous Saladin, vers l'an 570 (1174); le principal rempart qui environne le Kaire, le fut en 572 (1176), ainsi que le rempart (que nous n'avons plus retrouvé) dont faisait partie la porte dite Bâb el-Bahr, ou porte du Nil : voilà encore une limite du Kaire, celle du côté du couchant. C'est le vizir Boha el-dyn Qarâqouch qui fit exécuter tous ces grands travaux. Ainsi, depuis l'an 1176 jusqu'à nos jours, le Kaire n'a

[1] *Iqtâa'*, pluriel *aqtâ'at*, et *aqâtaya'*, اقطاع, اقطاعات, اقاطيع, c'est-à-dire *apanages*. — *Voyez* Mémoire de M. de Sacy, *sur le droit de propriété en Égypte*, tiré des Mém. de l'Ac. des inscr. et belles-lettres, p. 70, 132, 135, 142, 189.

pas eu d'accroissement notable, si ce n'est le prolongement du quartier el-Hasanyeh; en deux siècles, il avait acquis les mêmes limites qu'il a de nos jours. Mais, dans l'intervalle qui s'est écoulé, ce grand espace a été rempli par une foule de quartiers, de rues, de monumens et de jardins. Niebuhr[1] a déjà observé que, du temps de J. Léon, la partie en dehors de Bâb el-Nasr était regardée comme un faubourg extérieur à la ville, et même que ce qui est entre la porte intérieure, *Bâb el-Zoueyleh,* et le château, c'est-à-dire un huitième ou un dixième de la ville actuelle, était aussi compté comme un faubourg; le prince Radzivil, dans sa description du Kaire[2], a fait aussi cette dernière observation. Dans ce cas, on peut demander ce que sont devenus aujourd'hui les murs d'enceinte qui partaient de cette porte intérieure. El-Qarâfeh était autrefois un faubourg; il a été presque tout entier converti en cimetière. C'est là qu'est le tombeau du fameux imâm Cha'fey, comme je l'ai dit ailleurs : on sait qu'il fut le chef de la secte des Sunnites.

On ne communiquait pas facilement de la partie sud-ouest du Kaire à l'ancienne ville de Fostât ou le vieux Kaire, à cause du canal. C'est pour y remédier que le double pont appelé *el-Sebâa'* ou *des Lions* fut construit par le sultan Beybars, vers 669 (1270), prince

[1] Niebuhr a donné un petit plan du Kaire, qui, vu les moyens qu'il avait à sa disposition, est aussi exact qu'il pouvait l'être : l'inspection seule du plan actuel explique assez combien l'exécution du sien a été pénible pour lui, et pleine de difficultés insurmontables, qui rehaussent le mérite de ce voyageur estimable.

[2] *Ierosolym. peregrinat. princ. Radzivil.*

Mamlouk qui se signala par la construction de plusieurs canaux et par un grand nombre de travaux utiles.

Un plan du Kaire très-ancien, qu'on croit gravé en 1593, m'a paru assez curieux pour être cité ici; il porte ce titre : LE GRAND CAIRÉ, *Cairus quæ olim Babylon, Ægypti maxima urbs.* C'est une perspective cavalière, longue d'environ un demi-mètre, dont le champ s'étend depuis les Pyramides jusqu'à l'obélisque d'Héliopolis. L'auteur a rapproché ainsi, du Kaire, ces monumens, afin de les comprendre sur une même feuille, sans avoir égard à l'échelle. Cependant la ville actuelle s'y reconnaît assez bien avec ses principales rues, sa grande place Ezbekyeh pleine d'eau, ses canaux, ses ponts, les portes el-Nasr et el-Fotouh, etc. Il en est de même de ses environs, Boulâq, le vieux Kaire, l'aquéduc, l'île de Roudah. Cette île porte le nom de *Cerbicum insula;* ce qu'il y a de remarquable, c'est qu'on a figuré la colonne nilométrique, non pas dans l'île de Roudah, mais dans une petite île plus au sud, correspondant à Gezyret-Terseh. La ville de Gyzeh n'existe pas sur ce plan. La grande île de Boulâq n'était pas encore formée. La plaine entre le Kaire et le Nil était alors plus couverte de constructions que lors de l'expédition française; le quartier el-Hasanyeh était déjà construit, et le palais du sultan Qansou el-Ghoury occupait l'angle nord-est de ce quartier : la gravure, quoique bien incorrecte, prouve qu'il était très-étendu et magnifique. Le *Morestan*, c'est-à-dire l'*hospital ou les pauvres sont hébergez, et est de tres-grand revenu* (c'est l'inscription que porte le plan), était au dehors et à l'est de la ville, non loin des tombeaux, dans la direction du mur d'enceinte qui renferme les portes de Nasr et de Fotouh; c'est un fait (si le tracé est exact pour le temps) dont je n'avais trouvé de traces nulle part. Depuis l'époque du plan, la ville du vieux Kaire s'est étendue au sud, car il ne présente aucune maison au-delà de l'aquéduc. Les exercices des Mamlouks n'avaient pas lieu alors au sud de la ville de Boulâq, par la raison que j'ai dite tout-à-l'heure; mais ils se faisaient dans une plaine située au nord de cette ville, et il paraît qu'un autre spectacle y attirait aussi les curieux, car la légende contient ces mots : *C'est ici qu'on court à la lice*. Au reste, ce plan présente encore d'autres singularités qui vaudraient la peine d'être mentionnées, si elles n'étaient étrangères au sujet; par exemple, l'existence des canelliers. En effet, sur la rive gauche du Nil, entre la montagne et le fleuve, on voit plusieurs arbres assez forts, dont la légende est ainsi conçue : *Icy sont les arbres produisant la canelle* [1].

Je terminerai cet article par quelques remarques succinctes sur divers endroits de la ville. On croit qu'Ebn-Younis, fameux astronome qui mourut l'an 399 de l'hégire (31 mai 1008), avait son observatoire non loin de la porte actuelle de Qarâfeh. C'est une tradition que l'on retrouve sur les lieux; mais selon le savant M. Caussin [2], l'observatoire était près de Birket el-Habech, lieu

[1] Quant aux crocodiles que le graveur a placés sur le bord du fleuve, on peut les regarder, je crois, comme un ornement. Pierre Belon, dans son curieux livre intitulé *Observ. de plusieurs singularités, etc.* (Paris, 1588, in-4°, page 264), rapporte qu'il a vu au Kaire plusieurs girafes dans le palais des sultans : il en fournit même une assez bonne figure, et lui donne le nom de *zurnapa*.

[2] *Voyez* les *Tables hakémites*, traduites par M. Caussin de Perceval.

qui fut depuis converti en jardin avec des bâtimens et correspondant à l'endroit appelé sur le plan *Birket Touloun*[1]. Ce savant prouve bien qu'un observatoire était établi avant el-Afdâl, fils de Bedr el-Gemaly, quoique Maqryzy dise que ce fut sous ce dernier que le lieu prit le nom d'observatoire, (c'est-à-dire plus de cent ans après la mort d'Ebn-Younis); il est vrai qu'el-Afdâl y fit établir une sphère armillaire d'une grandeur remarquable, c'était un grand cercle de dix coudées de diamètre, et qu'elle était placée au-dessus d'une mosquée dans le grand Qarâfeh, ou la mosquée de l'observatoire. Ce dernier endroit[2] est fort éloigné de Birket Touloun, la porte de Qarâfeh étant à 1300 mètres plus à l'est; mais il est élevé et convient aussi très-bien pour un observatoire; il ne serait donc pas impossible de concilier les deux opinions. Ebn-Younis aurait eu son observatoire près de Qarâfeh; et un observatoire aurait été élevé, un siècle après, auprès de Birket el-Habech ou el-Touloun, par el-Afdâl, parce qu'alors on abandonna celui de l'est pour un motif quelconque. Au reste, voici la situation que Maqryzy donne à l'édifice : « L'observatoire du Kaire est une hauteur qui domine au midi sur Birket el-Habech : du côté du levant, c'est une plaine; on y vient de Qarâfeh sans monter. On appelait autrefois cette hauteur *el-Joref*, ensuite on l'appela l'*Observatoire*, au-dessus de la mosquée des Éléphans. Le cercle n'ayant pu être élevé sur cette mosquée, on transporta l'observatoire à la mosquée el-Gyouchy; enfin, sous le visir el-Mamoun el-Batayi, on porta l'ins-

[1] *Voyez* pl. 26, *E. M.* vol. I (n° 238, V-10). [2] *Voyez* pl. 26, Y-4.

trument sur la porte Bâb el-Nasr. » Ainsi l'observatoire changea de place plusieurs fois.

A la partie du nord était une porte appelée *Bâb el-Sebâa'* ou *des Lions* [1]; c'est aussi le nom de la rue voisine, *Derb el-Sebâa'*. Cette localité tire son nom de deux lions qui sont sculptés sur les murs de la rue, auprès de la porte; la matière est un calcaire compacte, susceptible d'un assez beau poli, de la nature de la pierre de Qâou el-Kebyreh qu'on voit au temple d'Antæopolis, dans la haute Égypte. Ces lions ont été sculptés par ordre du sultan el-Dâher, le même qui a fait construire la grande mosquée de son nom placée hors de la ville, du côté du nord. Les gens du lieu débitent gravement que, dans une même nuit, Qâydaghâ enleva ces lions, les porta à sa maison, et les reporta à leur place.

La grande rue nommée *Del' el-Samak* ضلع السَّمَك, située près de Qantarat el-Gedyd [2], tire son nom, dit-on, de deux grands os de cétacés suspendus à un santon; ces mots signifient *côte de poisson* : nous ignorons qui les y a fait poser. On voit encore une vertèbre énorme de poisson, suspendue au dehors de la belle citerne Hasan-Kykhyeh [3]; le diamètre est d'un quart de mètre (9 pouces.)

A la porte de Moutouâlly, bâtie par le sultan de ce nom, j'ai remarqué aussi des boulets suspendus à des chaînes, et dont j'ignore aussi l'origine [4].

Ce qu'on nomme *Mastabet Fara'oun*, le siége de

[1] *Voyez* pl. 26, *E. M.* (n°. 349, B-5).

[2] *Ibidem* (n°. 27, O-9).

[3] *Voyez* N-10, vis-à-vis de Hârt Safyeh, n°. 43.

[4] *Ibid.* (n°. 250, M-6).

Pharaon, est une tourelle tronquée, élevée seulement de 5 mètres, et appliquée contre la muraille de la mosquée el-Gaouly, à l'ouest de celle de Touloun, dans la grande rue qui mène à la citadelle[1]. Cette tourelle faisait partie d'une ancienne construction très-élevée, bâtie sur un rocher et garnie de tours, Qala't el-Kabch, *le fort du Mouton*. C'est devant Gâma' el-Gaouly qu'était un beau sarcophage égyptien en granit noir, que les habitans appelaient *el-Hôd el-Marsoud*. Ismâ'yl-bey l'a fait transporter dans cet endroit; on débite à ce sujet des contes absurdes[2].

### §. VIII. *Observations sur plusieurs usages du Kaire.*

Les places publiques, au Kaire, rassemblent une foule d'oisifs et d'individus que des charlatans s'occupent à divertir, comme on le voit dans les villes d'Europe : on peut citer surtout la place de Roumeyleh qui est au pied du château, où se tient une foire perpétuelle. Les rochers saillans qui sont au milieu de la place servent d'appui aux boutiques ambulantes des petits marchands de tabac, de cannes à sucre, de vieux fer, etc. D'étroites habitations sont adossées contre la magnifique mosquée de Soultân-Hasan : à peine comprend-on que des humains puissent y séjourner, tant elles sont basses et petites; on les croirait plutôt destinées à des chiens, car ce sont des niches arrondies de 4 pieds de hauteur, construites en terre mêlée de quelques pierres, et ouvertes par le haut.

[1] *Voyez* pl. 26 (n°. 201, V-10).

[2] Le monument est gravé dans l'ouvrage, *A.*, vol. v, pl. 24, 25; aujourd'hui il est à Londres. *Voyez* l'explication des planches du v^e vol. d'*Antiq.* et le chap. xx des *Antiq.-Descr.*

Consultez l'*Appendice* pour d'autres détails sur les anciennes rues et portes de la ville.

Une famille entière vit dans ces trous de 6 pieds de diamètre; la misère et la saleté de ces gens font reculer de dégoût. C'est à peu près la même chose dans des masures de l'endroit qui cependant, au dehors, ont une assez bonne apparence : étant entré dans l'intérieur d'une de ces maisons, je fus saisi par une odeur infecte, et surpris de l'horrible malpropreté qui y régnait; les murs étaient tout noircis, ce qui provient de ce que ces gens allument du feu partout indifféremment; ils y encombrent différens animaux, et y vivent pêle-mêle avec eux. Ayant porté les yeux sur une terrasse à un troisième étage, toujours dans cette même place, je vis des volets s'ouvrir : quel fut mon étonnement, quand j'aperçus que ceux qui mettaient la tête à la fenêtre étaient des chèvres, des chiens et des moutons! Les habitans laissent pourir les ordures de ces animaux, et elles s'accumulent de plus en plus : c'est surtout une des causes qui font que bien des maisons du Kaire se détruisent promptement, et sont bientôt abandonnées sans qu'on pense à les réparer. Après cela, peut-on s'étonner que la peste ait un accès facile dans le Kaire et y fasse quelquefois de cruels ravages?

Dans cette même place, des chanteurs rassemblent en cercle la multitude et font entendre des instrumens à vent et à cordes. On voit des escamoteurs fort habiles jouer des gobelets avec adresse, et au moins autant de subtilité que les nôtres; ils font aussi d'autres tours que ces derniers ne font point dans nos places publiques, par exemple couper le nez à un enfant de manière à produire une illusion cruelle, au point qu'on recule involontairement quand l'enfant mutilé, et le visage sanglant, vient demander aux spectateurs quelques parâts pour l'assassin. Ces mêmes hommes font faire des tours à des singes dressés, et ils jouent avec des scorpions et des serpens avec une familiarité qui étonne au premier aspect. Pierre Belon avait remarqué de son temps la même chose au Kaire. Il parle beaucoup des *singeries et basteleries*, des charlatans qui *ont grande facilité d'apprendre des singeries à plusieurs sortes de bestes; et entre autres ils en apprennent les chevres, et les sellent, et mettent des singes à cheval dessus, et apprennent la chevre a faire bonds et ruer.... aussi apprennent à des asnes à contrefaire le mort;... ils ont de ces gros maimons que les anciens ont nommés* cynocéphales, *si sages et bien apprins qu'ils vont d'homme à homme qui regardent jouer le basteleur, et leur tendent la main, faisans signe qu'on y mette de l'argent, et l'argent qu'on leur baille, le portent à leur maître*[1]. Ce n'est donc pas à l'Europe que les Égyptiens ont emprunté ces usages.

J'ai parlé plus haut des cafés qui sont en si grand nombre dans le Kaire, vrai lieu de délices pour le pauvre; il y savoure à bon marché une liqueur indispensable pour lui, qui, livré à un travail accablant, sous une température qui énerve, ne peut réparer ses forces par des boissons fermentées. Des conteurs arabes débitent avec pompe et avec une éloquence populaire toute sorte de fables ou de contes merveilleux, que l'Égyptien écoute à la vingtième fois avec autant de plaisir qu'à la première. Plusieurs jeux occupent les oisifs des cafés : les échecs, les dames, le mangaleh. Mais ce qu'il aime par-dessus

[1] *Observations de plusieurs singularités*, etc., par P. Belon, du Mans, 1588, Paris, in-4°, p. 268.

tout, ce sont les ombres chinoises, qu'on représente principalement dans les cafés grecs pour amuser les Turks de Constantinople. Les sujets représentés seraient d'une platitude absolue, s'ils n'étaient encore plus révoltans par leur obscénité. Cependant de jeunes enfans entrent librement dans ces cafés pendant les représentations.

Les Égyptiens connaissent les feux d'artifice, et ils prennent aussi plaisir à ce divertissement. Celui qu'ils préfèrent à tous est l'exercice du geryd, ou l'art de lancer un bâton le plus loin possible, soit à pied, soit à cheval. L'usage de l'arc est passé des hommes aux femmes; celles-ci s'en amusent dans l'intérieur des harems[1]. Un des divertissemens le plus à la mode est la danse de l'*a'lmeh*. Ce n'est pas seulement dans les harems et dans les maisons des grands que se montrent ces danseuses; les plus vulgaires parmi celles-ci se livrent aussi à leurs jeux sur les places publiques. Le peuple prend plaisir à cette danse lascive; et il n'y a presque pas de jours, excepté pendant le Ramadân, qu'il ne soit récréé par ce spectacle. Peu de mots suffiront ici pour en donner une idée. Les *a'lmeh* se rendent chez les particuliers, à l'occasion des noces et en d'autres circonstances, elles dansent au son des instrumens et accompagnées par le chant. Le genre de ces danses n'a rien

[1] Voyez *É. M.*, vol. II, pl. DD, fig. 2 à 21. Les flèches sont en bois des Indes, et garnies ordinairement d'un bout en ivoire. On a représenté dans cette planche un arc fabriqué en Perse et tous ses détails, savoir, les flèches, la corde avec laquelle on retourne l'arc, celle qui sert à le bander, le gantelet et la bague qui servent à diriger la flèche, enfin le carquois. Cet arc est remarquable par l'assemblage parfait des cinq pièces de cuir et de bois qui le composent, et qui seront décrites ailleurs; les dessins et la dorure sont d'une égale richesse.

d'analogue avec celles que nous connaissons en Europe, si ce n'est dans une partie de l'Espagne où les Maures ont laissé leurs usages. On sait que le caractère principal et même unique de ces danses consiste dans des mouvemens continuels et plus ou moins souples des reins : tous les mouvemens se font en mesure, et ils suivent l'expression du chant. La danseuse, les mains garnies de castagnettes, fait toutes sortes de gestes amoureux; quelquefois elle s'assied à terre et fait les mêmes mouvemens avec une souplesse et une facilité qui étonnent. Quant deux *a'lmeh* dansent ensemble, l'une des deux représente l'amoureux, et elle joue quelques scènes muettes où il ne faut chercher ni esprit ni délicatesse : la plus grande habileté consiste à trouver les attitudes, les gestes les plus licencieux. Au surplus, cette danse finit par devenir très-monotone, aussi bien que l'air qui l'accompagne : c'est l'impression qu'elle a produite sur tous les Européens qui l'ont vue. Une de leurs chansons s'exprimait ainsi : « Celui qui veut du plaisir en jouit : viens, mon ami; défais les cordons de ta ceinture, et approche-toi. » Le costume de l'a'lmeh n'a presque rien de particulier, comme on peut le voir dans les planches de l'ouvrage[1] : elle a, ainsi que toutes les autres femmes, la robe fendue, qui laisse voir toute la gorge; les cheveux tressés et mêlés de cordonnets, et la tête coiffée d'un turban; les cils et le tour

[1] Voyez *É. M.*, tom. II, pl. LL, fig. 1, 2, 3, 4, représentant une a'lmeh frappant en mesure sur un tambour, ainsi que les détails de son *borgo'* (voile du visage) et de sa robe; et pl. MM, fig. 3 et 4, représentant une a'lmeh dansant avec un tambour de basque à la main ainsi que son voile.

des yeux sont noircis fortement; les doigts et les ongles sont rougis par le henneh. Seulement on remarque une ceinture qui lui environne les reins, elle doit tomber sans cesse pendant l'exercice, et il faut qu'elle s'occupe à la rattacher à mesure qu'elle se dénoue, toujours en observant le rhythme de la musique.

On célèbre avec pompe, au Kaire, les fêtes religieuses. Tout le monde sait que le Ramadân est le mois du jeûne : alors on ne peut, entre le soleil levant et le soleil couchant, ni boire, ni manger, ni fumer, ni se livrer à aucun divertissement. Mais à cette privation, plus ou moins longue selon la saison (pour le Kaire, de dix heures à quatorze heures) succèdent des jouissances bien suffisantes pour la faire oublier. La différence du carême des musulmans à celui des chrétiens, c'est que, chaque nuit, les premiers ont le carnaval; le jour ils assistent en foule aux prédications des mosquées avec beaucoup de dévotion, ou ils se livrent au travail et souvent au sommeil. La nuit, les rues sont illuminées et bruyantes : ils s'y rassemblent en beaux habits de fête, se régalent de pâtisseries et de mets sucrés, et ils se livrent à toutes sortes d'amusemens. Les boutiques, qui ordinairement s'ouvrent de très-grand matin, ne sont ouvertes que fort tard pendant ce mois. Une foule immense se répand dans les rues; des hommes chantent à haute voix des passages du Qorân, accompagnés des sons discords des tambours et des hautbois. Le Ramadân commence à la nouvelle lune de ce nom; une procession solennelle l'annonce deux jours d'avance : elle consiste en une grande foule d'hommes, dont les uns portent des flambeaux, les autres des bâtons avec lesquels ils font divers exercices. Des chameaux portant des musiciens, qui frappent sur des tambours de métal, ouvrent la marche; d'autres musiciens montés sur des ânes, frappent aussi des tambours, ou bien jouent de quelques instrumens à vent, les plus criards qu'on puisse imaginer : viennent ensuite des hommes vêtus de rouge, avec des bonnets élevés avec une draperie blanche qui retombe sur le dos, et le front du bonnet garni en cuivre, costume analogue à celui des janissaires; des cheykhs montés sur des chevaux richement caparaçonnés terminent la procession.

Le grand Beyrâm, ou la grande fête *E'yd el-Kebyr*, dure trois jours : pendant ce temps le peuple se porte en foule à Qâyd-Bey pour adorer les tombeaux. Cette fête est analogue à notre jour de l'an; dès le matin, les gens de service viennent saluer leur maître et lui souhaiter mille prospérités, en invoquant le prophète en sa faveur; après quoi on leur donne la pièce. On se rend en affluence dans les mosquées. Pendant cette fête surtout, on mange beaucoup de viande; cet usage en est pour ainsi dire la principale cérémonie. Aussi, dès la veille, les bouchers débitent une quantité extraordinaire de moutons. Toutes les boutiques sont fermées et les habitans sont assis, au-devant de leurs maisons, en habits de fête. Dans les rues populeuses, ce sont deux lignes continues d'hommes accroupis, presque tous à la même hauteur et dans la même position, et tous fumant dans de longues pipes : en outre, il y a les promeneurs qui garnissent le milieu de la rue. Les cafés sont aussi remplis; on y entend de la musique, ainsi que des poètes et des improvisateurs. Voilà à peu près en quoi consistent les fêtes des musulmans.

La fête de Mahomet dure plusieurs jours. J'ai vu pendant ce temps toutes les rues illuminées : dans la place Ezbekyeh, on éleva des mâts avec une foule de pavillons rouges et verts. Il y avait des tentes dressées. Le quatrième jour de la fête, on tira, au coucher du soleil, cinquante coups de canon; à la nuit les derviches se rendirent dans la place. Ces pieux musulmans formèrent des cercles où il s'assirent accroupis et marmottant des prières; ils firent mille contorsions en portant la tête à droite et à gauche avec un mouvement de plus en plus rapide, et faisant un bruit semblable aux gémissemens d'un animal. Cet exercice est très-pénible, même pour les spectateurs; les plus faibles d'entre eux ont bientôt succombé : aussi le cercle se rapetisse de plus en plus, jusqu'à ce qu'un dévot reste tout seul après avoir continué ses mouvemens sans s'arrêter une seconde : celui-ci prend alors le titre de *santon* ou de saint. On voit dans la place une grande quantité de pareils cercles. Cette fête attire une très-grande affluence[1].

[1] Je citerai un trait puisé littéralement dans mon journal de voyage. « Ce matin, un Turk, inspiré de Mahomet, et pour célébrer la grande fête, a assassiné un jeune Français, tambour de la 32e demi-brigade, en lui tirant un coup de pistolet, et en l'achevant d'un coup de sabre : celui-ci était avec deux autres Français, comme lui sans armes, et qui n'ont pu ni le défendre ni le venger. L'assassin se croyant poursuivi a pris la fuite et s'est réfugié dans un puits. Des Grecs ont couru pour le saisir : étant arrivés à la maison où il était, un d'eux s'est fait lier par le corps et descendre dans le puits; il a saisi l'assassin et s'est fait remonter avec lui. Interrogé s'il avait eu des intelligences et si ce meurtre était lié à une conspiration, le Turk a répondu très-sim-

La fête de Fatmeh (Fatime), la fille de Mahomet, dure aussi trois jours. Pendant ce temps, les boutiques restent ouvertes et éclairées toute la nuit. Le jour que je vis célébrer cette solennité, le cheykh Sâdât, cheykh de la mosquée de Fatmeh, fit faire de grands préparatifs; la mosquée et tout le quartier étaient illuminés, ainsi que la rue du vieux Kaire. Les illuminations des particuliers sont plus belles et plus riches que chez nous. Un misérable marchand de dattes a devant sa boutique, qui n'a que 5 pieds de face, jusqu'à quinze ou vingt lumières : ce sont de petites lampes en verre de diverses formes. Qu'on juge du coup d'œil d'une rue marchande ainsi illuminée! La maison du cheykh Sâdât, vis-à-vis de la mosquée, avait des pièces de feu considérables, c'est-à-dire de grands cônes ou pyramides, divisés par tablettes toutes percées de lampes. La ferveur de la dévotion était extrême : j'ai vu plusieurs fois des musulmans toucher de la main le mur extérieur de la mosquée, la porter ensuite à la bouche, la baiser et la mettre sur le cœur. Les rues étaient garnies comme les nôtres pendant les jours de foire. On voyait des boutiques ambulantes enjolivées de papiers bleus et blancs, couvertes les unes d'oranges, et les autres de sucreries et de pâtisseries. L'objet de la vénération était le tombeau de la fille de Maho-

plement, que, le matin, il avait reçu du prophète une inspiration, et qu'il avait cru devoir faire le sacrifice d'un Français pour célébrer dignement la sainte fête d'aujourd'hui. Les Grecs se sont bien montrés dans cette affaire, comme dans toutes les autres : ce sont des hommes de courage et d'un attachement sûr. Ils se battent contre les Arabes Bédouins et en purgent les abords du Kaire ».

met; quelques fidèles musulmans, dans un accès de fervente dévotion, allaient jusqu'à verser des larmes.

La fête de Seyd Zeyneb et de Sitty Zeyneb se célèbre aussi par de grandes illuminations. Le premier jour, à neuf heures du soir, une procession se met en marche; à sa tête sont des gens portant de grands flambeaux, c'est-à-dire des cages de fer où l'on brûle des bois résineux élevés au haut d'un bâton; viennent ensuite des chanteurs et des joueurs d'instrumens; les porte-flambeaux et les musiciens se succèdent ainsi plusieurs fois; après eux viennent soixante à quatre-vingts personnes portant des pyramides de lampes, de 6 pieds de haut, et qui en contiennent plusieurs centaines. Ces hommes sont entremêlés de dévots qui gesticulent et qui suivent la procession en chantant des versets du Qorân. A la fin viennent douze hommes habillés en blanc et en turban blanc. Le grand cheykh de la mosquée termine la marche. Ces pyramides illuminées produisent beaucoup d'effet, surtout à cause de leur mouvement continu. Il faut convenir que les illuminations des Egyptiens l'emportent, à certains égards, sur les nôtres; au lieu d'être fermées, toutes les boutiques sont ouvertes, et au lieu d'un ou de deux lampions, comme on le voit devant nos boutiques, il y en a toujours huit à dix et quelquefois le double. La mosquée de Sitty-Zeyneb était ornée d'une magnifique pyramide soutenue par des colonnes de feu, ayant plus de 15 pieds de hauteur; celle-ci était suspendue dans la rue, et contenait plus de deux cents lampes. L'affluence était extrême dans toutes les rues du quartier. Le troisième jour de la fête, la procession a eu lieu comme le premier.

Pendant le mois de cha'bân, il y a plusieurs fêtes en l'honneur de différens cheykhs, entr'autres celle de cheykh Hanafy, personnage très-vénéré, qui durent quinze jours. Elles sont particulièrement brillantes le soir et la nuit. Les boutiques sont illuminées d'une douzaine ou d'une vingtaine de lampes, et elles sont toutes ouvertes. Devant les maisons principales sont suspendus des lustres où il y a des lampes par centaines. Les rues, déjà fort étroites, sont encore rétrécies par les étalages de sucreries et autres marchandises. Si l'on joint à cela la foule des gens qui passent, le tumulte des voix confuses, l'éclat des robes rouges et des autres costumes, on aura une idée de ces sortes de fêtes, où, du reste, il y a peu de variété; la présence des femmes ne vient point les embellir. Les Turks assis en beaux habits, sur le devant de leurs maisons ou dans les boutiques des barbiers, n'ont guère d'autre divertissement que celui de fumer. Je vis le jour de la grande cérémonie (qui est le dernier du mois où tombe la fête) le *nec plus ultra* de la magnificence des Égyptiens en fait d'illuminations; quantité de *fellâh* et de badauds étaient arrêtés devant de petits bateaux illuminés que l'on faisait courir sur des cordes au travers des rues. Celle de la mosquée d'Hanafy, très-étroite et très-longue, était véritablement encombrée de lumières; ce coup d'œil avait quelque chose de magique à cause des milliers de feux, croisés et rayonnant dans tous les sens.

Malgré la solennité et la pompe de ces fêtes religieuses, aucune n'a autant d'éclat ni d'intérêt que la fête de l'ouverture du Khalyg, dit *canal du Kaire*. L'ouverture de la digue est un événement pour tout le pays : il n'est pas étonnant qu'on y attache autant d'importance et que cette fête soit signalée par des réjouissances particulières. Elle commence au coucher du soleil; des barques illuminées parcourent le petit bras du Nil qui est à l'est de l'île de Roudah : le lendemain, au lever du soleil, on pavoise toutes les barques ; une foule immense occupe les hauteurs qui avoisinent la bouche du canal. Le bruit du canon et celui des instrumens de musique se font entendre de toute part; il semble que toute la population du Kaire se soit rassemblée sur les berges du canal. Au point le plus élevé est un kiosque pour revoir les u'lemâs et les personnages considérables. La perspective qu'elles présentent est de l'aspect le plus animé. Les travailleurs s'occupent depuis le matin à enlever une partie de l'épaisseur de la digue. Quand le signal est donné, on ouvre trois rigoles, par où l'eau se précipite bientôt; sa masse les change en autant de torrens qui se réunissent, enlèvent et entraînent devant eux le reste de la digue. En moins de dix minutes le niveau s'établit; une heure après, l'eau atteint la place Birket el-Fyl et la place Ezbekyeh, et dans la journée elle arrive à Birket el-Haggy, à quatre lieues du Kaire. On jette au peuple des médins; le soir on illumine partout sur le fleuve, le canal et dans la ville, et l'on tire des feux d'artifice. Tel est en abrégé le tableau de la fête dont j'ai été témoin le 6 fructidor an VII.

Un an après, la même cérémonie s'est renouvelée

avec plus d'éclat encore. On avait élevé des pavillons à la française, ornés de draperies, un amphithéâtre pour la musique, et l'on avait divisé en étages et en plates-formes les grandes buttes qui proviennent du curage du canal. La foule distribuée sur ces plateaux présentait un aspect magnifique [1]. La musique turque ou plutôt le charivari avait duré toute la nuit; il ne cessa pas de se faire entendre pendant tout le cours de la fête. Les cheykhs accompagnaient le cortège du général. Quelques femmes turques de distinction se faisaient apercevoir. Sur l'île de Roudah, sur l'aquéduc et les différens forts, il y eut de nombreuses décharges d'artillerie et de mousqueterie. Au moment où l'eau pénètre dans le canal, une foule d'hommes, qu'on appelle *les pêcheurs de médins*, se précipitent au pied du kiosque; c'est de là qu'on en jette des poignées dans le fond du canal. Ces hommes sont armés de filets de forme conique, portés sur un long manche; ils les tiennent à bras élevé, et reçoivent les parâts que l'aghâ et d'autres officiers leur jettent du haut du pavillon. La foule des nageurs qui se disputent la monnoie et ce combat entre les porteurs de filets de toute grandeur, présentent un spectacle réjouissant; les uns, craignant d'être gagnés par l'eau, et d'en recevoir le choc; les autres continuant de tendre leurs filets : tous couverts d'eau jusque sur la tête. La petitesse extrême de cette monnoie est une difficulté de plus pour la saisir. Ce sont des paquets de 1000 parâts que l'on jette ainsi à la volée, en même temps que des dragées.

[1] *Voyez* planche 19, *État moderne*, vol. 1.

Quand l'eau commence à descendre dans le canal, elle reste quelque temps sans être aperçue; mais dès que la pression a miné l'ouverture de manière à ce que 3 ou 4 pieds d'eau puissent passer à travers, il s'établit une espèce de cataracte ou de cascade qui bouillonne. Le premier bateau attend pour descendre que la chute ne soit plus que de 2 pieds, et cet instant attire fortement l'attention. Quand les eaux sont trop hautes, comme il arriva cette année, le niveau met cinq minutes à s'établir de part et d'autre de la digue, depuis le moment où l'eau commence à passer. Il y avait cependant environ 8 pieds de différence entre la hauteur du Nil et le fond du canal, et une largeur de 24 à 30 pieds. C'est en ce moment que l'artillerie et la mousqueterie font une décharge générale et que la musique redouble de bruit. Dès que le niveau est établi, des canges pavoisées de toute sorte de drapeaux entrent dans le canal et suivent la marche des eaux. On tire aussi en plein jour des feux d'artifice et des fusées volantes dont l'effet est très-médiocre. Quelquefois l'acharnement des gens du peuple pour saisir quelques parâts est funeste à plusieurs; cette année, quatre se sont noyés au pied de la digue. Au pont de Sitty Zeyneb, on en a trouvé deux autres noyés. Les Turks disent à ce sujet que « c'est une proie qui appartient au fleuve; voilà le Nil qui grandit, il faut bien qu'il mange. » Quelquefois on jette de l'or au lieu de parâts. Mourâd-bey avait l'habitude de jeter des sequins. On raconte qu'un jour qu'il assistait à la fête du Nil avec son khaznadar, il s'aperçut que celui-ci donnait de l'or au peuple : « Comment, lui dit-il, je crois que tu jettes plus d'argent que moi. » Aussitôt il se fit apporter plusieurs grandes bourses pleines d'or, et il jeta au peuple les sequins à la poignée. Le spectacle du Nil lui-même n'est pas le moins intéressant des tableaux de la fête; le fleuve couvre presque toute la vallée, à l'exception de quelques points qui semblent surnager : on dirait d'une vaste mer parsemée d'îlots.

Autrefois le pâchâ présidait à la fête, accompagné des grands et de tous les officiers publics. Les beys et les Mamlouks occupaient une place particulière. On élevait dans le lit du canal, en avant de la digue, une masse de terre informe, qu'on appelait *A'rouseh* ou *la Fiancée*, et que l'on précipitait dans les eaux, ou plutôt que les eaux renversaient quand la digue était ouverte. Presque tous les voyageurs ont regardé cet usage comme étant en quelque sorte la tradition d'un sacrifice humain, superstition attribuée aux anciens habitans; mais jamais on n'a apporté de preuves positives de cette ancienne pratique, ni du changement qui s'est opéré dans la coutume : la tradition dont il s'agit est pleine d'obscurité et d'incertitude[1]. On doit, je crois, donc abandonner cette histoire comme apocryphe[2].

[1] C'est Murtady principalement qui rapporte cette prétendue coutume, et fait honneur aux khalifes de son abolition; mais on sait que ses *Merveilles de l'Égypte* sont pleines de fables.

[2] Chems el-Dyn, dans son ouvrage intitulé *Les Étoiles errantes*, rapporte que le *mariage du canal Nasry avec Birket el-Rotly*, a lieu le premier jour de Thoth (Notice des manuscrits de la Biblioth. imp., tome 1). Cette tradition curieuse s'explique par l'inspection du plan du Kaire (pl. 26, B-10). Le 1<sup>er</sup> du mois de Thoth indique ici le solstice d'été, époque ordinaire de la rupture de la digue.

On a décrit ailleurs les cérémonies d'un mariage égyptien ; j'en dirai peu de mots. J'ai été témoin d'un double mariage, c'est-à-dire de deux individus se mariant en même temps ; les deux fêtes ne formaient qu'une cérémonie : en voici l'esquisse. La marche est ouverte par des tambours suivis de danseurs et de danseuses ; viennent après les hommes conviés à la noce, ensuite les femmes, toujours voilées à l'ordinaire et faisant entendre un cri particulier, formé des syllabes *ouloulouIou.....*, répétées avec une volubilité extraordinaire[1], puis un dais en soie blanche et rouge, porté par quatre personnes. Les bâtons sont libres, de manière que le dessus flotte ou s'abaisse sur la jeune mariée ; elle est couverte de la tête aux pieds d'un long voile épais, qui l'empêche même de voir et presque de respirer : aussi faut-il que deux femmes la soutiennent, et qu'une troisième s'occupe à l'éventer ; elle porte sur le front ses bijoux et ses cadeaux de noce. Le mari marche derrière le dais, entre deux parens qui le soutiennent également ; ajoutez un cortège nombreux d'enfans qui se mêlent à la fête, un grand bruit continu, ressemblant parfaitement à des coups de marteaux précipités qu'on frapperait sur une chaudière, enfin une procession marchant d'un pas assez rapide, on aura une assez juste idée de cette cérémonie. Le même jour, à dix heures du soir, le cortège recommence la procession à la lueur des flambeaux, au son des tambours et d'un instrument à vent, très-criard, dont

[1] C'est à peu près le même cri qu'elles font entendre, et presque sur le même ton, lors des enterremens.

le son est beaucoup plus perçant que celui du hautbois; le musicien le manie avec assez d'adresse, mais les airs, et en général tous ceux de la musique égyptienne, sont peu chantans et très-monotones. Aucune femme n'assiste à la cérémonie du soir[1]; on n'y voit que le mari, toujours soutenu par les bras. A sa marche lente et triste, à son air morne, silencieux, presque imbécille, on dirait plutôt qu'il marche au supplice. Les danseurs et les musiciens semblent chargés de s'égayer pour lui; tous obéissent à un maître de cérémonie, conduisant ou arrêtant les exercices au signe de sa baguette. Outre les tambours métalliques qui marchent en avant, il y a de grosses caisses couvertes d'un drap rouge; les coups sourds frappés dessus adoucissent un peu, pour l'oreille du pauvre mari, le bruit insupportable des instrumens à vent. Quand la procession passe sur les ponts et sur les places, on s'arrête pour exécuter quelques danses ridicules ou grotesques. Les réjouissances se prolongent très-avant dans la nuit.

On sait que, le lendemain de la noce, l'usage est de montrer la chemise de la mariée et de l'exposer à une fenêtre : le mari a droit de répudier sa femme sur-le-champ, si elle ne fournissait point cette preuve de virginité. Un de nous avait peine à croire à l'existence de cet usage bizarre et grossier; mais le nouveau mari vint lui-même le voir, accompagné de ses garçons de

[1] Il est cependant d'usage qu'elles viennent à la fête nocturne, et même dévoilées; mais, à cause de la présence des Français, on avait supprimé cet usage.

noce : l'un d'eux exposa la tunique à tous les regards, et le mari reçut les complimens d'usage.

Il existe au Kaire, auprès de Bâb el-Kharq, un bureau de mariage; ce lieu s'appelle *Mahkameh Bâb el-Kharq*[1]. Le bureau est tenu par des écrivains turks; ceux qui veulent se marier s'y font inscrire : ils y trouvent des partis à épouser; on n'est pas trop surpris de trouver cet usage dans un pays où les futurs époux ne peuvent se voir avant le mariage. *Mahkameh* veut dire, en général, tribunal.

Il a été question dans le paragraphe VI de l'okel des esclaves noirs des deux sexes; je dirai ici deux mots des malheureux qu'on y met en vente. La caravane d'Abyssinie et celle de Dârfour sont logées, à leur arrivée, dans cet okel, non loin de Khân el-Khalyly. Les femmes presque nues ou à peine couvertes d'une seule étoffe très-grossière, la tête également nue, sont au milieu d'une cour, assises à terre et exposées à la vue de tout le monde. On est attristé par le spectacle de ces êtres infortunés, traités et vendus comme un vil troupeau; et cependant elles ne paraissent pas affligées de leur sort; elles sourient même aux matrones qui viennent les marchander et les visiter. Généralement elles sont bien faites, d'un teint très-foncé et toutes très-jeunes; on les vend de 60 à 100 talaris. Pendant les quatre à cinq premiers jours qui suivent le marché, l'acheteur peut réclamer son argent; si les esclaves ne sont pas contentes de leur maître, elles peuvent le forcer à les rendre au marchand.

[1] *Voyez* planche 26, *État moderne*, vol. I (n°. 2, M-9).

Les santons sont des espèces de fous qui gardent leurs cheveux, à qui tout est permis, et pour qui le peuple est pénétré d'un respect aveugle et superstitieux. L'un de ces hommes, que j'ai vu au Kaire, et qui passait pour un inspiré de Mahomet, avait coutume de se promener dans les rues de la ville entièrement nu; les femmes, même bien mises, qui passaient en même temps que lui, loin de reculer à son aspect, s'arrêtaient et allaient au devant de lui pour lui baiser la main. Une fois (on aura peine à le croire), le santon saisit une de ces femmes et la renversa par terre, au milieu d'une rue populeuse; une autre femme qui passait par-là ôta son voile et en couvrit le bienheureux couple : la première femme ensuite, harangua le peuple elle-même, en disant qu'une inspiration du prophète avait conduit en ce lieu le saint homme, et elle annonça qu'il naîtrait de leur union un fidèle croyant; après quoi elle mena le santon chez elle et lui donna des habits : mais celui-ci les distribua aux pauvres.

Un santon appelé *Cheykh Ahmed Abou-Hadyd*, ainsi nommé, disait-on, à cause d'une grande coupure au cou dont il avait guéri miraculeusement, mourut pendant l'expédition; c'était un de ces prétendus saints qui courent les rues de la ville, tout nus ou couverts de misérables haillons. Une troupe d'autres saints comme lui suivait ses funérailles; ils marchaient en rond et faisaient une foule de contorsions, portant successivement la tête à droite et à gauche, et poussant de gros gémissemens ou plutôt des hurlemens singuliers. La fatigue est telle, qu'ils en écument; le visage est enflammé et les yeux sortent de la tête : cette pratique est la même qu'à la fête de Mahomet.

Je terminerai ce paragraphe par une autre anecdote dont j'ai été le témoin. En revenant d'une cérémonie qui avait attiré la foule, un ânier qui m'accompagnait trouva un jeune enfant sous les pieds d'un chameau; personne ne le réclamait : il s'empara de cette petite créature, comptant lui servir de père. Je ne pus l'empêcher d'emporter l'enfant avec lui, ce qu'il fit tout en conduisant ma monture. Au milieu d'une rue, je rencontrai un groupe de femmes, dont l'une semblait faire des signes et des cris de joie : je ne m'y arrêtai point; mais comme je continuais ma route, cette femme courut après moi, s'écriant : *Rendez-moi mon enfant!* Je m'aperçus bientôt que ces exclamations étaient des cris de douleur et non de joie, et que c'était la mère elle-même qui, par un heureux hasard, s'était trouvée dans la rue où je passais. Je ne puis exprimer avec quels transports elle se jeta sur sa fille et l'arracha des bras de l'ânier. Après qu'elle l'eut couverte de baisers, elle me baisa aussi les mains, pendant long-temps : elle versait des pleurs abondans et se soulageait de son émotion; ensuite elle contait son aventure à tous les gens du quartier, et comment elle m'avait l'obligation d'avoir retrouvé sa fille, appelant sur moi mille bénédictions, quoique je n'y eusse aucun droit. Cette jeune mère (elle avait dix-huit ans) était venue d'une très-grande distance; elle courait depuis quelques heures sans avoir rien découvert, tellement qu'elle passa en un instant de l'excès du désespoir à celui de la joie. Sans doute, dans nos villes, on verrait de semblables preuves de tendresse maternelle, et une femme courir ainsi de rue en rue après son enfant durant des heures entières, sans s'en rapporter aux crieurs publics[1]. Mais il n'en faut pas moins rendre justice aux vertus domestiques qui distinguent l'intérieur des famille musulmanes. La vérité est que les musulmans ne manquent d'aucune des vertus qui honorent l'humanité; malheureusement, elles sont trop souvent sacrifiées à la religion ou à la politique.

Ce qu'il y a de remarquable, c'est que les cris de douleur, chez les femmes du Kaire, sont tout-à-fait semblables, pour le ton, à nos cris de joie. Un exemple frappant s'en voit tous les jours aux enterremens; à entendre les hommes et les femmes qui accompagnent les cérémonies funèbres, on jugerait qu'ils chantent des chansons faites exprès pour égayer et divertir les passans.

---

## CHAPITRE IV.

Description des environs du Kaire, suivie de la liste des noms des principaux lieux en français et en arabe.

Les lieux dont il nous reste à donner la description topographique sont compris entre Torrâh, au midi du Kaire, et la Qoubbeh, au nord; entre la rive droite du

[1] Il est d'usage, comme chez nous, qu'un crieur public proclame les enfans perdus.

Nil à l'ouest et la chaîne du Moqatam à l'est. Cet espace a environ deux lieues et demie dans le premier sens, une lieue et demie dans le second. Il renferme, outre le Kaire, plusieurs autres villes, le vieux Kaire, Boulâq et Gyzeh, ville plus petite; quatre îles : l'île de Terseh, l'île de Roudah, l'île de Moustafä-Aghâ, l'île de Boulâq (ou el-Qoratyeh), et une petite île au nord qui en dépend, où les Français avaient formé un lazareth; une douzaine de hameaux ou villages; el-Baçatyn à un angle et Embâbeh à l'angle opposé; deux grands couvens au vieux Kaire, Deyr el-Nasarah et Deyr Abou-Seyfeyn; un grand aquéduc; plusieurs étangs extérieurs, Birket el-Cheykh Qamar, Birket el-Rotly; des carrières derrière le vieux Kaire et au Moqatam ; des jardins au vieux Kaire, à Boulâq et au nord d'el-Hasanyeh, et surtout les jardins délicieux de l'île de Roudah.

Deux *villes des tombeaux* occupent la partie orientale de ce même espace, au pied de la montagne Arabique.

Une ceinture épaisse et élevée, formée des décombres tirés de la ville, l'entoure presque de toutes parts, et les points élevés de cette espèce de chaîne la commandent, de même que le mont Moqatam. Les Français y avaient élevé dix-neuf forts susceptibles d'une bonne défense, sans compter les batteries de l'île de Roudah.

## §. I. *Le vieux Kaire.*

Tout l'espace dont on vient de parler est compris dans le plan général des environs du Kaire[1], qui donne une idée juste de la forme du sol, de la topographie et de la position respective des lieux, par rapport au fleuve et à la montagne. On peut donc se rendre compte des motifs qui ont fait choisir ce point de la vallée du Nil pour y fonder une ville. Niebuhr a fait une réflexion judicieuse, quand il a dit que les Arabes, en s'établissant à Fostât, avaient cherché un lieu qui fût à la portée de leur pays, dont il fallait souvent tirer des secours, et placé en même temps d'une manière centrale; car il n'eût pas été prudent de s'établir sur la rive gauche du Nil. Mais il aurait pu ajouter que le voisinage de la vallée de l'Égarement (qui vient s'ouvrir sur le cours du fleuve à el-Baçatyn) a dû déterminer les conquérans pour fixer près de là l'emplacement d'un poste destiné à devenir un centre de population : en second lieu, que ce point, la Babylone d'Égypte, se trouvait sous la protection de la montagne Arabique, placée à l'est et qui s'avance au nord comme un long promontoire; enfin, que ce même point était à l'entrée du canal qui communiquait avec celui des deux Mers. C'est ce qu'on verra sur le plan général (planche 15) et, encore mieux, sur la planche 24 de l'Atlas géographique. D'un autre côté, A'bd-el-latyf remarque avec raison que l'emplacement de Fostât était mal choisi,

[1] *Voyez* planche 15, *Etat moderne*, volume 1.

sous le rapport de la salubrité, comme trop voisin du Moqatam et privé plus long-temps de la salutaire influence du soleil levant. Mais les Arabes ne pouvaient à cette époque avoir fait toutes ces réflexions.

C'est après s'être emparé de la ville capitale occupée par les Grecs, et appelée *Masr* par les auteurs arabes, qu'A'mrou ben el-A'âs marcha sur Alexandrie [1]. L'emplacement de sa tente, qu'il avait laissée debout par un motif assez romanesque [2], devint le siége de la ville nouvelle. Tous les écrivains sont d'accord sur ce point, mais on ne l'est pas également sur le lieu de la ville qu'il avait conquise sur les Grecs. Les uns croient que c'est Memphis, et se fondent sur la route que ceux-ci prirent pour se porter à Alexandrie; les autres pensent que c'est Babylone. Il y a des difficultés contre ces deux opinions : Memphis était en ruines, Babylone était un endroit trop peu considérable pour une capitale. Il n'y a pas de motifs pour s'écarter du témoignage d'el-Edriçy, qui, en très-peu de mots, donne l'emplacement du lieu de *Nasr : Urbs* (primaria), *Mesr olim quoquè vocabatur ainchemes* (trad. de Gabr. Sionit).

[1] Selon A'bd-el-Rachyd el-Bakouy, A'mrou aurait assiégé Alexandrie l'an 9 de l'hégire (630) et prolongé le siége pendant quatorze mois (cette date diffère beaucoup de celle d'el-Makyn) : voyez *les Extraits de sa géographie par M. Marcel* (*Décade égyptienne*, tom. I, pag. 278).

[2] Une colombe avait déposé ses œufs sur le faîte de la tente; ce qui fut de bon augure pour les Arabes : A'mrou ordonna qu'on la laissât intacte jusqu'à ce que les petits fussent éclos, ajoutant, dit el-Edriçy, « Nous ne sommes pas gens à faire du mal à celui qui se réfugie dans notre sein, ni à offenser même un pigeon en brisant ses œufs. » (*Edrisii Africa*, sect. III, P. I^a^, pag. 366, du *Comment.* de Hartmann.) El-Makyn confirme cette historiette. Abou-l-fedâ se borne à dire qu'A'mrou bâtit Fostât auprès de Qasr el-Châma', et que la mosquée d'A'mrou était à peu de distance du lieu où il avait sa tente.

Il désigne donc Héliopolis; cette grande ville seule pouvait, avec Memphis, passer pour une ville capitale, mais Héliopolis, et non Memphis, était placée du côté du fleuve, ce qui explique la route prise par les troupes grecques. En effet, tandis que Makaukas, leur général, se réfugiait avec la garnison dans l'île de Roudah, l'armée traversait le Nil pour se rendre à Alexandrie. Il est vrai que le même Edriçy, à l'article de Fostât, s'exprime ainsi : « Fostât est la ville même de Mesr. » Mais comme la ville capitale de l'Égypte a toujours été désignée chez les Arabes par *Mesr* (mot qui lui-même est le nom de l'Égypte), ce passage veut dire seulement que Fostât succéda comme capitale. Notre opinion n'est qu'une conjecture, mais elle lève presque toutes les difficultés; on n'en peut dire autant des autres.

Quant au mot lui-même de *Fostât* فسطاط, il signifie en arabe *tabernaculum*, une tente, mais plus particulièrement une tente formée d'un tissu de poils de chèvre[1]; rien n'empêche donc d'admettre que la ville ait été établie au lieu où dressa ses tentes le vainqueur de l'Égypte, et ait emprunté même son nom de cette circonstance. L'histoire dit fort peu de chose de la ville de Fostât jusqu'à ce que le Kaire lui eût succédé. On ne sait pas l'extension qu'elle acquit; on peut seulement présumer qu'elle s'étendit à l'est et au sud, jusqu'aux points occupés par les buttes de décombres. Le Nil et l'aquéduc avec la bouche du canal sont ses limites à l'ouest et au nord. Je ne crois donc pas que

[1] *Déc. égypt.*, tom. III, p. 169.

Fostât ait jamais eu plus de 2400 mètres en tous sens. Cependant elle a continué d'être le chef-lieu de l'Égypte depuis l'an 20 de l'hégire (640)[1] jusqu'en l'année 359 (969), époque de la conquête de l'Égypte sous le khalife Mo'ezz le-dyn-allah, prince Fatémite, qui fit jeter les fondemens du Kaire; c'est-à-dire pendant trois cent vingt-neuf ans. A la vérité, selon Abou-l-fedâ (traduit par Savary), Fostât-Masr n'a été le siége de l'empire d'Égypte que jusqu'au moment où Ebn-Touloun construisit le faubourg de Qatâyah; mais comment concilier ce fait avec un autre passage du même auteur? « L'an 564 de l'hégire (1168), les Français conduits par Amaury s'emparèrent du Kaire; Châour, vizir du khalife Adhed, craignant que Fostât ne tombât entre leurs mains, y mit le feu, et la ville brûla pendant cinquante-quatre jours. » Or, si cent quatre-vingt-dix neuf ans après la fondation du Kaire, la ville de Fostât avait encore cette importance, comment aurait-elle cessé d'être la capitale un siècle avant cette même fondation, et comment le Kaire l'aurait-elle été alors, puisqu'elle ne fut enceinte de murs qu'en 572 (1176)? D'après ce que je viens de dire du site de la ville ancienne, et que tout le monde peut vérifier sur les plans (planches 15, 16), il est impossible de comprendre, et je n'entreprendrai pas d'expliquer le passage où el-Edriçy lui donne trois parasanges de longueur.

Le nom actuel de la ville qui a succédé à Fostât, est *Masr el-A'tyqah*, مصر العتيقة, l'ancienne Masr ou

[1] *Voyez*, ci-dessus, note [1], p. 460. Selon A'bd-el-Rachyd el-Bakouy, Fostât fut fondé l'an 21 (641).

l'ancienne capitale; mais les voyageurs modernes (on l'a déjà remarqué) lui ont donné un nom impropre, en l'appelant le *vieux Kaire*, puisque jamais Fostât n'a porté le nom de *Kaire*, et que celui-ci n'est autre chose qu'une épithète qui fut imaginée pour la première fois sous Mo'ezz le-dyn-allah, en l'honneur de ses victoires. Ces écrivains ont pris *kaire* et *masr* l'un pour l'autre; cependant l'appellation de *vieux Kaire* est restée, et elle est d'un usage général.

Dans l'espace que nous avons assigné à l'emplacement de Fostât, sont compris le Qasr el-Châma' (grande enceinte sur laquelle je ne m'étendrai point, parce que ce lieu, qui renferme des vestiges antiques et plusieurs couvens qobtes, a été décrit dans le *XIX*e *chapitre* des antiquités par M. Du Bois-Aymé); la fameuse mosquée qui porte le nom d'*A'mrou*, le plus ancien des édifices de la religion musulmane, une autre grande mosquée dite *Gâma' Abou el-So'oud*, et le grand couvent d'Abou-Seyfeyn. Comme la nomenclature des lieux de la ville trouvera sa place à la fin de ce chapitre, je me bornerai à peu de mots sur les détails de sa distribution et de ses édifices. La mosquée d'A'mrou fut construite à la place d'une église des chrétiens qu'il avait rasée. Selon A'bd-el-Rachyd el-Bakouy, le Qorân tout entier y était écrit en koufique sur des tables de marbre blanc, avec les titres ornés en or et en azur. Elle forme à peu près un carré de 120 mètres de côté, et elle a le plus grand rapport pour le plan avec la mosquée el-Hakim et surtout avec la mosquée de Touloun. C'est une vaste cour entourée de péristyles qui ont, sur un côté, cinq rangs de colonnes, et, sur les autres, deux et trois rangées : quoiqu'elle soit en très-mauvais état, les dévots du Kaire vont souvent la visiter. Ce qu'on nomme les greniers de Joseph, *Harâmât Yousef* et *Souaqât el-qamh*, sont des enceintes découvertes entourées de fortes murailles, où l'on enfermait en effet des provisions de grains tirés du Sa'yd. Il est possible que ce surnom vienne, comme celui du puits et du château de la citadelle, du nom de Saladin, *Yousef Salâh el-dyn*, ou d'un sultan postérieur : mais des voyageurs ont sérieusement regardé cet endroit comme les magasins de blé que Joseph le patriarche avait établis.

A l'extrémité nord est la prise d'eau de l'aquéduc, *el-Migreh* ou *Saqyet el-Migreh*, aquéduc qui conduit l'eau à la citadelle, et qui fut bâti par el-Ghoury, l'un des derniers sultans Circassiens, après 907 (1501); il sert encore à sa destination [1]. La prise d'eau est un bâtiment élevé et massif en forme d'hexagone, haut d'environ 21 mètres (63$^{ds}$); le côté de l'hexagone est de la même dimension. Sept roues à pots sont placées au sommet, autant de bœufs les font tourner et élèvent l'eau à l'étage supérieur, d'où elle s'écoule dans l'aquéduc [2].

C'est au *vieux Kaire* que se font les chargemens pour la haute Égypte et qu'on perçoit les droits sur les

[1] Voyez *Etat moderne*, vol. 1, planche 16 (n°. 52), et pl. 19, 20 et 21.

[2] Maillet parle de cinq puits comparables au puits de Joseph, pour le travail et la profondeur, situés dans les ruines du vieux Kaire, *au pied des montagnes ;* quatre d'entre eux ne servaient plus de son temps, mais le cinquième fournissait de l'eau. La largeur de l'ouverture était, dit-il, de 10 pieds sur 8 : je crois qu'il est le seul voyageur qui ait mentionné ces ouvrages.

barques qui en descendent, chargées de blé, d'orge, de fèves, de dattes, de sucre, de bestiaux, etc. C'est ce qui rend ce port très-fréquenté et très-commerçant; il s'y arrête sans cesse un grand nombre de barques. En général, le coup d'œil du vieux Kaire est gai, animé, pittoresque. Une longue avenue plantée d'acacias odorans conduit du vieux Kaire vers Deyr el-Tyn, joli village[1], le dernier de la province d'Atfyeh, en passant par Atar el-Neby, lieu ainsi nommé (*Traces du Prophète*), parce que les musulmans y croient voir sur une pierre l'empreinte du pied de Mahomet.

Le *vieux Kaire* a près de dix mille habitans dont six cents chrétiens; ceux-ci y possèdent, ainsi que dans les environs, une douzaine d'églises, parmi lesquelles la plus vénérée est celle de Saint-Sergé ou Sergius, à cause d'une grotte qui passe pour avoir donné asile à la Sainte famille[2]. On en verra les noms dans la nomenclature du chapitre suivant, mais je ne la crois pas complète sous ce rapport. Le couvent de Saint-Georges se voit de très-loin sur une montagne élevée du même nom; d'autres monastères sont entre ce couvent et la ville. Enfin, un grand couvent (celui de Saint-Macaire, je crois) est au nord et assez près de l'aquéduc.

## §. II. *Ile de Roudah.*

L'île de Roudah, الروضه, n'est pas seulement remarquable par son étendue, ses promenades et ses jar-

[1] *Voyez* pl. 18, *Etat moderne*, vol. I.

[2] Selon M. Renati, *Décade égyptienne*, tom. II, p. 180, la grotte de Saint-Sergius est à l'extérieur de la ville.

dins délicieux, elle est encore digne d'attention sous le rapport historique. Ce fut là que se réfugia, avec une partie de la garnison grecque et égyptienne, le général Makaukas, qui commandait pour l'empereur Héraclius, après avoir été défait par A'mrou et chassé de la citadelle[1]; j'ai parlé ailleurs de la capitulation que lui accorda le vainqueur, et qui décida du sort de l'Égypte[2]. Au temps de la conquête, elle s'appelait simplement l'*île*, ou l'*île de Mesr*, et n'était pas encore fortifiée. On ne sait pas à quelle époque elle s'est formée; mais il est certain qu'elle est antérieure à l'arrivée des Arabes : peut-être est-elle le résultat de l'ouverture du canal connu sous le nom d'*Amnis Trajanus*, ouvrage d'Adrien; et le petit bras du Nil qui est à sa droite est-il le commencement de ce même canal, élargi par la puissance du courant, lequel, dans cette partie, tend fortement à l'ouest, la pente du canal étant plus faible que celle du fleuve. Ce qui confirmerait notre conjecture, c'est que ce petit bras est à sec tous les ans. Au temps d'el-Edriçy, on appelait ce lieu *Dâr el-Meqyâs*[3]. On voyait beaucoup de belles maisons bâties sur le rivage : dans les hautes eaux, on y communiquait par un pont de trente bateaux, et de l'île à l'autre côté du fleuve, par un autre de soixante bateaux, aboutissant à Gyzeh. Ces ponts, dont Ebn el-Ouardy fait aussi mention, et que le Nil n'avait pas

[1] Ce fait est rapporté par Maqryzy et d'autres auteurs. *Voyez* la *Relation* d'Abd-el-latyf, trad. par M. Sylvestre de Sacy.

[2] Voyez *Ant.-mém.*, t. IX (*Mém. sur la population ancienne et moderne*, pag. 103).

[3] Sect. III, p. 369 du *Commentaire* de Hartmann.

vus depuis des siècles, ont été rétablis, mais sur des points différens, pendant le séjour de l'armée française. Il en existait dès le temps de la conquête d'A'mrou, entre l'île et le site de Babylone, et de l'île à la rive gauche du fleuve. Si l'on s'en rapporte au témoignage de Djélâl el-dyn [1], les Grecs ayant coupé ce pont, il fut, aussitôt après la capitulation de Makaukas, rebâti par les Arabes. Sa largeur était de $11^{m}55$. Le khalife al-Mâmoun répara le double pont en 210 (825); el-Mo'ezz, en 364 (975), et le sultan Dâher Beybars, en 664 (1265). Au temps de l'auteur arabe, en 895 (1489), il n'en existait plus de traces.

La longueur de l'île, à l'époque d'el-Edriçy, était de *deux milles,* et sa largeur, l'étendue du jet d'une flèche. Le petit mille arabe de 66 $\frac{2}{3}$ au degré, ferait pour la longueur de l'île, plus de 3100 mètres : or, on trouve aujourd'hui 3150 mètres de long et 570 de large [2]. Ainsi, depuis cet écrivain, c'est-à-dire depuis environ sept siècles, elle ne paraît pas avoir changé sensiblement; mais il ne faudrait pas juger par-là des variations du cours du Nil. A partir de l'extrémité méridionale, et jusqu'à une certaine distance, l'île est entourée de murs de quai, qui soutiennent le choc d'une masse d'eau énorme. En effet, la profondeur du Nil en cette partie est de 30 à 40 pieds, suivant le degré de l'inondation, et la largeur du fleuve devant la pointe

[1] *Voyez*, dans les *Notes et éclaircissemens de M. Langlès sur le Voyage de Norden*, t. III, p. 203 et suiv., une histoire détaillée de l'île de Roudah, d'après Djélâl el-dyn el-Soyouty, de l'an 895 (1489).

[2] *Voyez* planches 15 et 16, *Etat moderne*.

de l'île est d'environ 750 mètres[1]. L'escalier descendant au fleuve, à l'extrémité sud de la rive occidentale, est appelé, chez les chrétiens ignorans, *l'escalier de Moïse,* parce qu'ils prétendent que c'est au pied des marches qu'on aperçut, flottant sur les eaux, la corbeille qui le portait. J'ai remarqué que le nombre de ses marches est de vingt-deux, comme celui qu'on suppose vulgairement être celui des coudées du meqyâs (quoique la colonne ne soit divisée qu'en seize). Au surplus, cet escalier pourrait parfaitement servir de nilomètre, parce qu'il descend jusqu'au fond du Nil; aussi le mystère qu'on faisait jadis de la marche de l'accroissement était une chose absurde. Près de là se termine une longue avenue de sycomores (figuiers), les plus beaux arbres qui soient dans toute l'Égypte; elle a 1200 mètres : une seule rangée d'arbres forme deux avenues, parce que l'espace couvert par leur ombrage épais a 100 pieds de largeur. Le tronc du plus gros a de 8 à 10 pieds de diamètre, et l'élévation 120 pieds[2].

En avançant au midi on arrive au jardin du meqyâs ou nilomètre. Une multitude d'orangers et de citronniers, toujours verts et fleuris, rendent cet endroit délicieux et embaument l'air des plus doux parfums, pendant que des milliers d'oiseaux y font entendre leurs concerts. Il ne faut pas chercher dans ces jardins (nous l'avons dit ailleurs) des avenues, des sentiers pour la pro-

[1] Niebuhr donne au Nil, devant Gyzeh, 2946 pieds de large; c'est beaucoup trop : il n'a guère que 800 mètres, ce qui est déjà plus que le quintuple de la Seine au Pont-Royal.

[2] *Voyez* pl. 17, fig. 2, *É. M.*

menade; l'on y repose sous des kiosques, mais on n'y marche pas; la terre est sans gazon, les fleurs sans culture : ce sont des bois plutôt que des jardins. Mais cette végétation agreste est si puissante et si riche, l'air est si parfumé, la fraîcheur de l'ombrage est si précieuse au milieu d'une température brûlante, qu'on peut affirmer sans crainte que les Orientaux y éprouvent au moins autant de bien-être que nous dans les jardins d'Europe.

Continuant de marcher au sud, on se trouve dans les bâtimens du fameux nilomètre, l'un des plus anciens édifices des Arabes : l'histoire en a été faite trop souvent pour trouver place ici; heureusement le lecteur la trouvera complète dans cette collection, sans avoir besoin de consulter d'autres ouvrages, et il suffira au plus grand nombre de lire les mémoires de M. Marcel et de M. Le Père [1]. Bornons-nous à dire que l'extérieur présente des murs épais, susceptibles de résistance, et que les Français avaient encore fortifiés. C'est sans doute là qu'étaient le fort bâti par Ahmed ebn Touloun, selon el-Maqryzy [2], et celui que Negm el-Dyn fit élever. Le palais de ce dernier existait encore à demi ruiné à l'époque de l'expédition : on a dessiné dans l'ouvrage une des portes de cet édifice. Quant au chantier de construction et à l'édifice appelé *Hodag* (la Litière), d'après le même auteur [3], nous ignorons

[1] Voyez *É. M.*, tom. XVIII, p. 555, et tom. XV, pag. 1.

[2] *Relation* d'Abd-el-latyf, trad. de M. Sylvestre de Sacy, pag. 388. Cependant il y a encore dans la partie orientale un autre emplacement de château, appelé *Qasr el-Roudah*.

[3] *Relation* d'Abd-el-latyf, trad. de M. Sylvestre de Sacy, page 388.

en quel point de l'île on doit les chercher. L'intérieur contient plusieurs hameaux qu'habitent les cultivateurs de cette île, si riche en grains, fèves et légumes de tout genre. Une belle mosquée abandonnée avait été convertie, au temps de l'expédition, en moulin à poudre[1].

La position de Roudah présente des avantages qui avaient frappé les Français; entourée par les eaux du Nil, facile à défendre, à agrandir, même à joindre à l'île de Boulâq, ornée de jardins délicieux, elle est exempte des inconvéniens graves qu'offre la situation du Kaire, par exemple, d'être sous le feu du Moqatam, et d'être exposée à la réverbération d'un soleil ardent, même à l'invasion des sables. Aussi le général du génie Caffarelli avait conçu le projet d'en faire le siége d'une ville française. En l'an VIII (thermidor), le général Menou y fit tracer le plan d'une ville et plusieurs alignemens. Cette position est préférable à celle du Ventre de la Vache qu'on avait aussi proposée.

Il existe une histoire spéciale de cette île, appelée *Koukab el-Roudah*, Étoile de Roudah, par Djelâl-el-dyn el-Soyouty. Il raconte qu'en 761 (1359) la crue du Nil alla jusqu'à 24 coudées, et renversa les maisons à une grande distance. Le peuple se retira dans le désert; l'île de Roudah fut complètement submergée : c'était le plus grand débordement de ceux dont la tradition eût conservé le souvenir. Il paraît que 20 coudées 21 doigts suffisaient pour submerger l'île; et c'est ce qui arriva en 882 (1477). Nous devons, pour tout

[1] *Voyez* planches 16 et 22, *Etat moderne*, vol. I.

ce qui regarde l'île et le nilomètre, renvoyer aux mémoires ci-dessus cités, et aux planches de l'Atlas[1].

## §. III. *Gyzeh et Boulâq.*

La petite ville de Gyzeh, جيزة, est précisément en face du vieux Kaire, dont elle est séparée par le Nil, fort large en cet endroit, et par la pointe sud de l'île de Roudah; elle est enceinte et fortifiée du côté de l'ouest ou vers les Pyramides. Sa plus grande dimension est le long du Nil, et d'environ 1500 mètres. On ignore l'époque précise de la fondation de cette ville : son origine est due sans doute au passage fréquent qui a lieu sur ce point; c'est là qu'on aborde en venant du Kaire, quand on se rend dans la haute Égypte. Par cette même raison, selon moi, ce lieu a toujours dû être habité depuis l'établissement de Fostât et même de la Babylone d'Égypte; les Français y avaient établi un pont de bateaux : de plus cette opinion est confirmée par le nom même de *Gyzeh*, qui signifie *passage*[2].

La liste des établissemens de Gyzeh, qui se trouve plus loin, me dispense de décrire la ville. Je me bornerai à citer le palais de Mourâd-bey, Qasr Mourâd-Bey, situé à l'extrémité nord : il est célèbre par ses jardins et les magnifiques treilles qu'on y voit. En consultant les planches de l'ouvrage, on en aura une idée[3]; elles diffèrent des treilles à l'italienne par leur disposition, mais elles ne sont pas moins pittoresques, ni moins

[1] *Voy.* pl. 23 et 14, *E. M.*, vol. I.

[2] *Voyez*, §. II, ce qui est dit du pont de bateaux aboutissant à Gyzeh.

[3] *V.* pl. 17, fig. 3, *E. M.*, vol. I.

agréables, à cause de leur ombrage délicieux; la promenade qu'elles forment est un large berceau, long de près de 200 mètres. C'est à Gyzeh, dans la grande mosquée, Gâma' el-Kebyr, que l'on conserve l'étalon de la canne, *qasab*, qui sert à former le feddân ou la mesure agraire. La mesure de Gyzeh est le qasab légal et le plus commun; sa longueur est de 3m85. Le feddân en a 20 en tous sens; c'est-à-dire qu'il contient 400 *qasab* carrés. A Gyzeh est une verrerie avec une fabrique de bouteilles et de ballons pour la sublimation du sel ammoniac.

La plaine des Pyramides, dont Gyzeh occupe une extrémité, renferme une grande chaussée, avec plusieurs ponts, percée d'arcades en plusieurs endroits pour l'écoulement des eaux de l'inondation. Le principal pont est à deux lieues, directement à l'ouest de Gyzeh, sur le canal occidental : il est bâti en pierre, et a encore aujourd'hui dix arcades en ogives[1]. Son époque est assez ancienne, il remonte à Saladin, et il est l'ouvrage de son vizir Qarâqouch, qui le construisit vers 562 (1166) avec des pierres tirées des petites Pyramides; il en est ainsi de la longue chaussée qui, partant du Nil, venait rejoindre ce pont. La chaussée avait deux objets, l'un de servir de digue à l'inondation et de retenir le limon sur les terres, l'autre de fournir un chemin pour transporter les matériaux destinés à construire l'enceinte du Kaire. A l'époque où Qarâqouch ordonna ces travaux, on fit plus de quarante arcades semblables. A'bd-el-latyf en parle avec admiration; il

[1] *Voyez* planche 21, fig. 5 à 8.

raconte qu'en l'an 597 (1200) un homme ignorant les boucha pour retenir les eaux sur les terres de Gyzeh, mais en vain; les eaux renversèrent plusieurs arches par leur poids[1]. L'an 708 (1308), selon Maqryzy, les arches furent réparées. Il doit exister un second pont semblable que Niebuhr a vu et que nous n'avons pas dessiné; ce voyageur a rapporté des inscriptions que les savans danois y ont copiées, et d'après lesquelles il paraît qu'un des ponts fut bâti ou réparé vers 880 (1475) par Qâyd-bey. Ces ponts sont mentionnés par d'autres écrivains arabes. Ebn el-Ouardy parle aussi des quarante arches comme d'une très-belle construction. Par le laps du temps, cet ouvrage est réduit à très-peu de chose; la digue est fort mal entretenue, et les eaux n'ont plus besoin pour s'écouler des arcades qui subsistent.

Boulaq, بولاق, est une ville plus importante que Gyzeh, autant par son commerce que par sa position et par son étendue. Quelquefois on la confond avec le Kaire, mais c'est à tort : elle en est bien distincte, et séparée par une plaine de 1200 mètres de largeur et par des jardins; c'est bien le port du Kaire, mais c'est une ville à part. On estime sa population à 24 mille habitans. C'est à Boulâq que s'arrêtent les barques portant les productions du Delta, et les navires chargés des marchandises d'Europe et de tout l'Occident. Ce port est pour la basse Égypte ce qu'est celui du vieux Kaire pour la haute Égypte. Les Français ont construit une belle chaussée pour communiquer de Boulâq

[1] *Voyez* A'bd-el-latyf, trad. de M. Sylvestre de Sacy, p. 212. *Voyez* aussi le IIIe volume des *Voyages de Norden*, édit de M. Langlès.

au Kaire, vers le pont des Moghrebins; sa longueur est de 1200 mètres.

Le triangle à base arrondie que forme le plan de Boulâq a cette base appuyée sur le Nil, et cette ligne développée a 2100 mètres; la hauteur du triangle en a 600. On compte dans la ville vingt-quatre mosquées, un grand nombre d'okels, dont trente principaux sont pour la plupart plus vastes et plus beaux que ceux du Kaire. C'est à Boulâq qu'est la douane d'Égypte. Les tombeaux sont au nord, attenant à la ville, et même dans l'intérieur. La plage est couverte presque en tout temps d'immenses provisions de blé, en plein air[1]. L'orge, le blé, les fèves couvrent le port, dans des enceintes presque ouvertes; en Égypte la confiance est extrême entre les habitans, et il faut avouer qu'ils n'ont presque jamais sujet de s'en repentir. Je n'ai point eu connaissance à Boulâq de l'arsenal dont parle Niebuhr. Le plan et son explication étant très-détaillés, il serait inutile de faire une description circonstanciée de la ville[2]. Le commerce de Boulâq est considérable; les marchandises d'Europe ne font qu'y passer pour être transportées au Kaire, mais les produits de la haute et de la basse Égypte y remplissent de grands okels; par exemple, le coton, le lin, le henneh, le sucre, le riz, le safranon, le natroun, sans parler du café, de la gomme, de l'ivoire et des autres marchandises de l'Arabie et de l'intérieur de l'Afrique.

La grande île de Boulâq, autrement Gezyret el-

[1] *Voyez* pl. 25, *É. M.*, vol. I.

[2] *Ibidem* planche 24, *Etat moderne*, vol. I, et ci-dessous le ve chapitre.

Qoratyeh, est plus que le double de la superficie de celle de Roudah. C'est à son extrémité septentrionale, en face d'Embâbeh, que les Français avaient établi un lazareth. Cet établissement eût pu rendre de grands services, s'il avait été maintenu.

## §. IV. *De quelques lieux des environs du Kaire.*

Je terminerai en passant en revue plusieurs endroits extérieurs au Kaire, autres que les trois villes précédentes et l'île de Roudah; savoir : au midi, Torrâh et el-Baçâtyn, entre lesquels est la vallée de l'Égarement; puis, en se rapprochant du Kaire, Deyr el-Tyn, limite de la province d'Atfyeh, et Atar el-Naby, premier village de celle du Kaire; à l'est, le Moqatam et ses carrières; au nord, l'ancienne mosquée de Dâher et la Qoubbeh; au couchant, le fort d'Ibrâhym-bey ou Qasr el-A'yny. Le reste de l'espace est occupé par de grands jardins et étangs extérieurs, pour lesquels il suffit de renvoyer au plan général[1]. Le village de Deyr el-Tyn est à environ 5000 mètres du Kaire, et 7000 mètres de Torrâh. Cette dernière distance est en même temps la mesure de l'ouverture de la vallée dite de l'Égarement, *Ouâdy el-Tyeh*, quoique les Arabes prétendent que ce nom n'appartient qu'à une vallée d'Arabie, et qu'ils nomment celle-ci *Bahr Belâ-mâ*[2]: c'est l'une des routes de Soueys. Le village de Torrâh

[1] *Voyez* planche 15, *Etat moderne*, volume I.

[2] La tradition, fondée sans doute sur les grands arbres pétrifiés qu'on y trouve, est que jadis un grand torrent s'écoulait par cette vallée.

renferme une église chrétienne qobte, dédiée à saint Georges. Il est lié à la montagne Arabique par un long retranchement, haut de 7 à 8 pieds, épais de 3, bâti en assises régulières, et percé d'embrasures pour le canon, ainsi que crénelé dans toute sa longueur; la ligne est flanquée de deux tours, elle s'appuie sur un château-fort au sommet de la montagne, et, du côté du fleuve, se joint à une autre forteresse. Cet ouvrage commande et interdit tout-à-fait, sur la rive droite, le passage du Kaire dans la haute Égypte. La montagne y est très-escarpée et très-élevée au-dessus de la plaine : elle porte deux forts, dont l'un est de forme carrée; l'autre, bâti plus nouvellement, est de forme octogone, avec une tour ronde au dedans, dont le diamètre est de 20 à 25 mètres (60 à 80 pieds). C'est Ismâ'yl-bey qui a fait faire ou plutôt rebâtir ce retranchement, il y a une quinzaine d'années (vers 1787), pour empêcher Mourâd-bey, alors réfugié dans la haute Égypte, de descendre au Kaire de ce côté. Le fort serait difficile à tourner avec de la cavalerie par le derrière de la montagne, toute composée de rochers impraticables; au reste, le passage est facile sur la rive gauche, du moins après les hautes eaux. Du haut du fort, on a une des vues les plus étendues dont on puisse jouir en Égypte. Les pyramides les plus reculées de Saqqârah se voyaient de là très-facilement, et, du côté du nord, je découvrais bien au-delà du Kaire, qui est cependant à trois lieues ½ de Torrâh. Plus bas, la montagne est taillée et percée de carrières, ouvrage des anciens, ce qui est facile à reconnaître au travail méthodique de l'excavation. On a laissé des piliers taillés partout à arêtes vives; les plafonds et les murs sont bien dressés. Une de ces carrières de 20 pieds de haut, est aussi remarquable par sa très-grande largeur et beaucoup d'embranchemens. C'est un modèle d'exploitation pour les Égyptiens modernes, s'ils savaient voir et observer (*Voy.* A. D., *chap. XVIII*). Quant aux carrières de grès propres à tailler les meules, qui sont exploitées à l'entrée de la vallée de l'Égarement, elles ont déjà été l'objet de quelques remarques à l'occasion de l'industrie des habitans du Kaire, et je dois renvoyer à cet article.

A el-Baçâtyn, la montagne fuit au S. E. et à l'E. S. E., pour former une des branches de la vallée de l'Égarement; l'autre branche commence à Torrâh et se porte vers le N. E. et l'E. N. E. Le village d'el-Baçâtyn est peut-être le seul de l'Égypte qui soit bâti en pierres de taille (l'on y voit très-peu de briques) : il doit sans doute cet avantage à la proximité des carrières. On y voit deux minarets. Les jardins d'el-Baçâtyn sont cultivés jusqu'au désert même, et il n'y a pas un seul pouce de terre de perdu pour la culture : un simple mur sépare les sables les plus arides et un terrain très-fertile. Derrière el-Baçâtyn, au sud, j'ai vu campés les *Terrâbyn*, au nombre de 400 hommes et autant de femmes et d'enfans, occupant quatre-vingts tentes. Ces Arabes, comme tous les autres, ont coutume d'adosser leurs tentes aux berges des canaux, ou à tout autre obstacle capable de les dérober à la vue. Comme je parcourais ces environs, je me suis trouvé tout-à-coup au milieu de leurs vedettes. Leurs tentes étaient basses, spacieuses, ouvertes par devant, et divisées en deux chambres, servant l'une aux hommes, l'autre aux femmes et aux enfans : en avant étaient, selon l'usage, les chevaux, les chameaux et les bestiaux. Il est inutile de parler de leurs chevaux, de la beauté des races, de l'adresse des cavaliers, de leurs armes ou de leurs lances, qui ont, comme l'on sait, jusqu'à onze pieds de longueur, et qu'ils savent, bien que lancés au galop, diriger à coup sûr et à une grande distance[1].

Le mont Moqatam est souvent à pic de ce côté; sa hauteur varie de 60 à 100 mètres (200 à 300 pieds). Il est formé de bancs circulaires assez réguliers : vers el-Baçâtyn, sa moitié supérieure est composée d'une pierre rougeâtre, moins dure que le reste. Au pied de la montagne, le sol est sillonné par les traces des eaux pluviales, qui interrompent fréquemment les dunes de sable mobiles. Au-delà de la vallée, en se dirigeant au Kaire, on n'est pas peu supris de voir que la montagne renferme des constructions assises sur le roc; dans ces sites si escarpés, si arides, où jamais un végétal n'a pris naissance, et dont l'œil a peine à supporter l'éclat à cause de la réverbération des rayons du soleil, il y a cependant des maisons isolées et d'une forme agréable; c'est une d'elles qu'habita Forskaël, quand, pour être plus à portée des plantes du désert que lui apportaient les Arabes, il établit sa demeure sur le Moqatam. *Qoubbet el-Haouâ* est le nom d'un pavillon ou petit

[1] Voyez, *Observations sur les Arabes de l'Egypte moyenne*, ci-dessus, tom. XII, pag. 267.

château bâti dans la montagne, et appelé ainsi de l'air vif qu'on y respire.

Le désert, et parconséquent l'empire des Bédouins, commence au pied de la citadelle, du côté du Moqatam : c'est-à-dire que les Arabes voleurs, les hommes des tribus qui errent dans l'isthme de Soueyz, viennent fort près de l'enceinte du Kaire enlever ou dépouiller les promeneurs imprudens et sans défense. Toute cette partie de la montagne est une immense carrière, où l'on a puisé de temps immémorial, et où l'on continuera de puiser, pendant des siècles, de bons matériaux de construction. Point de puits ni de cavages; l'exploitation se fait à ciel ouvert, sur les flancs, et à toute hauteur du rocher. La matière est là même que celle qui a servi aux Pyramides, et que l'on reconnaît dans les anciennes constructions de la basse Égypte et d'Alexandrie. L'aggrégation des coquilles numismales qui la composent est d'autant plus solide que la pâte est formée des mêmes coquilles, d'une extrême finesse, qui remplissent tous les interstices. D'énormes blocs de toutes formes, détachés du roc par diverses causes, sont gisans au pied de la montagne et à mi-côte, comme à Torrâh. Par leurs dimensions gigantesques, ils rappellent les blocs taillés par les anciens habitans.

On donne le nom de *Gebel el-Ahmar* (la Montagne Rouge) à une montagne qui se voit à l'est du Kaire, à une demi-lieue vers le nord de la citadelle, isolée de toutes parts, et saillante au milieu d'une plaine de sable; elle tire son nom de la couleur des grès remarquables dont elle est formée. Ces grès sont parsemés de cailloux et d'agathes de nuances diverses; la pierre a divers tons, rouge, jaune, cramoisi, rose, bleu, etc. Sa dureté est grande et son grain très-fin; cette variété est précisément la même que celle des grands colosses de Memnon à Thèbes : on voit dans cette montagne les traces d'une grande exploitation [1]. Revenant de là vers le Kaire, et laissant à droite la *Qoubbeh*, où se trouvent une multitude de tombeaux très-riches [2], on arrive à l'étang dit de la lune, *Birket el-Cheykh Qamar*, puis à *Gâma' Dâher*, grande mosquée extérieure, en partie ruinée. Je n'ajouterai rien ici à ce que j'en ai dit plus haut; c'est là que le canal sort du Kaire pour se diriger ensuite au nord, vers les ruines d'Héliopolis. Enfin, en remontant le canal de ceinture, à l'ouest du Kaire, on arrive à *Qasr el-A'yny* (appelé aussi le château de la Ferme d'Ibrâhym-bey), grand bâtiment situé sur le petit bras du Nil, non loin de la prise d'eau de l'aquéduc; et l'on achève ainsi la tournée des environs du Kaire. Les Français avaient converti ce bâtiment en hôpital et l'avaient fortifié.

C'est dans la grande plaine voisine que les Mamlouks s'exerçaient à la course à cheval et au jet du geryd; ce lieu s'appelle *Meydân el-Nichâbeh*. Au temps où a été

[1] En continuant de marcher de là dans l'intérieur du Moqatam, on arrive à une petite vallée, où l'on rencontre du gypse fibreux et lamelleux, ainsi que de beaux prismes de spath pesant.

[2] Encore plus loin, vers le nord, et non loin des ruines d'el-Matâryeh, est le lieu où l'on dit que le baumier a été cultivé; j'en puis fournir une nouvelle preuve par ces mots que l'auteur de l'ancien plan du Kaire, cité §. VII, y a insérés, au sud de l'aiguille d'Héliopolis : *En ce lieu est recueilly le baume*. Le même auteur indique le canellier comme cultivé à cette époque (1593) sur la rive gauche du Nil, au nord de l'île de Roudah : *Icy*, dit-il, *sont les arbres produisans la canelle*.

fait l'ancien plan que j'ai cité plusieurs fois, il y avait aussi un lieu pour ces exercices, mais plus loin et au nord de Boulâq. La note ajoutée au plan est ainsi conçue : *C'est icy qu'on court à la lice, et s'exerce-t-on en toute sorte à piquer chevaux, suyvant que les Turcs et Mameluz l'ont de coustume, et là ils enseignent aux asnes de faire des choses qu'à peine trouverez-vous qu'un singe les sceust faire.*

---

# CHAPITRE V.

## Explication des plans des environs du Kaire.

### ILE DE ROUDAH, BOULÂQ, LE VIEUX KAIRE ET GYZEH [1].

---

1°. ÎLES, ET ENVIRONS DU KAIRE, DU VIEUX KAIRE ET DE GYZEH.

(Planche 15, *É. M.*, volume 1.)

| LISTE DES NOMS DES LIEUX, RUES, PLACES, MONUMENS. | |
|---|---|
| RIVE DROITE DU NIL. | |
| *El-Basâtyn.* | البساتين |
| *Kymân el-Hesseh.* | كيمان الحصّه |
| *Gâma' el-Cha'râouy.* | جامع الشعراوى |
| *Tourab el-Ymâm*, ville des tombeaux du côté du midi (ou ville des morts), renfermant plusieurs dômes et mosquées à minaret. | ترب ال امام |

[1] Plusieurs lieux et monumens des environs sont compris dans les listes particulières du vieux Kaire, de Boulâq et de Gyzeh, qu'il faut consulter, ainsi que les planches 16 et 24.

| LISTE DES NOMS DES LIEUX, RUES, PLACES, MONUMENS. | |
|---|---|
| Fort Muireur [1]. | |
| *Gebel el-Moqatam*, mont Moqatam. | جبل المقطّم |
| *El-Cheykh Sydy Sâdeh*, sur le sommet du Moqatam. | الشيخ سيدى ساده |
| Carrières dans le Moqatam. | |
| Fort Martinet. | |
| Fort Sornet. | |
| Fort Lambert. | |
| Fort Reboul. | |
| Fort Dupuis. | |
| Fort Venoux. | |
| *Tourab Qâyd bey*, autre ville des tombeaux du côté du nord. | ترب قايد بيه |
| *El-Qoubbeh*, karavansérail, tombeaux. | القبّة |
| Fort Grezieux. | |
| *Qasr Mohammed bey el-Soghayr*, à l'ouest de Birket Cheykh-Qamar. | قصر محمّد بيه الصغير |

[1] Ce fort et les suivans ont été établis par les Français sur la chaîne des buttes de décombres qui entourent le Kaire; on avait donné à ces forts les noms des officiers les plus distingués de l'armée, morts sur le champ de bataille.

| LISTE DES NOMS DES LIEUX, RUES, PLACES, MONUMENS. | |
|---|---|
| *Gâma' el-Dâher*, fort Shulkowsky. | جامع الظاهر |
| Fort Laugier. | |
| Fort Camin. | |
| Fort Conroux. | |
| *Gezyret el-Qorâtyeh*, petit village en face de l'île du même nom. | جزيرة القوراتيه |
| *Beyt A'ly aghâ*, maison isolée. | بت على اغا |
| *Meydân el Nichâbeh*, plaine où les Mamlouks s'exerçaient. | ميدان النشّابه |
| Fort de l'Institut. | |
| *Beyt Moustafa bey*. | بيت مصطفى بيه |
| *Qasr el-A'yny*, ou ferme d'Ibrâhym-bey (depuis hôpital militaire). | قصر العينى |
| *Beyt Mohammed kâchef el-Arnâout*. | بيت محمد كاشف الارناوط |
| *Khalyg*, canal appelé *canal du Kaire* ou *du Prince des Fidèles*. | خليج |
| *El-Migreh*, aquéduc conduisant les eaux du Nil à la citadelle. Voyez *le Vieux Kaire*, nº. 52. | المجرة |
| *Deyr el-Nasârah*, couvent chrétien au nord-est de la prise d'eau. | دير النصاره |

| LISTE DES NOMS DES LIEUX, RUES, PLACES, MONUMENS. | |
|---|---|
| *Gâma' abou el-So'oud*, ancienne mosquée. | جامع ابو السعود |
| Plusieurs couvents chrétiens. | |
| Carrières exploitées depuis les hauteurs de Saint-Georges jusqu'à *Gâma' A'mrou*. | |
| Hauteurs de Saint-Georges, plateau isolé et escarpé. | |
| *Deyr el-Nasârah*, couvent à l'est d'*Atâr el-Neby*. | دير النصاره |
| ÎLES. | |
| 1°. *Gezyret el-Terseh*. | جزيرة الترسه |
| 2°. GEZYRET EL-ROUDAH. | جزيرة الروضه |
| *El-Meqyâs*, ou nilomètre de Roudah. | المقياس |
| Jardins du meqyâs. | |
| Ponts volans. | |
| *Kharâbt el-Meqyâs*, ou ruines de l'ancien meqyâs. | خرابة المقياس |
| Moulin à vent. | |
| *Gâma' el-Boustân*. | جامع البستان |
| *Gemmeyz el-A'bd*, grande avenue de sycomores. | جمّيز العبد |

LISTE DES NOMS DES LIEUX, RUES, PLACES, MONUMENS.

| | |
|---|---|
| *Qasr el-Roudah.* | قصر الروضه |
| *Kafr Qâyd bey*, hameau. | كفر قايد بيه |
| *Kafr A'bd el-A'zyz*, hameau. | كفر عبد العزيز |
| 3°. Iles de *Moustafä aghâ*, en partie inondées lors des hautes eaux. | |
| 4°. *Gezyret Boulâq* ou *Gezyret el-Qorâtyeh*, île de Boulâq. | جزيرة بولاق اوجزيرة القوراتيه |
| 5°. Ile du lazareth. | |
| RIVE GAUCHE DU NIL. | |
| *Gezyret el-Dahab*, petit village en face de l'île de Tersch. | جزيرة الذهب |
| *Sâqyet Mekkeh*, hameau. | ساقية مكّه |
| *Boulâq el-Dakrour*, village. | بولاق الدكرور |
| *El-Dekkeh*, idem | الدكه |
| *Embâbeh* [1], idem. | امبابه |

[1] *Voyez* la planche 24 de l'Atlas géographique, pour la partie qui sort du cadre du plan général des environs du Kaire ou planche 15, *État moderne*, volume 1.

| NUMÉROS gravés SUR LE PLAN. | LISTE DES NOMS DES LIEUX, RUES, PLACES, MONUMENS. | |
|---|---|---|
| | **2°. BOULÂQ.** | |
| | (Pl. 24, *É. M.*, vol. 1. *Voyez*, dans la pl. 15, le trait renfermant Boulâq.) | |
| 1. | Sekket el-cheykh Nasr. | سكة الشيخ نصر |
| 2. | Sekket Bousah. | سكة بوصه |
| 3. | Hôd (*abreuvoir*). | حوض |
| 4. | Derb el-Tamâm. | درب التمام |
| 5. | Derb el-Qasâsyn. | درب القصاصين |
| 6. | Derb el-Gaouâber. | درب الجوابر |
| 7. | Derb el-A'âtleh. | درب العاتله |
| 8. | Sekket el-cheykh. | سكة الشيخ |
| 9 | Geneynet el-cheryf. | جنينة الشريف |
| 10. | Derb el-Melâqâouy. | درب الملاقاوى |
| 11. | Sekket el-Gaouâber. | سكة الجوابر |
| 12. | Torbet Bousah. | تربة بوصه |
| 13. | Souq el-Hemyr. | سوق الحمير |
| 14. | Sekket el-Sabtyeh. | سكة السبتيه |
| 15. | Derb el-Barâbrâ. | درب البرابرا |
| 16. | El-Sabtyeh. | السبتيه |

| NUMÉROS gravés SUR LE PLAN. | LISTE DES NOMS DES LIEUX, RUES, PLACES, MONUMENS. | |
|---|---|---|
| 17. | A'tfet el-Chytân. | عطفة الشيطان |
| 18. | Okâlt el-Chytân. | وكالة الشيطان |
| 19. | Okâlt el-Chytân. | وكالة الشيطان |
| 20. | Okâlt el-Qamh. | وكالة القمح |
| 21. | El-Sabtyeh. | السبتيه |
| 22. | Okâlt Ayoub. | وكالة ايوب |
| 23. | Okâlt Ayoub. | وكالة ايوب |
| 24. | Sekket Okâlt el-Rouz. | سكة وكالة الرز |
| 25. | Okâlt el-Arz. | وكالة الارز |
| 26. | A'tfet Rabe' el-Rouz. | عطفة ربع الرز |
| 27. | Okâlt el-Gebn. | وكالة الجبن |
| 28. | Derb el-Gamâlyeh. | درب الجماليه |
| 29. | Derb el-Mahgoub. | درب المحجوب |
| 30. | Sekket Hoch el-Geneyneh. | سكة حوش الجنينه |
| 31. | Derb el-Qalâftah. | درب القلافطه |
| 32. | Derb el-Gamâleh. | درب الجماله |
| 33. | Derb el-Mahgoub. | درب المحجوب |
| 34. | Derb Aghmyr. | درب اغمير |

| NUMÉROS gravés SUR LE PLAN. | LISTE DES NOMS DES LIEUX, RUES, PLACES, MONUMENS. | |
|---|---|---|
| 35. | Derb Badyr. | درب بدير |
| 36. | Derb el-Ouasty. | درب الوسطى |
| 37. | Derb el-Gedyd. | درب الجديد |
| 38. | Derb el-Mansar. | درب المنصر |
| 39. | Derb el-Mallâhyn. | درب الملاحين |
| 40. | Derb el-Ouasty. | درب الوسطى |
| 41. | Hârt Gâma' el-Mo'allaq. | حارت جامع المعلّق |
| 42. | Derb el-Kahleh. | درب الكحله |
| 43. | Gâma' el-Mo'allaq. | جامع المعلّق |
| 44. | Sekket Gâma' el-Mo'allaq. | سكة جامع المعلّق |
| 45. | Sekket el-Gaouâber. | سكة الجوابر |
| 46. | Sekket Gouâ el-Belad. | سكة جوا البلد |
| 47. | Derb el-Malâhah. | درب الملاحه |
| 48. | Gâma' el-Ansâry. | جامع الانصارى |
| 49. | Derb Beny Maso'oud. | درب بنى مسعود |
| 50. | Gâma' Bolok. | جامع بلك |
| 51. | A'tfet el-Ouasty. | عطفة الوسطى |
| 52. | Sekket el-Ouasty. | سكة الوسطى |

| NUMÉROS gravés SUR LE PLAN. | LISTE DES NOMS DES LIEUX, RUES, PLACES, MONUMENS. | |
|---|---|---|
| 53. | Gâma' el-Ouasty. | جامع الوسطى |
| 54. | Souq el-Ferâkh. | سوق الفراخ |
| 55. | Okâlt el-Gedydeh. | وكالة الجديدة |
| 56. | Maouqaf el-Hammarah. | موقف الحمرة |
| 57. | Okâlt el-Mogharbeh. | وكالة المغربه |
| 58. | Gâma' el-E'llâyeh. | جامع العلايه |
| 59. | Sekket el-Sabtyeh. | سكة السبتيه |
| 60. | Sekket el-Gezzâryn. | سكة الجزارين |
| 61. | Sekket el-A'ttâryn. | سكة العطارين |
| 62. | Derb el-Saqlameh. | درب السقلمه |
| 63. | El-Tablytah. | الطبليطه |
| 64. | Okâlt el-Kittân. | وكالة الكتان |
| 65. | Hârt el-Qâsâouât. | حارت القاساوات |
| 66. | Goul Mohammed. | جول محمد |
| 67. | Okâlt el-A'sy. | وكالة العصى |
| 68. | El-Tablytah. | الطبليطه |
| 69. | Sekket el-Soukkaryeh. | سكة السكريه |
| 70. | Okâlt el-Zeyt | وكالة الزيت |

| NUMÉROS gravés SUR LE PLAN. | LISTE DES NOMS DES LIEUX, RUES, PLACES, MONUMENS. | |
|---|---|---|
| 71. | Sekket Okâlt el-Zeyt. | سكة وكالة الزيت |
| 72. | Okâlt el-Kittân el-Soukkaryeh. | وكالة الكتان السكريه |
| 73. | Gâma' el-Chalâmânyeh. | جامع الشلامانيه |
| 74. | Okâlt el-Kittân. | وكالة الكتان |
| 75. | Rouba't el-Bâchâ. | ربعت الباشا |
| 76. | Sekket Sabtyeh el-Lymoun. | سكة سبتيه الليمون |
| 77. | Sabtyeh el-Qoulal. | سبتيه القلل |
| 78. | Dakak el-Hatab. | دكك الحطب |
| 79. | Sekket Dakak el-Hatab. | سكة دكك الحطب |
| 80. | El-Ouarcheh. | الورشه |
| 81. | El-Mechânteh. | المشانته |
| 82. | Gâma' el-Gyfânyeh. | جامع الجيفانيه |
| 83. | Gâma' el-cheykh Farag. | جامع الشيخ فرج |
| 84. | Gâma' el-Barâzy. | جامع البرازى |
| 85. | Beyt Hannâ Byny. | بيت حنا بينى |
| 86. | El-Dyouân. | الديوان |
| 87. | Gâma' A'ly bey. | جامع على بيه |
| 88. | Qychâryet A'ly bey. | قيشارية على بيه |

| NUMÉROS gravés SUR LE PLAN. | LISTE DES NOMS DES LIEUX, RUES, PLACES, MONUMENS. | |
|---|---|---|
| 89. | Okâlt A'ly bey. | وكالة على بيه |
| 90. | Beyt Rachou | بيت رشو |
| 91. | Ouasa't el-Dyouân. | وسعت الديوان |
| 92. | Qychâryet A'ly bey. | قيشارية على بيه |
| 93. | Sekket Souq el-Lymoun. | سكة سوق الليمون |
| 94. | Okâlt el-Nouql. | وكالة النقل |
| 95. | El-Sayâref. | الصيارف |
| 96. | Qychâryet Asnân Bâchy. | قيشارية اسنان باشى |
| 97. | Okâlt el-Tâouyleh. | وكالة الطاويله |
| 98. | Gâma' el-Senânyeh. | جامع السنانيه |
| 99. | El-Khasâsyn. | الخصاصين |
| 100. | El-Senânyeh. | السنانيه |
| 101. | El-Haddâdyn. | الحدادين |
| 102. | El-Gezzâryn. | الجزارين |
| 103. | A'tfet el-Bast. | عطفة البصط |
| 104. | Gâma' el-Mahkameh. | جامع المحكمه |
| 105. | El-Hânout. | الحانوت |
| 106. | A'tfet el-Lymoun. | عطفة الليمون |

| NUMÉROS gravés SUR LE PLAN. | LISTE DES NOMS DES LIEUX, RUES, PLACES, MONUMENS. | |
|---|---|---|
| 107. | Sekket Bousâtyeh. | سكة بوصاتيه |
| 108. | Sekket Amr Bâbeyn. | سكة امر بابين |
| 109. | Khasâsah. | خصاصه |
| 110. | Sekket el-Mahkameh. | سكة المحكمه |
| 111. | Sekket Khoderet el-Baql. | سكة خضرة البقل |
| 112. | A'tfet el-Sâber. | عطفة الصابر |
| 113. | Okâlt el-Souf. | وكالة الصوف |
| 114. | Sekket Gâma' Merzeh. | سكة جامع مرزه |
| 115. | El-Khasâsah. | الخصاصه |
| 116. | Sekket el-Abzâryeh. | سكة الابزاريه |
| 117. | Gâma' Khadarah. | جامع خضره |
| 118. | Sekket el-Haouâsel. | سكة الحواصل |
| 119. | Okâlt el-Qotn. | وكالة القطن |
| 120. | Okâlt el-Abzâryeh. | وكالة الابزاريه |
| 121. | Khott el-Abzâryeh. | خطّ الابزاريه |
| 122. | Okâlt el-Henneh. | وكالة الحنّه |
| 123. | Sekket el-Dechycheh. | سكة الدشيشه |
| 124. | Sekket el-Khatyry. | سكة الخطيرى |

| NUMÉROS gravés SUR LE PLAN. | LISTE DES NOMS DES LIEUX, RUES, PLACES, MONUMENS. | |
|---|---|---|
| 125. | Chouneh Ibrâhym el-Soghayr. | شونه ابراهيم الصغير |
| 126. | Sâhel el-Dechycheh. | ساحل الدشيشه |
| 127. | A'tfet el-Khatyry. | عطفة الخطيرى |
| 128. | Sekket el-Sâdât. | سكة السادات |
| 129. | Okâlt el-Milâyât. | وكالة الملايات |
| 130. | Okâlt el-A'sal. | وكالة العسل |
| 131. | Okâlt el-Soukkar. | وكالة السكّر |
| 132. | Sekket Barâm bâchâ. | سكة برام باشا |
| 133. | Okâlt el-Qoulal. | وكالة القلل |
| 134. | Okâlt abou-Zeyt. | وكالة ابو زيت |
| 135. | Okâlt el-Fisqyeh. | وكالة الفسقيه |
| 136. | A'tfet el-Bahr. | عطفة البحر |
| 137. | Sekket el-Tabbâneh. | سكة التبانه |
| 138. | Okâlt el-Bous. | وكالة البوص |
| 139 | El-Hamdyeh Fourn E'ych. | الهمديه فون عيش |
| 140. | El-Malaket el-Gedydeh. | الملكة الجديده |
| 141. | Ouasa'h Chouan el-Hatab. | وسعه شون الحطب |
| 142. | A'tfet el-Hatab. | عطفة الحطب |

| NUMÉROS gravés sur le plan. | LISTE DES NOMS DES LIEUX, RUES, PLACES, MONUMENS. | |
|---|---|---|
| 143. | El-Tabbâneh. | التبّانه |
| 144. | *Porte.* | |
| 145. | A'tfet el-Hâg. | عطفة الحاج |
| 146. | A'tfet abou-Tâouyleh. | عطفة ابو طاويله |
| 147. | A'tfet el-Gezzâr. | عطفة الجزّار |
| 148. | Khâznet Baouâb. | خازنة بواب |
| 149. | Sekket el-Khodeyry. | سكة الخضيرى |
| 150. | Sekket abou-E'lâ. | سكة ابو علا |
| 151. | Gâma' abou-E'lâ. | جامع ابو علا |
| 152. | Sekket Mouaffeq. | سكة موفق |
| 153. | *Porte.* | |
| 154. | Qantarat el-Tamrât. | قنطرة الثمرات |
| 155. | Sekket abou-E'lâ. | سكة ابو علا |
| 156. | Sekket abou-E'lâ. | سكة ابو علا |
| 157. | A'tfet el-Nachâr. | عطفة النشار |
| 158. | A'tfet el-Khâtyry. | عطفة الخاطيرى |
| 159. | A'tfet el-Khâtyry. | عطفة الخاطيرى |
| 160. | Gâma' el-Khâtyry. | جامع الخاطيرى |

| NUMÉROS gravés SUR LE PLAN. | LISTE DES NOMS DES LIEUX, RUES, PLACES, MONUMENS. | |
|---|---|---|
| 161. | Sekket Maouqaf el-Khammârah. | سكة موقف الخمّاره |
| 162. | A'tfet Za'trah. | عطفة ظعطره |
| 163. | Sekket el-Khâtyry. | سكة الخاطيرى |
| 164. | Hàrt el-Chorafeh. | حارت الشرفة |
| 165. | Hàrt el-Barrâny. | حارت البرّانى |
| 166. | A'tfet Za'trah. | عطفة ظعطره |
| 167. | A'tfet el-Dechycheh. | عطفة الدشيشه |
| 168. | Sekket el-Khâtyry. | سكة الخاطيرى |
| 169. | El-Kassâr. | الكسّار |
| 170. | Sekket abou-Hatabeh. | سكة ابو حطبه |
| 171. | Sâq el-Gedydeh. | ساق الجديده |
| 172. | Khott ebn-Mouzeh. | خطّ ابن موزه |
| 173. | Haouâsel el-Kouttâb. | حواصل الكتّاب |
| 174. | *Place sans nom.* | |
| 175. | Khott abou-E'lâ. | خطّ ابو علا |
| 176. | Khott abou-E'là. | خطّ ابو علا |
| 177. | A'tfet el-Cha'râouy. | عطفة الشعراوى |
| 178. | A'tfet el-Cha'râouy. | عطفة الشعراوى |

| NUMÉROS gravés SUR LE PLAN. | LISTE DES NOMS DES LIEUX, RUES, PLACES, MONUMENS. | |
|---|---|---|
| 179. | Hârt el-Madbah. | حارت المدبح |
| 180. | Derb el-Gedyd. | درب الجديد |
| 181. | Sekket el-Ouâgah b-el-Chare'. | سكة الواجه بالشرع |
| 182. | Hârt el-A'ttâr. | حارت العطار |
| 183. | Hoch el-Halfeh. | حوش الحلفه |
| 184. | Tahounet el-Minyâouy. | طحونة المنياوى |
| 185. | A'tfet abou-Dalâyel. | عطفة ابو دلايل |
| 186. | A'tfet el-Gheytâny. | عطفة الغيطانى |
| 187. | Sekket el-Ouâgah. | سكة الواجه |
| 188. | Hârt el-A'dâlem. | حارت العدالم |
| 189. | Hârt el-Mehammarah. | حارت المحمّره |
| 190. | Hârt el-Sandabisy. | حارت السندبسى |
| 191. | El-Hekr. | الحكر |
| 192. | Gâma' el-A'râqy. | جامع العراقى |
| 193. | Hârt Toubeh. | حارت طوبه |
| 194. | Hârt el-Hekr. | حارت الحكر |
| 195. | Hârt el-Chorafeh. | حارت الشرفه |
| 196. | Hârt el-Beydah. | حارت البيضه |

| NUMEROS gravés SUR LE PLAN. | LISTE DES NOMS DES LIEUX, RUES, PLACES, MONUMENS. | |
|---|---|---|
| 197. | A'tfet el-Seyd Refâ'y. | عطفة السيد رفاعى |
| 198. | Hârt Charnysy. | حارت شرنبيسى |
| 199. | El-Ouâgah. | الواجه |
| 200. | Gâma' el-Ouâgah. | جامع الواجه |
| 201. | Souq el-Tebn. | سوق التبن |
| 202. | Souq el-Samak. | سوق السمك |
| 203. | Hârt el-Basâytah. | حارت البصايطه |
| 204. | A'tfet el-E'dâry. | عطفة العدارى |
| 205. | Hârt el-A'lmyeh. | حارة العلميه |
| 206. | Sekket el-Merzeh. | سكة المرزه |
| 207. | Gâma' el-Merzeh. | جامع المرزه |
| 208. | A'tfet el-Sâber. | عطفة الصابر |
| 209. | Sekket Souq el-Samak. | سكة سوق السمك |
| 210. | Sekket el-Halaby. | سكة الحلبى |
| 211. | Okâlt el-Gyr. | وكالة الجير |
| 212. | Batn el-Khalyg. | بطن الخليج |
| 213. | Sekket el-Mahkameh. | سكة المحكمه |
| 214. | Sekket abou-el-E'lâ. | سكة ابو العلا |

| NUMÉROS gravés sur le plan. | LISTE DES NOMS DES LIEUX, RUES, PLACES, MONUMENS. | |
|---|---|---|
| 215. | Sekket Derb el-Nachâryn. | سكة درب النشارين |
| 216. | Derb el-Nachâryn. | درب النشارين |
| 217. | Châre' el-Belad. | شارع البلد |
| 218. | Khott el-Halaby. | خطّ الحلبى |
| 219. | Sekket el-Gezzâryn. | سكة الجزّارين |
| 220. | El-A'âsy. | العاصى |
| 221. | Okâlt el-A'âsy. | وكالة العاصى |
| 222. | Hârt el-A'âsy. | حارت العاصى |
| 223. | Sekket el-Halaby. | سكة الحلبى |
| 224. | E'ych el-Nakhl. | عيش النخل |
| 225. | Gâma' E'ych el-Nakhl. | جامع عيش النخل |
| 226. | A'tfet el-Nakhl. | عطفة النخل |
| 227. | Derb E'ych Maso'oud. | درب عيش مسعود |
| 228. | Hârt E'ych Maso'oud. | حارت عيس مسعود |
| 229. | Sekket el-Nachâryn. | سكة النشارين |
| 230. | Chare' el-Nachâryn. | شارع النشارين |
| 231. | Sekket el-Ouâgah. | سكة الواجه |
| 232. | Sekket E'ych el-Nakhl. | سكة عيش النخل |

| NUMÉROS gravés SUR LE PLAN. | LISTE DES NOMS DES LIEUX, RUES, PLACES, MONUMENS. | |
|---|---|---|
| 233. | Derb el-cheykh Farag. | درب الشيخ فرج |
| 234. | Gâma' abou-Bekr. | جامع ابو بكر |
| 235. | Hârt el-Nouqaly. | حارت النقلى |
| 236. | Hârt el-Tâmy. | حارت التامى |
| 237. | Khott el-cheykh Farag. | خط الشيخ فرج |
| 238. | Gâma' el-cheykh Farag. | جامع الشيخ فرج |
| 239. | Sekket el-Khalâ. | سكة الخلا |
| 240. | Khoukhet el-Chamny. | خوخة الشمنى |
| 241. | Derb Gouâ el-Bar. | درب جوا البر |
| 242. | *Tombeaux.* | ترب |
| 243. | El-Gaouâber. | الجوابر |
| 244. | Sekket el-Gaouâber. | سكة الجوابر |
| 245. | Gâma' el-Gaouâber. | جامع الجوابر |
| 246. | Sekket Derb el-Gazzâr. | سكة درب الجزار |
| 247. | Derb el-Gazzâr. | درب الجزار |
| 248. | Derb el-Byr. | درب البير |
| 249. | Derb el-Kercheh. | درب الكرشه |
| 250. | Derb el-Byr. | درب البير |

| NUMÉROS gravés SUR LE PLAN. | LISTE DES NOMS DES LIEUX, RUES, PLACES, MONUMENS. | |
|---|---|---|
| 251. | Derb el-Da'âs. | درب الدعاس |
| 252. | Hoch el-Qrâdâtyeh. | حوش القرادانيه |
| 253. | Chaouâre' el-Gaouâber. | شوارع الجوابر |
| 254. | Gâma' el-Moghraby. | جامع المغربى |
| 255. | A'tfet el-Machnouqah. | عطفة المشنوقه |
| 256. | A'tfet el-Sarâmleh. | عطفة الصراملة |
| 257. | Derb el-Mesâouyeh. | درب المساويه |
| 258. | Derb el-Tamâm. | درب التمام |
| 259. | Sekket el-Khosousy. | سكة الخصوصى |
| 260. | Derb el-Kercheh. | درب الكرشه |
| 261. | Sekket el-cheykh Nasr. | سكة الشيخ نصر |
| 262. | Derb Bleyh. | درب بليح |
| 263. | El-Châre'. | الشارع |
| 264. | Derb el-Rabya'. | درب الربيع |
| 265. | El-E'loueh. | العلوه |
| 266. | Derb el-Tennour. | درب الطنور |
| 267. | El-E'loueh. | العلوه |
| 268. | Hoch el-Gencyneh. | حوش الجنينه |

| NUMÉROS gravés SUR LE PLAN. | LISTE DES NOMS DES LIEUX, RUES, PLACES, MONUMENS. | |
|---|---|---|
| 269. | Gâma' el-cheykh Nasr. | جامع الشيخ نصر |
| | *Fort Donzelot.* | |
| | *Port de Boulâq.* | |
| | *Fort Spizer.* | |
| | *Chaussée, ou nouveau chemin de Boulâq au Kaire.* | |
| | Gheyt el-Sâdât (*jardin du cheykh Sâdât*). | غيط السادات |
| | Gheyt Ma'rouf. | غيط معروف |
| | Gheyt O'bârah. | غيط عباره |
| | Gheyt Zerbyeh. | غيط زربيه |

3°. LE VIEUX KAIRE ET ENVIRONS (*Masr el-A'tyqah*).

(Pl. 16, *É. M.*, vol. I. *V.* aussi pl. 15, le trait renfermant le vieux Kaire, Gyzeh, etc.)

| | QASR EL-CHAMA'. (Enceinte qui touche au vieux Kaire.) | |
|---|---|---|
| 1. | Byout el-Qebât. | بيوت القباط |
| 2. | A'tfet el-Kenyseh. | عطفة الكنيسه |
| 3. | A'tfet el-Maghârah. | عطفة المغاره |
| 4. | A'tfet Sitty Barbarah (*Sainte-Barbe*). | عطفة ستى بربره |
| 5. | Sekket el-Mo'allaqah. | سكة المعلق |

| NUMÉROS gravés SUR LE PLAN. | LISTE DES NOMS DES LIEUX, RUES, PLACES, MONUMENS. | |
|---|---|---|
| 6. | Deyr Nasârä. | دير نصارى |
| 7. | Kenyset el-Qebât. | كنيسة القبـــاط |
| 8. | Deyr Maryam (*église de la Vierge*). | دير مريم |
| 9. | Deyr Roumy. | دير رومى |
| | VIEUX KAIRE. | |
| 1. | Bâb el-Oudâa'. | باب الوداع |
| 2. | Sekket Masr A'tyqah. | سكة مصر عتيقه |
| 3. | A'tfet el-Hâg A'ly. | عطفة الحاج على |
| 4. | Hârt abou-Ta'meh. | حارت ابوطعمه |
| 5. | Sekket Atâr el-Neby. | سكة اثار النبى |
| 6. | Bâb el-Barrânyeh. | باب البرانيه |
| 7. | *Grande butte de décombres.* | |
| 8. | Khokhet abou-Che'yr. | خوخة ابو شعير |
| 9. | Sâhel Masr A'tyqah. | ساحل مصر عتيقه |
| 10. | Gâma' A'bdyn. | جامع عبدين |
| 11. | Gâma' A'mrou (*grande mosquée isolée, à l'est du vieux Kaire*). | جامع عمرو |
| 12. | Deyr abou-Seyfeyn (*enceinte séparée, à l'est du vieux Kaire*). | دير ابو سيفين |
| 13. | *Massif de maisons.* | |

| NUMÉROS gravés SUR LE PLAN. | LISTE DES NOMS DES LIEUX, RUES, PLACES, MONUMENS. | |
|---|---|---|
| 14. | Okâlt el-Cherqâouy. | وكالة الشرقاوى |
| 15. | A'tfet Marhousy. | عطفة مرحوصى |
| 16. | A'tfet Choueyry. | عطفة شويرى |
| 17. | Sekket Qabou. | سكة قبو |
| 18. | A'tfet el-Haddâdyn. | عطفة الحدادين |
| 19. | A'tfet el-Marhaouy. | عطفة المرحوى |
| 20. | Gâma' el-Kharrouby. | جامع الخروبى |
| 21. | Sekket el-Gidâly. | سكة الجدالى |
| 22. | *Mosquée.* | |
| 23. | Sekket el-E'loueh. | سكة العلوه |
| 24. | Sekket el-Bahr. | سكة البحر |
| 25. | Sekket el-Sehrâyeh. | سكة السهرايه |
| 26. | Gâma' el-Bahr. | جامع البحر |
| 27. | Hârt el-Gedydeh. | حارت الجديده |
| 28. | Hârt Myâmneh. | حارت ميامنه |
| 29. | El-Sehrâyeh. | السهرايه |
| 30. | Sekket Bâb el-Oudâa'. | سكة باب الوداع |
| 31. | Hârt el-Qare'. | حارت القرع |

32.

| NUMÉROS gravés SUR LE PLAN. | LISTE DES NOMS DES LIEUX, RUES, PLACES, MONUMENS. | |
|---|---|---|
| 32. | Sekket el-Helâ. | سكة الحلا |
| 33. | Gâma' el-Ghafyr. | جامع الغفير |
| 34. | Hârt el-Chamly. | حارت الشملى |
| 35. | Hârt el-cheykh Chehâb. | حارت الشيخ شهاب |
| 36. | Hârt el-Gabâly. | حارت الجبالى |
| 37. | Hârt el-Geneyeh. | حارة الجنيه |
| 38. | Sekket el-Deyr. | سكة الدير |
| 39. | Bâb el-Deyr. | باب الدير |
| 40. | Bâb el-Gourah. | باب الجوره |
| 41. | Sekket el-E'loueh. | سكة العلوه |
| 42. | A'tfet Sâhel el-Bahr. | عطفة ساحل البحر |
| 43. | Sekket Masr el-A'tyqah. | سكة مصر العتيقه |
| 44. | Souaqat el-Qamh. | سوقت القمح |
| 45. | Ouasa't Mohammed el-Elfy. | وسعت محمد الالفى |
| 46. | Beyt O'smân-bey Tanbourgy. | بيت عثمان بيه طنبورجى |
| 47. | A'tfet Dâr el-Nahâs. | عطفة دار النحاس |
| 48. | Gâma' Mohammed el-Makhfy. | جامع محمد المخفى |
| 49. | Sekket Foum el-Khalyg. | سكة فم الخليج |

| NUMÉROS gravés SUR LE PLAN. | LISTE DES NOMS DES LIEUX, RUES, PLACES, MONUMENS. | |
|---|---|---|
| 50. | Harâmât Yousef. | هرامات يوسف |
| 51. | Gâma' Dâr el-Nahâs. | جامع دار النحاس |
| 52. | Saba' Saouâqy *ou* Sâqyet el-Migreh, *prise d'eau de l'aquèduc.* | سبع سواقى او ساقية المجره |
| | Meydân el-Nichâbeh. | ميدان النّشابه |
| | Moustabet el-Nichâbeh. | مصطبة النّشابه |

4°. GYZEH.

(Pl. 16, *É. M.*, vol. I. *V.* aussi, pl. 15, le trait renfermant le vieux Kaire, Gyzeh, etc.)

| | | |
|---|---|---|
| 1. | Kafr Qeblyeh. | كفر قبليه |
| 2. | *Porte des Pyramides.* | |
| 3. | Farchoureh. | فرشوره |
| 4. | Sekket el-Hâouy. | سكة الحاوى |
| 5. | Gâma' el-Kebyr. | جامع الكبير |
| 6. | Sekket el-Hâgeh. | سكة الحاجه |
| 7. | El-Qasr. | القصر |
| 8. | Derb Soun el-Qelleh. | درب سون القلّة |
| 9. | A'tfet el-A'rydeh. | عطفة العريضه |
| 10. | Derb el-Fahkyr. | درب الفهكير |
| 11. | Cheykh Dâoud. | شيخ داود |

| NUMÉROS gravés SUR LE PLAN. | LISTE DES NOMS DES LIEUX, RUES, PLACES, MONUMENS. | |
|---|---|---|
| 12. | Sâhet. | ساحة |
| 13. | Sekket el-Soultân. | سكة السلطان |
| 14. | Hârt Habachy. | حارت حبشى |
| 15. | Hârt el-Sâber. | حارت الصابر |
| 16. | Sekket el-Sâber. | سكة الصابر |
| 17. | Sekket el-Soultân. | سكة السلطان |
| 18. | Hadreh. | حضره |
| 19. | Gâma' el-Bedreh. | جامع البدره |
| 20. | Sekket el-Chorâfé. | سكة الشرافى |
| 21. | Sebgeh. | سبجه |
| 22. | Qabheh. | قبحه |
| 23. | Sekket el-Bahr. | سكة البحر |
| 24. | Gâma' Khalylyeh. | جامع خليليه |
| 25. | Chorâfé. | شرافى |
| 26. | Sekket el-Geneyneh. | سكة الجنينه |
| 27. | El-Sabât. | السباط |
| 28. | Cheykh A'rouys. | شيخ عرويس |
| 29. | Sekket el-Bahr. | سكة البحر |

| NUMÉROS gravés SUR LE PLAN. | LISTE DES NOMS DES LIEUX, RUES, PLACES, MONUMENS. | |
|---|---|---|
| 30. | Derb el-Mâouardy. | درب الماوردى |
| 31. | Chorâfeh. | شرافه |
| 32. | Derb el-Matych. | درب المتيش |
| 33. | Sekket el-Effendy. | سكة الافندى |
| 34. | Saleh el-Dyn. | صالح الدين |
| 35. | Bâroud Khâneh. | بارود خانه |
| 36. | Sekket Gâma'. | سكة جامع |
| 37. | Sekket el-effendy. | سكة الافندى |
| 38. | Sekket el-bâchâ. | سكة الباشا |
| 39. | Zara' el-Nâouy. | زرع الناوى |
| 40. | Hârt el-Reys. | حارت الريس |
| 41. | Derb el-Gâma'. | درب الجامع |
| 42. | Toubkhâneh. | طوبخانه |
| 43. | Qasr Mourâd-bey. | قصر مراد بيه |

# APPENDICE.

## §. I. *Du climat du Kaire.*

Ce que j'ai dit de la température du Kaire (ci-dessus page 114) ne pouvant donner une idée assez complète du climat de cette partie de l'Égypte, je crois devoir citer ici plusieurs observations que j'extrais de mon journal de voyage, et qu'il m'aurait été facile de multiplier : elles paraissent de nature à modifier une opinion généralement reçue.

On a coutume de dire que la pluie est un phénomène inconnu, ou à peu près, en Égypte. Cette manière de parler trop absolue n'est point conforme à l'observation. Un voyageur peut rester dans le pays 8 à 9 mois et même, dans la haute Égypte, plus long-temps, sans voir une seule fois de la pluie; si, d'après ce fait, il formait son opinion d'une manière générale, il risquerait de la voir démentie, en résidant au Kaire une ou plusieurs années de suite, ou seulement pendant une certaine saison. D'abord on doit excepter évidemment l'Égypte inférieure, beaucoup plus étendue en superficie que le reste du pays, et où la proximité plus ou moins grande de la mer, détermine nécessairement un climat beaucoup plus variable que celui du Sa'yd. Tous les météores, à l'exception de la grêle et de la neige, s'y succèdent comme dans les autres pays baignés au nord par la Méditerranée; encore ai-je vu plusieurs fois de la grêle à Alexandrie. C'est véritablement au Kaire que l'état de l'atmosphère commence à devenir plus fixe, et dans l'Égypte supérieure il est presque constant. Pour le Kaire, qui touche presqu'à la basse Égypte, la cause en est moins la latitude de cette ville que sa position particulière, un peu abritée par les derniers rameaux du Moqatam, et sa haute température, due à la réflexion continuelle d'un soleil brûlant sur les rochers dont elle occupe le pied. La température moyenne du Kaire est très-élevée; néanmoins j'y ai essuyé des froids assez vifs. Le 9 frimaire an VII (29 novembre 1798) un vent violent amena dans l'air un refroidissement très-sensible; le thermomètre descendit à quelques degrés au-dessus de zéro, qui, pour les habitans et les Européens acclimatés, est capable de produire la même sensation que chez nous, par exemple à Paris, un froid de plusieurs degrés au-dessous de zéro. Aussi les gens du Kaire, saisis par ce froid subit, souffraient beaucoup. Les hommes qu'on voyait dans les rues avaient le visage pâle, les oreilles et le nez rouges, les doigts engourdis, et tous les signes d'une impression très-pénible. Quand ce temps survient, ils se couvrent très-chaudement, prennent des robes épaisses, allument des brasiers, et cherchent à se défendre contre le froid le mieux qu'ils peuvent, dans un pays où rien n'est préparé pour cela. Il n'est pas hors de propos d'observer que ces temps froids délivrent le pays de l'affluence et des tourmens des cousins et des mouches, dont les piqûres sont si incommodes et si douloureuses[1].

Le 23 frimaire de l'année suivante (14 décembre 1799) j'ai éprouvé un froid presqu'aussi vif, principalement le matin et le soir; jusqu'au 12 nivose, le froid alla en croissant, et le ciel était brumeux : on était obligé de se chauffer tous les soirs. Cependant le froid fut moins intense que dans l'hiver de l'an VII. Pendant celui de l'an IX, le froid a été très-sensible et vif, et le temps brumeux le matin, quelquefois toute la journée.

Sans doute, on ne doit nullement comparer ces froids à ceux de l'Europe; mais il est permis de comparer les sensations de froid relatif, éprouvé par les habitans; et peut-être, ceux du Kaire, dans certaines années, n'en souffrent pas moins que ceux de la capitale de la France.

Il faut faire attention que le thermomètre s'élève au Kaire, à midi, selon les saisons, à 10, 20, 25, et même 30 degrés. Ainsi, quand il descend le matin, de 13° ou de plus haut, à 2°, comme cela arrive au mois de janvier, il y a en douze heures 10 à 12° de diminution : c'est plus pour l'impression du froid que quand il descend chez nous de 8° ou 10° au-dessus de zéro, à 4° au-dessous : la sensation qu'on éprouve dépend presqu'entièrement du contraste.

D'après les observations de M. le colonel Coutelle, qui ont été très-multipliées et faites attentivement, les

[1] Le vent a été généralement froid pendant frimaire et nivose de cette année (de décembre jusqu'au 15 janvier).

moyennes calculées donnent le résultat suivant : la différence de 5 heures du matin à midi est de 7° en hiver; 7°,6 au printemps; 7°,5 en été; 6°,4 en automne. Ainsi, en été, la différence moyenne est encore plus grande qn'en hiver. Les jours les plus froids, ou les moins chauds, qu'il a notés, sont, le 24 novembre, 8°,5; le 31 décembre, 5°,3; le 24 janvier, 2°; le 13 février, 3°,5; et le 6 mars, 4°, au-dessus de zéro; marche entièrement analogue à celle de nos climats tempérés.

Il ne faut pas s'étonner de ce qu'au Kaire, au moins dans certaines années, on éprouve du froid les soirs et les matins d'hiver; en effet, jusque dans l'Égypte moyenne, le froid se fait sentir aussi d'une manière très-piquante. Pendant les trois mois d'hiver, je me suis livré dans ce pays à des opérations topographiques, qui se prolongeaient très-tard chaque jour; et, quand j'arrivais le soir, à 8 ou 9 heures, au lieu du campement, bivouaquant toujours, j'avais l'occasion de comparer la température nocturne à celle de midi ou de deux heures. La différence était encore plus sensible le matin à 5 heures, quand je partais pour mes opérations. C'était l'hiver de 1799 (nivose à pluviose an VII); plus j'approchais de la limite des terres cultivées, plus le froid était incommode; et quand ma station était dans les sables mêmes du désert Libyque, je le trouvais plus vif et plus piquant, assez pour me rendre très-difficile le maniement des instrumens, au point qu'une onglée très-cuisante m'empêchait même de dessiner ou d'écrire. La latitude de cette partie de l'Égypte est cependant de 27 à 28 degrés. Le 19 nivose an IX

(9 janvier 1801), étant vers Talleh, je ressentis un froid considérable; la terre était couverte d'une petite gelée blanche. Il gèle quelquefois dans le désert voisin, mais superficiellement. Le *barnous* ou manteau des Arabes, en laine fine et blanche, habit merveilleusement imaginé[1], les garantit contre la rigueur de la saison. Il n'est donc pas surprenant que dans la province du Kaire, il arrive que le thermomètre descende aussi à zéro; au camp de Belbeys, M. Nouet, astronome de l'expédition, a observé de la glace.

Assurément on ne serait pas autorisé d'après ces faits, à nier que l'Égypte est un pays chaud et même très-chaud; mais il n'est pas permis non plus d'avancer que le froid y est inconnu. Au reste, sous un autre rapport, cette observation n'est peut-être pas à négliger; elle peut expliquer, en effet, une singularité apparente: savoir que, malgré les fléaux de la peste, de la dyssenterie et de l'ophthalmie, l'Égypte est en réalité un pays très-sain, plus que beaucoup de contrées de l'Europe. N'est-on pas fondé à croire que les vents froids qui viennent de temps en temps du désert contribuent à la salubrité de l'air, de même que les vents de la région du Nord, qui soufflent dans la vallée pendant la plus grande partie de l'été et de l'automne, c'est-à-dire à une époque où la chaleur serait suffoquante et intolérable sans le souffle bienfaisant des vents étésiens?

[1] Sa légèreté permet de supporter une chaleur brûlante, sa couleur réfléchit les rayons du soleil au lieu de les absorber, sa contexture conserve pendant la nuit la chaleur du corps, son capuchon garantit les oreilles et la tête des atteintes du froid; enfin sa forme se prête à tous les mouvemens du cavalier, comme à la marche du piéton arabe.

Je ferai sur la pluie une observation analogue. Non-seulement dans la basse Égypte, mais au Kaire, on observe de temps en temps des ondées et des pluies assez fortes. Tout le monde ne remarque pas ces phénomènes, parce que le temps est presque toujours pur et sans nuages; et pourtant leur rareté même devrait frapper davantage les voyageurs. Voici quelques observations que j'extrais de mon journal.

Au Kaire le 15 nivose an VII (4 janvier 1799), après plusieurs jours où il était tombé une pluie fine [1], la pluie devint plus forte; le 14 nivose, il plut le matin; le 15 la pluie dura du matin au soir. Les rues du Kaire étaient pleines de boue, et cette boue était d'autant plus considérable que le sol des rues n'est ni pavé ni ferré, mais est simplement en terre. Chacun était étonné de voir un terrain, ordinairement sec et poudreux, devenu tout d'un coup humide, détrempé, impraticable. Voici les propres expressions du journal : « On ne saurait exprimer la surprise où cet état inaccoutumé met tous les Turks..... Ils sont maladroits à marcher dans la boue, et à s'abriter de la pluie (les parapluies sont inconnus en Égypte). Cette averse dément assez les auteurs qui refusent la pluie à l'Égypte. » Les 11, 12 et 13 floréal an VII (30 avril, 1 et 2 mai 1799), pendant le *Khamsyn* époque des vents du sud, il tomba de la pluie au Kaire, et le 14 elle fut assez forte. Le 1er prairial elle tomba à grosses gouttes pendant 8 à 10 minutes. Autres jours de pluie : le 17 brumaire an VIII (8 novembre 1799) avant le lever du soleil le 23 brumaire à la suite d'un

[1] Le 28 brumaire an VII (18 novembre 1798) il avait plu et tonné, etc.

temps noir et d'une brume froide, il est survenu une pluie abondante et prolongée, et les rues du Kaire étaient encore pleines de boue. Le 29 vendémiaire précédent, il avait plu toute la journée, et le même jour à Girgeh, *capitale de la haute Egypte*, il y avait eu un violent orage avec une petite pluie[1]; le 24 brumaire, pluie le matin et le soir; le 25 et le 26, pluie le matin.

Le matin du 8 pluviose an VIII (28 janvier 1800), lendemain d'un beau jour, il a soufflé un fort vent du sud qui a élevé un nuage de poussière et obscurci le ciel : à la suite est tombée une pluie qu'on peut regarder comme très-forte pour le pays; c'est-à-dire qu'elle a duré une demi-heure ou trois quarts d'heure, assez pour rendre toutes les rues boueuses. Le 16 du même mois il tomba de la pluie à Boulâq le soir.

M. Coutelle a noté l'état du ciel au Kaire, avec beaucoup de soin; mais il faut faire attention que c'est pour l'heure de l'observation du baromètre et du thermomètre, c'est-à-dire de 5 à 7 heures du matin, et de midi à 3 heures du soir; en second lieu, que l'état du ciel est noté pour 12 mois appartenant à des années différentes, et non pour toute la durée du séjour des Français, bien qu'il ait observé au Kaire pendant le cours de quatre années consécutives[2]. Je fais cette remarque pour ceux qui voudraient comparer les époques des faits ci-dessus rapportés, avec les tables de ce judicieux observateur. Il a signalé seulement 11 jours de petite

[1] On remarque souvent, pendant ces temps de chaleur accablante, avec un ciel couvert et chargé de nuages, et tous les pronostics d'un violent orage, qu'il ne vient ni éclairs, ni tonnerre, ni pluie.

[2] *Voyez* tom. XIX, p. 451 et suiv.

*Addition à la page 517 de ce volume.*

J'ai observé dans la haute Egypte, et principalement dans la moyenne, un fait qui prouve qu'il y pleut assez fréquemment sur la rive droite du Nil : quand on chemine à pied le long de la montagne Arabique, on est obligé de franchir très-souvent des ravines plus ou moins profondes; ce sont les traces des eaux pluviales ou de petits torrens, qui viennent se jeter dans le fleuve. J'ai fait cette remarque non-seulement à l'ouverture des grandes vallées et des vallons principaux, mais encore en beaucoup d'autres endroits, sillonnés de cette manière par les eaux pluviales; ces eaux charrient avec elles des cailloux roulés, provenant de l'intérieur du désert qui sépare le Nil de la mer Rouge. La même remarque se fait, mais plus rarement, du côté de la chaîne Libyque.

pluie dans le cours d'une année, le vent soufflant alors presque toujours, soit de la région du sud, soit de celle de l'ouest.

Je terminerai ces remarques par une réflexion analogue à celle que j'ai faite à l'occasion des froids qui se font quelquefois sentir en Égypte; c'est que les pluies rares et peu abondantes qui tombent au Kaire et dans la basse Égypte, sont propres cependant à rafraîchir l'air, et doivent contribuer un peu à la salubrité du pays, quoique moins efficacement que les vents froids. Ces causes font que la mortalité n'est pas aussi grande au Kaire qu'on pourrait le supposer dans une ville aussi populeuse, où règnent constamment la dyssenterie, la petite-vérole et souvent la peste; enfin, où les trois quarts de la population sont entassés, nourris et logés d'une manière insalubre. En France, la mortalité annuelle est égale à $\frac{1}{40}$ environ de la population; elle est à Paris de $\frac{1}{36}$ et au Kaire elle est de $\frac{1}{30}$.

## §. II.

# NOTES

DÉTACHÉES

SUR QUELQUES PARTIES DE L'ARCHITECTURE

DES ARABES,

Par feu Michel-Ange LANCRET.

---

Les notes qui suivent ont été laissées par feu Michel-Ange Lancret, mon savant ami et prédécesseur. L'attachement et le respect que mérite sa mémoire me font un devoir de les insérer ici sans changement ni addition, bien quelles puissent donner lieu à d'utiles observations.

---

Il est peut-être intéressant de recueillir, tandis qu'il est encore temps, les restes de l'ancienne architecture des Arabes, non pas qu'elle doive être imitée, mais parce que c'est un chapitre à joindre à l'histoire de l'architecture.

La citadelle du Kaire offre dans ce genre plusieurs remarques à faire; elle renferme dans son enceinte deux monumens principaux qui, après six cents années de durée, attestent encore la puissance du peuple qui les a exécutés, je veux parler du puits et du palais dits de Joseph. Le premier dut offrir à ceux qui le creusèrent des difficultés de l'ordre de celles qu'on rencontra en élevant les pyramides, du moins celles de moyenne grandeur. Mais avec quels sentimens différens nous devons envisager l'un et l'autre travail! Combien la vanité de ces énormes tombeaux, doit le céder à l'utilité de cette source d'eau, donnée à la citadelle!

Le divan de Joseph ne fut pas non plus d'une facile exécution; car sans doute il n'était pas aisé de porter à près de 300 pieds au-dessus du Nil trente-deux colonnes dont les fûts, d'un seul morceau de granit, ont vingt-six pieds de hauteur, et plus de trois pieds de diamètre.

Les bases actuellement découvertes sont de grès rougeâtre. Elles sont très-mal exécutées et du plus mauvais goût. Parmi les chapiteaux, les uns sont des masses qui n'ont presque aucune forme, les autres sont de mauvaises imitations du chapiteau corinthien. De ces derniers, il y en a cinq où l'on semble avoir voulu copier les feuilles du bananier; et comme, malgré la grossièreté de leur sculpture, ils ne manquent pas tout-à-fait de grâce, peut-être un artiste de goût pourrait en faire quelque chose d'agréable (*voyez* les dessins de ces chapiteaux, pl. 71, 72, *E.M.*, vol. 1).

Dans les quatre angles de la salle où sont les trente-deux colonnes dont je viens de parler, on voit vers le haut un assemblage considérable d'arcades de bois posées les unes sur les autres; on le reconnaît bientôt pour être la charpente d'un ornement semblable à celui qui existe aussi fort en grand et presque en entier, dans deux autres salles.

Cet ornement est-il l'imitation d'un objet naturel? je l'ai cherché en vain. Est-il l'image d'une construction autrefois utile? je le crois. Il semble qu'il a précédé ce qu'on appelle en architecture les pendentifs, c'est-à-dire la portion de voûte qui raccorde un plafond circulaire avec un appartement carré. On le trouve du moins employé à cette fonction dans quatre ou cinq endroits de la citadelle. On voit dans plusieurs petits santons carrés, de ces arcades, qui y remplissent évidemment le rôle de pendentifs.

Dans les uns il n'y a qu'une seule arcade dans chaque angle; dans d'autres il y a d'abord sur les faces des murs deux arcades, et ensuite une troisième qui les joint. Souvent le dôme circulaire est élevé sur cette espèce d'octogonale, mais aussi quelquefois il y a d'autres plus petites arcades ajoutées en avant, du milieu de la face au milieu de la troisième. Dans l'un même, il est exécuté en pierre; dans un autre, il se lie avec les décorations du plafond, qui, pour le dire en passant, ont une grande ressemblance avec ces espèces de colonnes pendantes qui ornent plusieurs églises gothiques. D'ailleurs cela n'a rien d'étonnant; les Arabes, en apportant en Europe les sciences, ont dû y laisser aussi des traces de leur architecture.

Quoi qu'il en soit de l'origine de cet ornement, il est certain que c'est lui que l'on trouve plus ou moins défiguré aux différens étages des minarets, dans les archivoltes des portes, dans les corniches des plafonds, etc. C'est lui enfin qui fait la principale et presque l'unique décoration de l'architecture actuelle des Égyptiens.

La manière dont étaient taillés ou décorés les voussoirs des plates-bandes et des arcades dans l'architecture des anciens Arabes, s'est conservée la même dans celle des modernes; j'en vais dire quelque chose.

Ces voussoirs ne sont pas toujours comme en Europe, appuyés l'un sur l'autre par une surface plane, mais bien quelquefois par une surface cylindrique, dont la génératrice est horizontale, et dont la direction est le plus souvent une courbe compliquée, en sorte que les têtes des voussoirs présentent des découpures bizarres [1]. Plusieurs des plates-bandes ainsi formées, ont l'avantage de ne faire que s'appuyer verticalement sur les pieds-droits, sans tendre à les renverser. En effet, il est aisé de concevoir que, si ces découpures sont telles que les voussoirs soient accrochés les uns aux autres, il n'en résultera aucune poussée, ou au moins qu'une poussée très-faible sur les deux voussoirs extrêmes; mais alors, toute la force sera employée à rompre les crochets.

Cette méthode serait sans inconvénient, si les matériaux que l'on emploie avaient la ténacité des métaux; mais elle devient vicieuse par la fragilité de la pierre.

En examinant les découpures adoptées pour les voussoirs dans les constructions arabes, on voit bientôt qu'elles n'ont point été tracées pour des raisons de solidité. Aussi les angles aigus de plusieurs de ces voussoirs sont-ils éclatés, malgré les arcades qui sont au-

[1] Voyez *É. M.*, vol. 1, pl. 71, fig. 7, et 72, fig. 15-18.

dessus d'eux pour soutenir le poids de la partie supérieure du mur.

Il existe, soit dans la citadelle, soit dans des constructions plus modernes, un grand nombre de revêtemens en marbre ou en pierre calcaire, appliqués non-seulement sur des voussoirs, mais encore sur des faces de mur, sur les dés qui sont au coin des grandes parties, etc. Souvent une plate-bande formée de trois pierres, paraît être de cinq ou sept lignes découpées; deux seules sont des joints véritables, les autres sont seulement gravées.

---

## §. III.

# DES PORTES DU KAIRE.

(Extraits du chapitre de Maqryzy sur les portes appelées *Zoueyleh*, *el-Nasr*, *el-Fotouh*, *el-Cha'ryeh*, et sur le visir Bedr el-Gemâly, qui les a fait reconstruire[1]).

---

Il y a dans la partie méridionale du Kaire deux portes jointes ensemble, et qu'on appelle la porte de Zoueyleh; dans la partie septentrionale il y en a deux séparées l'une de l'autre, la porte de Fotouh et la porte de Nasr; du côté oriental on en compte trois, la porte de Berqyeh, la porte Gedyd et la porte de Mahrouq; il s'en trouve également trois du côté occidental, celles Qântarah, de Farrag et de Sa'âdeh, auxquelles on peut joindre la porte de Khokhah. Ces portes ne sont plus actuellement aux lieux ou Gouhar les avait fait construire.

*Bâb Zoueyleh.*

Lorsque Qâyd Gouhar fonda la ville du Kaire, l'endroit appelé *Bâb el-Zoueyleh* consistait en deux portes jointes ensemble, près de la mosquée connue au-

[1] *Voyez* ci-dessus pag. 299 et suiv. Ce morceau a été traduit de l'arabe en français par feu Prosper Rouzée, secrétaire-interprète pour la langue arabe au Sénégal, mort à la fleur de l'âge; il n'a pas eu le loisir de revoir cette traduction.

jourd'hui sous le nom de *Sôm-ben-Nouh*, ou Sem fils de Noé. Mo'ezz, en arrivant au Kaire, passa par celle de ces portes qui touchait la mosquée, et dont il ne reste maintenant qu'une travée; cette porte est appelée aujourd'hui *Bâb el-Qous*, où porte de l'Arc : pour ces motifs le peuple l'avait en grande vénération, et y passait et repassait souvent; tandis qu'au contraire, il évitait la porte voisine, en disant qu'elle devait nuire à toutes les entreprises de ceux qui y passaient. Cette dernière porte à disparu; il n'en reste même pas de vestige. Le lieu où elle était conduit à la place nommée el-Hagâryn, où l'on vend les instrumens de musique et tous les autres objets qui servent à amuser et divertir. Le peuple croit encore aujourd'hui que ceux qui passent par cette place ne réussissent pas dans leurs entreprises; quelques-uns disent que cette fâcheuse influence vient de ce que c'est là le théâtre des histrions et des mauvais sujets. Mais cette assertion n'est point exacte; car le préjugé dont il s'agit existait déjà lorsque Mo'ezz y passa, et par conséquent long-temps avant que les joueurs et les baladins fréquentassent ce lieu. En l'année 485, l'émyr el-Gyouch (chef des armées), Bedr el-Gemâly, visir du khalife el-Montasser (ou Mostanser) b-Illah, a fait construire la porte *Bâb Zoueyleh el-Kebyr* (ou la grande), qui existe encore. Il en a exhaussé les créneaux; il n'a pas fait pratiquer des chemins détournés comme on le fait ordinairement dans les forteresses, pour empêcher, en cas de siége, les chevaux de l'ennemi d'entrer plus d'un à la fois; mais il a fait établir un grand glacis en pierres de granit solide, afin que les chevaux ne prissent point pied. Le glacis subsista jusqu'au règne du sultan El-Kamyl Nasar el-dyn Mohammed, fils d'el-Melik el-â'dyl Aboubekr fils d'Ayoub. Un jour que ce sultan passait sous cette porte, son cheval ne pouvant se soutenir, glissa, et, dit-on, le renversa par terre, ce qui décida le sultan à faire détruire le glacis, dont il ne resta plus qu'une faible partie.

Lorsque l'émyr Gemâl el-dyn Yousouf el-Estâdâr bâtit la mosquée située vis-à-vis de Bâb Zoueyleh, au nom d'el-Melik el-Naser Farag, fils d'el-Melik el-Zâher Barqouq, en creusant une citerne on retrouva les ruines du glacis, et on en enleva une partie; les pierres en étaient si dures qu'elles résistaient aux outils les plus forts, et si grandes qu'il fallait quatre bœufs pour en transporter une seule. Gemâl el-dyn en a fait enlever quelques-unes; on en voit encore une jetée devant la voûte de Khoronchof, au Kaire.

On prétend que trois frères du pays d'el-Rohâ [1] qui savaient l'architecture, sont venus au Kaire, et y ont construit trois portes (chacun une), savoir : 1°. Bâb Zoueyleh, 2°. Bâb el-Nasr (porte de la Victoire), 3°. Bâb el-Fotouh (porte de la Conquête); que Bâb Zoueyleh fut bâtie dans l'année 484, et Bâb el-Fotouh en 408 [2].

Ebn A'bd el-Zâher dit dans son ouvrage intitulé *Khotât el-Qâhirah*, la Topographie du Kaire, que la porte Bâb Zoueyleh fut fondée par el-A'ziz b-Illah Nasar, fils de Mo'ezz, et fut terminée par l'émyr

[1] Vulgairement *Orfa*; c'est l'ancienne ville d'Édesse en Mésopotamie, sur le Tigre.

[2] Sans doute 488.

el-Gyouch Bedr. Cet auteur récita les vers suivans composés par A'ly, fils de Mohammed, fils d'el-Sely :

« O mon ami ! si vous aviez vu Bâb Zoueyleh, vous connaîtriez la magnificence de cette construction !

« Bâb Zoueyleh ! c'est une porte qui a la Voie lactée pour vêtement, et Sirius pour ornement, et l'idole nommée *à le Lat* brille sur sa façade.

« Si Pharaon eût vu cette porte, il n'aurait plus voulu de son palais, ou il n'en aurait pas ordonné la construction à Komân. »

J'ai ouï dire que les gonds de ses deux battans tournaient dans deux pièces de cristal. L'auteur de l'histoire Mokérite dit qu'en l'année 735, Aydokeyn, gouverneur du Kaire sous le règne d'el-Naser Qalaoun, a établi sur cette porte une espèce de grande caisse de tambour appelée khalylyeh, et qu'on la battait tous les soirs après la prière d'el-A'sr.

Un voyageur qui a visité les villes des Orientaux, m'a assuré n'y avoir jamais vu de porte aussi belle que celle-ci. Elle avait sur ses côtés des tours d'une beauté sans égale. On lisait sur sa façade les noms de l'émyr el-Gyouch et du khalife el-Mostanser, ainsi que l'époque de sa construction. Ces tours étaient plus grandes qu'elles ne sont maintenant. Melik el-Moyed-Cheykh, en bâtissant la mosquée où conduit cette porte, a renversé la plus grande tour, et a fait construire deux minarets. On trouvera l'histoire de ce monument dans notre ouvrage, à l'article sur les mosquées et particulièrement sur la mosquée Gâma' el-Moyedy (la mosquée de Moyed).

### *Porte de Nasr.*

L'ancienne porte de Nasr, aujourd'hui détruite, était située au-dessous de l'emplacement occupé maintenant par la porte de ce nom; elle faisait face à la partie occidentale du collége Qâsedyeh; une grande place s'étendait de ce collége aux portes de la mosquée construite par Hâkem, en dehors de la ville. La disposition de ces lieux à déjà été éclaircie dans notre article sur cette mosquée. Dans la suite, Bedr el-Gemâly vint d'A'kkah, appelé par Mostanser et déjà commandant en chef des armées; il fut revêtu par ce khalife des premières charges civiles de l'état. Ce vizir construisit un mur au Kaire, et transporta la porte de Nasr du lieu où Gouhar l'avait fait bâtir à l'endroit où elle est maintenant, à peu de distance d'un oratoire pour les jours de fête. Il y joignit des murailles aujourd'hui totalement détruites. Le roi Dâher Barqouq en a fait abattre le reste, pour creuser à la place le bassin de la fontaine qui est devant la porte de Nasr. On voit écrit sur cette porte en caractères koufiques : « Il n'y a pas d'autre dieu que Dieu; il est seul, il n'a pas d'égal: Mohammed est l'envoyé de Dieu, A'ly est le vicaire de Dieu; que le salut de Dieu soit sur eux! » Cette inscription est placée au haut de l'édifice.

### *Porte de Fotouh.*

L'ancienne porte de Fotouh fut bâtie par Gouhar, au-dessus du lieu où elle est maintenant; il n'en reste aujourd'hui qu'un débris, où l'on voit des inscriptions koufiques; cette ruine est située en haut de Hârt el-behây el-dyn, au midi et au-dessus des murs de la mosquée de Hâkem; le monument qui porte aujourd'hui le nom de porte de Fotouh a été élevé par Bedr el-Gemâly; la construction de ses murailles atteste la puissance de ce vizir. On passait par-dessus des débris d'anciens murs avant qu'il fît construire celui qui sort de la porte. Bedr el-Gemâly, né en Arménie, était un des Mamlouks de Gemâl el-doulah fils d'O'mar, auquel il dut son surnom de Gemâly; il montra dès sa jeunesse de grandes connaissances dans l'art militaire, et parvint rapidement de grade en grade à celui de commandant en chef. Le khalife Mostanser le nomma en 455 au gouvernement de Damas : il s'y rendit aussitôt; mais, ne pouvant faire reconnaître son autorité dans cette ville, il la quitta un mardi en 456, et ne retourna en reprendre possession que deux ans après. A peine réinstallé, ayant appris que son fils avait été tué à A'zqalân, il abandonna de nouveau son gouvernement, et alla prendre connaissance sur les lieux mêmes, des causes de l'évènement. Ses soldats, aussitôt après son départ, se portèrent en foule à son palais, pillèrent ce qu'il y avait de plus riche et de plus précieux, le dévastèrent entièrement, et le ruinèrent de fond en comble.

Bedr el-Gemâly ne se rendit point à A'zqalân; il alla prendre possession d'A'kkah, dont Mostanser le nommait gouverneur; mais il n'y resta pas long-temps; la famine se fit sentir au Kaire, le peuple se révolta, méprisa les ordres du khalife, et méconnut absolument son autorité; des esclaves disposèrent du pouvoir, et s'établirent gouverneurs même dans les provinces environnant la capitale : la terreur qu'ils inspiraient était telle que personne n'osait se transporter d'un lieu à un autre, soit par terre soit par eau, sans se faire accompagner d'une forte escorte. Lorsque Nâsr el-Doulah Hoseyn fils d'Hamadân eut été tué par Baldakous, le khalife résolut de confier à la valeur et à l'habileté de Bedr el-Gemâly le salut de sa personne et de son trône. Il lui écrivit de se rendre au Kaire, offrant de lui remettre le gouvernement de tout le royaume avec le titre de Ouâly. Bedr el-Gemâly répondit qu'il accepterait cette grâce s'il lui était permis d'emmener d'A'kkah une partie de ses troupes choisie par lui, et si le khalife consentait à éloigner toutes celles qui étaient au Kaire. Le khalife, n'ayant plus d'espoir qu'en lui, adhéra à tout. Bedr el-Gemâly embarqua aussitôt l'élite de ses troupes sur cent bâtimens, malgré les instances de ses courtisans, qui lui faisaient entrevoir les dangers auxquels la saison exposait alors les navigateurs; il leur avait toujours répondu que quand on cherchait la gloire, on ne devait point s'apercevoir du danger. Le bonheur était sans doute attaché à ses pas; car sa traversée fut parfaitement heureuse. Arrivé à Qelyoub, il écrivit au khalife qu'il n'entrerait point au Kaire que Baldakous ne fût mis en prison; le khalife, docile aux volontés de Bedr el-Gemâly, fit jeter sur-le-champ Baldakous dans la prison de Khasânat el-Benoud. Bedr el-Gemâly satisfait, fit son entrée au Kaire un mercredi soir an de l'hégire 465. Il fut comblé d'honneurs par les émyrs et tous les grands, reçut d'eux de riches présens, et fut invité à de magnifiques festins. Le jour où il rendit ces repas, il exécuta un complot qu'il avait médité avec son confident venu d'A'kkah avec lui. Ils étaient convenus ensemble que le banquet se prolongerait fort avant dans la nuit, et qu'à mesure que les conviés sortiraient de la salle pour quelque besoin, ils seraient égorgés par des hommes apostés. Bedr el-Gemâly avait promis à ces hommes de leur donner l'argent, les terres et les biens de leurs victimes. L'exécution de ce complot réussit à tel point, qu'il n'existait plus au Kaire le lendemain de ce festin, d'autre émyr que celui qui l'avait donné.

Le peuple, enchanté d'être délivré de ses tyrans, regardait Bedr el-Gemâly comme son sauveur et son protecteur. Le khalife le fit vizir de la plume et de l'épée, c'est-à-dire chargé de l'administration intérieure de l'état, et commandant suprême des troupes. Il lui fit aussi porter les trois titres honorifiques suivans : *Prince de l'armée, juge des juges des croyans*, et *directeur des prières des croyans*. Bedr el-Gemâly, plus puissant que le khalife, voyait toute l'Égypte à ses pieds : aucun souverain n'avait jamais réuni autant de pouvoirs que ce ministre.

Il soutenait tous ces honneurs avec une noble dignité, comme s'il eût été né d'un sang royal, protégeait les bons, et était la terreur des méchans. Il poursuivait vigoureusement les révoltés, et les faisait périr à mesure qu'ils tombaient entre ses mains; parmi eux se trouvaient beaucoup de vizirs et de *qâdy*. Bientôt il se dirigea, à la tête de son armée, vers el-Louygeh el-bahry; là il tua ou dispersa un grand nombre de rebelles, dont une partie considérable était de la tribu de Leouâtah. Après s'être emparé de leurs biens, il passa le Nil, et séjourna quelque temps sur la rive orientale. Il alla ensuite assiéger Alexandrie, et après s'en être rendu maître, il y fit bâtir à ses frais la mosquée d'el-A'ttâryn. De là, il se rendit dans le Sa'yd, où il détruisit presque entièrement les tribus de Yahen et de Saqâlebah. Il rapporta des sommes d'argent considérables de toutes ces expéditions. Lorsqu'elles furent terminées, on vit bientôt renaître dans toute l'Égypte la paix et la tranquillité.

Bedr el-Gemâly ne fut cependant pas heureux dans toutes ses entreprises. Malgré la valeur et le nombre de ses troupes et sa politique adroite, il échoua constamment en Syrie. De retour au Kaire, il ordonna un massacre général des rebelles. On en compta vingt mille tués dans le Bahyreh, et autant dans le Kaire et les villes du Sa'yd jusqu'à Asouân. Ensuite il fit recouvrer à l'Égypte toute sa splendeur, et la rétablit telle qu'elle était avant les troubles.

Bedr el-Gemâly mourut regretté du peuple, l'an de l'hégire 487, âgé de 80 ans, après avoir gouverné pendant 21 avec beaucoup d'adresse. Il avait un esprit très-délié; il fut aimé, mais craint encore davantage. Son fils lui succéda.

Ce ministre célèbre s'est distingué par plusieurs traits qui caractérisent un prince généreux. Il abandonna pendant trois ans l'impôt qui se prélevait sur les fruits de la terre, ce qui rendit riches en peu de temps de pauvres paysans. Les commerçans qui avaient quitté la capitale à l'époque des troubles, revinrent dès qu'ils eurent entendu parler de la justice et de la générosité du vizir, et bientôt le commerce devint au Kaire plus florissant qu'il n'avait jamais été. Bedr el-Gemâly fut le premier chef militaire qui soit parvenu à mettre le khalife dans sa dépendance. Nous avons été amenés à exposer ses hauts faits au sujet des portes de Zoueyleh, de Fotouh et de Nasr, qu'il a fait reconstruire, comme nous l'avons dit ci-dessus.

---

Nous complèterons ici la liste des portes du Kaire par les trois noms suivans qui ont été omis sur le plan : *Bâb el-Sebâa'* (pl. 26, *É. M.*), entre *Derb el-Cheykh Qamar* et *Derb el-Sebâa'*, B-5, *Bâb el-Dabbeh* (*ib.*, C-6), entre *Gheyt el-Ouâly* et *Gheyt el-Tâouyl* (*voyez* pl. 26, C-6), et *Bâb Aoulâd E'nân*, au midi de Bâb el-Hadyd (*voyez* pl. 26, C-14).

Le plan du Kaire par Niébuhr, que j'ai déjà cité, fait encore mention de plusieurs autres noms de portes, mais qui n'indiquent pas des portes différentes de celles qui sont représentées dans notre plan ; ce sont seulement les noms qui ont changé : savoir, Bâb Sitty Zeyneb باب ستى زينب, Bâb el-Hatâbeh باب الحطابه, Bâb Ayoub-bey باب ايوب بيه. Le même auteur cite également un *Birket el-Qaçâryn* بركة القصارين, un pont appelé *Qantarat el-Dâher Beybars* قنطرة الظهر بيبرس (correspondant à Qantarat el-Ouezz), une fabrique de poudre dans le voisinage de Birket el-Rotly ; et, dans l'intérieur de la ville, une église arménienne déjà mentionnée ci-dessus (page 329). Niébuhr, qui a résidé au Mousky (ou quartier franc), donne à ce quartier, pour latitude, 30° 2′ 58″, observation qui est d'accord avec celles de M. Nouet. (*Voyez* de Niébuhr, t. 1, p. 89 et suiv.)

*Note sur plusieurs noms de rues et de monumens.*

La grande rue qui se dirige depuis le double pont du midi, appelé *el-Sebâa'*, jusqu'à *Bâb el-Cha'ryeh*, avait été nommée par les Français rue *du Petit-Thouars*, du nom d'un marin célèbre par son dévouement et son courage au combat d'Abouqyr : cette grande communication porte au Kaire douze noms différens, qui changent à peu près à chaque pont.

A'bd el-Latyf[1] parle de plusieurs rues et lieux qui n'existent plus aujourd'hui sous les mêmes noms : Maks, Haleb, la rue de l'Étang. Cependant j'ai trouvé au Kaire une rue du nom de Zoqâq el-Mesk ou Mask, au sud de Bâb Zoueyleh[2]. Or, selon Maqryzy, cité par M. de Sacy, « la rue ou le quartier de Haleb, appelé *Zoqâq Haleb* (où étaient jadis les casernes), était situé hors de la porte de Zoueyleh », et aussi « c'était un hameau hors du Kaire, sur la grande route, en allant à Fostât ». Je trouve que Zoqâq (زقاق) signifie une *place étroite* (*platea angustior*); d'un autre côté, Maks

[1] Trad. d'A'bd el-Latyf, pag. 374.

[2] *Voyez* pl. 26, *E. M.*, vol. I (n°. 50, O-N—6).

(مكس), ainsi que M. de Sacy l'a observé, veut dire *droit, tribut, etc.* Un lieu du nom de Maks était placé sur le canal pour la perception du droit; mais ce même nom, rencontré près d'une des portes du Kaire, peut offrir la même signification. On retrouve donc ici, selon moi, Zoqâq Haleb ou place de Haleb, et Zoqâq el-Maks ou place du Droit d'entrée : au reste, il ne faut peut-être pas s'arrêter au mot Mask pour Maks, parce que rien n'est plus fréquent en Égypte, chez le peuple, que l'inversion des lettres dans la prononciation; mais ce n'est ici qu'une conjecture. M. de Sacy me paraît avoir substitué avec raison dans le passage مكس à مقس[1].

Il est encore fait mention dans A'bd-el-latyf de plusieurs rues qu'il serait intéressant de retrouver sur le plan actuel; mais j'en laisse le soin aux personnes curieuses de comparer les états successifs de cette capitale : telles sont les rues el-Helalyeh, el-Sâseh (ou des Palefreniers), la partie de la ville dite Kasabeh[2]. On peut citer aussi, d'après Maqryzy, les rues el-Mangabyeh ou Mankhabyeh, Yânesyeh, el-Masmoudih, el-Mansourah, el-Hosaynyeh : les trois premiers de ces cinq noms étaient ceux d'autant de corps de troupes cantonnés de ce côté[3]. Maqryzy cite encore les noms de rues suivans : Daïlun, Ketama, Cafouri, etc. (*Chrestomathie arabe*, tom. II, pag. 103, 110, 137).

[1] Il existe au Kaire, dans la partie du couchant, un marché du nom de Souq Meskeh. Ce nom paraît avoir ici un sens différent.

[2] Trad. d'A'bd-el-latyf, p. 411, 412.

[3] *Ibid.*, p. 427-431.

On montre au Kaire la place du tombeau d'un personnage célèbre de l'histoire des Mamlouks, Chegaret el-Dorr, fondatrice de leur dynastie en 648 de l'hégire (1250), fameuse par des crimes ou par des actions hardies que ne justifie pas le génie de cette femme extraordinaire et vraiment faite pour régner. Ce tombeau est situé près de celui de Sitty-Nefiseh [1]. Celui de Qâsem-Ayouâz, qui régna en 1119 (1707), est près de Bâb el-Louq (*voyez* pl. 26, *E. M.*, M-15). En sortant de la porte A'rab el-Ysâr, on traverse une multitude de tombes formant une sorte de ville, aussi grande que la cité des vivans; ce n'est partout que dômes, mosquées et minarets, qu'enceintes de tombeaux, richement ornés de colonnes et de sculptures : tous ces tombeaux sont dans le sable au pied du Moqatam, et s'étendent à plus d'une lieue, tant vers le fleuve, que du côté du midi. Le tombeau d'Ibrâhym Ketkhodà est parmi ceux qui sont connus sous le nom d'el-Ymâm-Cha'fey, et de l'époque de 1162 (1748) [2].

*N. B.* Consultez le Mémoire sur la construction de la Carte de l'Égypte, par le colonel Jacotin, pour la trigonométrie du Kaire et des environs (ci-dessus tome XVII, page 546), ainsi que la planche annexée au texte.

---

[1] La mosquée de Sitty-Zeyneb et celle de Sitty-Nefiseh que je viens de nommer ont été bâties par A'bd el-Rahmân Ketkhodä.

[2] Ce dernier lieu renferme des citernes recevant l'eau d'un aquéduc particulier, moins élevé que celui que nous avons décrit, et dont les arcades sont basses : sa prise d'eau est à l'extrémité d'une grande plaine que couvre l'inondation dans les grands débordemens du Nil.

# ERRATA

*de la Description de la ville du Kaire.*

---

Page 169, ligne 15, *lisez* lieu dépendant du quartier dit el-Hanafy, et *ajoutez* حارث *devant* الحنفى.

181, 4, *au lieu de* مضطفى, *lisez* مصطفى.

182, 7, — Senkary, سنكرى, — Semkary, سمكرى.

197, 8, — الحرنفش, — الخرنفش.

*Id.*, 11, — *idem*, — *idem.*

215, 7, — الخزنصار, — الخزندار.

245, 2, — Aqadyn, — A'qàdyn.

308, 1, — celle de Touloûn, — la mosquée de Touloun.

309, 22, — Mosquée Lumineuse, — mosquée lumineuse.

311, 14, — Moéz, — Mo'ezz.

316, 6, — Genet', — Genet ou Geneyd (*voir* la note [1] de la page).

318, note 2, — trente-six, — trente-cinq.

*Id.*, *id.*, — Cheykh, A'ryân, — Cheykh A'ryân (sans virgule).

324, ligne 16, — le nom, je crois, générique, — le nom, peut-être, générique.

*Id.*, note 1, — (n° S—4), — (n° 50, S—4).

342, ligne 28, — Qâa't, — Qâ'ât.

343, 8, — (fort grand), — (fort grand bain).

*Id.*, 23, — ci-dessous, — ci-dessus.

*Id.*, note 1, — un autre bain, — un bain.

345, ligne 25, — ceux appelés, — ceux qui sont appelés.

347, 22, — le point le plus élevé, — le point le plus élevé du château.

348, note 1. — 365, — 364.

Page 348., note 2, — 211, — 209.
*Id.*, 5, *ajoutez* à la fin ces mots : *voyez* aussi pl. 26, G—5.
*Id.*, 6, *au lieu de* Qarâqkouch, *lisez* Qarâqouch.
*Id.*, 7, *ajoutez* ces mots en tête de la note : c'est environ 17000 mètres.
350, ligne 15, *au lieu de* A'zabs, *lisez* A'zab.
351, 13, — Bâb el-Ouestânyi, — Bâb el-Ouestâny.
*Id.*, 17, — 20 mètres, — 14 à 15 mètres.
352, 1, — encore, aujourd'hui, — encore aujourd'hui.
356, 5, — Arabes, — A'zab.
358, 18, — ambiant, — ambient.
*Id.*, 24, — Sala'h, — Salâh.
361, 28, — *au lieu de* plattes-bandes, *lisez* plates-bandes.
368, 3, — cent, — cents.
384, note 2, — *ibid.*, — pl. 26, *E. M.*, vol. 1.
397, ligne 6, — vases de terre, — vases de verre.
398, 21, — les peuples, — le peuple.
400, 27, — Kkorouzâtych, — Khorouzâtyeh.
406, 20, *après* 180 litres, *ajoutez* ces mots : selon la valeur du pied romain d'après l'abbé Barthélemy, mais 184 d'après les expériences directes faites au Kaire.
407, 1, *au lieu de* Gouma', *lisez* Gouma'h.
*Id.*, 17, — celui-ci, — celui.
417, 11, — fumigation, — sublimation.
434, 9, — ces monumens, — ces divers monumens.
435, 3, — le tracé, — le dessin.
437, 14, — Qâydaghâ, — Qâyd-Aghâ.
439, 15, — pourir, — pourrir.
440, 6, — basteleries, des charlatans, *ôtez* la virgule.
*Id.*, 7, — sirgeries, *lisez* singeries.
448, 4, — durent, — dure.
451, 8, — trop hautes, — très-hautes.
457, 12, *après* ces mots : je ne m'y arrêtai point, *lisez* je m'aperçus bientôt que ces exclamations étaient des cris de douleur et non de joie ; mais comme je continuais ma route, cette femme, etc.
461, 20, *au lieu de* Nasr, *lisez* Masr.
463, note 1, — 460, — 461.
480, ligne 6, — Soueyz, — Soueys.

Page 488, ligne 10, — السيخ, — الشيخ.

511, 18, — qui, — ce qui.

516, 24, — pendant le cours de quatre années, — pendant une partie du cours des quatre années.

517, 1, — dans le cours d'une année, — durant ces douze mois.

518, 2, *après* prédécesseur, *ajoutez :* et la commission a décidé qu'elles seraient imprimées dans l'ouvrage.

521, 11, *au lieu de* direction, *lisez* section.

522, 7, — parties, — portes.

526, 7, — nommée *à le Lat*, — nommée *le Lat.*

---

*Nota.* Le travail de la nomenclature du Kaire, formant le chapitre II ci-dessus, était tellement compliqué, qu'il s'est glissé quelques erreurs de numérotage, presqu'inévitables, notamment à la fin des ve et VIIe sections pour plusieurs okels. *Voyez* l'avis préliminaire en tête de ce chapitre, pag. 134 et suiv.

FIN DE LA DESCRIPTION DE LA VILLE DU KAIRE.

# NOTE

SUR

## LE PRODUIT DES MACHINES A ARROSER,

ET PARTICULIÈREMENT

# DU CHÂDOUF

EN USAGE DANS LA HAUTE EGYPTE.

CETTE machine a été observée par tous les voyageurs; aucun d'eux ne pouvait passer sous silence, en décrivant la navigation du Nil, cette multitude de balanciers qui servent à l'irrigation du sol, et qui se voient sur les rives du fleuve et des canaux, surtout pendant les six mois qui précèdent la nouvelle crue. Quand les grandes dimensions des pièces qui composent ces machines ne frapperaient pas la vue, on serait averti par les chants des travailleurs, chants qui par leur mesure bien réglée entretiennent un mouvement égal, soulagent et diminuent la fatigue d'un travail pénible. Aussi, tous ceux qui ont navigué sur le Nil, dans le temps des basses eaux, ont été frappés du spectacle de ces milliers de perches croisées en tout sens par un mouvement continuel, et rendu plus sensible par le chant mesuré dont les hommes l'accompagnent. Ces hommes passent les journées entières, et quelquefois les nuits, à tirer l'eau du fleuve et à la répandre sur la terre. Ils ont coutume de s'éclairer par des feux qui annoncent au loin leur présence. Il n'est pas rare que les travailleurs aient à côté d'eux une pique plantée en terre, dont la forme est fourchue, et dont nous ignorons l'usage. Le Nil étant plus encaissé dans la Haute que dans la Basse Égypte, les machines y sont aussi plus nécessaires et par conséquent plus fréquentes; en outre, comme la crue du Nil est beaucoup plus considérable dans la Thébaïde, il faut, sur un même point, multiplier davantage les balanciers lorsque les eaux sont rentrées dans leur lit. En effet, le niveau de l'eau étant plus bas, et la hauteur à laquelle un homme peut l'élever par cette machine ayant des limites, il faut plusieurs montées successives pour amener cette eau jusqu'au niveau du terrain. On sait qu'au Kaire le fleuve s'accroît de 10 mètres; dans l'Égypte supérieure, la crue est souvent de 12 à 15. Il n'est donc pas surprenant que dans ce dernier pays, il faille jusqu'à cinq et six étages de machines, placées l'une au-dessus de l'autre, pour faire parvenir l'eau jusque sur les terres. Dans l'intervalle d'une machine à la suivante, il y a un petit réservoir qui est à l'égard de chacune d'elles ce que le Nil est pour la première; c'est-à-dire que le travailleur y puise l'eau pour la transporter dans le réservoir placé immédiatement au-dessus de lui.

Dans la Haute-Égypte, les canaux n'ont pas leur embouchure aussi profonde qu'elle devrait l'être, proportionnellement à la baisse du Nil après l'inondation; aussi les canaux sont-ils à sec pendant la plus grande partie de l'année. Il faut y suppléer artificiellement, en introduisant de l'eau dans les canaux par le moyen des balanciers. On voit donc à leur bouche, plus qu'en nul autre point du rivage, une grande quantité de *chádouf* rassemblés (c'est le nom qu'on donne à la principale de ces machines), et il n'est pas rare d'en observer trente et jusqu'à cinquante réunis. J'ai observé à Esné un atelier composé de vingt-sept hommes, occupés à manœuvrer quatorze machines doubles ou à deux bascules. Ces hommes étaient relayés toutes les heures par d'autres travailleurs, ce qui exigeait 54 hommes par journée. Quand il faut élever l'eau moins haut, le temps du travail de chacun est plus long; à Akhmym, j'ai vu les hommes travailler deux heures avant de se faire relayer. J'ai remarqué à Esné qu'ils mesuraient le temps au moyen d'un cadran horizontal fort grossier; un style de 6 pouces de haut, planté en terre, projette son ombre à droite et à gauche de la méridienne, qui est tracée sur le terrain; les heures sont marquées par de petits pieux disposés assez convenablement sur une ligne perpendiculaire à la méridienne. Au-dessus de Qéné on a observé que les *fellâh* faisaient usage d'une clepsydre; elle était formée par une bardaque dont l'eau s'écoulait par un trou percé en bas. Ce vase, vidé dix-sept fois (ce qui se compte avec des noyaux de dattes), détermine la durée de l'heure, temps après lequel les ouvriers se relèvent, mais en se croisant, afin que le travailleur frais redonne la mesure du mouvement à celui qui travaille depuis une heure, et qui est fatigué.

Voici en quoi consiste cette machine, dont le principe est bon, mais l'exécution grossière : sur deux montans en terre de 2 mètres 1/4 (environ 7 pieds) de haut, on établit une traverse en bois, fixée horizontalement; on y attache un levier ou perche de 4 mètres de long, dirigée perpendiculairement à cette traverse, et à l'extrémité de laquelle est une corde ou une autre perche de 2 mètres 1/2 de long (7 pieds 1/2) qui supporte un seau de cuir. A 1/2 mètre (18 pouces) du point d'attache, est une rondelle ou bien une boule en terre pesant environ 70 kilogr. (140 livres)[1]. Le seau est souvent une simple *couffe* (panier conique ou hémisphérique), fait en feuille de dattier, mais recouvert de cuir. Sa capacité est variable, suivant la hauteur du Nil; quand les eaux ne sont pas trop basses, on lui donne jusqu'à 19 décimètres cubes 84 centièmes (1000 pouces cubes); quelquefois il n'est que de 7 à 800 pouces cubes ou moins : j'en ai mesuré un de 4,36 décimètres cubes (220 pouces cubes) seulement. Le travailleur baisse le seau au niveau de l'eau, en tirant la corde; une fois plein, la rondelle ou contrepoids l'entraîne et l'élève à la hauteur de la main, et l'homme n'a que la peine de le vider dans la rigole qui se rend dans le réservoir; de là, une autre machine pareille élève l'eau plus haut, s'il est nécessaire, et ainsi de suite. Maintenant je rapporterai les résultats de plusieurs observations que j'ai faites sur le produit de cette machine.

1°. A Edfoû un homme élevait sept seaux du diamètre de $0^{m}38$ en une minute, chacun de 15 décimètres cubes 71 centièmes (792 pouces cubes), à la hauteur de $2^{m}8$, ce qui fait 109 décimètres cubes 68 centièmes par minute (3, 2 pieds cubes); le second levier avait 2 mètres, 7 de long.

2°. A Cheykh O'tmân, près Tabbyn (à environ douze lieues au-dessus du Kaire), un homme élevait un peu

[1] J'ai mesuré une de ces boules; elle avait 4 décimètres de grosseur.

plus de seize seaux par minute, à un demi-mètre de hauteur; le seau était un cône en cuir de $0^m488$ (18 pouces de diamètre) et $0^m325$ (12 pouces) de haut; sa capacité, de 20 décimètres cubes 56 centièmes ($10^{\text{pouces cubes}}$, 16). Le produit par minute était de 329 décimètres cubes 3 centièmes (9, 6 pieds cubes), et, en une heure, de 19,743 décimètres cubes 70 centièmes (576 pieds cubes). Auprès de Deyr el-Bakarah, j'ai vu élever dix seaux par minute : les bascules étaient très-multipliées et à trois étages; le sol était à $1^m35$ au-dessus du Nil.

3°. J'ai vu à Esné chaque homme élever huit seaux par minute à la hauteur de 3 mètres 1/3 (10 pieds), chacun de 15 décimètres cubes 87 centièmes (800 pouces cubes); ainsi le produit par homme et par minute, était de 126 décimètres cubes 9 dixièmes (3 pieds cubes 7 dixièmes). Plus loin un seul homme arrosait avec son balancier un jardin de 260 mètres carrés (environ 2400 pieds carrés).

4°. A Qéné, un homme élevait, seize fois par minute, à la hauteur de 2 mètres 55 centimètres, un seau hémisphérique de 2 décimètres de diamètre. Un autre n'en élevait que treize par minute; peut-être le seau etait-il plus grand.

Le Châdouf s'appelle aussi *deloû*, et, dans le Sa'yd, *el-houd*[1].

[1] Une autre méthode plus simple est employée pour l'arrosage des terres peu élevées au-dessus du niveau des eaux : on l'appelle *mentâl*. deux hommes plongent un panier dans le Nil à l'aide de quatre cordes, et jettent l'eau à la volée dans une rigole préparée pour la recevoir et la conduire sur les terres : le mouvement est également me-

Je renverrai, pour d'autres expériences, aux Mémoires de M. Girard et de M. Martin, insérés dans les volumes précédens, tom. XVII, pag. 19, et tom. XVI, pag. 16; ce dernier a comparé le deloû à la roue à pots, et a conclu que quatre *deloû* donnaient le même produit qu'une roue à pots ordinaire : c'est ce qui a fait adopter généralement la première de ces machines, attendu la facilité que l'on a de la construire et de la transporter partout à peu de frais; mais j'ai pensé qu'il serait utile de rapporter ici le résultat des expériences précises faites à Alexandrie, sur les roues ou machines destinées à arroser les jardins et à remplir les citernes; c'est l'ouvrage de M. Faye, ingénieur des ponts et chaussées.

*Résultats des observations faites sur le Châdouf.*

| LIEU de l'observation. | NOMBRE de seaux élevés par minute. | CAPACITÉ du seau élevé. | DIFFÉRENCE de hauteur entre le niveau du Nil et celui du réservoir. | PRODUIT par minute. | PRODUIT par heure | RAPPORTS APPROCHÉS entre les quantités d'effet produit. |
|---|---|---|---|---|---|---|
| | | déc. cub. | mèt. | déc. cub. | déc. cub. | |
| Edfoû......... | 7. | 15, 71. | 2, 8. | 109, 97. | 6598,20. | 15½. |
| Cheykh O'tmân. | 16. | 10, 56. | 0, 5. | 328, 96. | 19737,60. | 8. |
| Deyr el-Bakarah. | 10. | » | 1,35. | » | » | » |
| Esné.......... | 8. | 15, 87. | 3,33. | 126, 96. | 7617,60. | 21. |
| Qéné.......... | 16. | 8,381. | 2,35. | 134,096. | 8045,76. | 16. |
| *Idem*......... | 13. | 8,381. | 2,35. | 108,953. | 6537,18. | 13. |

suré et accompagné d'un chant particulier. *Voyez* la planche VI, *Arts et métiers*, *État moderne*, volume II, et son explication.

# EXPÉRIENCES

## FAITES SUR LE PRODUIT DE QUELQUES-UNES DES MACHINES EMPLOYÉES A L'ARROSAGE DES JARDINS OU AU REMPLISSAGE DES CITERNES A ALEXANDRIE.

Les dimensions des leviers, des roues et de leurs engrenages sont constantes; la hauteur de l'eau, dans les puisards, est de 1 mètre 55 centimètres (3 pieds 2 à 3 pouces); le cube de l'eau contenue dans un pot plein est de 1 décimètre cube, [illegible] pouces cubes [illegible]); la pesanteur absolue à vide est de 1 kilogramme [illegible] (3 livres [illegible] poids de marc); le poids de l'eau contenue est de 1 kilogramme [illegible] (3 livres [illegible]); le poids de l'échelle à laquelle sont fixés les pots peut être évalué d'après le poid[s] nos cordes de sparterie.

| DÉSIGNATION des machines. | DÉSIGNATION des animaux attelés. | NOMBRE des pots. | HAUTEUR du dessous de l'auge à la surface de l'eau. | RÉVOLUTIONS DE LA CHAÎNE. Nombre. | RÉVOLUTIONS DE LA CHAÎNE. Temps. | TEMPS réduit d'une révolution de la chaîne. | NOMBRE de tours que fait l'animal. | PRODUIT RÉEL par minute. | OBSERVATIONS ET RÉSULTATS. |
|---|---|---|---|---|---|---|---|---|---|
| 1. Machine d'arrosage dans le jardin d'Abou-Arf. | Âne. | 28. | 11m16' (34p 4po). | 7 tours. | 6'. | 0' 6/7 | 5 à 6. | * 1er produit 52 litres (54 pintes). | * 2e PRODUIT.<br>On a cherché à vérifier le produit de cette machine par le temps employé à remplir un bassin de 29 mètres c[arrés] 75 centièmes (282 pieds carrés) de surface. Chacune des deux premières demi-heures a donné, sur cette surface, une hauteur de 72 millimètres (2 pouces 3 lignes), et un cube de 2 mètres 158 millièmes (108,288 pouces cubes), ou par minute........ lit. 72.<br>*Nota.* On se rappellera que le décimètre cube vaut un litre, et que le litre est à la pinte de 48 pouces cubes comme 50 est à 48[1].<br>Par une seconde expérience, faite sur le même bassin, dont la surface était devenue de 30 mètres carrés 50 centièmes (289 pieds carrés), chacune des deux premières demi-heures a donné, sur cette surface, une hauteur de 61 millimètres (2 pouces 3 lignes), et un cube de 1 mètre 860 décimètres 500 millimètres cubes (93,636 pouces cubes), ou par minute........ 62.<br>*Nota.* Ces deux derniers résultats sont plus forts que le premier ci à côté; sans doute parce que le gardien, se voyant observé, aura augme[nté le] nombre des pots, ou pressé davantage l'animal moteur. Au reste, le service de cette machine étant annuel (pour l'eau saumâtre, l[orsque] le Nil est retiré), il est possible qu'on n'ait pas besoin de lui faire donner plus que le premier produit. |
| 2. Machine qui fournissait l'eau saumâtre aux bains publics......... | Âne. | 40. | 10m40c (32p 0po). | 5 tours. | 10'. | 2'. | 4. | 32l,60 (33p). | Cette machine travaillant toute l'année, et élevant pour les bains de l'eau saumâtre (lorsque celle du Nil est retiré[e]) n'était sans doute pas obligée à fournir son produit dans un temps donné; sans doute aussi le gardien n'était pas [à la] tâche, mais était l'un des serviteurs des bains, payé à l'année. Les bains étaient aussi un peu moins fréquentés qu'a[vant] l'arrivée des Français, au moins de la part des femmes. |
| 3. Machine entre la grande mosquée et le couvent des Qobtes......... | Cheval. | 49. | 9m23' (28p 5po). | 5 tours. | 5'. | 1'. | 5. | 79l,0 (82p). | |
| 4. Machine au pied de la montagne de Bonaparte.......... | Bœuf. | 32. | 4m55' (14p 0po). | 6 tours. | 4'. | 0' 4/6. | 3 à 4. | 78l,0 (81p). | |
| 5. Machine près de la mosquée dite des *Septante*. | Bœuf. | 26. | 4m55' (14p 0po). | 8 tours. | 5'. | 0' 5/8. | 3 à 4. | 66l,50 (69p ½). | |
| 6. Machine près et à l'O. de la grande mosquée dite de *Saint-Athanase*... | Cheval. | 52. | 10m07" (31p 0po). | 5 tours. | 6'. | 1' 1/5. | 5. | 70l,35 (73p). | |
| 7. Machine près et au N. O. de la grande mosquée.. | Bœuf. | 56. | 10m40' (32p 0po). | 11 tours.<br>8.<br>7. | 9'.<br>8'.<br>10'. | 0' 9/11<br>1' [illegible]<br>1' [illegible] { temps réduit 1' [illegible] ou 1' [illegible] | 5 | A 4 pots par minute (quantité réduite). 73l (76p)<br>Le rapport seul de 11 tours à 9 donne 108 litres. | |

*OBSERVATIONS GÉNÉRALES.*

On peut donc évaluer à 72 litres par minute le produit moyen de chaque machine, en supposant qu'elle marche un[ifor]mément, que les pots sont toujours pleins et versent bien. Les animaux sont relayés six fois en vingt-quatre heures[; le] temps du relai est de trois à quatre minutes. La durée du travail continu est de vingt-trois heures, déduction faite [des] relais et de la réparation des chapelets.

Le produit ci-dessus peut être encore diminué 1°. par la rupture des pots : il ne faut pas moins de cinq minutes pou[r en] remettre un en place; 2°. par le défaut de versement des pots : lorsqu'ils versent trop tôt ou trop tard, ou que [l'eau] rencontre un barreau du tympan. Ces causes et les autres accidens imprévus (qui sont cependant réduits à leur mini[mum] par la précaution de mettre les gardiens à la tâche) peuvent encore diminuer d'un vingtième le produit ci-dessus. [On] peut compter sur un produit moyen réel de soixante-huit litres par minute pour chaque machine.

Soixante-dix machines étaient employées jour et nuit, pendant dix à douze jours, pour remplir les citernes des [deux] enceintes. Chaque machine exige deux gardiens et trois animaux de rechange; on faisait venir ces derniers par réquisi[tion] avec leur fourrage, des villages voisins. Le gardien est à la tâche : on lui fournit les pots et autres objets nécess[aires] aux réparations; il est chargé de l'entretien et du changement des rigoles, etc. Le gardien est donc intéressé à ce qu[e sa] tâche soit bientôt remplie. On peut voir, pour le reste, les notes communiquées précédemment : on croit qu'elles pré[sen]tent aussi l'évaluation approchée de la quantité d'eau apportée par le canal; de celle qui est élevée par les soixante[-dix] machines; de celle qui est reçue dans les barquettes et portée à dos de chameau dans la ville actuelle et dans les fo[rts;] de celle enfin qui s'échappe à la mer pendant et après l'approvisionnement. On n'a pas tenu compte de l'évapora[tion,] ni des transfiltrations, qui doivent être considérables : on peut ranger dans ces deux cas l'eau élevée pour l'arrosage [de] les jardins particuliers pendant la durée du levage.

[1] L'auteur aurait dû faire ce rapport égal à 50 : 48,5; d'où il suit que la conversion des litres en pintes a donné des nombres trop faibles.

# TABLE

## DES MATIÈRES DU TOME XVIII

(2e Partie).

### ÉTAT MODERNE.

Pages.

FIN DE LA TABLE.

*Addition à l'Errata de la Description du Kaire.*

Page 523, ligne 12, Celles Qantarah, etc., *lisez :* Les portes Qantarah, Farrag et Sa'âdeh.

# TRADUCTION
# DES CLASSIQUES LATINS

AVEC LE TEXTE EN REGARD

BIBLIOTHÈQUE LATINE-FRANÇAISE

PUBLIÉE SOUS LES AUSPICES

## DE S. A. R. MONSIEUR LE DAUPHIN.

C. L. F. PANCKOUCKE, ÉDITEUR.

---

VOLUMES PUBLIÉS

**VELLEIUS PATERCULUS**, 1 vol.; *traduct. nouv.* par M. DESPRÉS, ancien conseiller de l'Université. — **SATIRES DE JUVÉNAL**, 3 vol.; traduction de Dusaulx, revue par M. J. PIERROT. (Près des deux tiers de cet ouvrage ont été traduits de nouveau.) **LETTRES DE PLINE LE JEUNE**, 3 volumes; traduction de De Sacy, revue et corrigée par M. Jules PIERROT. — **FLORUS**, 1 vol.; *traduct. nouvelle* par M. RAGON, professeur d'histoire au collège royal de Bourbon, avec une Notice par M. VILLEMAIN. — **CORNELIUS NEPOS**, 1 vol.; *tr. nouv.* par MM. DE CALONNE et POMMIER. — **JUSTIN**, 2 vol.; *traduct. nouvelle* par MM. J. PIERROT et BOITARD, avec une Notice par M. LAYA. — **VALÈRE MAXIME**, 3 vol.; *trad. nouv.* par M. FRÉMION, professeur au collège royal de Charlemagne. — **CÉSAR**, 3 vol.; *trad. nouv.* par M. ARTAUD, professeur au collège royal de Louis-le-Grand, avec une Notice par M. LAYA. — **QUINTE-CURCE**, 3 vol.; *trad. nouv.* par MM Auguste et Alph. TROGNON. — **VALERIUS FLACCUS**, 1 vol.; *traduit pour la première fois en prose* par M. CAUSSIN DE PERCEVAL, membre de l'Institut. — **HISTOIRE NATURELLE DE PLINE**, 4e vol.; *tr. nouv.* par M. AJASSON DE GRANDSAGNE, annotée par MM. les professeurs du jardin du Roi et des membres de l'Institut. — **STACE**, 1er vol.; *trad. nouv.* par MM. RINN, professeurs à Sainte-Barbe, et ACHAINTRE. — **SALLUSTE**, 1er vol.; *trad. nouv.* par M. CH. DU ROZOIR. — **LUCRÈCE**, 1er vol.; *trad. nouv. en prose* par M. DE PONGERVILLE. — **QUINTILIEN**, 1er vol.; *traduct. nouv.* par M. OUIZILLE. — **CICÉRON**, tome VI (*Oraisons*, t. 1er; *trad. nouv.* par MM. GUEROULT jeune, J. N. M. DE GUERLE, et M. CH. DU ROZOIR).

On doit adresser les demandes à M. C. L. F. PANCKOUCKE, éditeur, rue des Poitevins, n. 14, et chez tous les libraires de la France et de l'étranger. Le prix de chaque volume est de SEPT francs. — On ne paie rien d'avance.

ON PEUT ACQUÉRIR CHAQUE AUTEUR SÉPARÉMENT.

www.ingramcontent.com/pod-product-compliance
Lightning Source LLC
Chambersburg PA
CBHW060802230426
43667CB00010B/1666
* 9 7 8 2 0 1 2 6 4 8 6 2 3 *